DIREITO AMBIENTAL

Noções fundamentais e de Direito Comparado

RICARDO LUIS LORENZETTI
PABLO LORENZETTI

Prefácio
Antônio Herman Benjamin

Tradução
Fernanda Nunes Barbosa

Revisão e notas
Claudia Lima Marques

DIREITO AMBIENTAL
Noções fundamentais e de Direito Comparado

Belo Horizonte

FÓRUM
CONHECIMENTO JURÍDICO

2023

© 2023 Editora Fórum Ltda.
(Publicado na Argentina pela Rubinzal y Culzoni)

É proibida a reprodução total ou parcial desta obra, por qualquer meio eletrônico, inclusive por processos xerográficos, sem autorização expressa do Editor.

Conselho Editorial

Adilson Abreu Dallari
Alécia Paolucci Nogueira Bicalho
Alexandre Coutinho Pagliarini
André Ramos Tavares
Carlos Ayres Britto
Carlos Mário da Silva Velloso
Cármen Lúcia Antunes Rocha
Cesar Augusto Guimarães Pereira
Clovis Beznos
Cristiana Fortini
Dinorá Adelaide Musetti Grotti
Diogo de Figueiredo Moreira Neto (*in memoriam*)
Egon Bockmann Moreira
Emerson Gabardo
Fabrício Motta
Fernando Rossi
Flávio Henrique Unes Pereira

Floriano de Azevedo Marques Neto
Gustavo Justino de Oliveira
Inês Virgínia Prado Soares
Jorge Ulisses Jacoby Fernandes
Juarez Freitas
Luciano Ferraz
Lúcio Delfino
Marcia Carla Pereira Ribeiro
Márcio Cammarosano
Marcos Ehrhardt Jr.
Maria Sylvia Zanella Di Pietro
Ney José de Freitas
Oswaldo Othon de Pontes Saraiva Filho
Paulo Modesto
Romeu Felipe Bacellar Filho
Sérgio Guerra
Walber de Moura Agra

FÓRUM
CONHECIMENTO JURÍDICO

Luís Cláudio Rodrigues Ferreira
Presidente e Editor

Coordenação editorial: Leonardo Eustáquio Siqueira Araújo
Aline Sobreira de Oliveira
Tradução: Fernanda Nunes Barbosa

Rua Paulo Ribeiro Bastos, 211 – Jardim Atlântico – CEP 31710-430
Belo Horizonte – Minas Gerais – Tel.: (31) 99412.0131
www.editoraforum.com.br – editoraforum@editoraforum.com.br

Técnica. Empenho. Zelo. Esses foram alguns dos cuidados aplicados na edição desta obra. No entanto, podem ocorrer erros de impressão, digitação ou mesmo restar alguma dúvida conceitual. Caso se constate algo assim, solicitamos a gentileza de nos comunicar através do *e-mail* editorial@editoraforum.com.br para que possamos esclarecer, no que couber. A sua contribuição é muito importante para mantermos a excelência editorial. A Editora Fórum agradece a sua contribuição.

Dados Internacionais de Catalogação na Publicação (CIP) de acordo com a AACR2

L869d	Lorenzetti, Ricardo Luis Direito ambiental: noções fundamentais e de direito comparado / Ricardo Luis Lorenzetti, Pablo Lorenzetti ; traduzido por Fernanda Nunes Barbosa. - Belo Horizonte : Fórum, 2023. 472 p. ; 14,5cm x 21,5cm. ISBN: 978-65-5518-313-9 1. Direito. 2. Direito Ambiental. 3. Direito Administrativo. 4. Direito Comparado. 5. Regulação. I. Lorenzetti, Pablo. II. Barbosa, Fernanda Nunes. III. Título.
2021-4293	CDD: 341.347 CDU: 34:502.7

Elaborado por Vagner Rodolfo da Silva – CRB-8/9410

Informação bibliográfica deste livro, conforme a NBR 6023:2018 da Associação Brasileira de Normas Técnicas (ABNT):

LORENZETTI, Ricardo Luis; LORENZETTI, Pablo; BARBOSA, Fernanda Nunes (Trad.). *Direito ambiental*: noções fundamentais e de direito comparado. Belo Horizonte: Fórum, 2023. 472 p. ISBN 978-65-5518-313-9.

SUMÁRIO

PREFÁCIO
Antônio Herman Benjamin 19

NOTA DA REVISORA 25

PRIMEIRA PARTE
O ESTADO DE DIREITO AMBIENTAL

CAPÍTULO 1
O PARADIGMA AMBIENTAL 29

	Introdução: etapa utópica, analítica e paradigmática	29
	Primeira parte – A natureza como recurso escasso	31
I	A natureza como frágil necessitada de proteção	31
II	A natureza como recurso escasso	32
III	Os dados da crise ambiental	33
1	A homogeneidade avança sobre a diversidade	33
2	A contaminação se propaga	36
3	O desequilíbrio substitui o equilíbrio	39
4	A aceleração substitui a previsão	40
	Segunda parte – Conflito e falsos dilemas	42
I	Consenso declarativo e dissenso prático	42
II	O conflito intergeracional	45
III	O conflito intrageracional	46
IV	Igualdade *v.* ambiente	47
V	Desenvolvimento *v.* ambiente	49
VI	Conflitos irresolúveis e polarização	50
	Terceira parte – O paradigma ambiental	52
I	Necessidade de um paradigma ambiental	52
II	A noção de sistema	54
III	A noção de atuação coletiva	56
IV	O modelo antropocêntrico e geocêntrico	57
V	Comunicabilidade com os princípios da natureza	58

1	Resiliência	58
2	Biofilia	60
3	Cooperação	60
VI	Governança: rigidez v. flexibilidade	61
VII	Conflitos na esfera íntima, privada e social	64
VIII	A economia	65
1	Externalidades negativas: a relação da empresa com a sociedade	66
2	Instituições: a tragédia dos bens comuns	68
3	Externalidades positivas. Novos campos econômicos	70
IX	A ética e os valores	72
1	Os valores: liberdade, igualdade e fraternidade	72
2	Fraternidade v. interesses individuais	73
	Conclusão	75

CAPÍTULO 2
O ESTADO DE DIREITO AMBIENTAL 77

I	Introdução: duas facetas	77
II	O paradoxo do Estado de direito	78
III	Direitos fundamentais ambientais	79
IV	O acesso à justiça	81
V	Acesso à informação e à participação	83
1	Acesso à informação	86
2	Princípio da participação	88
VI	A progressividade dos direitos fundamentais e o retrocesso do direito ambiental	89
VII	O princípio protetor	89
VIII	Conclusão	90

SEGUNDA PARTE
O DIREITO AMBIENTAL

CAPÍTULO 3
BENS JURÍDICOS 95

	Introdução	95
	Primeira parte – O bem jurídico ambiental	97
I	Bem coletivo situado na esfera social	97
1	Indivisibilidade de benefícios: o bem não é divisível entre aqueles que o utilizam	97

2	Uso comum sustentável: o bem pode ser usado por todos os cidadãos	97
3	Não exclusão de beneficiários: todos os indivíduos têm direito de uso e, portanto, não podem ser excluídos	98
4	*Status* normativo: o bem coletivo tem reconhecimento legal	98
5	Qualificação objetiva: a qualificação de um bem como coletivo decorre de uma designação normativa objetiva e não subjetiva	99
6	Legitimação para agir difusa ou coletiva: esses bens são protegidos por uma ampla legitimação para agir	100
7	Precedência da tutela preventiva: para proteger esses bens, a prevenção-precaução deve ser aplicada como prioridade à reparação	100
8	Ressarcimento por meio de patrimônios de afetação: quando há ressarcimento, não há uma indenização que é transferida para o patrimônio de uma pessoa, mesmo que ela seja titular da legitimação processual	101
9	Localização na esfera social: esses bens pertencem à esfera social de proteção	101
II	Deveres, limites e direitos fundamentais típicos	102
III	Noção de meio ambiente	104
	Segunda parte – O ambiente e as ações	106
I	Ações de acordo com o conflito	106
II	A tipicidade dos direitos	109
1	Esquema	109
2	Direitos sobre bens jurídicos individuais	112
3	Direitos sobre bens jurídicos coletivos	113
4	Direitos sobre interesses individuais homogêneos	114
III	O Código Civil e Comercial da Nação Argentina	114
	Terceira parte – A natureza como sujeito	116

CAPÍTULO 4
PRINCÍPIOS E DIRETRIZES ... 121

I	Introdução	121
II	Definição normativa de princípios e valores	122
1	Princípios	122
2	Valores	124
III	Recepção no direito ambiental	124
1	Fontes internacionais	124
2	Direito argentino	127
3	Efeitos jurídicos	128

IV	Descrição dos princípios ambientais	129
1	Princípio da congruência	130
2	Princípio da prevenção	132
3	Princípio da precaução	133
4	Princípio da progressividade	135
5	Princípio da responsabilidade	136
6	Princípio da subsidiariedade	138
7	Princípio da sustentabilidade	139
8	Princípio da equidade intergeracional	141
9	Princípio da solidariedade	142
10	Princípio da cooperação	142
11	*In dubio pro natura*	143
V	Princípio da não regressão	144
1	O retrocesso do direito ambiental	144
2	Principais características	145
3	Princípio da progressividade	146
4	O desenvolvimento sustentável e duradouro	146
5	Efeitos jurídicos	148

CAPÍTULO 5
PRINCÍPIOS DA PREVENÇÃO E DA PRECAUÇÃO 151

	Introdução	151
I	Consenso emocional e dissenso cognitivo	155
II	Intervencionistas, preventivos e precautórios	157
III	Antecedentes	158
IV	Conceito	159
V	Perguntas	161
	Primeira parte – Qualificação jurídica	161
I	É uma obrigação ou uma opção voluntária?	161
II	Os funcionários são seus destinatários ou também alcança os habitantes?	162
III	Qual o seu efeito sobre as políticas públicas?	163
IV	Qual é o conteúdo do princípio?	164
1	Fundamento constitucional	164
2	Conceito jurídico indeterminado	164
3	Peso diferente de acordo os bens comprometidos	164
V	Quais são os pressupostos de aplicação?	165
1	Ameaça de dano grave ou irreversível	165
2	A incerteza científica	167

	Segunda parte – Aplicação do princípio	169
I	É casuístico..	169
II	Redução da incerteza	170
III	Transferência do risco da dúvida	171
IV	Transferência do risco de erro científico. Falsos positivos e falsos negativos	172
V	Transferência de risco no adiamento	172
VI	Transferência do risco probatório...	172
VII	Aplicação dinâmica e adaptativa	173
VIII	Transferência do risco do desenvolvimento	173
IX	Equidade e não discriminação..	175
	Terceira parte – O balanço entre riscos e benefícios	175
I	Admissibilidade do balanço risco-benefício.........................	175
II	O caráter de técnica procedimental não avaliativa.............	176
III	O método analítico não emocional...	176
IV	O procedimento	177
1	Identificar margens de probabilidades.................................	177
2	Devem ser avaliados os benefícios relativos para as partes relevantes	177
3	Devem examinar-se os custos comparativos das diversas alternativas..	178
4	As experiências anteriores devem ser avaliadas para agir de forma consistente	179
5	Experimentar passo a passo	179
6	Comparações intra e intergeracionais	179
V	Controle do cidadão	180
1	O processo de deliberação moral	180
2	A crise nos processos de tomada de decisão	181
3	Democracia intensiva	182
VI	Controle e administração do risco..	183
	Quarta parte – Mudanças paradigmáticas..............................	185
I	A segurança jurídica..	185
II	Da reparação à antecipação	186
III	O paradigma da ancoragem..	187

CAPÍTULO 6
A FUNÇÃO AMBIENTAL... 189

I	Introdução..	189
II	Harmonização entre direitos individuais e coletivos..................	191

1	Localização do conflito	191
2	Regras de compatibilização no Código Civil e Comercial argentino	193
III	A propriedade privada	196
1	Noção inicial	196
2	Algumas derivações	197
IV	O contrato	199
1	Tutela da autonomia da vontade e das liberdades individuais..	199
2	Influência da ordem pública e da teoria dos direitos fundamentais no direito contratual	202
3	Função ambiental do contrato	203
V	O consumo sustentável	205
1	Localização do conflito	205
2	Algumas manifestações	209

CAPÍTULO 7
A REGULAÇÃO DA ÁGUA E DA PAISAGEM 215

	Primeira parte – A regulação da água	215
I	Introdução	215
II	O que a água foi para o direito?	216
1	O modelo dominial e antropocêntrico	216
2	Coisa suscetível de apropriação: *res commercium*	217
3	Limites à apropriação	217
4	Dessacralização da água	218
5	O problema ambiental focado na saúde pública humana	218
6	Esferas pública e privada independentes	219
7	Bem jurídico protegido	219
8	Tipo de normas: predomínio do direito subjetivo	220
9	Fontes jurídicas	220
III	O que é a água para o direito?	220
1	A consciência de que a água é um bem escasso	220
2	O interesse se transfere para o uso	221
3	A imposição de limites ao desenvolvimento industrial e o modelo dominial	223
4	Fontes normativas	224
5	Tipo de normas	225
6	Bem jurídico protegido	225
IV	O que será?	225

1	A água como problema gerador de modelos de adjudicação legal	225
2	A adjudicação através do mercado	227
3	O modelo dos direitos de propriedade sobre a água	228
4	Deve respeitar-se a liberdade e a propriedade individual	229
5	Críticas	230
6	A água como bem coletivo na esfera social	230
7	A água como bem pertencente à esfera social ou coletiva	230
8	Substituição do modelo antropocêntrico	231
9	Precedência lógica na colisão de direitos	231
10	Função ambiental dos direitos de propriedade	232
11	Direito fundamental de acesso à água potável	232
12	Bens protegidos e tipo de normas	233
	Segunda parte – O caso do rio Atuel	233
I	O rio Atuel: uma introdução ao caso	233
II	A demanda iniciada por La Pampa em 2014 que origina esta resolução	236
III	A competência dirimente do Tribunal	236
IV	A rejeição da exceção *res judicata*	237
V	O direito humano de acesso à água potável	237
VI	A luta contra a desertificação na região	238
VII	A visão integral da bacia hídrica	238
VIII	O CIAI	239
IX	Conclusão	240
	Terceira parte – Declaração de Brasília de Juízes sobre Justiça da Água (Declaração de 10 Princípios)	241
	Quarta parte – A paisagem: um desafio na teoria jurídica do direito ambiental	246
I	Razões de sua relevância legal. Vulnerabilidade da paisagem	246
II	Os primeiros enfoques regulatórios	247
1	Relações de vizinhança	247
2	Preservação do patrimônio urbanístico histórico-cultural	247
III	Definições jurídicas de paisagem	248
1	Aproximações gerais	248
2	Bem natural e cultural	249
3	É um subsistema ambiental de natureza relacional	250
4	Paisagem, meio ambiente e biodiversidade	250
5	Delimitação da paisagem: dificuldades espaço-temporais	250
6	Paisagem e patrimônio	251

7	Dimensão subjetiva e objetiva: concepção social da paisagem...	252
8	Conclusões	252
IV	Jurisprudência	253
1	Valores estéticos de um parque. Omissão de proteção estatal....	253
2	Construção de uma quadra de bola que enfeia a vizinhança	254
3	Construção de uma torre que afeta a imagem de um monumento histórico	255
4	Obras que afetam a memória histórico-cultural	256
5	O muro que impede de ver o mar	256
6	Obra que diminui o valor da propriedade por afetar a vista do rio	258
7	Rede de eletricidade que afeta a paisagem da montanha	258
8	Da jurisprudência de Oaxaca de Juárez, México. Denegação de um pedido de autorização para construir um restaurante de *fast food* em um centro cultural histórico	259
9	Demolição de uma casa histórica no bairro de Flores	266
10	Decisões de STJ provinciais	267

TERCEIRA PARTE
A APLICAÇÃO DO DIREITO AMBIENTAL

CAPÍTULO 8
A APLICAÇÃO VOLUNTÁRIA ... 273

I	Introdução	273
II	A teoria da implementação	273
1	O cumprimento voluntário (*compliance*)	274
2	Cumprimento forçado (*enforcement*)	275
3	Dissuasão (*deterrence*)	276
III	O problema da ineficácia	276
1	A legislação declarativa	277
2	Bens coletivos	279
IV	O cumprimento voluntário	279
1	Contexto institucional: confiança e custos de transação	279
2	Construção de capital social	282
3	Princípios de boa governança	282
4	Regulamentação do mercado	283
V	Programas de conformidade	284
1	Estabelecimento de objetivos intermediários e finais a serem alcançados	285

2	Técnicas de "comando-controle"	285
3	Incentivos culturais	285
4	Medição de êxito	286
5	Identificação dos sujeitos obrigados pela regulação	286
6	Identificação de papéis complementares	286
7	Controle de conformidade a cargo de uma autoridade claramente identificada	287
8	Definição precisa das competências para a aplicação das sanções	288
VI	Conclusão	288

CAPÍTULO 9
O SISTEMA DE RESPONSABILIDADE CIVIL POR DANO AMBIENTAL 291

I	Introdução	291
1	Novas fronteiras da responsabilidade civil	292
2	Polifuncionalidade do sistema	294
II	Função preventiva	295
1	Dever genérico de prevenir danos	295
2	Ação preventiva	297
III	Função ressarcitória	300
1	Recomposição. Reparação de danos ambientais	300
2	Quantificação do dano ambiental coletivo	301
IV	Função punitiva ou sanção pecuniária dissuasiva	306
1	Finalidade e objetivos do instituto	306
2	Pressupostos e requisitos de procedência	308
V	Função precautória	311
1	Fundamentos	311
2	Efeitos sobre o regime geral de responsabilidade civil	313

CAPÍTULO 10
PRESSUPOSTOS DA RESPONSABILIDADE CIVIL 315

I	Introdução	315
II	Dano	316
1	Conceito e tipologia	316
2	Características específicas do dano ambiental	319
III	Antijuridicidade	321
1	Ampliação das fronteiras da antijuridicidade	321
2	Interpretação restritiva das causas de justificação	324

IV	Relação de casualidade	327
1	Noção e especificidades	327
2	Prova da relação causal	331
V	Fatores de atribuição	334
1	Conceito e peculiaridades	334
2	Interpretação restritiva das eximentes	335
3	Casos de responsabilidade solidária	337
IV	Responsabilidade civil do Estado por dano ambiental	339

CAPÍTULO 11
O PROCESSO COLETIVO AMBIENTAL 349

I	Conflito e processo	349
II	Processos policêntricos	351
III	A legitimação	353
1	A noção de "afetado"	353
2	Legitimação pública: o *defensor del pueblo* e os promotores	357
3	A sociedade civil: associações	357
4	A noção de bem coletivo com relação à legitimação e competência	358

CAPÍTULO 12
A SENTENÇA 363

	Primeira parte – Características da sentença coletiva	363
I	A sentença sobre interesses individuais homogêneos	364
1	Efeitos expansivos da sentença	365
2	Múltiplos processos e litispendência	367
II	A sentença sobre bens coletivos	370
	Segunda parte – Sentenças atípicas	371
I	Distinção entre sentença declaratória e sentença de execução	371
1	Sentença declaratória	371
2	Sentença de execução	373
II	Exortações	373
III	Mandamentos de inovar e de não inovar	374
IV	Mandados dirigidos à administração	375
1	Ordem orientada para um resultado substantivo	376
2	Ordem orientada à forma como se executa	376
V	Mandados dirigidos ao Congresso	377
VI	Problemas de implementação de sentenças atípicas	377
1	O problema do tempo na execução	378

2	Garantias de implementação. Criação de uma microinstitucionalidade	380
3	Ordens de organização da implementação	381
	Terceira parte – O problema constitucional	382

CAPÍTULO 13
ANEXO
DECISÕES RELEVANTES EM DIREITO COMPARADO 385

1	Índia	385
	A poluição produzida pelo transporte	385
	A ordem para mover os curtumes	387
	A personalidade do rio Ganges	391
2	Holanda	392
	O dever de mitigar as mudanças climáticas	392
3	Reino Unido	396
	A ordem ao Estado para a elaboração de novos planos de qualidade do ar	396
4	Canadá	397
	As questões relacionadas à atuação do Estado na implementação de medidas de mitigação dos efeitos das mudanças climáticas não são justiciáveis	397
5	Paquistão	398
	A criação de uma Comissão de Mudanças Climáticas e o monitoramento da implementação dos planos previstos nos Tribunais	398
	Corte Interamericana de Direitos Humanos	400
	Os Estados têm a obrigação de cooperar, de boa-fé, para a proteção contra danos ao meio ambiente	400
6	Quênia	405
	Multa pela matança de elefantes	405
7	Tailândia	405
	Ordem para reconstruir o riacho e reparar danos individuais	405
8	Áustria	406
	Interesse público na infraestrutura *v.* interesse na mudança climática	406
9	Colômbia	407
	Jovens clamam pelo seu futuro na Amazônia: o pacto intergeracional	407
	Direitos dos animais	414
	A ordem de saneamento de um rio	415

10	Alemanha	419
	Falta de relação causal nas mudanças climáticas	419
11	Portugal	420
	Ordem de elaboração de manual de procedimentos para licenças ambientais	420
12	Filipinas	421
	Princípio de precaução ante o risco de liberar plantas biotecnológicas	421
13	Bélgica	423
	A reparação do dano ambiental não pode ser simbólica	423
14	Suíça	424
	O interesse público na restauração de uma floresta prevalece sobre o interesse financeiro	424
15	Nova Zelândia	425
	O problema dos refugiados ambientais	425
16	Costa Rica	426
	Construção dentro de um parque nacional ameaçador de espécies protegidas	426
17	Jamaica	430
	Acordos ambientais multilaterais	430
18	El Salvador	431
	Avaliação da qualidade da água	431
19	México	434
	A proteção dos manguezais e do direito de propriedade	434
	O desenvolvimento urbano e o equilíbrio ecológico	435
20	Panamá	441
	A proteção dos pantanais	441
	Solução do caso pela Terceira Sala Administrativa da Corte Suprema de Justiça	443
	Considerações finais	443
21	Peru	444
	Ordem ao Ministério da Saúde para estabelecer um plano de emergência	444
	Solução do Tribunal Constitucional do Peru	447
	A aplicação do princípio precautório	448
	Princípio da prevenção na exploração mineira	453
	Deveres de prevenção a cargo do Estado	460
22	China	460
	Prejuízo aos animais	460

	Responsabilidade pela recuperação da vegetação florestal	461
	Fundo de bem-estar ambiental	461
23	Estados Unidos da América	464
	A agência ambiental deve regular as emissões que causam o aquecimento global	464
24	Argentina	468
	A ordem de limpar um rio	468

PREFÁCIO

O livro *Direito Ambiental – Noções Fundamentais e de Direito Comparado*, lançado pela Editora Forum, contribui enormemente para a já copiosa e rica literatura jurídica sobre a matéria no Brasil. Escrito por Ricardo Luis Lorenzetti e Pablo Lorenzetti, com tradução para o português de Fernanda Nunes Barbosa e revisão da Professora Claudia Lima Marques, a obra harmoniza os vários domínios da disciplina em um todo tecnicamente coerente, metodicamente organizado e eruditamente convincente.

Estamos diante de publicação de notável densidade conceitual e prática, que disseca, em profundidade, os fundamentos teóricos (e também dificuldades cotidianas) do Direito Ambiental. Assume, de resto, postura abertamente propositiva, afastando-se, quando de rigor, do saber convencional, do tédio inútil e até maléfico de dogmas e preceitos superados por tudo e por todos, menos pelo Direito e pelos juristas.

A abordagem vai muito além de simples resenha da experiência argentina e comparada, método de compilação intelectualmente medíocre e juridicamente infecunda, tão comum na doutrina latino-americana dos copistas e imitadores. Com atento olhar crítico, vanguardista e intensamente ético, agrega verdadeira sistematização desse recente, sofisticado e essencial ramo do Direito. Por sua transcendência internacional, o livro já foi traduzido em vários idiomas e publicado em países como Estados Unidos, Espanha, Itália, Paraguai, Colômbia, México e Panamá.

Ricardo Luis Lorenzetti, reputado um dos mais importantes e criativos teóricos do Direito no mundo, transita com desenvoltura entre o Direito Público e o Direito Privado. São considerados obras-referência os seus primorosos escritos em Teoria Geral do Direito, Direito Constitucional, Direito Civil (Direito das Obrigações em particular), Direito do Consumidor, Direito Ambiental, Processo Civil Coletivo, Direito Comercial. Integra a Corte Suprema de Justiça da Argentina, hoje como Ministro e, antes, por quase dez anos, como seu Presidente. Entre seus inúmeros títulos e posições relevantes, é diretor e professor do Programa de Especialização em Direito Ambiental da Universidade de Buenos Aires; membro da Comissão de Meio Ambiente da Cúpula Judicial Ibero-Americana; Embaixador de Boa-Vontade para a Justiça Ambiental da Organização dos Estados Americanos – OEA; membro-fundador do Instituto Judicial Global do Ambiente, compondo o seu Conselho-Diretor. É membro da Comissão Mundial de Direito Ambiental da UICN.

Pablo Lorenzetti, por sua vez, é Juiz da Segunda Câmara da Seção de Apelações Civis, Comerciais e Trabalhistas da Quinta Circunscrição Judicial, com sede na cidade de Rafaela, Província de Santa Fé. É coordenador e professor do Programa de Especialização em Direito Ambiental da Universidade de Buenos Aires, especialista em Direito Ambiental pela Universidade Castilla La Mancha de Toledo (Espanha) e membro da Comissão Mundial de Direito Ambiental da UICN.

Os dois autores, juristas muito benquistos no Brasil e conferencistas frequentes nos grandes eventos organizados pelo Instituto "O Direito por um Planeta Verde" e pelo Instituto Brasileiro de Política e Direito do Consumidor – Brasilcon, fazem parte da linha de frente da corrente de pensamento que podemos chamar de Escola Jurídica Latino-Americana do Estado de Direito Democrático e Ecossocial, movimento acadêmico e judicial de grande respeito e influência na nossa região. Trata-se de agrupamento informal de juristas e juízes, em franco crescimento, dotado de energia intelectual e vigor doutrinário exuberantes, decorrentes tanto da qualidade acadêmica dos seus porta-vozes, como da robustez das constituições *welfaristas* promulgadas nas últimas décadas, que lhes serve de material de trabalho e reflexão intelectual. Tal dinamismo da mente e da caneta devemos sempre festejar, em virtude da fragilidade da salvaguarda, nos nossos países, da democracia, dos sujeitos vulneráveis e dos recursos materiais e intangíveis da coletividade (bens públicos, patrimônio histórico e cultural, meio ambiente), de hoje e do futuro.

De maneira penetrante, a obra expõe o perfil atual e oferece projeções futuras da Teoria Geral do Direito Ambiental. Nessa linha, começa com um olhar global sobre os conflitos humanos em torno dos recursos naturais, utilizando aproximações multifacetárias e indicando soluções concretas viáveis, sob o pano de fundo do paradigma jusambiental latino-americano.

A primeira parte da obra, em dois capítulos, perscruta os contornos do Estado de Direito Ambiental. Inicia-se com cuidadosa exploração do *paradigma ambiental* (em sentido amplo), destacando aspectos fulcrais para sua compreensão, como as características da Natureza, provedora de recursos escassos e imprescindíveis à vida, por isso demandando firme proteção do Direito. Discorre, ademais, sobre as feições intrageracional e intergeracional, tragédia dos bens comuns, externalidades negativas e positivas, e o falso dilema entre ambiente x desenvolvimento. Procede à leitura do marco normativo, com base nos conflitos e dilemas oriundos da crise ambiental planetária, fenômeno inegável que afeta a humanidade por inteiro. Ainda nesse segmento, alinhavam-se os contornos, princípios e valores do *paradigma jusambiental* (em sentido estrito), realçados os direitos procedimentais de acesso à justiça, à informação e à participação, assim como a noção pragmática de progressividade dos direitos fundamentais.

Na segunda parte, os autores discutem o conteúdo propriamente dito do Direito Ambiental, deslindando, nas perspectivas teórica e prática, os principais domínios que o compõem. Começam, como tem de ser, com a *teoria dos bens ambientais* (individuais e coletivos), no que descrevem as qualidades do meio ambiente como direito coletivo. Finalizam com um panorama da "natureza como sujeito", de *lege lata* e de *lege ferenda*, ou seja, a possibilidade, cada vez mais tangível, de se assinalar caráter além de coisa a certos bens naturais comuns.

Corretíssimos os dois professores ao colocarem, como marco inicial de sua impecável investigação jurídica, econômica e ética, a *teoria dos bens ambientais*, neles enxergando *macrobem* ambiental e *microbens* ambientais, na linha do que descrevi no início dos anos 90: o meio ambiente, primeiro, como uma "realidade abstrata e proteiforme", "gênero amplo (*macrobem*) que acolhe uma infinitude de outros bens – uma relação assemelhada à dos átomos e moléculas –, menos genéricos e mais materiais (*microbens*)".[1]

Nessa segunda parte, também são tratados os "princípios e diretrizes" basilares do Direito Ambiental, tais como congruência, prevenção, precaução, progressividade, responsabilidade, subsidiariedade, sustentabilidade, equidade intergeracional, solidariedade, cooperação, *in dubio pro natura* e proibição de retrocesso. Inclui-se um capítulo dedicado ao importantíssimo tema da *função ambiental ou ecológica* dos direitos fundamentais – núcleo cardeal do Direito Ambiental –, que incide, na proteção de bens comuns, sobre determinados direitos individuais, mormente os conectados à propriedade privada, à liberdade de contratar e ao consumo. A tutela da água e da paisagem conta com capítulo próprio, em que se destacam determinadas regulações específicas e se relatam precedentes jurisprudenciais de notável relevância para a proteção dos microbens ambientais. A segunda parte do livro termina com a "Declaração de Brasília de Juízes sobre

---

[1] BENJAMIN, Antônio Herman V. Função ambiental. *In*: BENJAMIN, Antônio Herman V. (coord.) *Dano ambiental*: prevenção, reparação e repressão. São Paulo: Revista dos Tribunais, 1993. p. 59. Disponível em: https://bdjur.stj.jus.br/jspui/bitstream/2011/8754/Fun%c3%a7%c3%a3o_Ambiental.pdf

Justiça da Água (Declaração de 10 Princípios)", de 2018, sem dúvida um dos documentos judiciais mais inovadores já produzidos pelos juízes no campo ambiental, o qual vem encontrando ressonância direta e imediata em precedentes judiciais em várias partes do mundo.

A terceira parte enfoca a aplicação das normas ambientais, vale dizer, a *Teoria da Implementação do Direito Ambiental*. Em vários capítulos, estudam-se questões afetas ao cumprimento voluntário e ao cumprimento forçado da normativa ambiental, com o propósito de iluminar o sério problema mundial de *ineficácia de direitos e obrigações de caráter social e ecológico*. Agregam-se reflexões exaustivas sobre as "novas fronteiras da responsabilidade civil", em que se esmiúçam, entre outros tópicos, as funções preventiva (e dissuasiva), precautória, ressarcitória e punitiva do instituto, assim como cada um dos pressupostos de procedência do sistema, com ênfase para o dano, nexo de causalidade, antijuridicidade, prova e interpretação restritiva das excludentes. São igualmente estudados o processo civil coletivo ambiental, nele reunidas noções sobre legitimação ativa e passiva, prova, medidas cautelares, perfil dos juízes e efeitos da sentença.

Por último, a obra traz anexo (Capítulo 13) no qual se colecionam resumos de decisões relevantes de respeitados tribunais do mundo, com o intuito de ilustrar, na vida dos fatos e do exercício da jurisdição, as ideias esquadrinhadas nos capítulos anteriores. O anexo, além de exercício útil de Direito Comparado, comprova, com exemplos da casuística ambiental, que a espinha dorsal da Teoria Geral aqui esposada vem sendo recepcionada pelas várias ordens jurídicas e judiciais, tanto de *common law* como de *civil law*, em processo de consolidação universal e, espera-se, irreversível.

Em síntese, a qualidade maior do trabalho, que tenho o prazer de prefaciar, vem a ser conjugar genial inquirição teórica e perspicaz inquirição prática. Como já observei em outro momento, "a grande contribuição que a doutrina pode dar ao Direito Ambiental é exatamente essa reflexão pragmática, que incorpora teoria e prática, análise dogmática e eficácia concreta, direito exposto e direito em ação. Para tanto, é mister ultrapassar os confins da norma, dela se utilizando como ponto de partida para um exame mais amplo dos complexos fenômenos jurídicos, sociais, políticos, econômicos e científicos que lhe deram origem, são sua razão de ser e podem, afinal, determinar sua viabilidade e utilidade social".[2]

---

[2] BENJAMIN, Antônio Herman de Vasconcellos e. O Estado teatral e a implementação do direito ambiental. *In*: CONGRESSO INTERNACIONAL DE DIREITO AMBIENTAL, 7.,

Direito Ambiental – Noções Fundamentais e de Direito Comparado contempla, com maestria, tal "reflexão pragmática, que incorpora teoria e prática, análise dogmática e eficácia concreta, direito exposto e direito em ação".

Antônio Herman Benjamin
Ministro de Superior Tribunal de Justiça. Ex-Presidente da Comissão Mundial de Direito Ambiental (*World Commission on Environmental Law*) e Presidente do Instituto Judicial Global do Ambiente (*Global Judicial Institute on the Environment*).

2003, São Paulo. *Direito, água e vida=* Law, water and the web of life. Antônio Herman Benjamin (org.). São Paulo: Instituto O Direito por um planeta verde, 2003. p. 5. Disponível em: https://bdjur.stj.jus.br/jspui/bitstream/2011/30604/Estado_Teatral_Implementa%c3%a7%c3%a3o.pdf

NOTA DA REVISORA

É um grande prazer poder trazer ao público brasileiro esta obra intitulada *Direito ambiental – Noções fundamentais e de direito comparado*, dividida em três partes, 1) *O Estado de direito ambiental*; 2) *O direito ambiental* e 3) *A aplicação do direito ambiental*. Obra brilhante de direito brasileiro e argentino, mas também de direito comparado, sobre o direito ambiental, escrita por Ricardo Luis Lorenzetti e Pablo Lorezentti.

Ricardo Luis Lorenzetti é um dos pensadores e juristas latino-americanos mais importantes.[1] Professor da Universidad Nacional del Litoral e da UBA, tem se dedicado muito ao direito ambiental. É fundador e primeiro presidente do Instituto O Direito Por um Planeta Verde Argentino, membro ativo da IUNC, ministro da Corte Suprema Argentina e coordenador da Comissão redatora do novo Código Civil e Comercial Argentino. Já Pablo Lorezentti é conhecido autor no Brasil, unindo direito do consumidor e direito ambiental,[2] além de ativista pela proteção do meio ambiente na ONG Expoterra. Pablo Lorezentti é advogado, especialista em Direito Ambiental pela UBA (Universidade de Buenos Aires), especialista em Derecho Ambiental y Globalización pela Universidad de Castilla La Mancha – Toledo (Espanha) e especialista em Derecho de Daños y Contratos pela Universidad de Salamanca (Espanha).

Em 2018, Ricardo Luis Lorenzetti, que já possuía um livro em dois volumes sobre o direito ambiental,[3] escreveu com Pablo Lorenzetti este novo livro,[4] agora traduzido com grande esmero pela Profa. Dra. Fernanda Nunes Barbosa. Na tradução dos anexos teve ajuda da acadêmica de Direito da UFRGS Moara Curubeto Lona de Miranda, e,

---

[1] Veja, por todos, LORENZETTI, Ricardo. *Las normas fundamentales de derecho privado*. Santa Fé: Rubinzal y Culzoni, 1995, traduzido para o português como *Fundamentos do direito privado* (RT, 1998).

[2] Veja, por todos, LORENZETTI, Pablo. Re-explorando los vínculos entre consumo y ambiente a partir del paradigma ecocéntrico. *Revista de Direito do Consumidor*, v. 126, p. 349-372, nov./dez. 2019 (DTR\2019\42443).

[3] Veja também traduzido para o português por Fábio Morosini e publicado pela Editora Revista dos Tribunais, *Teoria geral do direito ambiental*.

[4] Veja LORENZETTI, Ricardo Luis; LORENZETTI, Pablo. *Derecho ambiental*. Santa Fé: Rubinzal y Culzoni, 2018.

na primeira revisão e sugestões de notas, tivemos a inestimável ajuda da Profa. Mestre Maria Laura Delaloye, também uma grande tradutora do espanhol para o português.

Quanto ao trabalho de tradução, mister frisar que as notas de rodapé foram deixadas na forma do original, assim como algumas instituições do *ombudsman* e o *defensor del pueblo* argentino, de forma a não confundir o leitor, assim com a expressão "Provincia" em espanhol, que não é totalmente coincidente com os Estados de países federados como o Brasil, foi traduzida por "Província" de forma a marcar as diferenças. Igualmente a ação de "amparo", semelhante, mas não totalmente coincidente com o mandado de segurança,[5] foi mantida no original, e a expressão "concedido o amparo" pode ser entendida como "concedida a liminar ou a segurança".

Quanto às notas da revisora, essas tiveram como finalidade introduzir jurisprudência brasileira consolidada nos temas tratados e facilitar o entendimento de regras do direito comparado, citando preferencialmente artigos na *Revista de Direito Ambiental*, publicada pelo Instituto O Direito por um Planeta Verde – Brasil. A legislação brasileira é citada originalmente pelos autores. A obra é uma grande fonte de direito comparado, que só é possível com a invejável cultura jurídica e brilhantismo dos autores, assim as notas se restringem a atualizar as principais decisões brasileiras nos temas e princípios tratados.

---

[5] Mandado de segurança tem fonte constitucional no art. 5º da CF/1988: "LXIX - conceder-se-á mandado de segurança para proteger direito líquido e certo, não amparado por habeas corpus ou habeas data, quando o responsável pela ilegalidade ou abuso de poder for autoridade pública ou agente de pessoa jurídica no exercício de atribuições do poder público; LXX - o mandado de segurança coletivo pode ser impetrado por: a) partido político com representação no Congresso Nacional; b) organização sindical, entidade de classe ou associação legalmente constituída e em funcionamento há pelo menos um ano, em defesa dos interesses de seus membros ou associados; LXXI - conceder-se-á mandado de injunção sempre que a falta de norma regulamentadora torne inviável o exercício dos direitos e liberdades constitucionais e das prerrogativas inerentes à nacionalidade, à soberania e à cidadania".

PRIMEIRA PARTE

O ESTADO DE DIREITO AMBIENTAL

CAPÍTULO 1

O PARADIGMA AMBIENTAL

Introdução: etapa utópica, analítica e paradigmática

O estudo do direito ambiental requer uma descrição do contexto cultural em que se desenvolve. Dessa maneira se compreende que não é uma mera especialidade, nem um problema de direitos individuais, senão uma mudança de paradigma. É por essa razão que apresentamos um esquema como guia de interpretação.[1]

Não é arriscado apontar que vivemos imersos em um estranho paradoxo cultural.

Há bem pouco tempo, confiávamos nos grandes relatos sobre o desenvolvimento progressivo,[2] que utilizavam palavras ressonantes para descrever uma utopia da qual gozariam as gerações futuras. Hoje, ao contrário, os prognósticos sociais são bastante diferentes, não falam nada bem sobre o que teremos pela frente, e o que deixamos para as gerações que nos sucederão se parece bastante com o sentido etimológico de utopia: um não lugar.

---

[1] Um estudo detalhado de cada tema conspiraria contra a possibilidade de se ter uma visão geral, da mesma forma que aconteceria com um mapa que fosse o reflexo fiel e extenso da geografia, careceria de toda utilidade.

[2] Ditas teorias, de base evolutiva, permearam todas as concepções ideológicas. Tomás More anunciou a utopia, o marxismo falou da sociedade sem classes e, mais recentemente, inúmeros autores do século XX se expressaram com fervor sobre diferentes aspectos do mundo por vir, caracterizando-o como pós-industrial (BELL, Daniel. *El advenimiento de la sociedad postindustrial*. Buenos Aires: Alianza, 1973), tecnotrônico (BRZEZINSKI, Zbigniew. *La era tecnotrónica*. 2. ed. Buenos Aires: Paidós, 1979). Ideias desse tipo também foram desenvolvidas na produção teórica latino-americana (RIBEIRO, Darcy. *El proceso civilizatório*. Buenos Aires: Centro Editor de América Latina, 1971).

Vivemos uma era de verdades implacáveis,³ na qual a natureza está mostrando seus limites, e na qual nos acercamos às fronteiras dos modelos que foram a base de nosso desenvolvimento.

Neste campo é possível apresentar um esquema explicativo sobre três etapas.

A primeira foi "retórica", uma vez que, nos anos setenta, o movimento ambientalista semeou as primeiras palavras novas, símbolos e utopias, pouco conhecidas até então. O impacto que o ambientalismo teve no campo do discurso teórico foi impressionante. Vocábulos como "ecologia", "desenvolvimento sustentável", "verde" e tantos outros que agora formam parte da atual linguagem comum eram quase desconhecidos há trinta anos.

A segunda foi "analítica", no sentido de que se identificaram problemas, se os estudou e foram sendo elaborados modelos para tratá-los. Na área jurídica, produziu-se um movimento de qualificação de novos pressupostos de regulação, leis de todo tipo nos Estados, Constituições "verdes" e tratados internacionais de amplo conteúdo.

A terceira é, em nossa opinião, "paradigmática", em relação a que o que está mudando são o modo de ver os problemas e as soluções propostas por nossa cultura. Não é só uma nova disciplina, como se supunha com as etapas anteriores, já que estamos ante uma questão que incide no plano propositivo das hipóteses, e é, fundamentalmente, uma mudança epistemológica.

Desse ponto de vista, podemos dizer que surge um problema descodificante, porque impacta sobre a ordem existente, apresentando uma outra ordem, sujeita a suas próprias necessidades e é, por isso, profundamente herético. Trata-se de problemas que convocam todas as ciências a uma nova festa, exigindo-lhes um vestido novo. No caso do direito, o convite é amplo: abarca o público e o privado; o penal e o civil; o administrativo e o processual, sem excluir ninguém, com a condição de que adotem novas características.⁴

Por isso nos parece interessante indicar a existência de um paradigma ambiental, que atua como um princípio organizativo do

---

³ Isso fica evidente nos relatórios da comunidade científica sobre aquecimento global, desaparecimento de espécies, redução de áreas florestais e muitos outros aspectos. Mas também o cinema, a literatura e a experiência do cidadão comum percebem mudanças relevantes em seu ambiente natural e cultural.

⁴ Escrevi esta metáfora da festa há mais de duas décadas: *Las normas fundamentales de derecho privado*. Santa Fé: Rubinzal-Culzoni, 1995. Permito-me escrevê-la novamente em razão de sua simplicidade para explicar um complexo problema de leis homólogas.

pensamento retórico, analítico e protetivo, que se vincula com a interação sistemática e com os enfoques holísticos.

A primeira questão, então, a se analisar é por que o paradigma está mudando.

Primeira parte – A natureza como recurso escasso

A mudança de paradigma ocorre porque mudam dois pressupostos básicos sobre os quais se há construído grande parte da cultura ocidental:

1. A natureza já não é "forte", mas sim "fraca" ante o potencial humano.
2. A natureza já não é "ilimitada", mas sim "escassa".

I   A natureza como frágil necessitada de proteção

Na história da humanidade, houve temor à natureza, identificada com os deuses durante o animismo e, posteriormente, com uma força incontrolável para as pessoas.

No século XX houve uma mudança notável, já que se teve consciência de que ela poderia ser dominada e danificada pelo ser humano.

A natureza aparece como um sujeito vulnerável, necessitado de proteção. Na comunidade científica, afirma-se que chegamos às fronteiras do desenvolvimento, pondo em risco o funcionamento do ecossistema.[5] No âmbito religioso, o Papa Francisco, por exemplo, disse que há que se escutar o "gemido da irmã terra que se une ao gemido dos abandonados do mundo".[6]

Esse fato, que gradualmente vai sendo admitido em nível global, dá lugar a um sistema jurídico baseado na tutela da natureza, seja

---

[5] Os numerosos informes sobre aquecimento global e mudança climática são uma boa mostra disso.
[6] Encíclica Laudato Si', sobre o cuidado de nossa casa comum, nº 53, Papa Francisco, Roma, 24.5.2015. A Universidad del Salvador organizou as "Jornadas Humanismo e Meio Ambiente. Reflexões a partir da Encíclica *Laudato Si'* de S. S. Francisco", que tiveram lugar na Cidade de Buenos Aires, nos dias 8 e 9.9.2015, baixo a reitoria do Doutor Juan Alejandro Tobías, cujo fruto foi uma obra coletiva, publicada por Ediciones Universidad del Salvador, em outubro de 2015, que contém as exposições realizadas em dito Encontro. A Carta *Encíclica Laudato Si'* foi publicada, integralmente, na *Revista de Derecho Ambiental*, Buenos Aires, n. 43, p. 278-351, jul./set. 2015.

mediante normas constitucionais, legais, princípios de interpretação ou limitações no exercício dos direitos de propriedade e do consumo.

II A natureza como recurso escasso

O segundo pressuposto que se modificou se refere ao caráter ilimitado dos recursos naturais.

Em numerosas culturas antigas, houve um respeito à "mãe Terra" e ao entorno no qual se desenvolviam as atividades humanas. Porém, a partir da Revolução Industrial, a ação humana adquiriu um potencial enorme, que ninguém considerou prudente limitar porque se pensava que o contexto o suportava.

Nos tempos atuais, há evidências suficientes para se afirmar que os recursos são limitados e que não toleram qualquer tipo de ação. Examinando a evolução histórica, Harari[7] afirma que, para proporcionar a cada um dos habitantes do planeta o mesmo nível de vida que atualmente têm os norte-americanos prósperos, necessitaríamos alguns planetas a mais.

Este fato tem implicações culturais extraordinárias: a natureza, como um todo, é um recurso escasso.

Estamos acostumados a trabalhar com a escassez de bens tangíveis, como a terra e a água, e outros intangíveis, como a liberdade. Diante disso, a economia desenvolveu sua teoria da ação racional individual orientada à maximização de benefícios, que permite explicar as opções que realiza um indivíduo quando se vê forçado a fazê-lo porque os bens não conseguem satisfazer as necessidades de todos aqueles que os desejam.

Os conflitos entre pessoas que disputam bens individuais são os que as leis e os juízes resolvem habitualmente.

A novidade é que a "natureza" como totalidade, e não somete suas partes, é o que agora aparece como recurso escasso, questão que apresenta um cenário conflitual diferente do que conhecemos.

---

[7] HARARI, Yuval Noah. *Homo Deus*. Breve historia del mañana. 6. ed. [s.l.]: Debate, 2017. p. 239.

III Os dados da crise ambiental

Os dois pressupostos anteriores têm sua base na "crise ambiental" que descreveremos, omitindo dados que são conhecidos, com a finalidade de manter a brevidade do texto.

1 A homogeneidade avança sobre a diversidade

A biodiversidade está se perdendo a passos largos.

Em todos os ramos das ciências este diagnóstico está se consolidando: perderam-se espécies de animais, de plantas, de práticas culturais, de idiomas.

Nos últimos tempos, chamou a atenção a análise macro-histórica, tendo-se em conta o papel do *homo sapiens*, que foi crescendo de tal modo que ele tem sido o principal depredador. Disse Harari:[8]

> A extinção da megafauna australiana foi provavelmente a primeira marca importante que o *Homo Sapiens* deixou em nosso planeta. Foi seguida por um desastre ecológico, no entanto, ainda maior, desta vez na América. O *Homo Sapiens* foi a primeira e a única espécie humana a alcançar a massa continental do hemisfério Ocidental, a que chegou há uns 16 mil anos, isto é, ao redor de 14 mil a.C. Os primeiros americanos chegaram a pé, uma vez que naquela época o nível do mar estava bastante baixo para que uma ponte continental conectasse o nordeste da Sibéria com o noroeste do Alaska. Não é que a travessia fosse fácil; a viagem era árdua, ainda mais que a travessia foi até a Austrália. Para compreendê-la, os *sapiens* tiveram primeiro que aprender a suportar as extremas condições árticas do norte da Sibéria, uma região em que o sol não brilha nunca no inverno, e na qual a temperatura pode descer até os 50 graus Celsius - [...] Porém, toda essa diversidade desapareceu. Dois mil anos depois da chegado dos sapiens, a maioria dessas espécies únicas tinha se extinguido. Segundo estimativas atuais, neste curto intervalo a América do Norte perdeu 34 de seus 47 gêneros de mamíferos grandes, e a América do Sul perdeu 50 de um total de 60. Os felinos de dentes de sabre, depois de haverem prosperado ao longo de mais de 30 milhões de anos, desapareceram, e a mesma sorte tiveram as preguiças-gigantes, os enormes leões, os cavalos americanos nativos, os camelos americanos nativos, os roedores gigantes e os mamutes. Atrás deles, milhares de espécies de mamíferos, répteis e aves de menor tamanho e inclusive insetos e parasitas se extinguiram

---

[8] HARARI, Yuval Noah. *De animales a dioses*. Breve historia de la humanidad. 13. ed. [s.l.]: Debate, 2018. p. 87-89.

também (quando os mamutes desapareceram, todas as espécies de carrapatos de mamutes caíram no esquecimento).

O *homo sapiens* foi um grande depredador e provocou um desastre ecológico em matéria de biodiversidade, mas também se apoderou do planeta. Assinala Harari:[9]

> os últimos 500 anos foram testemunhas de um crescimento vertiginoso e sem precedentes do poder humano. No ano 1500 havia uns 500 milhões de *homo sapiens* em todo o mundo. Na atualidade há 7 bilhões. Estima-se que o valor total em bens e serviços produzidos pela humanidade no ano 1500 foi de 250 bilhões de dólares de hoje em dia. Na atualidade, o valor de um ano de produção humana se aproxima dos 60 trilhões de dólares. Em 1500, a humanidade consumia uns 13 trilhões de calorias de energia por dia. Na atualidade, consumimos 1.500 trilhões de calorias diárias (considere leitor, novamente, estas cifras: a população humana se multiplicou por 14, a produção por 240 e o consumo de energia por 115) [...] No mundo há umas 80 mil girafas, frente aos 1 bilhão e meio de cabeças de gado; somente 200 mil lobos, frente aos 400 milhões de cachorros domésticos; somente 250 mil chimpanzés, frente aos bilhões de humanos. Realmente, a humanidade se apoderou do mundo.

Tudo isso faz prevalecer a homogeneidade sobre a diversidade.

No Antropoceno, o planeta se converteu, pela primeira vez, em uma só unidade ecológica. Austrália, Europa e América continuaram tendo climas e topografias diferentes, mas os humanos provocaram a mescla de organismos de todo o mundo de uma maneira regular, independentemente da distância e da geografia.[10]
A perda de selvas e bosques implica ao mesmo tempo a perda de espécies que poderiam significar, no futuro, recursos sumamente importantes, não só para a alimentação, senão também para a cura de enfermidades e para múltiplos serviços. As diversas espécies contêm genes que podem ser recursos-chave para resolver, no futuro, algumas necessidades humanas ou para regular algum problema ambiental.[11]

Também é importante considerar o aspecto econômico. Em alguns setores se adverte a perda de diversidade produtiva, como exemplo,

---

[9] HARARI, Yuval Noah. *De animales a dioses*. Breve historia de la humanidad. 13. ed. [s.l.]: Debate, 2018. p. 275.
[10] HARARI, Yuval Noah. *De animales a dioses*. Breve historia de la humanidad. 13. ed. [s.l.]: Debate, 2018. p. 90.
[11] *Laudato Si'*, nº 32.

no campo. A utilização de cereais transgênicos e as técnicas produtivas em evolução aumentam o incentivo para os cultivos tradicionais como a soja e o trigo, desaparecendo a diversidade originária.

Algo similar ocorre com a mineração, já que

> À medida que avançam as tecnologias de extração de petróleo, gás, minerais e outros recursos naturais não biológicos e de localização dos depósitos desses recursos, inclusive em regiões separadas do planeta, em toda parte do mundo aumenta o número de atividades da indústria extrativa e se espera que no futuro siga aumentando.[12]

As diversidades cultural e linguística estão no mesmo processo de homogeneidade, que dilui as particularidades locais. Nisso está envolvida a identidade dos povos e das pessoas, o que se tem chamado de "o sentimento de estar em casa dentro da cidade que nos contém e nos une".[13]

As cidades se tornam similares devido a numerosos fatores. O transporte em geral e o uso de automóvel em particular, a difusão de marcas comerciais globais assimila os centros comerciais e a estandardização do consumo que acelera o mesmo processo.

O fenômeno também se estende a aspectos mais intangíveis, como a perda do silêncio. A contaminação acústica e visual é cada vez mais relevante para o ouvido e o olho humanos, gerando um atordoamento generalizado.

A expansão do mundo digital e a telefonia inteligente orientam as pessoas a uma monotonia que deteriora o pensamento complexo, abrindo um lugar onde todos se olham até se esgotarem de si mesmos no dilúvio de informação.[14] É uma máscara vazia como a descrita por Calvino.[15]

Existe um processo muito potente encaminhado à homogeneidade que se traslada, inclusive, às condutas mais específicas. É um bom exemplo examinar como as crianças de todo o mundo desejam os mesmos celulares e jogam os mesmos jogos, ou o caso dos adultos, em que há uma internacionalização de pautas similares de consumo.

---

[12] Assembleia das Nações Unidas sobre o Meio Ambiente do Programa das Nações Unidas para o Meio Ambiente, segundo período de sessões, Nairóbi, 23 a 27.5.2016.
[13] *Laudato Si'*, nº 151.
[14] BYUNG-CHUL, Han. *En el enjambre*. Tradução de Raúl Gabás. Barcelona: Herder, 2014.
[15] CALVINO, Ítalo. *El caballero inexistente*. Tradução de Esther Benítez. [s.l.]: Siruela, [s.d.].

2 A contaminação se propaga

A contaminação se estendeu a todos os níveis, e há numerosas fontes de informação que corroboram este fato.

A água apresenta níveis de contaminação preocupantes em todo o planeta. As águas submarinas, os mares, os lagos, os glaciais estão submetidos a processos que degradam sua qualidade e quantidade como recurso natural, ao mesmo tempo em que a demanda aumenta e diminui a oferta.

As Nações Unidas já o expressaram com toda clareza ao enumerar seus esforços:[16]

> No que se refere aos recursos e ecossistemas de água doce, costeiros e marinhos, estabeleceram-se várias alianças internacionais e outros marcos internacionais de colaboração sob os auspícios dos convênios e planos de ação sobre mares regionais vigentes, e programas de mares regionais conexos, o Programa de Ação Mundial para a Proteção do Meio Marinho frente às Atividades Realizadas em Terra e outras iniciativas internacionais. Concentram-se em problemas que são motivo de preocupação internacional, como o lixo e os dejetos marinhos e o derramamento de poluentes e nutrientes no meio marinho como produto de atividades realizadas em terra. Ao mesmo tempo, apesar disso, não existe um marco jurídico internacional geral para fazer frente a esses novos problemas, a não ser os marcos mais gerais de cooperação internacional para o controle da contaminação marinha previstos na Convenção das Nações Unidas sobre o Direito do Mar.
>
> Os oceanos, os mares e as zonas costeiras constituem um componente integrado e essencial do ecossistema terrestre e são fundamentais para sua sustentabilidade. No entanto, existe uma crescente preocupação, em escala internacional, com questões como a contaminação marinha (incluídos os detritos marinhos, e especialmente os plásticos), os poluentes orgânicos persistentes, os metais pesados e os compostos nitrogenados procedentes de diversas fontes marinhas e terrestres, entre elas as atividades de navegação e as de escoamento. Ademais, é necessário adotar medidas coletivas para evitar a acidificação dos oceanos e aumentar a resiliência dos ecossistemas marinhos.
>
> Para fazer frente aos efeitos da mudança climática e às demais pressões ambientais, se coloca a necessidade cada vez mais premente de fortalecer os marcos jurídicos ambientais que sustentam a governança, a fim de

---

[16] Assembleia das Nações Unidas sobre o Meio Ambiente do Programa das Nações Unidas para o Meio Ambiente, segundo período de sessões, Nairóbi, 23 a 27.5.2016.

garantir a saúde dos ecossistemas, administrar os usos conflitivos e gerar acesso adequado e equitativo à água potável e ao suprimento de água. Quanto à gestão ambiental racional dos recursos de água doce internacionais, deveria fornecer-se mais respaldo ao Foro Internacional do Meio Ambiente para as organizações de Bacias, organizado pelo PNUMA, a Rede Internacional de Organizações de Bacias e as organizações associadas pertinentes, em particular com vistas a encontrar solução comum a problemas comuns das bacias transfronteiriças e dos ecossistemas conexos. Da mesma forma, posteriormente à entrada em vigor, no ano de 2014, da Convenção das Nações Unidas sobre o Direito dos Usos dos Cursos de Água Internacionais para fins distintos da navegação deveriam organizar-se atividades para aplicar os princípios e procedimentos estabelecidos na Convenção para aproveitar os vínculos e as sinergias com outros acordos multilaterais sobre o meio ambiente. Os recursos biológicos aquáticos, em particular os recursos biológicos marinhos, a pesca ilícita, não regulada e não declarada, a introdução de espécies exóticas e a diversidade biológica em zonas situadas fora da jurisdição nacional são algumas das questões-chave que exigem prosseguir a cooperação internacional que deve fomentar-se sob os auspícios dos acordos ambientais multilaterais pertinentes, assim como dos tratados internacionais e outros instrumentos que regem esses aspectos.

Em termos de conservação, restauração e utilização sustentável dos solos, graças à colaboração com a Secretaria da Convenção das Nações Unidas de Luta contra a Desertificação em questões de terras áridas, o PNUMA prestou apoio à aplicação da Convenção e ao alcance de seus objetivos. Dada a importância da gestão sustentável e ambientalmente racional dos solos para a segurança alimentar e a manutenção dos meios de subsistência, deveria se seguir realizando esforços em nível internacional para abordar essa questão. Com relação aos bosques, foram tomadas medidas para se alcançar a sustentabilidade ambiental, no contexto tanto de adaptação às mudanças climáticas como da conservação e gestão sustentável da diversidade biológica, inclusive por meio das associações internacionais de colaboração como o Programa de Colaboração das Nações Unidas para reduzir as Emissões devidas ao Desmatamento e à Degradação Florestal nos Países em Desenvolvimento, conhecido como o Programa ONU-REDD.

Também cabe considerar a contaminação atmosférica transfronteiriça de caráter intercontinental, como a contaminação do ozônio troposférico, que é um problema hemisférico e não pode se resolver no nível regional, porque o ozônio e seus precursores se movem entre continentes.[17]

O impacto da contaminação sobre a saúde humana é cada vez mais evidente, porque surgem novas enfermidades derivadas de nosso modo de vida. Há muitos pesquisadores[18] que sugerem que os agrotóxicos e os poluentes atmosféricos, assim como os alimentos e o estilo de vida, criam um entorno propício para que isso ocorra.[19]

Junto com o patrimônio natural, existe um patrimônio histórico, artístico e cultural e belezas cênicas igualmente ameaçados, os quais devem ser cuidados e protegidos. Por isso, a ecologia também supõe o cuidado das riquezas culturais da humanidade em seu sentido mais amplo.[20]

A paisagem também está contaminada pela superposição de elementos de todo tipo, que distorcem uma visão que permita uma mínima identidade e satisfação. A atividade humana interfere constantemente na paisagem: a extensão incontrolada da urbanização, a expansão da publicidade nos ambientes urbanos e rurais, as infraestruturas de transporte (rotas, rodovias, pontes etc.), a simplificação das paisagens agrárias, a exploração selvagem do solo, o abandono nas explorações minerais, o turismo e toda a infraestrutura hoteleira.

A paisagem é extremamente vulnerável, já que está em um delicado equilíbrio ecológico. Sua degradação se produz quando aceleramos os fluxos dos elementos minerais que o atravessam ou quando reduzimos o número de espécies de sua biocenose.

Quando um bosque perde o canto dos pássaros, parte da paisagem morre um pouco. Quando um arroio perde a qualidade de suas águas, a paisagem morre um pouco. Quando um vale é cruzado por uma rodovia, a paisagem morre um pouco. E quando uma serra é cruzada por uma linha de energia, a paisagem morre um pouco.

O impacto negativo das obras de infraestrutura edilícia pode materializar-se em dois pontos: deterioração da paisagem e agressões à avifauna. Definitivamente, a intrusão produzida sobre a paisagem pelo conjunto de linhas formadas pelo volume dos edifícios, torres e obras de infraestrutura comunitária, que constitui a forma normal de

---

[17] Assembleia das Nações Unidas sobre o Meio Ambiente do Programa das Nações Unidas para o Meio Ambiente, segundo período de sessões, Nairóbi, 23 a 27.5.2016.
[18] DEVRA, Davis. *The secret history of the war of cancer*. [s.l.]: Basic Books, 2007. Esta autora tem vários textos sobre a questão ambiental e as enfermidades.
[19] *Laudato Si'*, nº 20.
[20] Preâmbulo da Declaração de Edimburgo, e Preâmbulo e artigo 3º do Protocolo Antártico do Tratado Antártico sobre Proteção do Meio Ambiente.

desenvolvimento urbano destes últimos tempos, origina uma ruptura brusca do equilíbrio natural e de sua harmonia estética.

A paisagem se torna agressiva e inarmônica, levando ao espírito do espectador a inquietude da violação consumada na mãe natureza.

Nas cidades há um crescimento acelerado e, por todo lado, difícil de organizar, fazendo com que o entorno ambiental e social seja contaminado. O ruído, as emissões tóxicas, a proliferação de mensagens de todo tipo e a redução de espaços verdes são fatores evidentes.

3 O desequilíbrio substitui o equilíbrio

É perceptível que há um desequilíbrio na ordem natural que desloca ou substitui o equilíbrio, entendido da forma que conhecíamos; na realidade se está construindo um novo equilíbrio homeostático no qual se requerem novas adaptações.

A natureza perdeu a capacidade de resiliência, isto é, de manter sua própria identidade, e o equilíbrio do sistema se está quebrando. Por isso vemos tempestades e furacões que surpreendem, invernos gelados, verões esmagadores, tudo vai ao extremo. Há lugares onde há muita água e se provocam inundações e há outros nos quais ela não chega nem para a vida. Por excesso ou por falta, vemos uma alteração da harmonia natural.

Os bens ambientais também estão submetidos a tensões que alteram seu equilíbrio. Um bom exemplo é a água potável: a demanda de água aumenta porque a população mundial cresceu exponencialmente, os usos industriais são cada vez mais intensos e há muito desperdício; por outro lado, a oferta diminui, porque as áreas desérticas aumentaram por efeito do desmatamento, os rios e lençóis freáticos estão contaminados, os glaciais retrocederam, a mudança climática está aquecendo o planeta.

O Papa Francisco assinalou, com referência ao aquecimento global:[21] "Nas últimas décadas, este aquecimento esteve acompanhado do constante crescimento do nível do mar, e ademais é difícil não relacioná-lo com o aumento de eventos meteorológicos extremos, além de não se poder atribuir uma causa científica determinante a cada fenômeno particular".

---

[21] *Laudato Si'*, nº 23.

4 A aceleração substitui a previsão

A aceleração do tempo é inegável em todos os campo,[22] e se alteraram os pressupostos sobre os quais se faziam previsões econômicas, técnicas, jurídicas e políticas.

Ninguém sabe muito bem em que direção vai o desenvolvimento nem quais são suas consequências.

Para apreciar este fenômeno na tecnologia, é interessante comparar a experiência cotidiana.

Uma pessoa que hoje tem noventa anos teve uma infância em que não existiam as cozinhas, geladeiras, ar condicionado, transplante de coração, automóveis, telefones, aviões, viagem à Lua, televisão. A mudança foi impressionante e houve a necessidade de adaptação.

Uma pessoa que hoje tem trinta anos assistiu ao nascimento dos telefones inteligentes, internet, Google, YouTube, Amazon, Facebook, tecnologias médicas incríveis, automóveis não guiados, as séries na Netflix, a moeda eletrônica. A música, por exemplo, em poucos anos passou do disco em vinil ao cassete, então ao CD até o *streaming* atual, no qual o suporte material é irrelevante. O surgimento das redes sociais alterou totalmente os vínculos interpessoais. A inteligência artificial derrotou o cérebro humano no xadrez, o "deslocamento" de trabalhos tradicionais pode chegar a ser massivo.

Quando toda essa mudança se aprecia de certa distância, damo-nos conta de que não se trata somente de um avanço evolutivo de variáveis conhecidas. É uma nova plataforma tecnológica totalmente diferente que organiza a vida cotidiana, a sociedade, o mercado e a governabilidade política.

As instituições estão mudando substancialmente por efeito da globalização e da tecnologia, o que gera impacto sobre as decisões ambientais. Existe uma transmissão muito rápida dos fenômenos de um lugar do mundo ao outro, gerando mudanças permanentes. Ante essa velocidade, as decisões institucionais são lentas, trabalhosamente alcançadas. Por isso vemos Estados inteiros que se tornam inviáveis, crises de governo, uma verdadeira "desordem global". Este fenômeno explica em grande medida as decisões que se acabam adotando para autopreservação, com impactos muito negativos sobre o progresso na tutela do ambiente.

A mudança climática é também acelerada.

---

[22] Há numerosa literatura sobre este tema. Por todos ver FRIEDMAN, Thomas. *Thank you for being late.* [s.l.]: First Picador, 2017.

O "holoceno" é um conceito utilizado para descrever o período que se inicia depois da última glaciação, há uns dez mil anos, e é um tempo razoavelmente quente e estável. Sobre estas bases se construiu o que chamamos "civilização".

O "antropoceno" é um termo que chama a atenção ao fato de que, a partir da Revolução Industrial, o impacto da ação humana sobre a natureza foi significativo.

A passagem do "holoceno" ao "antropoceno" é extremamente rápida e suas consequências são desconhecidas.

Estamos vivendo as consequências ambientais das primeiras ações humanas baseadas na primeira etapa da Revolução Industrial, mas não sabemos qual vai ser o panorama dentro de cinquenta anos, quando se concretizarem os efeitos do que fazemos agora.

Todo este processo é preocupante, porque a maior parte das decisões, por uma multiplicidade de fatores complexos, é adotada por pessoas jovens, que se desenvolvem, muitas vezes, em âmbitos institucionais alheios ou estranhos a seus interesses ou formação.

É a primeira vez na história da humanidade que uma geração transmite o conhecimento à anterior. É o que ocorre com a tecnologia, que evolui tão rápido que as crianças ensinam a seus pais como manusear o celular, o computador ou os jogos.

Esta afirmação se refere à técnica, mas não à sabedoria, já que os problemas de invejas, ciúmes, disputas de poder, ou a desorientação espiritual são similares, seja na época de Sócrates, de Shakespeare, seja agora.

A sabedoria não é acumulação de dados, porque quanto mais vazio está o coração mais ele necessita objetos para comprar, possuir e consumir.[23]

Por essa razão advertimos que se avança na tecnologia e se retrocede nos valores.

Esse é um dos grandes debates de nosso tempo, porque não se trata de uma necessidade de adaptar-se, senão de um grande deslocamento, um movimento tectônico que altera os pressupostos sobre os quais se desenvolveu a experiência humana.

Existe uma interação entre a evolução tecnológica, econômica e ambiental que tem uma escala quantitativa e qualitativa que resulta inatingível para a experiência humana tradicional.

---

[23] *Laudato Si'*, nºs 47 e 204.

A experiência filosófica, ética, valorativa é cada vez mais urgente para dar um sentido razoável à evolução humana e natural.

Segunda parte – Conflito e falsos dilemas

Devemos ter em conta que esta é a primeira geração que tem o conhecimento do risco de colapso ambiental e, muito provavelmente, a última que pode fazer algo para evitá-lo.

O panorama descrito brevemente deveria ser suficientemente preocupante para que nos ocupemos seriamente de seu estudo para elaborar uma nova ferramenta teórica, ao menos no campo jurídico.

O que está ocorrendo é quase o contrário: o repensar de falsos dilemas que obscurecem a solução.

Repassaremos alguns desses aspectos.

I   Consenso declarativo e dissenso prático

A questão ambiental apresenta um paradoxo: todos são a favor do meio ambiente, mas os dados mostram que a deterioração derivada da ação humana está aumentando. Existe um consenso declarativo e uma discordância prática.

As declarações existentes nos convênios internacionais e na denominada "correção" política e institucional nos oferecem uma *comunis opinio*: a natureza deve ser protegida. As ações práticas, por outro lado, apresentam um panorama completamente distinto.

Em muitos casos se apresenta um objetivo de desenvolvimento que oculta os efeitos ambientais. Por exemplo: quando se diz que há uma grande oportunidade de explorar o Ártico, viajar pelo Polo Norte, viver experiências incríveis, mas na realidade existe um perigo enorme derivado do degelo de ambos os polos, Ártico e Antártico.

Em outros, semeia-se a dúvida científica. Afirma-se que não há provas de que exista um risco ambiental, e que a técnica irá solucionar todos os problemas; nada a temer.

Essa breve descrição é suficiente para assinalar que um aspecto importante consiste em desmontar essas estratégias de ocultamento e apresentar as opções de modo mais transparente para que se possam adotar decisões baseadas em uma análise clara dos riscos e benefícios.

No direito se observa uma dualidade similar.

O campo declarativo é o das emoções. Sentir que a Terra está em perigo, colocar limites ao desenvolvimento, identificar ideais e lutar por eles é a tarefa da maioria daqueles que abordam o tema. Este enfoque se propõe a um objetivo de conscientização, para o que começa assinalando os riscos que enfrenta o ambiente. Após, segue-se com um apontamento dos valores em jogo: o desenvolvimento ou a preservação da natureza.

Trata-se de um diagnóstico e de uma contraposição de valores.

Esta metodologia teve influência na legislação, na qual abundam frases de tipo retórico, adoção de valores e legislação por objetivos. Tem sido muito positiva para o propósito de identificar os problemas e criar consciência.

Os críticos deste enfoque assinalaram sua ineficiência.

Foi dito que o direito dos tratados ambientais é um "direito fraco", porque utiliza programas, objetivos, verbos potenciais, generalidades políticas,[24] e por isso os países os subscrevem, mas não se sentem realmente obrigados.

Observou-se[25] que esse tipo de lei falha no momento de alcançar soluções concretas. Em alguns casos falha por excesso, ao estabelecer resgates ambientais que deterioram outros bens a um alto custo; em outros, por defeito, ao não atacar os verdadeiros problemas, e na maioria, por improvisação, usando todo tipo de medida para enfrentar o problema, esperando que ocorra o melhor, mas sem partir de uma análise sistemática.

Muitas críticas são exageradas ou bem inadequadas na medida em que o enfoque declarativo se aplica a um campo distinto do analítico, e se é útil para o tratamento de materiais axiológicos, não o é no desenho de ferramentas técnicas.

Assim mesmo, no plano analítico tampouco há muita clareza a respeito. As noções são rudimentares para contemplar adequadamente as constelações de problemas vinculados que se apresentam, e é por isso que muitas soluções se mostram controvertidas.

Por exemplo, se há registrado que é urgente estabilizar a população, já que em um futuro não muito distante não haverá recursos suficientes e se chegará a um ponto crítico.[26] Como derivação dessa premissa, propõem-se medidas drásticas em matéria de controle de

---

[24] Conf. ESTRADA OYUELA, Raúl. *Notas sobre la evolución reciente del Derecho Ambiental internacional*. Buenos Aires: AZ, 1993. p. 6.
[25] HAHN, Robert. Toward a new enviromental paradigm. *The Yale Law Journal*, maio 1993. p. 1719.
[26] GORE, Albert. *Earth in balance*: ecology and the human spirit. Boston: H. Miffin, 1992. p. 30 e ss.

natalidade. A hipótese de que a população tenha um impacto global tão decisivo em termos ambientais foi controvertida amplamente na conferência sobre população que as Nações Unidas realizou em 1994 na cidade do Cairo. Mesmo se fosse admitido, também se controverteram os mecanismos de controle, pois a população pode ser regulada de forma direta (controle de nascimentos, subsídios e incentivos) ou por meio das externalidades associadas a seu crescimento.

A ideia de que o progresso traz deterioração ambiental e que, em consequência, há que se voltar à infância da humanidade tem sido amplamente questionada. Afirma-se, por exemplo, que as sociedades mais desenvolvidas diminuíram seu crescimento populacional e melhoraram o ambiente; consequentemente, há que se introduzir instituições econômicas que favoreçam o funcionamento do mercado e que produzam riqueza.[27] Também se apontou que não há uma relação direta entre o progresso técnico e a deterioração ambiental, uma vez que os países subdesenvolvidos deterioram o meio ambiente mais que os países que estão desenvolvidos.[28]

Outras soluções apresentam problemas técnicos para ser implementadas. Por exemplo, propõe-se imputar a externalidade negativa à empresa ou ao país que deteriora o ambiente; no entanto, é difícil medir a degradação ambiental, bem como o dano e o custo. É complexo estabelecer qual é o índice de consumo de recursos naturais de uma nação.[29]

A solução a estes debates passa por alcançar uma proteção eficaz e eficiente.

Assinala Benjamin[30] que a questão ambiental possui inumeráveis facetas, entre as quais identifica o trabalho "analítico", que serve para estudar o meio ambiente e sua deterioração, e o "protetivo", que busca mecanismos eficientes para evitar a degradação e melhorar a qualidade do meio ambiente. Seguidamente manifesta que o que interessa, essencialmente, ao direito é a proteção ambiental. De nossa parte, temos distinguido entre o enfoque "retórico" e o "analítico", entre o debate "axiológico" e o "técnico-instrumental". Ambos podem estar direcionados à proteção e sem dúvida assim é. Mas é necessário

---

[27] HAHN, Robert. Toward a new enviromental paradigm. *The Yale Law Journal*, maio 1993. p. 1728.
[28] LOVELOCK, James. *La tierra es un ser viviente*: la hipótesis. Rocher: Gaia, 1986.
[29] HAHN, Robert. Toward a new enviromental paradigm. *The Yale Law Journal*, maio 1993.
[30] BENJAMIN, Antonio. Função ambiental. *In*: BENJAMIN, Antonio. *Dano ambiental*. Prevenção, reparação e repressão. São Paulo: Revista dos Tribunais, 1993. p. 49.

coordenar a proteção com a eficiência e a eficácia. Por isso Benjamin faz referência à "proteção eficiente".

Isso significa dizer que o que se deve fazer é identificar o bem jurídico protegido e então fixar os instrumentos para que esse objetivo seja cumprido com eficácia.

II   O conflito intergeracional

O conflito entre gerações é cada vez mais evidente. As pessoas que são adultas na primeira metade do século XXI estão adotando decisões que impactarão seriamente no modo de vida daqueles que vivam na segunda metade do século ou no seguinte. É altamente provável que não possam desfrutar de numerosos recursos que se esgotarão, ou não poderão ver paisagens das quais hoje desfrutamos.

Esse problema já se deu anteriormente em numerosas áreas do planeta.

Quando os espanhóis chegaram ao Peru e à Bolívia no século XVI, buscavam ouro e prata, que encontraram em abundância, e isso provocou um período de riqueza considerável para essa geração, ainda que desigualmente repartida. Mas o esgotaram, a geração seguinte já não pôde desfrutar desse recurso e gerou-se a pobreza extrema na região, que ficou devastada.

Quando muitos países europeus chegaram, nos séculos XVIII e XIX, a distintas regiões da África, encontraram riquezas que exploraram e esgotaram. O continente africano se empobreceu para a geração que viveu no século XX, e hoje vemos como essas pessoas vão migrando para a Europa em uma onda indetenível. Em definitivo, estão cobrando a dívida da geração anterior, já que não têm nenhum futuro possível em suas terras empobrecidas.

Esses exemplos abundam em todo o planeta.

O problema central é que as políticas públicas não levam em conta uma perspectiva de médio e longo prazos e as próximas gerações não estão aqui para defender-se das condutas atuais que as vão prejudicar no futuro.

Por isso é tão importante dar uma legitimação às gerações futuras nos processos judiciais e incorporar a visão de longo prazo nas decisões.

Nesse sentido, diz o Papa Francisco:[31]

---
[31]   *Laudato Si'*, nº 159.

A noção de bem comum incorpora também as gerações futuras. As crises econômicas internacionais têm mostrado com crueza os efeitos danosos que traz consigo o desconhecimento de um destino comum, do qual não podem ser excluídos aqueles que vêm atrás de nós. Já não se pode falar de desenvolvimento sustentável sem uma solidariedade intergeracional.

Este problema é de muito difícil solução, porque as gerações seguintes não estão presentes e porque não sabemos qual vai ser o impacto do que estamos fazendo agora.

As melhores estratégias atuais se focam em fazer visível o conflito.

No aspecto institucional é possível criar a figura do representante das gerações futuras, ou dar legitimação a organizações não governamentais, ou seja, "vocês do futuro".

No campo científico, é importante a perspectiva temporal, isto é, quais serão os efeitos de uma medida em diferentes cenários futuros.

III O conflito intrageracional

O conflito global intrageracional faz referência ao problema das relações "Norte/Sul". Expresso de modo certamente simplista, o raciocínio é o seguinte: a) o hemisfério Norte se desenvolveu e enriqueceu em virtude de ter explorado os recursos naturais do hemisfério Sul; b) o hemisfério Sul necessita desenvolver-se e não o pode fazer, uma vez que seus recursos naturais foram esgotados ou porque há exigências de cumprimento de normas ambientais feitas pelo Norte e que o Sul não pode cumprir; c) existe uma dívida ambiental de grande volume econômico a cargo do Norte cujo credor é o Sul.

Nesse sentido a *Encíclica Laudato Si'* afirma:

> A inequidade não afeta só a indivíduos, mas a países inteiros, e obriga a pensar em uma ética das relações internacionais. Porque há uma verdadeira 'dívida ecológica', particularmente entre o Norte e o Sul, relacionada com desequilíbrios comerciais com consequências no âmbito ecológico, assim como o uso desproporcional dos recursos naturais levados a cabo historicamente por alguns países.[32]

---

[32] *Laudato Si'*, nº 51.

Por essa razão se elaborou um princípio de responsabilidades comuns de todos os países no cuidado do ambiente, mas diferenciadas em relação ao seu aporte:

> Considerando que contribuíram em diferente medida à degradação do meio ambiente mundial, os Estados têm responsabilidades comuns mas diferenciadas. Os países desenvolvidos reconhecem a responsabilidade que lhes cabe na busca internacional do desenvolvimento sustentável, em atenção às pressões que suas sociedades exercem no meio ambiente mundial e das tecnologias e recursos financeiros de que dispõem.[33]

A ideia de uma "dívida ecológica" não é pacífica; ao contrário. Ela é rechaçada amplamente por numerosos setores, sobretudo pelos que resultariam devedores.

A tendências nas relações econômicas internacionais incorpora exigências de cumprimento de *standards* ambientais em produtos e serviços, o que é custoso para os países que têm que se desenvolver. Isto é, apesar de serem medidas saudáveis, atuam como uma barreira "pseudoalfandegária" e são rechaçadas por muitos países e empresas.

O problema exige repensar o desenvolvimento econômico e repensar a ideia de uma "economia verde", que não se trata da mesma economia com mais exigência, senão de uma nova economia.

IV Igualdade *v.* ambiente

É frequente escutar que primeiro é preciso alcançar a igualdade e por isso há que se deixar o cuidado do ambiente para mais adiante, o que não expressa um fundamento sério.

Em todos os documentos elaborados nos últimos anos, afirma-se que a defesa do ambiente está conectada com a da igualdade.

É preciso ter claro que a degradação do ambiente gera uma nova classe de pobreza, seja pelo esgotamento dos recursos, seja pelas catástrofes ambientais.

> Muitos pobres vivem em lugares particularmente afetados por fenômenos relacionados com o aquecimento, e seus meios de subsistência dependem

---

[33] Princípios Jurídicos Meio ambientais para um Desenvolvimento Ecologicamente Sustentável. Aprovados pela Assembleia Plenária na XIX versão da Cúpula celebrada em Quito, Equador, nos dias 18, 19 e 20.4.2018. Princípio 7 da Declaração do Rio; Convenção sobre Mudança Climática e seu Protocolo; Convênio para a Proteção da Camada de Ozônio, e Pontos 15 e 199 da Declaração das Nações Unidas sobre o Desenvolvimento Sustentável, Rio + 20.

fortemente das reservas naturais e dos serviços ecossistêmicos, como a agricultura, a pesca e os recursos florestais. Não têm outras atividades financeiras e outros recursos que lhes permitam adaptar-se aos impactos climáticos ou fazer frente a situações catastróficas, e possuem pouco acesso a serviços sociais e à proteção. Por exemplo, as mudanças do clima originam migrações de animais e vegetais que nem sempre podem adaptar-se, e isso, por sua vez, afeta os recursos produtivos dos mais pobres, que também se veem obrigados a migrar, com grande incerteza, pelo futuro de suas vidas e de seus filhos. É trágico o aumento dos migrantes fugindo da miséria piorada pela degradação ambiental, que não são reconhecidos como refugiados nas convenções internacionais e levam o peso de suas vidas abandonadas sem proteção normativa alguma.[34]

Essa questão tem sido gradualmente incorporada em numerosas declarações.[35] Consideram-se em condição de vulnerabilidade aquelas pessoas, grupos e comunidades com capacidade diminuída de resiliência aos eventos ambientais ou de eventos extremos, em razão de sua idade, gênero, estado físico ou mental, ou ainda por circunstâncias sociais, ambientais, econômicas, éticas e/ou culturais, que ao mesmo tempo contribuem com especiais dificuldades para exercitar com plenitude ante o sistema de justiça os direitos reconhecidos pelo ordenamento jurídico. O juiz deve ter em conta que as normas reguladoras expedidas pelo Estado nem sempre alcançam a salvaguarda dos grupos vulneráveis.[36] No marco da OEA, os estados-membros assumiram o compromisso de promover a igualdade de oportunidades para todos os grupos vulneráveis.[37] Entre esses grupos se poderiam incluir as populações indígenas, os jovens, minorias em desvantagem racial ou ética (incluindo as populações em desvantagem de ascendência africana) e outros grupos tradicionalmente marginalizados.[38]

---

[34] *Laudato Si'*, nº 25.
[35] Declaração do Rio; Princípio 15 da Declaração de Estocolmo; arts. 7º, nº 2 e nº 4 e 32 da Comissão de Experts, Observação geral sobre o Convênio nº 169; Princípio 12 da Convenção sobre Comércio Internacional de Espécies Ameaçadas de Fauna e Flora Silvestre; Sessão III, art. 26 da Agenda 21 das Nações Unidas, e Ponto 58, letra k) e 268 da Declaração das Nações Unidas sobre o Desenvolvimento Sustentável, Rio + 20.
[36] STJ do Brasil, caso "Acumuladores Ajax", contaminação por chumbo, Recurso Especial, nº 1.310.471/SP (2011/0293295-2).
[37] AG/RES. 2312 (XXXVII-O/07), Declaração de Santa Cruz +10 (Primeira Reunião Interamericana de Ministros e Altas Autoridades de Desenvolvimento Sustentável).
[38] Estratégia interamericana para a promoção da participação pública nas decisões sobre desenvolvimento sustentável CIDI/RES. 98 (V-O/00).

Em definitivo, "toda abordagem ecológica deve incorporar uma perspectiva social que tenha em conta os direitos fundamentais dos mais desfavorecidos".[39]

V   Desenvolvimento v. ambiente

A contraposição entre o desenvolvimento e a proteção ambiental gera um debate polarizado e forte.

Por um lado, diz-se que o desenvolvimento é necessário e não pode ser detido pela proteção ambiental; por outro, afirma-se que o ambiente tem prioridade e teria que se retornar a um tipo de sociedade "natural".

Essas premissas são falsas.

O desenvolvimento não pode ser ilimitado, já que é necessário ter um guia acerca dos bens em jogo e dos valores comprometidos. O que se foi perdendo nos últimos anos foi justamente essa orientação, já que a aceleração de múltiplos fatores impede ter uma predição fundada. Por exemplo, diz Harari:[40]

> ninguém sabe onde está o freio. Ainda que alguns experts estejam familiarizados com os avanços em um âmbito determinado, seja este a inteligência artificial, a nanotecnologia, os dados em massa (*big data*) ou a genética, ninguém é um expert em todos eles. Portanto, ninguém é realmente capaz de conectar todos os pontos e ver a imagem inteira.

De outro lado, o desenvolvimento geralmente é pensado em função de uma variável, mas sem pensar no sistema. Por exemplo, desenvolve-se a soja e para isso se fazem monocultivos, suprimem-se os bosques, trabalha-se intensamente a terra, mas o efeito colateral se faz presente em poucos anos, mediante a desertificação ou bem o seu oposto, as inundações. A natureza é um sistema:

> Por exemplo, todos os anos cresce aproximadamente a mesma quantidade de erva em um vale determinado. A erva sustenta a uma população de uns 10 mil coelhos em que existem suficientes coelhos lentos, tolos ou desafortunados para proporcionar presas a uma centena de raposas. Se uma raposa é muito diligente e captura mais coelhos que o habitual,

---

[39] *Laudato Si'*, nº 93.
[40] HARARI, Yuval Noah. *Homo Deus*. Breve historia del mañana. 6. ed. [s.l.]: Debate, 2017. p. 64.

provavelmente outra raposa morrerá de fome. Ainda que existam flutuações ocasionais no mercado de coelhos, a longo prazo, as raposas não podem confiar na caça, por exemplo, de 3% a mais de coelhos por ano do que no ano anterior.[41]

A ideia de "desenvolvimento sustentável" e de "consumo sustentável" está baseada justamente na necessária ponderação entre a necessidade de riqueza e os limites que se devem respeitar.

O ambientalismo extremo, que propõe retornar a uma sociedade que só viva do que produz a natureza, sem alteração humana, não pode dar uma solução à pobreza nem às demandas de milhares de pessoas que, em todo o planeta, reclamam por melhores produtos e serviços.

Novamente, não há solução mediante a polarização.

VI Conflitos irresolúveis e polarização

A revisão dos debates nos permite apreciar um problema mais profundo, que é da polarização entre posições diferentes.

A análise deste aspecto pode concentrar-se no que cada setor diz, ou bem em adotar uma das duas ou três posições ou mesmo no procedimento para que essa distância se reduza. Este último aspecto é o que nos interessa, porque se trata de um desenho institucional que favorece o entrecruzamento de posições.

A falta de interação entre opiniões contrapostas nos coloca entre o risco de cair nos extremos, de sermos militantes de verdades parciais, de perder a visão de conjunto.[42] Nas sociedades atuais se favorece o isolamento que conduz a posições extremas porque somente escutamos aqueles que reproduzem as ideias que já temos.[43]

O consenso não significa que todos, inicialmente, pensem igual, mas sim o resultado final do encontro de opiniões divergentes que interatuam: "consenso entrecruzado".[44] Para que isso seja possível é necessário um espaço imaginário onde cada um expõe os conflitos, e todos aprendem a escutar o outro.

---

[41] HARARI, Yuval Noah. *Homo Deus*. Breve historia del mañana. 6. ed. [s.l.]: Debate, 2017. p. 230.

[42] Esta é uma de minhas preocupações mais seguras, que tenho sustentado na Corte e em numerosos discursos.

[43] SUNSTEIN, Cass. *Going to the extremes*. New York: Oxford Univ. Press, 2009; do mesmo autor: *Republic.com*. New Jersey: Princeton Univ. Press, 2001.

[44] RAWLS, John. *Justice as fairness*. A restatement. Erin Kelly. [s.l.]: Harvard Univ. Press, 2001.

Também é preciso um corpo de critérios de procedimentos básicos que cumpram a função de uma linguagem comum. Um bom exemplo é se imaginarmos que os animais da selva tivessem que eleger a rainha da beleza: o leão diria que deveria se eleger a que tivesse maior juba e melhor rugido; a girafa, a que tivesse o pescoço mais alto; a zebra, a que tivesse mais listas; o pássaro, a que soubesse voar mais alto. Se não se pode acordar um critério único, não há concurso.

Esta prática gera atrito entre visões diferentes, um aumento da flexibilidade das partes e um incremento das opções de solução.

Para que isso seja possível é necessário entender a importância que tem o debate em uma sociedade e admitir certos mecanismos que permitam a ponderação, isto é, saber que muito possivelmente ninguém tenha toda a razão absoluta e se tenha que buscar um ponto de equilíbrio.

É suficiente direcionar nossa visão a qualquer discussão para detectar quais são os problemas.

O primeiro é que tratamos de evitar que o outro opine, e por isso é importante garantir a liberdade de expressão como direito de todo cidadão, qualquer que seja sua condição, como veremos mais adiante.

O segundo é que apresentamos os argumentos de modo unilateral, o que implica ignorar a ideia de um contra-argumento. Se não existe uma contraposição, qualquer um pode argumentar de qualquer maneira, qualquer coisa tem relações de analogia, continuidade e semelhança com qualquer outra.[45] Esta navegação sem rota produz uma saturação na qual tudo se anula; toda afirmação é possível; tudo é discutível; argumenta-se sem se chegar a uma verdade ou sem convencer. A argumentação é sempre um jogo regulamentado em que os tópicos ou lugares comuns representam um papel semelhante ao dos axiomas dentro do sistema formal.[46] Essa descrição, que parece muito teórica, é muito comum e pode ser vista em qualquer debate, principalmente na televisão, onde parece que todos estão certos conforme o canal que você assiste, e não há um modo de saber qual é a verdade. Essa maneira de ver tudo de acordo com a própria visão leva a que quem tem funções relevantes decline sua responsabilidade de regular a sociedade, colocando-se

---

[45] Por exemplo: Se as palavras "enquanto" e "crocodilo" aparecem na mesma frase, uma interpretação correta seria apontar que a relação é mínima; uma interpretação paranoica seria apontar que deve haver alguma razão pela qual as duas estão juntas (ECO, Umberto. *Los límites de la interpretación*. Barcelona: Lumen, 1992). Nos debates pode ver-se isso com muita frequência.

[46] PERELMAN, Chaim. *La lógica jurídica y la nueva retórica*. Madrid: Civitas, 1988. p. 10.

dentro de um paradigma que lhe confira coerência tranquilizadora ao tempo que luta contra outras concepções para tratar de deslocá-las.

O terceiro é que afirmamos uma posição sem pensar em como ela vai ser aplicada em um mundo de recursos escassos e com cidadãos que pensam de maneira distinta uns dos outros, como se isso fosse um problema que deveria ser resolvido por outra pessoa. Diz-se algo de modo definitivo, como um pacote fechado que não se abre.

Essas opiniões não surgem do conflito, mas antes, ou seja, existe uma formação anterior e se opina de forma similar em todos os temas. Depois de ouvir os debates, aprende-se a perguntar primeiro quem é que opina, e depois sabe o que responderá a diferentes casos, independentemente de suas características. A existência dessa "ideologia" anterior não é necessariamente ruim, pois todos a temos, mas o problema é sua ocultação e a falta de debate sobre ela. Precisamos realizar esforços para lançar as bases de uma prática democrática nesse campo. Devemos analisar os problemas considerando os diferentes pontos de vista, encarregar-nos da complexidade que isso representa, fomentar o diálogo com base na busca de consensos e respeitar o direito dos cidadãos de ter uma base razoável para as decisões.

Terceira parte – O paradigma ambiental

I Necessidade de um paradigma ambiental

Nas questões ambientais é frequente utilizar-se instrumentos novos em um contexto antigo.

Por exemplo, desenvolve-se um direito subjetivo ao ambiente ou à vida, ou uma apropriação dos recursos naturais, ou uma nova especialidade, mas o que em realidade devemos mudar é o modo de pensar esses conflitos porque é um cenário diferente.

Por isso é necessário examinar o paradigma ambiental.

Denominamos paradigmas os modelos decisórios que têm um *status* anterior à regra e condicionam as decisões. A palavra tem sido amplamente utilizada em numerosos campos filosóficos e científicos com significados diferentes, mas, em nosso caso, refere-se unicamente ao modelo de pré-compreensão que guia as ações humanas em determinado tempo e lugar.

Os mesmos textos vão mudando de significado ao longo da história, de acordo com diferentes concepções predominantes nos intérpretes, como a hermenêutica⁴⁷ mostrou claramente. Também a pintura impressionista revelou como a mesma catedral pode ser vista de diferentes modos, segundo influencie a luz do dia sobre o espectador.⁴⁸ Em suma, trata-se de um argumento comum, que pode permitir múltiplos desenvolvimentos, mas sempre limitado por esse programa básico.⁴⁹

No direito o tema é de grande importância.⁵⁰

Quem é baseado em paradigmas dá precedência ao contexto sobre a norma. O procedimento usual é subsumir um termo jurídico em um contexto que lhe dá sentido, e que não é o ordenamento, mas o modelo de decisão adotado pelo intérprete de antemão.

No caso do paradigma ambiental, o pensamento é baseado em:

- uma concepção sistêmica;
- busca de uma coordenação no funcionamento entre os sistemas econômico, social e natural;
- comunicabilidade dos princípios entre o direito público e o privado;
- existência de bens coletivos.

No mesmo sentido se expressa a *Encíclica Lauda Si'*:

> a cultura ecológica não se pode reduzir a uma série de respostas urgentes e parciais aos problemas que vão aparecendo em torno da degradação do ambiente, ao esgotamento das reservas naturais e à contaminação. Deveria ser uma visão diferente, um pensamento, uma política, um programa educativo, um estilo de vida e uma espiritualidade que conformem uma resistência ante o avanço do paradigma tecnocrático.⁵¹

---

47 GADAMER, Georg. *Verdad y método*. Salamanca: Sigueme, [s.d.].

48 As pinturas de Monet sobre a catedral de Rouen são exemplares nesse sentido. Ver o exemplo utilizado no direito por CALABRESI, G.; MELAMED, A. D. Property rules, liability rules and inalienability rules: one view of the cathedral. *Harvard Law Review*, v. 85, 1972. p. 1080 e ss.

49 Para maior clareza, poderia ser usado o exemplo mais difundido de programas de computador: eles nos permitem fazer muitas coisas, mas sempre dentro das limitações de seu *design*; não há desenvolvimentos criativos que possam surgir lateralmente fora do programa.

50 Ampliamos em *Teoría de la decisión judicial*. Santa Fé: Rubinzal-Culzoni, 2005. RODOTÀ, Stefano. Ideologie e tecniche della riforma del Diritto Civile. *Riv. Dir. Commerciale*, t. I, 1967, p. 86; ALPA, Guido. I principi generali. *In*: IUDICA, Giovanni; ZATTI, Paolo (A cura di). *Trattato di Diritto Privato*. Milano: Giuffrè, 1993. p. 69.

51 *Laudato Si'*, nº 111.

II A noção de sistema

Estamos acostumados a pensar que nossos atos têm efeitos unilaterais no tempo e no espaço.

Essa ideia, baseada em uma limitada capacidade de observação, prescinde das consequências mediatas que operam no médio e no longo prazo, assim como das que se produzem por interação com outras condutas e com fatores naturais.

Esta concepção afeta o cálculo das ações humanas, tanto no campo econômico como no jurídico.

A ação presente não considera os efeitos futuros, como ocorre quando esgotamos um recurso sem ter em conta as possíveis necessidades futuras. De sua parte, o ato individual não toma consciência dos efeitos da ação coletiva; por exemplo, jogamos em um rio um líquido contaminante porque é uma pequena quantidade, mas não levamos em conta a multiplicidade de sujeitos que fazem o mesmo.

O paradigma ambiental se baseia em uma ideia de interação complexa que leva em conta os efeitos individuais e os efeitos coletivos, presentes e futuros da ação humana. É uma concepção sistêmica da causalidade que se foi desenvolvendo em múltiplos campos.

Na literatura, Borges[52] assinalou:

> em 1517, o Pe. Bartolomé de las Casas lamentava muito os índios que estavam exaustos nos laboriosos laboratórios das minas de ouro das Antilhas, e propôs ao imperador Carlos V a importação de negros, para se exaurir nos laboriosos laboratórios das minas de ouro das Antilhas. A esta curiosa variação de um filantropo devemos infinitos fatos: o *blues* de Handy, o sucesso alcançado em Paris pelo pintor doutor oriental Pedro Figari, a boa prosa marrom do também oriental D. Vicente Rossi, o tamanho mitológico de Abraham Lincoln, os quinhentos mil mortos da Guerra Civil, os três mil e trezentos milhões gastos em pensões militares, a estátua do imaginário Falucho, a admissão do verbo linchar [...].

A ciência evoluiu nessa área, pois conseguiu superar as limitações subjetivas no campo da observação, por dispor de melhores e mais sofisticados instrumentos. Mas também a evolução está relacionada aos vários estágios da evolução no pensamento, especialmente na

---

[52] Em *El atroz redentor Lazarus Morell*, publicado dentro do livro *Historia Universal de la infamia*, obras completas, Emece.

psicogênese.⁵³ Um panorama atual pode nos permitir afirmar que a concepção nessa matéria é mais sistêmica, holística, geocêntrica do que a que existia alguns anos atrás.

Na física, a noção de sistema⁵⁴ tem sido uma boa contribuição. Por sua vez, a teoria do caos indica que tudo está interconectado, e os vínculos de causa e efeito são estabelecidos em vários níveis, difíceis de discernir, de modo que uma perturbação, muito fraca em princípio, é suficiente para impor progressivamente um novo ritmo macroscópico.⁵⁵

No campo da biologia, ao incorporar a noção de sistemas autopoiéticos,⁵⁶ introduz-se a ideia de autorregulação, que permite descrever o comportamento dos organismos que sempre buscam seu ponto de equilíbrio mediante intercâmbios com o meio ambiente.

Na antropologia,⁵⁷ a abertura que significou o estruturalismo levou a descrever os comportamentos com base em modelos de interação. É interessante o conceito de "ecologia da mente",⁵⁸ que leva a buscar certa unidade na natureza da ordem e na organização dos sistemas viventes, um corpo unificado de teoria tão global que lança luz sobre todas as esferas particulares da biologia e do estudo da conduta. Esse modo é interdisciplinar, não no sentido usual e simples de trocar informações entre diferentes disciplinas, mas no sentido de descobrir pautas comuns a muitas disciplinas.

Também no direito se tentou usar a noção de sistema autorregulado.⁵⁹

O que define um sistema é uma organização autorreferente de elementos inter-relacionados de maneira autônoma; a autorreferência, a auto-organização e a homeostase são características do sistema, no sentido de que sua ordem interna é gerada a partir da interação de seus

---

53. PIAGET, Jean; GARCÍA, Rolando. *Psicogénesis e historia de la ciencia.* 2. ed. México: Siglo XXI, 1984; PIAGET, Jean. *El estructuralismo.* Barcelona: Oikos, 1981.
54. BERTALANFFY, Ludwig. *Teoría general de los sistemas.* [s.l.]: Fondo de Cultura, 1976. p. 82.
55. BALANDIER, Georges. *El desorden. La teoría del caos y las ciencias sociales. Elogio de la fecundidad del movimiento.* Tradução de Beatriz López. Barcelona: Gedisa, 1993. p. 210. No campo da probabilidade e o caos: THOM, Rene. A dynamic theory of morphogenesis. *In*: WADDINGON (Ed.). *Towards a theoretical biology.* Edimburgh: Edimburgh Univ. Press, 1968.
56. MATURANA, Humberto; VARELA, Francisco. *Autopietic systems.* Illinois: [s.n.], [s.d.].
57. STRAUSS, Claude Levy. *Antropología estructural.* [s.l.]: Eudeba, 1977.
58. BATESON, Gregory. *Una unidad sagrada. Pasos ulteriores hacia una ecología de la mente.* Barcelona: Gedisa, 1993.
59. TEUBNER, Gunther. *O direito como sistema autopietico.* Lisboa: Fund. Calouste Gulbenkian, 1989; CANARIS, Claus. *Pensamento sistemático e conceito de sistema na ciência do direito* Lisboa: Fund. Calouste Gulbenkian, 1996.

próprios elementos que reproduzem a si mesmos, são funcionalmente diferenciados e buscam estabilidade dinâmica.

Um conceito que tem certa proximidade, mas que foi desenvolvido em um setor da filosofia, é a concepção "holística". Isso significa que tudo tem uma inter-relação que deve ser respeitada, tanto na natureza, como no próprio direito. Isso é diferente da unilateralidade que há caracterizado o pensamento ocidental, que se foca habitualmente na análise de uma questão, prescindindo do contexto.

III A noção de atuação coletiva

O paradigma ambiental confere preeminência à ação ou atuação coletiva, porque, ao contrário do que acontece com a economia clássica, o que interessa é o efeito acumulativo das ações individuais, que são absolutamente diferentes.

A noção de causalidade é bem conhecida no direito, uma das quais se refere ao caso em que vários indivíduos realizam ações que, isoladamente, são inofensivas, mas que somadas produzem um resultado prejudicial.[60]

Outro exemplo é a noção de "contrafinalidade", que pode ser concebida como as consequências não intencionais que surgem quando cada indivíduo de um grupo age com uma presunção acerca das relações com outros que, quando se generaliza, produz a contradição.[61]

Trata-se de efeitos inesperados de uma ação/atuação coletiva:

- se em uma sala de conferência alguém se levanta para ver melhor, obterá um bom resultado, mas se todos se levantarem, ninguém poderá ver melhor o orador;
- quando um indivíduo tem medo e retira seu dinheiro do banco, obtém um resultado eficiente para ele; mas se todos tiverem o mesmo sentimento e agirem da mesma maneira, haverá uma "corrida" e ninguém poderá sacar seu dinheiro porque provavelmente colocaram o banco em problemas;
- se um agricultor aumenta sua riqueza cortando árvores para obter mais terra para semear, e todos fazem o mesmo, se

---

[60] Despejar um pouco de líquido poluente em um rio é inócuo, mas, quando muitas pessoas fazem o mesmo, elas o poluem.

[61] ELSTER, Jon. *Lógica y sociedad*. Contradicciones y mundos posibles. Barcelona: Gedisa, 1994. p. 144.

produzirá um desflorestamento que fará com que o camponês tenha, finalmente, menos terra.

Esses aspectos são de grande importância ao analisar as consequências públicas das ações privadas e ao lidar com problemas ligados às atuações ou ações de grupo e coletivas.

IV O modelo antropocêntrico e geocêntrico

Todo o edifício teórico da cultura ocidental foi construído com base no indivíduo, usando os paradigmas de liberdade e igualdade, como indicamos. A mudança atual é caracterizada por uma concepção menos antropocêntrica e mais geocêntrica, ou seja, a aparição da natureza como sujeito.

Para o antropocentrismo, o centro de interesse é o indivíduo. Por esse motivo, todas as coisas, os bens e, inclusive, a natureza são valiosos apenas enquanto produzam uma utilidade para os seres humanos. Essa ideia leva a definições bem precisas em muitos campos.

No direito da propriedade, podemos falar de um "paradigma dominial", que se estende desde o direito romano até meados do século XX, e no qual é evidente que objetos naturais como a terra ou a água cumprem uma função absolutamente passiva. Ou seja, eles não geram regulação e são apenas pressuposto fático da norma.

A escassez da natureza e de seus recursos os tornou intrinsecamente valiosos, não apenas por sua utilidade para os serviços humanos, mas também por seu funcionamento como um sistema de vida, o que constitui uma inversão copernicana na compreensão dos bens jurídicos.

Os bens ambientais já não são um mero pressuposto fático passivo da norma, senão um sistema que motiva suas próprias regulações e ordens classificatórias. Basta observar os tratados internacionais e as leis nacionais existentes no mundo sobre os solos, os mares, a água potável, as geleiras, as florestas, o ar puro, o aquecimento global, a vida selvagem, as espécies em extinção, para avaliar como eles geram regulamentos por si mesmos.

A conclusão é que o modelo dominial levou os bens ambientais a um ponto de extrema tensão: aumenta a demanda sobre os bens ambientais e diminuem os serviços que esses bens podem oferecer.

Por esse motivo, já não é mais possível admitir que existe um direito para todos de usarem os bens em qualquer quantidade e para qualquer finalidade.

Na modernidade, houve um grande excesso antropocêntrico.[62]

V Comunicabilidade com os princípios da natureza

Nos estudos acadêmicos e na decisão de casos judiciais em que o ambiente está envolvido, costuma-se dizer que a contribuição científica é muito importante. Isso se refere à necessidade de relatórios científicos que tratem especificamente do funcionamento da natureza, como exemplo, a biologia ou a meteorologia.

É importante distinguir entre o mero aporte de dados e a adoção de princípios.

Observamos que a sociedade, a economia e o meio ambiente estão indo por caminhos diferentes e que essa é a base fundamental da crise que se aproxima. É pouco útil ter dados se não forem inseridos em um sistema orientado à busca de harmonia sistêmica.

O paradigma ambiental caracteriza-se em razão da busca por aproximar o funcionamento dos sistemas social, econômico e ambiental.

Por esse motivo, interessam os dados inseridos dentro dos princípios de funcionamento da natureza. Trata-se de adotar princípios que promovam a proteção ambiental, uma vez que a ameaça de um colapso pode fazer com que os instintos ecológicos prevaleçam sobre os econômicos.[63] É um espaço enorme que se abre para o estudo cooperativo e integrado de diferentes domínios da ciência.[64]

Estamos diante de um amplo panorama de criatividade,[65] sobre o qual faremos uma breve descrição.

1 Resiliência

Uma pessoa pode ser muito afetada psicologicamente se perder um parente muito próximo; você pode, definitivamente, ficar deprimido ou se recuperar. Essa capacidade de "saltar" é resiliência.

---

[62] *Laudato Si'*, nº 116.
[63] Ver ROBINSON, Nicholas. Evolved Norms: a canon for the Anthropocene. *In*: VOIGT, Christina. *Rule of law for Natura*: new dimensions and ideas in environmental law. Cambridge: Cambridge Univ. Press, 2013.
[64] WILSON, Edward O. *Sociobiology*: the new synthesis. [s.l.]: Belknap Press of Harvard University Press, 1975; CLARK, Robert C. The interdisciplinary Study of Legal Evolution. *Yale Law Journal*, v. 90, 1238, 1981.
[65] KOTZE, Louis J. *Global environmental governance*: law and regulation for the 21st century. [s.l.]: Edward Elgar, 2012; BURNS, H. Weston; BOLLIER, David. *Green governance*. Ecological survival, human rights and the law of the commons. Cambridge: Cambridge University Press, 2013.

Os sistemas naturais também estão sujeitos a distúrbios constantes[66] e cada vez mais agudos, e a capacidade de recuperação é a resiliência. Em alguns casos ela é perdida, como acontece quando os invernos deixam de ser tão frios devido à agressão permanente.

Tanto as pessoas como os sistemas são resilientes se puderem aguentar e responder a uma agressão; e não são resilientes se são afetados e se deprimem ou alteram sua identidade. Portanto, a resiliência pode ser definida como a capacidade de absorver distúrbios sem alterar significativamente as características de estrutura e funcionalidade, podendo regressar a seu estado original uma vez que a perturbação desapareça.

A frequência e a intensidade das agressões estão aumentando e, portanto, uma pergunta se coloca: como se faz para aumentar a capacidade de resiliência?

A resposta é: seguir os princípios da natureza.

O ambiente é mais resiliente quanto mais houver diversidade, autorregulação e interação entre suas partes.

Por esse motivo, a perda de biodiversidade a afeta, porque os organismos não podem interagir entre si.

Este princípio se aplica em vários campos. Cidades e países são mais resilientes se forem diversos, se houver unidades autônomas que se autorregulem.[67] A economia é mais resistente se houver várias unidades; portanto, se uma sofre um ataque, a outra pode resistir, aprender e superar o evento, adaptando-se.

Estruturas rígidas, por exemplo, na governança são pouco resistentes a mudanças bruscas e não resistem.

A descentralização em várias unidades de decisão, por outro lado, promove a resiliência.

A superproteção não é boa, pois é necessário que haja pequenos choques controláveis que servem para identificar defeitos e promover a adaptação. Trata-se de fontes de aleatoriedade distribuídas que vão detectando e absorvendo os eventos críticos antes que eles sejam sistêmicos.

Flexibilidade e inovação constante permitem maior capacidade de sobrevivência ante eventos catastróficos.

---

[66] LOVELOCK, James. *The Revenge o/Gaia-Earth's Climate Crisis and the Fate of Humanity*. [s.l.]: Basic Books, 2006; LYNAS, Mark. *6 degrees*: our future on a hotter planet. [s.l.]: [s.n.], 2007.

[67] A capacidade de resiliência das sociedades é um tema amplamente tratado na atualidade (TALEB, Nassim Nicholas. *Antifrágil. Las cosas que se benefician del desorden*. [s.l.]: Paidós Transiciones, 2013).

A natureza apresenta um equilíbrio de plantas, animais, microorganismos que se alimentam e se neutralizam entre si. Deve-se entender que o que é preservado é a maior unidade, mesmo sacrificando algumas de suas partes, o que é necessário para moderar o estresse, aprender e superá-lo. Uma crise econômica pode afetar um setor da economia, mas se houver diversidade, algumas unidades são perdidas e outras se adaptam e as superam.

Os princípios são:

- diversidade *v.* homogeneidade;
- flexibilidade *v.* rigidez;
- diversificação *v.* concentração;
- crises controladas em um setor antes que crises sistêmicas maciças ocorram;
- homeostase e busca de novos equilíbrios.

2 Biofilia

Biofilia significa amor à vida e foi expressão cunhada pelo biólogo Edward Wilson.[68] O contato com a natureza é essencial para o desenvolvimento psicológico humano. É o senso de conexão com a natureza. É um princípio que foi usado para fundar o direito ao meio ambiente.[69]

No nível das emoções, é melhor desenvolver o amor à natureza do que seu desprezo, porque é criado um contexto favorável à sua tutela.

Esse aspecto é relevante no nível das políticas públicas que possam comunicar, educar, disseminar valores favoráveis ao ambiente e desenvolver práticas de contato natural.

3 Cooperação

A cooperação é fundamental no funcionamento da natureza e de todos os sistemas.

---

[68] WILSON, Edward O. *Biophilia*. The human bond with other species. [s.l.]: Harvard University Press, 1984.

[69] ROBINSON, Nicholas. Evolved Norms: a canon for the Anthropocene. *In*: VOIGT, Christina. *Rule of law for Natura*: new dimensions and ideas in environmental law. Cambridge: Cambridge Univ. Press, 2013; LYSAR, Douglas. *Regulating from nowhere*: environmental law and the search for objectivity. [s.l.]: Yale University Press, 2010.

Isso é reconhecido por todas as ciências, principalmente na economia, no comportamento humano.[70] Muitas comunidades têm diferentes graus de cooperação que surpreendem os seres humanos, como exemplo, ocorre com as formigas, as abelhas, as aves migratórias ou os cardumes.

Nas comunidades humanas, houve cooperação em pequena e grande escala ao longo da história do *homo sapiens* e foi uma das razões invocadas para explicar a supremacia que exerceu sobre outras espécies.[71]

Esse fenômeno é simples entre grupos de certa homogeneidade, mas quando esse pressuposto falha é muito mais difícil. No século XXI, a globalização coloca em contato culturas muito diferentes e existe certo medo do desconhecido que gera o retorno à identidade local. Por outro lado, o desenvolvimento tecnológico, ao mesmo tempo que facilita a comunicação, leva ao isolamento individual.

Por isso, fala-se em "cooperação complexa", ou seja, estudar os mecanismos que permitam voltar a incentivar condutas cooperativas.

A cooperação é necessária para alcançar o que não podemos fazer sozinhos, de forma autônoma. É simples fazer com que nos ajudem pessoas que concordam com o que pensamos ou queremos fazer. Ao contrário, é complexo quando o outro é absolutamente diferente e não compartilha conosco linguagem, costumes ou crenças, sendo necessário construir um sistema mais neutro para aproximá-lo.

A necessidade de cooperar com pessoas diferentes é o contexto mais comum no estágio da globalização.

Por isso se pensa em evitar a oposição dialética e substituí-la pela dialógica, ou seja, menos afirmações excludentes, mais interação e prolongada no longo do tempo.[72] Esses princípios têm relação com a governança, que veremos no próximo ponto.

VI Governança: rigidez *v.* flexibilidade

Os princípios acima se aplicam à governança. É comum falar-se sobre a "nova política", fazendo referência ao uso de novas tecnologias, redes sociais, mas na realidade são novas técnicas.

---

[70] COEN, Enrico. *Cells to civilizations*. The principles of change that shape life. [s.l.]: Princeton University Press, 2012.

[71] HARARI, Yuval Noah. *Homo Deus*. Breve historia del mañana. 6. ed. [s.l.]: Debate, 2017. p. 151-152.

[72] SENNET, Richard. *Together*. The rituals, pleasures & politics of cooperation. London: Penguin Books, 2013.

Uma nova concepção política, no sentido de "governo da pólis", está emergindo, e podemos distinguir o seguinte: o modelo "rígido--concentrado-descendente" parte do fato de que decisões fundamentais devem ser tomadas por uma autoridade e, a partir dela, devem descer até os súditos.

É rígido e, em grande parte, distante dos princípios que descrevemos e, portanto, enfrenta crises sistêmicas; geralmente dura dez, quinze ou cinquenta anos, mas inevitavelmente explode porque as tensões se vão acumulando de maneira subjacente.

Considere que o mundo é povoado por setores que lutam irredutivelmente e que as únicas opções são dominar ou ser dominados. Portanto, o acordo é entendido como uma traição às bandeiras que norteiam a batalha. O antagonismo perpétuo produz uma sociedade de oponentes.

Nesse modelo, a solução surge apenas quando uma das posições é imposta sobre a outra. Portanto, o interesse geral não resulta de um acordo consensual, mas de sua assimilação a razões de Estado, que por sua vez são definidas por grupos setoriais, que mudam sucessivamente no controle das decisões.

A oposição não é simultânea, mas sucessiva, que gera ciclos de mudanças que tomam decisões de maneira pendular, dificultando as políticas do Estado. O grupo que chega é legitimado, afastando-se do que o precedeu e anunciando um novo período de fundação da república. O restabelecimento constante cria um esquema de comportamento pró-cíclico, que leva à repetição da crise, porquanto o que é feito de alguma maneira é destruído para se voltar a recomeçar.

Essa posição evoca o mito de Sísifo, segundo o qual o rei de Corinto foi condenado a empurrar uma pedra para o topo da montanha e, quando conseguia chegar ao topo, a pedra rolava e tudo começava de novo. Na versão de Albert Camus,[73] esse mito era uma metáfora para o trabalho inútil, o esforço sem sentido.

É evidente que a instabilidade das instituições decorrente da falta de acordos básicos é um dos aspectos que deve encontrar uma solução adequada.

O modelo "flexível-descentralizado-ascendente" parte do pressuposto oposto. As decisões surgem de um acordo básico entre cidadãos que decidem viver em sociedade e ascendem aos órgãos que

---

[73] CAMUS, Albert. *El mito de Sísifo*. [s.l.]: Losada, 1953.

exercem autoridade e são seus delegados. As diferenças entre os dois modelos são claras:

- no primeiro, as noções básicas da sociedade emanam da decisão de uma autoridade central que domina e impõe suas ideias, enquanto, no segundo, nascem do acordo entre os cidadãos;
- no primeiro, há concentração, enquanto que no segundo há descentralização;
- no primeiro, há homogeneidade e, no segundo, diversidade;
- no primeiro, há exclusão de grupos, enquanto que o segundo busca a integração;
- no primeiro, há resultados pacificadores no curto prazo e tensões no longo prazo; no segundo, pelo contrário, existem dificuldades iniciais no consenso, mas, uma vez alcançado, é mais duradouro.

Os dados históricos são conhecidos, mas agora estamos interessados em seu potencial regulatório para o alcance de soluções para a democracia e a justiça concreta.

O modelo ascendente permite examinar as decisões de acordo com um padrão de razoabilidade, uma vez que imagina uma situação ideal de diálogo de natureza contrafactual, ou seja, serve para comparar e contrastar o modelo com os fatos. Isso pressupõe uma concepção dialógica e consensual do funcionamento democrático, na qual as leis não surgem de uma autoridade central, mas precisamente da descentralização da tomada de decisão.

Com base nesse modelo, pode-se pensar que qualquer decisão sobre os fundamentos da democracia, mesmo da justiça concreta, pode ser analisada de acordo com a aceitação ou não dos cidadãos. Utiliza-se um acordo hipotético, que leva em consideração o grau de amadurecimento da sociedade sobre a concepção de justiça (entendida como o conjunto de princípios morais consentidos por pessoas livres, iguais, racionais e razoáveis, que permitem uma convivência baseada na cooperação).

A razoabilidade como critério para corrigir a justiça política para sociedades multiculturais implica que o objetivo é a paz social e não a imposição de determinado critério sobre a vida. Por outro lado, na medida em que se busque a homogeneidade sobre a diversidade, haverá mais tensões, algo que sem dúvida se opõe ao propósito da pacificação social.

O guia é identificar o consenso básico da sociedade e o desenho de um sistema de decisões descentralizado.

VII Conflitos na esfera íntima, privada e social

Seguindo o exemplo desenvolvido no ponto anterior, o conflito aparece em um novo cenário.

A teoria das esferas íntima, privada e social do sujeito permite estabelecer suposições sobre a delimitação de conflitos e as regras para sua resolução.

Sob o paradigma da liberdade, surgiu a "esfera íntima", que é a esfera absolutamente intangível de proteção da vida privada.[74] O indivíduo não influencia com seu comportamento os outros, não afeta a esfera de interesses de seus pares ou da sua comunidade e, portanto, deve ser protegido. A disponibilidade reconhecida para esses bens tem aumentado, com base no "princípio da autodeterminação".

Com o paradigma da igualdade, trabalha-se em conflitos intersubjetivos no campo "esfera privada". Ela está integrada por aquele âmbito que, sendo individual, tem impacto sobre os outros e, portanto, surge a necessidade de estabelecer um limite com as outras esferas individuais e o público. A regra da solução é baseada no respeito recíproco: os direitos devem exercer-se de modo tal que não causem aos demais aquilo que uma pessoa não quer que cause[75] a si mesma.

A partir do paradigma ambiental, os conflitos surgem na esfera social, que contempla os bens públicos e aqueles atos praticados pelo indivíduo situado na ação coletiva. Nesse cenário, o individual não tem primazia e não rege a reciprocidade, pois é um conflito em que um bem comum é afetado. Nesses casos, os direitos subjetivos devem ser interpretados de maneira a não conspirar contra a integridade de tais bens. Portanto, na relação entre direitos de propriedade e meio

---

[74] Talvez a melhor versão deste princípio do direito inglês seja encontrada nas palavras de William Pitt, que em 1763, em um discurso no Parlamento, proclamou que "o homem mais pobre pode, em sua casa, enfrentar todas as forças do Rei. Sua casa pode ser frágil; seu chão pode tremer; o vento pode soprar por ele; a tempestade pode chegar; a chuva pode entrar, mas o Rei da Inglaterra não pode entrar, e todas as suas forças não podem cruzar o limiar daquela casa em ruínas" (LASSON, Nelson B. *The history and development of the Fourth Amendment to the United States Constitution*. Baltimore: John Hopkins University Press, 1937. p. 49-50). O autor esclarece que existem numerosas versões da expressão e que sua data não é certa.

[75] HAMBURGER, Philip. Natural rights natural law, and American Constitutions. *Yale Law Journal*, v. 102, 1993, p. 923.

ambiente, uma "função ambiental da propriedade" deve ser reconhecida em virtude do fato de que a multiplicidade de direitos individuais dos proprietários deve ser coordenada, orientando-se para a preservação do bem coletivo.

Os conflitos ambientais podem surgir na esfera privada, o que acontece no caso de disputas entre vizinhos, no caso de danos sofridos pelos indivíduos em decorrência dos danos ao meio ambiente, nas afetações do direito de propriedade derivada de legislações ambientalistas. No entanto, o campo típico dos conflitos ambientais se desenvolve na esfera social.

O paradigma ambiental reconhece a natureza como um bem coletivo, define-a como escassa ou em perigo e está disposto a limitar os direitos individuais. Em seu método, transita por um caminho inverso aos anteriores, já que parte do coletivo para chegar ao individual.

É por isso que o paradigma ambiental também opera como um metavalor, no sentido de que, assim como a liberdade, é um princípio organizacional de todos os demais.

VIII A economia

Nesse aspecto, o paradigma ambiental introduz uma mudança importantíssima.

A análise da ação racional individual tem sido o eixo do pensamento econômico por vários séculos. A regra fundamental é que o sujeito racionalmente orientado maximiza seus benefícios e, com base nisso, se pode fazer um prognóstico sobre quais serão suas preferências.[76] Naturalmente, a elaboração de modelos nessa base é complexa, porque os problemas de falta de informação devem ser contemplados, situações nas quais há ótimos múltiplos, e tudo isso motivou críticas fundadas.[77] Também é necessário considerar as situações em que a ação se repete ao longo do tempo, interagindo com outros sujeitos, pois se aprende e se modificam as estratégias.[78]

---

[76] FISCHER, Stanley; DORNSBUCH, Rudiger; SCHMALENSEE, Richard. *Economía*. 2. ed. Tradução de Luis Toharia e Esther Rabasco. [s.l.]: MacGraw-Hill, 1990. p. 17; ARROW, J. K. *Elección social y valores individuales*. Madrid: Inst. de Est. Fiscales, 1974.

[77] ELSTER, Jon. *Juicios salomónicos. Las limitaciones de la racionalidad como principio de decisión*. Barcelona: Gedisa, 1989.

[78] AXELROD, Robert. *The evolution of cooperation*. Nova York: Basic Books, 1984. Por exemplo, quando o "dilema do prisioneiro" (que é um "clássico da teoria dos jogos, muito utilizado nos contratos") se joga de forma repetida, os jogadores mudam sua estratégia com resultados cooperativos, para o autor.

Essas regras têm sido coerentes com as que o direito projetou para a propriedade, os contratos e a responsabilidade, e geralmente são aplicáveis no contexto de um mundo caracterizado por escassez e comportamentos voltados para o benefício individual máximo.[79] Essa brevíssima apresentação da teoria clássica serve para identificar outros campos de investigação que estão relacionados ao ambientalismo.

1   Externalidades negativas: a relação da empresa com a sociedade

A noção de externalidade negativa ou custo social do comportamento individual tem sido uma contribuição fundamental para o ambientalismo.[80]

Esse aspecto, geralmente ignorado, foi incorporado às análises econômicas e à lei e serviu para indicar muitas situações em que há consequências da ação individual que outros suportam. Historicamente, o direito se baseou no pressuposto da neutralidade em relação a esse tipo de alocação, como forma de subsidiar pessoas físicas e jurídicas que atuam no mercado.[81] Nas origens do capitalismo, a empresa estava nascendo e merecia um subsídio para fortalecer seu crescimento,[82] de modo que a regulamentação se concentrou apenas em problemas individuais ou internos.[83]

Como consequência desse princípio, as empresas cujas atividades poluem não levam em consideração esses custos, pois são transferidos para outras pessoas ou para a comunidade como um todo, recebendo apenas o benefício de sua atividade. Ao terceirizar esses custos, elas

---

[79]   EPSTEIN, Richard. *Simple rules for a complex world*. [s.l.]: Harvard Univ. Press, 1995.
[80]   SCHÄFER, Hans Bernd; OTT, Claus. *Manual de análisis económico del derecho civil*. Madrid: Tecnos, 1991; DEMSETZ, Harold. Toward a Theory of Property Rights. *American Economic Review*, p. 347-359, maio 1967; COASE, R. H. El problema del coste social. *In*: GALLEGO, J. A. (Ed.). *Economía del medio ambiente*. Madrid: [s.n.], 1974. No tema específico ver: ACCIARRI, Hugo A.; CASTELLANO, Andrea. Recursos naturales, ambiente y externalidades (Análisis jurídico de un concepto económico), en J. A. 1996-IV-866; COASE, Ronald. *La empresa, el mercado y la ley*. [s.l.]: Alianza Economía, 1994.
[81]   Ampliamos em LORENZETTI, Ricardo. Problemas actuales de la empresa, en L. L. 6-94.
[82]   Por exemplo, a personalidade jurídica e a responsabilidade limitada são modos de estreitar o risco empresário; se lhe permite arriscar, assumindo apenas alguns dos danos que causa; os demais, embora existam, são apoiados por outros setores.
[83]   Nesse contexto de subsídio generalizado, os principais problemas eram os intraempreendedores. O direito atentou para as relações entre o empresário e o empresariado: seus proprietários, seus trabalhadores, fornecedores, intermediários. A tipologia societária, o direito do trabalho, a falência, o crédito, são seus institutos característicos.

não têm incentivo para reduzir o nível de poluição que causam com a produção de bens e serviços lucrativos. Do ponto de vista estritamente econômico, a externalidade leva à superprodução que excede o que realmente se teria se os custos reais fossem levados em consideração. A chave para alcançar um nível ótimo é induzir os maximizadores do benefício privado a restringir sua produção a um nível que seja imelhorável do ponto de vista social, não apenas do ponto de vista privado. Isso é alcançado por meio de políticas públicas que obriguem a empresa a operar ao longo da curva de custo marginal social e não ao longo da curva de custo marginal privado, o que implica que a "externalidade" é "internalizada".

A grande mudança ocorre quando esses custos são "internalizados", porque a sociedade não quer mais arcar com eles. Isso é claramente visto na compensação por danos ambientais que as empresas devem pagar, mas também nas exigências de transformação dos mecanismos de produção de bens, forçando-as a incorporar novas tecnologias "limpas", cujo custo elas devem suportar.

Existem propostas baseadas em regras de mercado, buscando instrumentos para que, em cada externalidade que apresente sua própria fisionomia, sejam desenvolvidos incentivos para internalizá-la, por meio de impostos, subsídios, licenças de poluição etc.

No que diz respeito aos impostos, argumenta-se que há uma alocação ineficiente, porque os preços pagos pelas empresas não representam adequadamente os custos e, consequentemente, se pode taxar as unidades para alcançar um equilíbrio. Sempre existem problemas de sobrecarga de impostos e de uma clara determinação do custo adicional que se deseja internalizar.

O subsídio tenta pagar ao poluidor para que deixe de fazê-lo, e também apresenta dificuldades em determinar os custos de sua aplicação e os comportamentos distorcidos que pode gerar.

As permissões são instrumentos financeiros que são vendidos em um mercado competitivo, existindo muitíssimos projetos e experiências em funcionamento.

A outra alternativa é uma intervenção por meio de regulamentos, o que implica uma solução mais intervencionista e menos livre à vontade das partes, embora também gere incentivos ao comportamento. Um regulamento pode definir limites de produção, de contaminação etc., mas para isso é necessário um nível adequado de informações, que geralmente apresentam complexidades difíceis de superar.

Esses temas estão sendo muito estudados e desenvolvidos com diversas abordagens baseadas na teoria comportamental e na análise econômica do direito.

Assim, constrói-se um novo modelo de relacionamento entre empresa e sociedade em relação às externalidades, altamente complexo e conflitivo.

2 Instituições: a tragédia dos bens comuns

As instituições têm grande importância para o desempenho econômico[84] e um alto impacto no tipo de ações que se adotam em uma comunidade.

A ausência de estímulos individuais para a proteção da propriedade coletiva gera o que se chama "a tragédia dos bens comuns", porque há uma sobreutilização derivada da falta de incentivos para cuidar deles; se ninguém é dono, não há ninguém que se preocupe em cuidar deles. O acesso ilimitado a esses bens causa grandes danos: a quantidade e a diversidade de espécies marinhas estão caindo drasticamente, os cursos de água estão contaminados, a biodiversidade diminui por força da ação humana. Não há mecanismos de mercado para alocar recursos entre interesses competitivos e ninguém tem interesse na proteção. Chegou a hora de pensarmos no problema da água em termos de escassez e interesses competitivos que devem ser justamente reconciliados.[85] Disso deriva o desenho de instituições que tratam os bens comuns com base em incentivos privados e, por exemplo, se poderia outorgar uma concessão de direito de propriedade sobre um rio para oferecer um incentivo para controlá-lo, evitar inundações.

O argumento central é a distribuição dos custos.

Nenhuma pessoa razoável quer a extinção de peixes e animais, mas quando decidimos protegê-los, também devemos definir quem

---

[84] NORTH, Douglas. *Institutions*. Institutional change and economic performance. Cambridge: Cambridge Univ. Press, 1990.
[85] GOULD, Kenneth S. An introduction to water rights in the twenty-first century: the challenges move east. *University of Arkansas at Little Rock Law Review*, Fall, 2002; MORRISS, Andrew P.; YANDLE, Bruce; ANDERSON, Terry L. Principles of water. *Water Use symposium articles, Tulane Environmental Law Journal*, Summer, 2002; MCGEE, Robert; BLOCK, Walter. Pollution Trading Permits as a Form of Market Socialism, and the Search for a Real Market Solution to Environmental Pollution. *Fordham, L. y Envtl. J.*, v. 6, 51, 1994; WHITEHEAD, Roy Jr.; BLOCK, Walter. Environmental takings of private water rights. The case for water privatization. *Environmental Law Reporter*, v. XXXII, News & Analysis, out. 2002; THOMPSON, Barton H. Jr. Takings and Water Rights. *In*: CARR, Kathleen Marion; CRAMMOND, James D. (Ed.). *Water law*: trends, policies, and practice. [s.l.]: [s.n.], 1995. p. 43-55.

deve suportar o fardo. Se acreditarmos que é do interesse público tomar direitos privados para proteger espécies ameaçadas, devemos arcar com os custos.

As principais críticas a essa posição baseiam-se na dificuldade de aplicar os direitos de propriedade e nos efeitos adversos que isso possa ter.[86]

Em relação aos efeitos adversos, é evidente que uma exclusão social muito forte pode ser provocada no acesso a diferentes usos do bem, o que criaria um problema muito sério em toda a população planetária.

A outra abordagem considera que o meio ambiente é um bem coletivo e que, como dissemos anteriormente, não é possível conceder direitos de propriedade sobre ele. Por outro lado, não se impede a concessão de direitos de uso e de gestão, como ocorre com serviços de abastecimento de água potável. Nesses casos, é legítimo cobrar um preço definido de acordo com os critérios estabelecidos no ato da concessão. No entanto, nessas hipóteses, existe um limite que impede a exclusão de pessoas com direitos de acesso a bens primários e, portanto, fala-se em um direito fundamental à água potável.

A discussão sobre este ponto deve levar em consideração a distinção[87] entre:

1. *Uma regra de propriedade*, que impede que terceiros se apropriem de um bem sem o consentimento de seu dono. Uma pessoa pode oferecer ao proprietário o pagamento do preço de mercado, mais as indenizações que deseje, e ainda depositar esse dinheiro para poder ingressar no lugar desejado, mas não o pode fazer se o dono não quiser. Este dispõe sempre de uma tutela inibitória que lhe permite deter qualquer intromissão indesejada.

2. *Uma de responsabilidade*, que tolera a invasão contra o pagamento de uma indenização. Nesse caso, uma pessoa pode pagar uma indenização, mesmo contra a vontade do proprietário. Por exemplo, você pode ferir a honra de uma pessoa pagando uma compensação. É uma proteção mais fraca que a anterior.

---

[86] BARRON, Gerald; BUCHANAN, Sharunda; HASE, Denise; MAINZER, Hugh; MCNEILL RANSOM, Montrece; SARISKY, John. New aproaches to safe drinking water. *Journal of Law, Medicine and Ethics*, Fall, 2002 (Special Supplement, Concurrent Sessions, Law & the Basics; Safe Water, Food & Air).

[87] Sobre este tema ver CALABRESSI; MELAMED. Property rules, liability rules and inalienability rules: one view of the cathedral. Harvard Law Review, v. 85, 1972. p. 1080 e ss.

3. *Uma de inalienabilidade.* Neste último caso, o direito é declarado intransferível tanto mediante uma transação voluntária (regra de propriedade) como mediante uma transação forçada (regra de responsabilidade), o que pode ser uma resposta legal eficiente em casos de externalidades que afetam um número indefinido de indivíduos e que envolvem altos custos de transação. Este último modelo é o que resulta mais apropriado para uma grande quantidade de bens ambientais.

3 Externalidades positivas. Novos campos econômicos

O desenvolvimento de novos instrumentos e áreas econômicas ligadas ao ambientalismo é cada vez mais importante, como veremos ao estudar o cumprimento voluntário.

No campo comercial, podemos mencionar o "rótulo verde", que promove *design*, produção, *marketing* e uso de produtos que reduzam o impacto sobre o meio ambiente durante todo seu ciclo de vida, bem como proporcionar aos consumidores melhor informação sobre as repercussões ecológicas dos produtos. Isso provoca, como incentivo, que os produtores compitam entre si para que o produto seja mais valorizado.

Também as auditorias ambientais permitem dar credibilidade a uma empresa em relação ao cumprimento das normas de qualidade ambiental e garantem segurança em relação aos passivos contingentes existentes nessa área.[88]

No lado financeiro, há um desenvolvimento muito importante e sofisticado dos títulos ligados à poluição e dos mercados que podem ser criados com eles.

A economia evoluiu da produção para o consumo e agora para o pós-consumo, âmbito no qual há uma enorme quantidade de projetos. O processamento de lixo nas cidades, a reutilização de embalagens, a recuperação da água consumida são exemplos da amplitude da questão.

---

[88] Quem empresta dinheiro a uma empresa ou pretende comprá-la necessita saber qual é seu passivo, e a possibilidade de demandas por danos ao meio ambiente gerarem um altíssimo risco (LEDGERWODD, G.; STREET, E.; THERIVEL, R. *The environmental audit and business strategy.* A total quality approach. Londres: Pitman Publishing, 1992; HARRISON, L. *Environmental Auditing Handbook.* A Guide to Corporate and Environmental Risk Management. Nova York: McGraw-Hill, 1988; SALES, Rodrigo. *Auditoria ambiental* – Aspectos jurídicos. São Paulo: LTr., 2001.

O turismo sustentável também é um campo em pleno desenvolvimento, não apenas porque existem muitos locais turísticos saturados, mas porque existem novas oportunidades em setores que até agora não haviam sido explorados com uma visão focada em sua capacidade de receber turismo ou em sua atratividade natural.

Os alimentos estão evoluindo rapidamente, incorporando a ideia de "vida saudável", "natural". Isso implica que o vendedor não oferece mais apenas um produto, mas também explica sua composição: quanta gordura possui, se aumenta ou diminui o colesterol, se sua elaboração ocorreu em processos naturais ou incorporou produtos químicos.

A fronteira entre alimento e remédio torna-se ilusória em muitos casos.

A arquitetura está sendo completamente redimensionada com base em parâmetros ambientais, e se constroem edifícios sustentáveis que mostram um uso eficiente de água, luz e economia de energia.

O campo da energia mostra uma mudança extraordinária e bem conhecida, movendo-se em direção a energias renováveis nas indústrias e no uso doméstico.

As soluções econômicas não devem se concentrar apenas no fornecimento de bens e serviços, mas também na demanda. Isso implica modificar os padrões de consumo para torná-los mais compatíveis com o funcionamento do sistema natural. Existem instrumentos fiscais para encarecer produtos cuja produção ou consumo são poluentes ou prejudiciais, para que, gradualmente, eles saiam do mercado. O que aconteceu com o consumo de cigarros é um bom exemplo da eficácia desse desenho, que pode ser aplicado em vários casos.

A educação é um componente fundamental para o consumo sustentável, não apenas para ensinar sobre os efeitos de determinados produtos, mas para consumir menos.

> É importante incorporar um ensinamento antigo, presente em várias tradições religiosas e também na Bíblia. Trata-se da convicção de que "menos é mais". O constante acúmulo de possibilidades de consumo distrai o coração e impede a valorização de cada coisa e de cada momentos. Por outro lado, tornar-se serenamente presente em cada realidade, por menor que seja, abre muito mais possibilidades de entendimento e realização pessoal.[89]

---

[89] *Laudato Si'*, nº 222.

IX A ética e os valores

1 Os valores: liberdade, igualdade e fraternidade

Na história do direito, encontramos muitos casos em que, havendo um recurso escasso, produziram-se conflitos entre indivíduos, entre nações, e o surgimento de um pensamento criativo que deu origem a novas categorias analíticas.

Uma maneira didática de explicar o processo é relacioná-lo com os valores que emergiram da Revolução Francesa, amplamente conhecidos: liberdade, igualdade e fraternidade. Quando faltou liberdade no mundo, começaram a surgir problemas em relação à proteção do indivíduo contra reis, Estado e outros poderes mais intangíveis, como o econômico e a mídia. O século XIX foi o período em que os argumentos fundamentais que deram origem ao "Estatuto da Liberdade" foram desenvolvidos: as declarações de direitos humanos adotadas nas constituições, a construção de uma esfera de proteção da individualidade pessoal, os remédios baseados na prevenção inibitória. Os titulares desses direitos são indivíduos, os bens protegidos também possuem esse caráter, e tanto as regras como os remédios consistem principalmente em proibições, configuradas como obrigações de não fazer.

No século XX, as lutas por igualdade, expressas pelos movimentos operários, se estenderam a vários setores sociais, as doutrinas filosóficas e políticas baseadas em transformações que levariam a um mundo mais igualitário foram ampliadas. Para nossos propósitos, é importante destacar o surgimento de direitos humanos de conteúdo positivo, cujos legitimados ativos são indivíduos, o bem protegido é uma relação de igualdade com outras pessoas, e a lógica normativa é caracterizada por mandatos que se traduzem em obrigações de fazer. As dificuldades teóricas que implicam esses remédios todavia subsistem, mas as bases foram conformadas no referido período.

Em nosso século, parece premente retomar o valor que a Revolução Francesa chamou de "fraternidade" e que agora foi substituído por "solidariedade".[90] A diferença substancial está na mudança de cenário,

---

[90] A solidariedade adquiriu inclusive valor normativo, como é o caso da Lei Geral do Ambiente, nº 25.675, que introduz dois princípios desta natureza (art. 4º): *Princípio da solidariedade:* a Nação e os Estados Provinciais serão responsáveis pela prevenção e mitigação dos efeitos ambientais transfronteiriços adversos de suas próprias ações, bem como pela minimização dos riscos ambientais em sistemas ecológicos compartilhados. *Princípio da cooperação:* recursos naturais e sistemas ecológicos compartilhados serão usados de forma equitativa e racional.

pois não se trata apenas de conflitos interindividuais, mas entre indivíduos e o coletivo; não existem mais apenas direitos, mas também deveres.

2 Fraternidade v. interesses individuais

Ibsen,[91] dramaturgo norueguês, escreveu em 1882 a peça *Um inimigo do povo*, que levanta o problema sem rodeios: um médico de um balneário comprova que a água está contaminada pela derivação de esgoto; no primeiro ato, honras lhe são rendidas pela contribuição feita à comunidade; mais tarde, sabendo que o balneário precisaria ser fechado, única fonte de renda do povo, os proprietários, os trabalhadores, a imprensa, o prefeito reagiram e tudo terminou no último ato com uma assembleia na qual o declararam "inimigo do povo". O Dr. Stockmann faz duas descobertas: a primeira é que o balneário fora fundado em bases pestilentas e doentias; a segunda, que a sociedade foi fundada em bases pestilentas e doentias.

Esses fundamentos da sociedade ocidental se relacionam com a ideia fáustica de Goethe, que apresenta Fausto enviando Mefistófeles para matar um casal de velhinhos que mora em uma pequena cabana à beira-mar, perto da costa, pelo simples fato de que eles não se encaixam no plano-diretor.[92] Destruir para criar, renovação perpétua, dialética entre o passado e o moderno são os símbolos do progresso. O que ocorre agora é que se descobriu um limite tanto na destruição como na criação.

A tutela do meio ambiente requer decisões complexas no plano dos valores, e assistimos a um formidável debate mundial sobre conflitos entre desenvolvimento e meio ambiente.

O paradigma ambiental influencia esse campo ao apontar diretrizes éticas e morais. O paradigma ambiental importa uma definição de valor cada vez mais poderosa.

Esse paradigma é "valorista", isto é, estabelece uma orientação para a razão técnica. Esse é um debate antigo que começou com grande força quando o surgimento da revolução industrial afirmou o pressuposto da neutralidade axiológica da "ciência" e, sobretudo, de seu domínio "técnico".[93] Sob essa abordagem, o progresso científico

---

O tratamento e a mitigação de emergências ambientais de efeitos transfronteiriços serão desenvolvidos em conjunto.

[91] Ver *Teoría de la decisión judicial*. Santa Fé: Rubinzal-Culzoni, 2005. p. 428.

[92] BERMAN, Marshall. *Todo lo sólido se desvanece en el aire. La experiencia de la modernidad.* [s.l.]: Siglo XXI, 1989.

[93] Ampliamos en *Teoría de la decisión judicial*. Santa Fé: Rubinzal-Culzoni, 2005. Ver también FINNIS, John. *Natural law and natural rights.* New York: Clar Press, 1984. p. 113.

deve ser independente de todo controle ético, o que teve razões bem fundamentadas durante muito tempo. No entanto, atualmente, as fronteiras podem ser observadas em campos como a genética, a energia nuclear e o meio ambiente, nos quais são projetados fortes limites baseados em valores.

A existência de um valor torna possível indicar uma finalidade para a ação desorientada e pode fornecer um instrumento para apreciar o conteúdo apropriado ou equivocado das ações. Por exemplo, tanto o desenvolvimento como o consumo são ações que, tradicionalmente, não possuíam direções admissíveis, mas com o ambientalismo é adicionada uma característica que os orienta: ambos devem ser sustentáveis.

O ambientalismo veio para dar um novo significado aos valores existentes, como acontece, por exemplo, com o "bem-estar geral", afirmado no Preâmbulo da Constituição argentina. Certamente, a intenção dos fundadores do país estava relacionada ao desenvolvimento econômico, mas hoje em dia o bem-estar não pode ser concebido sem um ambiente saudável.

O ambientalismo trouxe novos valores, que ingressaram nos textos constitucionais e supranacionais e que cumprem a função de limite material da legislação.

Em outros casos, o valor expressa um juízo comparativo (compara um valor com outro) e, nesse sentido, difere do princípio (mandamento de otimização, manda fazer algo na maior extensão possível). Essa valoração comparativa surge quando de dois objetos se diz que um tem maior valor que o outro, expressando-se juízos de preferência ou equivalência. É nesse aspecto que os "valores ambientais" começam a exercer uma função, pois pretendem ser comparados com outros valores e ter prioridade.

Existem alguns exemplos nos quais os valores ambientais estão incorporados ao sistema legal.[94] A Constituição Política do Equador, em seu Preâmbulo, manifesta a decisão de construir "uma nova forma de convivência cidadã, em diversidade e harmonia com a natureza, para alcançar o bem viver (o viver em plenitude), o *Sumak Kawsay*". Além disso, dedica extensivamente o segundo capítulo de seu texto aos chamados "direitos de boa vida" (arts. 12 a 34), nos quais regula, em uma primeira seção: água e alimentos, segunda seção: *ambiente saudável*, terceira seção: *comunicação e informação*, quarta seção: *cultura e ciência*,

---

[94] CAFFERATTA, Néstor A. *La ética ambiental*, en J. A. 2012-IV; ESCOBAR TRIANA, Jaime. *Bioética y ética ambiental*, en J. A. 2006-IV-1222.

quinta seção: *educação*, sexta seção: *urbanismo e moradia*, sétima seção: *saúde*, oitava seção: *trabalho e seguridade social*. Assim, por exemplo, no artigo 14, "se reconhece o direito da população de viver em um ambiente saudável e ecologicamente equilibrado, que garanta a sustentabilidade e o bem viver, *Sumak Kawsay*".[95]

Esses temas são desenvolvidos mais adiante.

Conclusão

A análise do contexto cultural em que a questão ambiental se desdobra nos permite afirmar algumas premissas, sobre as quais desenvolveremos essa teoria jurídica do meio ambiente.

O meio ambiente é um bem coletivo, indivisível. Embora existam muitas decisões importantes na defesa do direito à vida e a um ambiente saudável, é necessário diferenciar o aspecto individual do coletivo.

É preciso estabelecer um esquema de articulação entre os direitos individuais em relação aos direitos coletivos, de maneira que sejam sustentáveis.

A evolução da humanidade precisa colocar em uma direção semelhante o desenvolvimento do sistema social, do sistema econômico e do ambiental. Hoje se vê claramente que os incentivos do comportamento social e econômico vão contra o funcionamento da natureza.

O direito ambiental deve ser estudado dentro de uma mudança de paradigma e não apenas como uma especialidade a mais do direito baseado em outros pressupostos. Todos os ramos do direito devem adotar uma visão sistêmica, consistente com as ciências. É o conceito de "ecologia integral".

Por isso as soluções devem ser sistêmicas e não parciais.[96]

---

[95] Nota da revisora: Sobre a expressão indígena que está na Constituição do Equador, veja WOLKMER, Antonio Carlos; KYRILLOS, Gabriela de Moraes. Redefinindo os paradigmas do direito na América Latina: interculturalidade e buen vivir. *Revista de Direito Ambiental*, v. 78, p. 125-144, abr./jun. 2015 (DTR\2015\9428). Sobre a Constituição do Equador de 2008, os direitos de "Pachamama e o bem viver (Sumak Kawsay)", veja ainda WOLKMER, Antonio Carlos; MELO, Milena Petters. *Constitucionalismo latino-americano*: tendência contemporânea. Curitiba: Juruá, 2013. p. 103 e ss.

[96] Princípios 1, 5, 9, 10, 11, 12 e 13 da Declaração do Rio, e Preâmbulo e Artigos 4 e 7 do Comitê de Peritos, Observação Geral sobre a Convenção nº 169. É essencial buscar soluções abrangentes que considerem as interações dos sistemas naturais entre si e com os sistemas sociais. As linhas para a solução da complexa crise ambiental exigem uma abordagem abrangente para combater a pobreza, devolver dignidade aos excluídos e, simultaneamente, cuidar da natureza.

CAPÍTULO 2

O ESTADO DE DIREITO AMBIENTAL

I Introdução: duas facetas

O Estado de direito ambiental é a vigência da lei dentro de um paradigma ambiental, o que levanta diversas perguntas.

A discussão teve início há alguns poucos anos, principalmente após a Reunião Rio + 20. Naquela época, foi formado o *Advisory Commitee* para o Meio Ambiente da ONU, composto por juízes de Supremas Cortes, que começou a elaborar esse conceito. Após numerosas reuniões, o tema foi entrando na Organização dos Estados Americanos e no *Global Judicial Institute* como um projeto central.

A importância desse conceito tem presente duas facetas:

1. aplicar a lei em toda a sua extensão;
2. interpretar o Estado de direito de acordo com os princípios ambientais.

O primeiro aspecto é claro: onde não há lei, há abuso e deterioração da natureza.

Uma boa prova disso pode ser verificada nas áreas marginais do planeta, às quais o Estado não chega, ou onde este é fraco ou ineficiente para aplicar a regra jurídica. Nessas regiões é onde mais se nota a contaminação, os resíduos, o abuso indiscriminado.

Por esse motivo, destacou-se:[97]

> o fortalecimento do Estado de Direito é fundamental para proteger os valores ambientais, sociais e culturais e alcançar um desenvolvimento

---

[97] Declaração Mundial da União Internacional para a Conservação da Natureza (UICN) acerca do Estado de Direito em matéria ambiental. Congresso Mundial de Direito Ambiental da UICN, reunido na cidade do Rio de Janeiro, Brasil, de 26 a 29.4.2016.

ecologicamente sustentável. A inexistência do Estado de Direito em matéria ambiental e a falta de cumprimento dos direitos e obrigações de natureza legal poderiam tornar arbitrárias, subjetivas e imprevisíveis a boa governança, a conservação e a proteção ambiental.

Esses aspectos incluem:

a) a elaboração, promulgação e implementação de leis, regulamentos e políticas claras, estritas, executáveis e efetivas, que sejam gerenciadas de forma eficiente por meio de processos justos e inclusivos para alcançar os mais altos padrões de qualidade ambiental;

b) o respeito pelos direitos humanos, incluindo o direito a um ambiente saudável, seguro e sustentável;

c) medidas para garantir o cumprimento efetivo de leis, regulamentos e políticas, incluindo a aplicação adequada do direito penal, do direito civil e do direito administrativo, a responsabilidade por danos ambientais e mecanismos para a solução imparcial, independente e oportuna das disputas;

d) regras eficazes sobre o acesso equitativo à informação, à participação pública na tomada de decisões e o acesso à justiça;

e) a auditoria ambiental e a elaboração de informes, juntamente com outros mecanismos efetivos de prestação de contas, transparência, ética, integridade e luta contra a corrupção; e

f) o uso dos melhores conhecimentos científicos disponíveis.

A segunda faceta consiste em interpretar o Estado de direito conforme os princípios ambientais, que estudaremos nos pontos a seguir com mais extensão.

II O paradoxo do Estado de direito

A lei nasceu como expressão das maiorias parlamentares para estabelecer limites ao poder dos reis ou ao presidencialismo excessivo.

Por um longo período da história, lutou-se para garantir que as decisões do governo emergissem das maiorias populares e não fossem impostas pelo rei, ou por uma autoridade que não tivesse legitimidade eleitoral.

Uma vez atingido esse objetivo, com o surgimento de parlamentos em todos os países ocidentais, advertiu-se que as maiorias poderiam aprovar leis que violassem os direitos fundamentais das minorias.

Principalmente durante o século XX, com o terrorismo do Estado, o nazismo e as perseguições, começou-se a elaborar a noção de lei injusta contrária aos direitos humanos. Isso significava que a lei, representando maiorias parlamentares, poderia ser declarada inconstitucional por violar direitos fundamentais consagrados em constituições ou tratados internacionais. Por isso, começou a ser usada a noção de "Estado constitucional de direito". Era uma maneira de estabelecer limites ao poder estatal, econômico e tecnológico ou cognitivo.[98]

Na segunda metade do século XX, entendeu-se que o Estado de direito também implicava as regras da boa governança, ou seja, a validade de princípios como transparência, acesso à informação e ampla participação dos cidadãos.

Por outro lado, no direito privado, uma ampla tradição foi desenvolvida com base na proteção da parte mais fraca, a partir do *favor debitoris* do direito romano até o atual *in dubio pro consumatore*.

A questão colocada pelo Estado de direito ambiental é se esses princípios genéricos também são aplicáveis ao meio ambiente ou se existe um duplo *standard*.

Apresentaremos alguns dos aspectos desse problema que serão desenvolvidos nos capítulos seguintes, dedicados especificamente à questão ambiental.

III Direitos fundamentais ambientais

A lei é uma expressão das maiorias, o que tem um fundamento democrático. A identificação entre a maioria, a vontade geral, a felicidade do maior número[99] e a lei que expressa esse sentimento é controversa. As maiorias podem tomar decisões inconstitucionais, como exemplo, apoiar o terrorismo de Estado ou a pena de morte, e nesses casos as decisões encontradas são limitadas pela norma constitucional. Um exemplo disso são as sentenças que desqualificam as leis de anistia consideradas violações da perseguição ao terrorismo de Estado.[100] Não

---

[98] Ampliamos em LORENZETTI, Ricardo L. *Teoría de la decisión judicial*. Fundamentos de derecho. Santa Fé: Rubinzal-Culzoni, 2006.
[99] WALDRON, Jeremy. *The dignity of legislation*. Cambridge: Cambridge University Press, 1999. p. 158.
[100] CSJN, "Simón, Julio Héctor y otros sobre a privação ilegítima de liberdade". Disponível em: www.csjn.gov.ar. Alemanha (Caso "Guardiões do muro" ["Mauerschützen"], de 24.10.96) em uma decisão ratificada pelo Tribunal Europeu de Direitos Humanos (Caso "Streletz, Kessler e Krenz v. Alemanha", Estrasburgo, 22.3.2001), em que ambos os tribunais negaram legitimidade à desculpa que os guardiães do muro de Berlim invocaram para assassinar em

se trata apenas do controle constitucional, senão de fundamentação ética do direito[101] que tem muitíssima relevância em matéria ambiental.

Um Estado de direito constitucional implica afirmar que o rege o princípio da decisão majoritária com o limite dos direitos fundamentais. A maior garantia que se pode outorgar a esses direitos é que eles não sejam derrogados pelas maiorias ou pelo mercado.

Isso deve ser entendido como uma garantia de conteúdo mínimo. Se não fosse assim, a democracia não funcionaria diretamente, porque os direitos já estariam previamente adjudicados por técnicos ou por juízes, sem debate algum na sociedade, satisfazendo a alguns com exclusão de outros. Sobre esse aspecto também se sustenta que os direitos não podem ser insaciáveis, porque, se não têm limites, podem devorar a democracia.[102]

Esse princípio, aplicável às questões ambientais, tem grande relevância.

Em muitas constituições, há o direito a um ambiente saudável,[103] ou o direito à vida, e também se alude ao direito fundamental à água potável.

---

cumprimento da lei. Afirmou-se nessas decisões que existem princípios básicos de direitos humanos claramente reconhecidos e reconhecíveis na própria origem da ação, de modo que a aplicação retroativa da lei ou qualquer violação do princípio da legalidade não pode ser invocada. Um amplo desenvolvimento deste tema pode ser visto em VIGO, Rodolfo. *La injusticia extrema no es derecho (de Radbruch a Alexy)*. Buenos Aires: Facultad de Derecho, UBA, La Ley, 2004; ALEXY, Robert. La decisión del Tribunal Constitucional alemán sobre los homicidios cometidos por los centinelas del muro de Berlín. *Doxa*, Alicante, 1997.

[101] FULLER, Lon. *The morality of law*. New Haven: Yale University Press, 1969.

[102] Ver o excelente trabalho de PINTORE, Ana. Derechos insaciables, em Los fundamentos de los derechos fundamentales

[103] Nota da revisora: A Constituição Federal de 1988 também considera direito fundamental, assim o "Título VIII - Da Ordem Social, Capítulo VI - Do Meio Ambiente. Art. 225. Todos têm direito ao meio ambiente ecologicamente equilibrado, bem de uso comum do povo e essencial à sadia qualidade de vida, impondo-se ao poder público e à coletividade o dever de defendê-lo e preservá-lo para as presentes e futuras gerações. §1º Para assegurar a efetividade desse direito, incumbe ao poder público: I - preservar e restaurar os processos ecológicos essenciais e prover o manejo ecológico das espécies e ecossistemas; II - preservar a diversidade e a integridade do patrimônio genético do País e fiscalizar as entidades dedicadas à pesquisa e manipulação de material genético; III - definir, em todas as unidades da Federação, espaços territoriais e seus componentes a serem especialmente protegidos, sendo a alteração e a supressão permitidas somente através de lei, vedada qualquer utilização que comprometa a integridade dos atributos que justifiquem sua proteção; IV - exigir, na forma da lei, para instalação de obra ou atividade potencialmente causadora de significativa degradação do meio ambiente, estudo prévio de impacto ambiental, a que se dará publicidade; V - controlar a produção, a comercialização e o emprego de técnicas, métodos e substâncias que comportem risco para a vida, a qualidade de vida e o meio ambiente; VI - promover a educação ambiental em todos os níveis de ensino e a conscientização pública para a preservação do meio ambiente; VII - proteger a fauna e a flora, vedadas, na forma da lei, as práticas que coloquem em risco sua função ecológica, provoquem a extinção de espécies ou

Qualificar juridicamente certos direitos ambientais como fundamentais produz dois tipos de efeitos:
- Declaração de inconstitucionalidade das leis que os afetem gravemente.
- Pretensões positivas de satisfação do conteúdo mínimo do direito, como no acesso à água potável.

IV O acesso à justiça

O acesso à justiça é outro dos pilares sobre os quais se constrói a noção de Estado de direito, porque leva à expansão do debate democrático.[104]

O movimento denominado "acesso à justiça"[105] enfoca os problemas decorrentes das dificuldades que apresenta a possibilidade de

---

submetam os animais a crueldade. §2º Aquele que explorar recursos minerais fica obrigado a recuperar o meio ambiente degradado, de acordo com solução técnica exigida pelo órgão público competente, na forma da lei. §3º As condutas e atividades consideradas lesivas ao meio ambiente sujeitarão os infratores, pessoas físicas ou jurídicas, a sanções penais e administrativas, independentemente da obrigação de reparar os danos causados. §4º A Floresta Amazônica brasileira, a Mata Atlântica, a Serra do Mar, o Pantanal Mato-Grossense e a Zona Costeira são patrimônio nacional, e sua utilização far-se-á, na forma da lei, dentro de condições que assegurem a preservação do meio ambiente, inclusive quanto ao uso dos recursos naturais. §5º São indisponíveis as terras devolutas ou arrecadadas pelos Estados, por ações discriminatórias, necessárias à proteção dos ecossistemas naturais. §6º As usinas que operem com reator nuclear deverão ter sua localização definida em lei federal, sem o que não poderão ser instaladas. §7º Para fins do disposto na parte final do inciso VII do §1º deste artigo, não se consideram cruéis as práticas desportivas que utilizem animais, desde que sejam manifestações culturais, conforme o §1º do art. 215 desta Constituição Federal, registradas como bem de natureza imaterial integrante do patrimônio cultural brasileiro, devendo ser regulamentadas por lei específica que assegure o bem-estar dos animais envolvidos".

[104] Nota da revisora: A Constituição Federal de 1988 também considera na lista dos direitos fundamentais do art. 5º o acesso à justiça: "XXXV - a lei não excluirá da apreciação do Poder Judiciário lesão ou ameaça a direito". E o devido processo legal: "LIV - ninguém será privado da liberdade ou de seus bens sem o devido processo legal".

[105] A bibliografia é muito ampla. Começamos pela enorme obra de Mauro Cappelletti. Também: DENTI, Vittorio. Accesso alla giustizia e Welfare State (a proposito del Florence Access to Justice Proyect). Riv. Trim. Dir. e Proc. Civ., 1982. p. 618, em que o autor relata os aspectos principais do projeto realizado em Florença, obra em seis tomos, em que trabalharam mais de cem pessoas. ZAMUDIO, H. Proceso y democracia. Buenos Aires: Ejea, 1960; GRINOVER, Ada Pellegrini; DINAMARCO, Candido. Teoria general do processo. 7. ed. São Paulo: [s.n.], 1990; GRINOVER, Ada Pellegrini; WATANABE, Kazuo. Código Brasileiro de Defesa do Consumidor. 3. ed. Rio de Janeiro: Forense, 1993. Na Argentina: MORELLO, Augusto. Proceso y realidad, en L. L. 1989-B-819; El Derecho Procesal Civil en los umbrales de un nuevo milenio, en J. A. 1992-II-854; El proceso civil colectivo. em Defensa de los consumidores de productos y servicios. Buenos Aires: La Rocca, 1994. p. 207; MORELLO, Augusto M.; BERIZONCE, Roberto O.; HITTERS, Juan C.; NOGUEIRA, Carlos. La justicia entre dos épocas. La Plata:

se chegar ao Judiciário para grandes grupos populacionais, geralmente excluídos.

Nesta perspectiva, não apenas se examina a dogmática do procedimento, mas também sua duração, a influência das custas, o tempo e o impacto sobre indivíduos, grupos e sociedade.[106] Com esses instrumentos analíticos, identificam-se obstáculos:

a) o econômico, pelo qual muitas pessoas não têm acesso à justiça em virtude de sua baixa renda;

b) o organizacional, pelo qual os interesses coletivos ou difusos não são eficazmente protegidos em um processo pensado para conflitos bilaterais;

c) o processual, pelo qual os procedimentos tradicionais são ineficazes na canalização desses interesses.

Esse enfoque abre um espectro muito amplo de questões.

Um primeiro aspecto se concentra na relação entre economia e processo, estudando os incentivos que atuam sobre as partes na tomada de decisão. Em conflitos ambientais, trata-se de examinar a função que têm as indenizações como fator de dissuasão de determinadas condutas ou a gratuidade para favorecer uma maior participação de setores vulneráveis em processos judiciais.

Um segundo campo, relacionado ao anterior, leva à conclusão de que não é necessário tratar todos os conflitos com um único tipo de processo, mas que pode haver uma grande diversificação, sendo mais eficiente uma segmentação atendendo às partes, ao objeto, ao tempo e ao lugar. É também uma questão fundamental nos litígios ambientais, que geralmente estão submetidos ao processo ordinário, que é muito lento e preparado para outros tipos de problemas. Da mesma forma, os métodos tradicionais de valorização das provas, ou as medidas cautelares, ou os modos de execução de sentenças estão sendo adaptados a essa nova tipologia.

A ampliação da legitimação leva ao redesenho dos processos coletivos, indispensável nesta matéria e que estudaremos mais adiante.

Platense, 1983; GOZAÍNI, Osvaldo. La evolución de la ciencia y el Derecho ante la estructura procesal codificada: el proceso en su hora de cambio, en L. L. 1987-E-657. Para uma visão sociológica geral, RUIZ, Alicia. *Idas y vueltas*. Por una teoría crítica del derecho. Buenos Aires: Facultad de Derecho, UBA, 2001.

[106] CAPPELLETTI. *Dimensiones de la justicia en el mundo contemporáneo*. México: Porrúa, 1993. p. 88.

V Acesso à informação e à participação

No âmbito do Estado de direito, a noção de "governo aberto" e os direitos à informação e participação têm ampla recepção. No entanto, em questões ambientais, apesar de existirem declarações a esse respeito, há muita resistência em aceitar a difusão informativa e a participação quando se trata de projetos de investimento com impacto ambiental.

O conceito de "governo aberto" traz uma nova perspectiva ao sistema democrático de convivência, por meio do uso de mecanismos que buscam a transparência dos governos, além de espaços permanentes para a colaboração e a participação dos cidadãos. Do ponto de vista instrumental, a noção de *governo aberto* enfatiza a necessidade de desenvolver um conjunto eficiente de técnicas destinadas a otimizar a comunicação entre governo e cidadãos para alcançar um diálogo dinâmico, colaborativo, efetivo e eficaz, em que novas tecnologias da informação desempenham um papel transcendental.

O conceito de *governo aberto* é introduzido por Barack Obama no *Memorando do Presidente sobre Transparência e Governo Aberto*[107] (*President's Memorandum on Transparency and Open Government*), adotado em 21.1.2009, em que são estabelecidos seus fundamentos ao indicar que o governo deve ser transparente, participativo e colaborativo.

Entre seus fundamentos, destaca-se que:

- a transparência promove a responsabilidade pública e traz aos cidadãos informações sobre o que seu governo está fazendo, capacitando-os e fortalecendo-os;
- a participação e o compromisso público melhoram a eficácia do governo e aumentam a qualidade de suas decisões;[108]
- a colaboração envolve os cidadãos no trabalho de seu governo.

---

[107] CÉSAR CALDERÓN, Sebastián Lorenzo. *Open government. Gobierno abierto*. Jael: Algón Editores, abr. 2010. p. 11. Disponível em: http://opengovernment.com.ar/; http://www.whitehouse.gov/the_press_office/Transparency_and_Open_Government/. Memorando do presidente com relação à transparência e governo aberto (President's Memorandum on Transparency and Open Government). Disponível em: http://www.whitehouse.gov/the_press_office/Transparency_and_Open_Government/. Barack Obama, discurso perante a Assembleia-Geral das Nações Unidas, 21.9.2011: *Open governance helps ensure accountability and helps to empower citizens*.

[108] Nota da revisora: A Constituição Federal de 1988 também considera na lista dos direitos fundamentais do art. 5º a ação popular: "LXXIII - qualquer cidadão é parte legítima para propor ação popular que vise a anular ato lesivo ao patrimônio público ou de entidade de que o Estado participe, à moralidade administrativa, ao meio ambiente e ao patrimônio histórico e cultural, ficando o autor, salvo comprovada má-fé, isento de custas judiciais e do ônus da sucumbência; [...]".

Dessa maneira, a democracia é reforçada e a eficiência e eficácia do governo são promovidas.

Por fim, no plano nacional proposto em setembro de 2011, mencionam-se expressamente três razões independentes que cimentam a abertura do governo. Aos fundamentos já mencionados sobre promoção da responsabilidade pública, melhoria do desempenho do governo, acesso à informação graças às novas tecnologias e geração de um diálogo recíproco entre o governo e os cidadãos, acrescenta-se que, em muitos campos, o governo deve desenvolver políticas com referência próxima ao conhecimento, experiência e perspectivas de diversos membros da cidadania. O conhecimento está amplamente disperso na sociedade, e os funcionários públicos são grandemente beneficiados por terem acesso a esse "conhecimento disperso" e à consequente "experiência e sabedoria coletiva".

Esse modelo de gestão foi adotado pelas Nações Unidas e por vários países.

No entanto, quando se trata de questões ambientais, há muita resistência à aplicação desses critérios.

É por isso que se insiste nessa questão que é vital para a força das reivindicações.

A relevância dos direitos à informação, participação e justiça em questões ambientais foi reconhecida em várias declarações internacionais e nacionais[109] baseadas no denominado "Princípio 10",[110] que estabelece: a melhor maneira de lidar com questões ambientais é com a participação de todos os cidadãos interessados, no nível apropriado.

> No nível nacional, todos devem ter acesso adequado a informações sobre o meio ambiente que estejam à disposição das autoridades públicas, incluindo informações sobre materiais e atividades que representam perigo em suas comunidades, bem como a oportunidade de participar de processos de tomada de decisão. Os Estados devem facilitar e promover a conscientização e participação do público, disponibilizando as informações a todos. O acesso efetivo a procedimentos judiciais e

---

[109] Decisão nº 26 de 28.6.2007 do Conselho do Mercado Comum do Mercosul, incorporado pelo Decreto nº 1.289/2010, art. 1º. Nota da revisora: A decisão estabelece a Política de Promoção e Cooperação em Produção e Consumo Sustentáveis no Mercosul, seguindo a Declaração de Princípios de Produção mais Limpa para o Mercosul de 9.10.2003.

[110] Declaração de Princípios adotados em 1992 na Conferência das Nações Unidas sobre o Meio Ambiente e o Desenvolvimento (Cúpula da Terra do Rio de Janeiro).

administrativos deve ser fornecido, incluindo compensação por danos e recursos pertinentes.[111]

Na América Latina, esse tema foi introduzido na Cúpula de Desenvolvimento Sustentável de 1996, em Santa Cruz de la Sierra,[112] na qual a OEA foi encarregada da formulação de uma Estratégia Interamericana para a promoção da participação do público no processo de tomada de decisões para o desenvolvimento sustentável (doravante ISP). Basicamente, argumenta-se que:

- para participar efetivamente, os cidadãos devem ter acesso oportuno, em vários níveis do governo, à informação,[113] ao processo político e ao sistema judicial;
- para que as alianças entre sociedade civil e governo sejam eficazes é necessário que sejam confiáveis e transparentes; a transparência de todas as partes envolvidas em um processo de tomada de decisão facilita uma participação mais significativa, garantindo que as motivações e metas sejam explícitas e que todas as informações sejam confiáveis e estejam disponíveis em tempo hábil.

Finalmente, o princípio da inclusão requer a participação plena de todos os interessados e afetados por questões de desenvolvimento sustentável para alcançar soluções duráveis. O sistema europeu e interamericano de direitos humanos teve um papel significativo na definição de tendências importantes a respeito desses direitos.[114] Também deve ser levado em consideração o Modelo da Lei Interamericana de

---

[111] Declaração do Rio sobre Meio Ambiente e Desenvolvimento, Princípio 10, 1992.
[112] Declaração de Santa Cruz de la Sierra (Declaração de Princípios subscrita pelos Chefes de Estado e de Governo assistentes à Cúpula das Américas sobre Desenvolvimento Sustentável), 7.12.1996.
[113] Nota da revisora: A Constituição Federal de 1988 também considera na lista dos direitos fundamentais do art. 5º o acesso à informação: "XIV - é assegurado a todos o acesso à informação e resguardado o sigilo da fonte, quando necessário ao exercício profissional; [...] XXXIII - todos têm direito a receber dos órgãos públicos informações de seu interesse particular, ou de interesse coletivo ou geral, que serão prestadas no prazo da lei, sob pena de responsabilidade, ressalvadas aquelas cujo sigilo seja imprescindível à segurança da sociedade e do Estado; [...]". E cria ainda o *habeas data*: "LXXII - conceder-se-á habeas data: a) para assegurar o conhecimento de informações relativas à pessoa do impetrante, constantes de registros ou bancos de dados de entidades governamentais ou de caráter público; b) para a retificação de dados, quando não se prefira fazê-lo por processo sigiloso, judicial ou administrativo; [...]".
[114] CJI/RES 147 (LXXIII-O/08), Princípios sobre o Direito de Acesso à Informação. CP/INF, 6419/12, Guia de Princípios para o Acesso à Justiça nas Américas e informe do Comitê Jurídico Interamericano Acesso à Justiça nas Américas.

Acesso à Informação, adotada pela Assembleia-Geral da Organização,[115] entre outros instrumentos relevantes no âmbito da OEA.

Os Princípios Legais Ambientais para o Desenvolvimento Ecologicamente Sustentável[116] dedicam um extenso capítulo a este tópico, que resumiremos a seguir.

1 Acesso à informação

O acesso à informação é um direito humano fundamental que estabelece que toda pessoa pode acessar informações de posse de órgãos públicos, sujeitas apenas a um regime limitado de exceções, de acordo com uma sociedade democrática e proporcional ao interesse que os justifique.

Os Estados devem garantir o respeito pelo direito de acesso à informação, adotando uma legislação apropriada e colocando em prática os meios necessários para sua implementação.[117]

Nesse contexto, toda pessoa, grupo ou organização deve ter acesso adequado e permanente às informações sobre o meio ambiente e seu desenvolvimento progressivo à disposição das autoridades públicas, dentro da estrutura de sua legislação nacional, permitindo o conhecimento, o entendimento e a compreensão da informação sobre os projetos, materiais e atividades que ofereçam perigo a suas comunidades, assim como as medidas de proteção, mitigação, indenização e reparação do meio ambiente.

As informações ambientais serão disponibilizadas ao público o mais rápido possível, sem a necessidade de se invocar um interesse particular, levando em conta que o direito de acesso se refere a todas as informações significativas, cuja definição deve ser ampla, incluindo todas as que sejam controladas e arquivadas em qualquer formato ou mídia.[118] Informações ambientais devem ser entendidas como qualquer antecedente disponível em forma escrita, visual, sonora, eletrônica ou

---

[115] AG/RES 2607 (XL-O/10), Lei-Modelo Interamericana sobre Acesso à Informação Pública, aprovada na quarta sessão plenária da Assembleia-Geral, celebrada em 8.6.2010.

[116] Aprovados pela Assembleia Plenária na XIX versão da Cúpula realizada em Quito, Equador, em 18, 19 e 20.4.2018. Também: Convênio sobre acesso à informação, participação pública na tomada de decisões e acesso à justiça ambiental, Convenção de Aarhus; Declaração de Buenos Aires de 1972, e Ponto 44 da Conferência das Nações Unidas sobre Desenvolvimento Sustentável, Rio + 20.

[117] CJI/RES 147 (LXXIII-O/08), Princípios sobre o Direito de Acesso à Informação.

[118] CJI/RES 147 (LXXIII-O/08), Princípios sobre o Direito de Acesso à Informação.

qualquer outra forma de material, suporte virtual, eletrônico ou digital, relacionado a:

i) o estado dos elementos do meio ambiente, como ar ou atmosfera, água, solo, terra, paisagem e áreas de interesse natural e cultural, incluindo áreas úmidas, áreas costeiras e marinhas, diversidade biológica e seus componentes, incluindo organismos geneticamente modificados, e a interação entre esses elementos;

ii) os fatores e as substâncias que possam afetar o meio ambiente em suas diferentes formas, através da alteração da natureza e de sua contaminação em suas diversas espécies, como produção, distribuição e comercialização de energia, emanação de ruídos, resíduos, radiação, emissões, descargas ou outras liberações para o meio ambiente que afetem ou possam afetar os elementos do ambiente referidos na alínea i);

iii) as medidas (inclusive administrativas), como políticas, normas, planos, programas, acordos sobre o meio ambiente e atividades que afetam ou podem afetar os elementos e fatores mencionados nos itens i) e ii), bem como as atividades ou medidas para proteger esses elementos;

iv) os relatórios sobre a execução da legislação ambiental, e

v) o estado de saúde das pessoas, sua segurança e suas condições de vida, incluindo a contaminação da cadeia alimentar, as condições de vida ou de interesse cultural, os edifícios que alterem áreas típicas, históricas ou culturalmente relevantes, na medida do possível que afetem ou possam afetar o estado dos elementos do ambiente a que se refere o ponto i), ou através desses elementos, de qualquer um dos elementos referidos nos pontos ii) e iii).

a) Serão envidados esforços para garantir que as autoridades públicas coletem, possuam e mantenham informações atualizadas sobre o meio ambiente que sejam úteis para o desempenho de suas funções e que, no caso de uma ameaça iminente à saúde ou ao meio ambiente, forneçam aos habitantes todas as informações que possam permitir que o público tome medidas para prevenir, mitigar ou limitar possíveis danos. É importante destacar que em um grande número de casos as informações ambientais não estão nas mãos do Estado ou da autoridade pública.

Nesses casos, e quando a falta de acesso à informação envolve algum perigo para a pessoa, o juiz deve aplicar o padrão de maior proteção.[119]

b) Além disso, serão envidados esforços para garantir que, no âmbito da legislação nacional, as autoridades públicas disponibilizem informações sobre o meio ambiente de forma transparente, de acordo com o princípio da disseminação proativa e que essas informações sejam realmente acessíveis.

2 Princípio da participação

De acordo com os instrumentos legais internacionais:[120]

a) A melhor maneira de lidar com questões ambientais é com a participação de todos os cidadãos, no nível apropriado.[121] Dessa forma, é necessário tomar medidas para que a participação do público comece no início dos procedimentos, ou seja, quando todas as opções e soluções ainda são possíveis e quando o público pode exercer influência real e efetiva. Em virtude do exposto, as disposições práticas ou outras necessárias devem ser adotadas para que o público participe da elaboração de planos, programas e políticas relacionadas ao meio ambiente em uma estrutura transparente e equitativa, depois de fornecer as informações necessárias.

b) A participação cidadã, reflexo da democracia participativa, deve ser observada:

   i) na formação de decisões administrativas;

   ii) na disposição legal e na efetividade do procedimento de recursos administrativos; e

---

[119] El Salvador, 30.1.2013, Sala Constitucional da Corte Suprema de Justiça 608-2010, "Piche Osorio, Domitila Rosario vs. Ministro e Vice-Ministro do Meio Ambiente e Recursos Naturais (caso de petição e acesso à informação; sobre suposta violação de direitos constitucionais devido à contaminação ambiental na zona do Sitio del Niño)".

[120] Convenção sobre o Acesso à Informação, Participação do Público na Tomada de Decisões e Acesso à Justiça em matéria ambiental, Convenção de Aarhus; Princípio 10, Declaração do Rio; Agenda 21, Nações Unidas; Artigo 1.13, Carta de Allborg e Pontos 43 e 44 da Conferência das Nações Unidas sobre Desenvolvimento Sustentável, Rio + 20.

[121] Declaração do Rio sobre Meio Ambiente e Desenvolvimento, Princípio 10, 1992.

iii) na implementação de procedimentos para audiências públicas, plebiscitos ou consultas populares, constituindo a base do consenso para outorgar maior legitimidade à gestão pública ambiental.

Por fim, a Comissão Econômica para a América Latina e o Caribe (Cepal) promoveu a conclusão de um importante Acordo Regional sobre Acesso à Informação, Participação Pública e Acesso à Justiça em Assuntos Ambientais na América Latina e no Caribe (Acordo de Escazú), na sede da ONU em Nova York, coincidindo com a Assembleia-Geral Anual das Nações Unidas.[122]

VI A progressividade dos direitos fundamentais e o retrocesso do direito ambiental

Numerosas declarações de direitos humanos estabelecem o princípio de "progressividade", ou seja, uma vez que uma posição é alcançada, não se pode recuar. Isso é expresso de várias maneiras, mas o estabelecimento de uma base sobre a qual os direitos podem ser estabelecidos sem admitir contratempos, pelo menos infundados, é muito relevante.

No campo ambiental, apesar de serem direitos fundamentais, o mesmo não acontece, não se aplica o mesmo critério, e a revogação, a promulgação de leis que retrocedem, a denúncia de compromissos internacionais etc. são admitidas.

Expandiremos ainda mais esse tópico estudando o princípio da não regressão.

VII O princípio protetor

O princípio protetor tem uma extensa evolução histórica.[123]

No direito romano, a partir da lei *paetelia papira* do ano 326 a.C., e o critério da *benignitas* próprio da ética cristã posterior, foi se formando um núcleo de princípios: *favor libertatis, favor debitoris, contra stipulatorem*. No século XX, observou-se que muitos devedores são fortes e outros credores são fracos. Esse fenômeno surgiu com os fracos trabalhadores-credores e

---

[122] Hoje tem 22 firmas e 9 ratificações (Disponível em: https://www.cepal.org/es/acuerdodeescazu. Acesso em: 15 jul. 2020).
[123] Ampliamos em *Consumidores*. 2. ed. atual. Santa Fé: Rubinzal-Culzoni, 2009.

seus fortes empregadores-devedores, em relação aos salários. O mesmo aconteceu com várias categorias de contratantes: inquilinos/locatários, mutuários etc. O princípio *favor debitoris* foi expandido para ser um *favor debilis*. Essa concepção se vai acentuando até que as conotações relacionadas à posição obrigacional desaparecem: "credor-devedor" ou à tipologia contratual: "trabalhador", "inquilino/locatário" e um termo genérico começa a ser levado em consideração: consumidor. Essa noção está relacionada ao ato de consumo, e não especificamente à qualidade de credor ou devedor em uma relação obrigacional ou a um contrato em particular.

A base dessa ampla proteção é a noção de vulnerabilidade, que define o suporte fático da norma. Vulnerável é um sujeito fraco em comparação com outro em uma relação jurídica, e diferentes pressupostos[124] podem ser distinguidos, incluindo aspectos econômicos e cognitivos.

Com o surgimento de direitos fundamentais no campo constitucional e nos tratados internacionais, a tutela se estende a pessoas que são minorias vulneráveis, devido às suas diferentes capacidades, às questões de gênero, minorias e muitos outros aspectos.[125]

O dilema que surge agora é o seguinte: se a natureza é fraca e vulnerável, essa proteção não seria necessária?

A proteção da pessoa está se espalhando pela natureza e, por esse motivo, existem inúmeros mecanismos de proteção e, sobretudo, a noção de *in dubio pro natura*, que vem sendo gradualmente aceita.

É novamente uma discussão sobre se o que entendemos ser aplicável no Estado de direito é aplicável à natureza.

VIII Conclusão

O Estado de direito ambiental é a vigência da lei dentro de um paradigma ambiental. A primeira regra é garantir a aplicação da lei ambiental em todas as regiões do planeta, independentemente do seu grau de marginalidade.

---

[124] MARQUES, Cláudia Lima. *Contratos no Código de Defesa do Consumidor*. 2. ed. São Paulo: Revista dos Tribunais, 1995. p. 270. Para um estudo minucioso da vulnerabilidade no direito do consumidor, ver MORAES, Paulo Valerio Dal Pai. Código de Defesa do Consumidor. O principio da vulnerabilidade no contrato, na publicidade nas demais praticas comerciais. *Síntese*, Porto Alegre, 1999. Ver também, ainda que tratando muito brevemente, ALPA, Guido. *Il diritto dei consumatori*. Roma: Laterza, 1999. p. 19.

[125] Ver o Código Civil e Comercial da Nação Argentina que inclui numerosas disposições desse tipo.

A segunda regra é evitar o duplo padrão, no sentido de que os princípios tradicionais do Estado de direito não podem ser deixados de lado ou desvalorizados quando se trata de conflitos ambientais.[126]

Qualificar juridicamente determinados direitos ambientais como fundamentais produz dois tipos de efeitos:

Declaração de inconstitucionalidade de leis que os afetem gravemente.

Pretensões positivas de satisfação do conteúdo mínimo do direito, como é o caso do acesso à água potável.

O acesso à justiça, amplamente reconhecido nos campos jurídicos, também se aplica ao campo da legitimação ambiental.

O estudo de impacto ambiental, a transparência da informação, o acesso à informação e a participação do cidadão fazem parte dos princípios do governo aberto e são totalmente aplicáveis.

A progressividade dos direitos fundamentais se aplica ao campo dos direitos humanos ambientais.

O princípio protetor se aplica à natureza.[127]

---

[126] Nota da revisora: Veja, no Brasil, a importância da atuação do Estado na antecipação e prevenção de desastres ambientais: CARVALHO, Délton Winter de. Responsabilidade civil do Estado por desastres naturais: critérios para configuração da omissão estatal face ao não cumprimento de deveres de proteção. *Revista de Direito Ambiental*, v. 77, p. 137-168, jan./mar. 2015, *Doutrinas Essenciais de Dano Moral*, v. 4, p. 261-292, jul. 2015 (DTR\2015\2002). No *site* do STJ, a pesquisa pronta resume: "Em matéria de proteção ambiental, há responsabilidade civil do Estado quando a omissão de cumprimento adequado do seu dever de fiscalizar for determinante para a concretização ou o agravamento do dano causado". Acórdãos: AgRg no REsp nº 1001780/PR. Rel. Min. Teori Albino Zavascki, Primeira Turma, j. 27.9.2011. *DJe*, 4 out. 2011; REsp nº 1113789/SP. Rel. Min. Castro Meira, Segunda Turma, j. 16.6.2009. *DJe*, 29 jun. 2009; REsp nº 1071741/SP. Rel. Min. Herman Benjamin, Segunda Turma, j. 24.3.2009. *DJe*, 16 dez. 2010; AgRg no Ag nº 973577/SP. Rel. Min. Mauro Campbell Marques, Segunda Turma, j. 16.9.2008. *DJe*, 19 dez. 2008.

[127] Nota da revisora: Veja neste sentido a noção de imprescritibilidade do dano ambiental consolidada no STJ: "é imprescritível a pretensão reparatória de danos ambientais, na esteira de reiterada jurisprudência deste Superior Tribunal de Justiça" (AgRg no REsp nº 1.466.096/RS. Rel. Min. Mauro Campbell Marques, Segunda Turma. *DJe*, 30 mar. 2015).

SEGUNDA PARTE

O DIREITO AMBIENTAL

CAPÍTULO 3

BENS JURÍDICOS

Introdução

Neste capítulo, estudaremos as influências do "paradigma ambiental" no direito,[128] as quais podemos identificar da seguinte forma:

---

[128] Nota da revisora: Ao iniciar esta parte sobre o direito ambiental, é mister listar as principais leis ambientais brasileiras por ordem cronológica, as quais são: *Lei nº 5.197 de 3.1.1967*. Dispõe sobre a *proteção à fauna* e dá outras providências; *Lei nº 6.938, de 31.8.1981*. Dispõe sobre a *Política Nacional do Meio Ambiente*, seus fins e mecanismos de formulação e aplicação, e dá outras providências; *Lei nº 6.902, de 27.4.1981*. Dispõe sobre a criação de estações ecológicas, áreas de proteção ambiental e dá outras providências; *Lei nº 7.802, de 11.7.1989*. Dispõe sobre a pesquisa, a experimentação, a produção, a embalagem e rotulagem, o transporte, o armazenamento, a comercialização, a propaganda comercial, a utilização, a importação, a exportação, o destino final dos resíduos e embalagens, o registro, a classificação, o controle, a inspeção e a fiscalização de *agrotóxicos*, seus componentes e afins, e dá outras providências; *Lei nº 7.735, de 22.2.1989*. Cria o Instituto Brasileiro do Meio Ambiente e dos Recursos Naturais Renováveis – *Ibama* e dá outras providências; *Lei nº 8.171, de 17.1.1991*. Dispõe sobre a *Política Agrícola*; *Lei nº 9.433, de 8.1.1997*. Institui a *Política Nacional de Recursos Hídricos*, cria o Sistema Nacional de Gerenciamento de Recursos Hídricos; *Lei nº 9.605, de 12.2.1998. Lei dos crimes ambientais*. Dispõe sobre as sanções penais e administrativas derivadas de condutas e atividades lesivas ao meio ambiente, e dá outras providências; *Lei nº 11.428, de 22.12.2006*. Dispõe sobre a utilização e proteção da vegetação nativa do *Bioma Mata Atlântica*, e dá outras providências; *Lei nº 11.445, de 5.1.2007*, estabelece diretrizes nacionais para o saneamento básico e a *Política Nacional de Saneamento Básico*; *Lei nº 12.305, de 2.8.2010*. Institui a *Política Nacional de Resíduos Sólidos*; *Lei nº 12.340, de 1º.12.2010*. Dispõe sobre as transferências de recursos da União aos órgãos e entidades dos estados, Distrito Federal e municípios para a execução de ações de prevenção em áreas de risco de desastres e de resposta e de recuperação *em áreas atingidas por desastres e sobre o Fundo Nacional para Calamidades Públicas, Proteção e Defesa Civil*; e dá outras providências; *Lei nº 12.608, de 10.4.2012*. Institui a Política Nacional de Proteção e Defesa Civil – PNPDEC; dispõe sobre o Sistema Nacional de Proteção e Defesa Civil – SINPDEC e o Conselho Nacional de Proteção e Defesa Civil – CONPDEC; autoriza a criação de sistema de informações e monitoramento *de desastres*; *Lei nº 12.651, de 25.5.2012*. Institui o *Novo Código Florestal Brasileiro*. Veja conteúdo das leis no *site* da Presidência da República: https://www.planalto.gov.br.

- o surgimento de um novo bem jurídico coletivo: o meio ambiente;[129]
- um novo sistema de ação de ordem imperativa: prevenção-precaução, seguida de reparação;
- uma legitimação para agir específica para o bem coletivo e novos sujeitos;
- um novo desenho dos direitos subjetivos que, quando colocados em relação ao bem coletivo, adquirem uma "função ambiental";
- uma concepção expansiva do paradigma baseada na ideia de harmonizar o direito com a natureza. Não estamos na presença de uma nova especialidade, mas de um sistema jurídico que incorpore a questão ambiental em todos os aspectos. Por esse motivo, princípios jurídicos, valores e objetivos são introduzidos com a capacidade para dar uma nova estrutura ao sistema jurídico. O pluralismo de fontes e a regra de precedência que prioriza as regras de proteção ambiental também contribuem para dar uma "cor verde" ao direito;
- a proteção efetiva baseada na teoria da implementação, baseada na contínua regulação dos fenômenos jurídicos. A ênfase está no cumprimento voluntário e forçado;
- a regulamentação jurídica da incerteza, que é um aspecto novo e típico, será tratada detalhadamente no Capítulo 5.

---

[129] Nota da revisora: No Brasil, veja as definições da Lei nº 6.938, de 31.8.1981, que dispõe sobre a Política Nacional do Meio Ambiente, e afirma: "Art. 3º Para os fins previstos nesta Lei, entende-se por: I - meio ambiente, o conjunto de condições, leis, influências e interações de ordem física, química e biológica, que permite, abriga e rege a vida em todas as suas formas; II - degradação da qualidade ambiental, a alteração adversa das características do meio ambiente; III - poluição, a degradação da qualidade ambiental resultante de atividades que direta ou indiretamente: a) prejudiquem a saúde, a segurança e o bem-estar da população; b) criem condições adversas às atividades sociais e econômicas; c) afetem desfavoravelmente a biota; d) afetem as condições estéticas ou sanitárias do meio ambiente; e) lancem matérias ou energia em desacordo com os padrões ambientais estabelecidos; IV - poluidor, a pessoa física ou jurídica, de direito público ou privado, responsável, direta ou indiretamente, por atividade causadora de degradação ambiental; V - recursos ambientais: a atmosfera, as águas interiores, superficiais e subterrâneas, os estuários, o mar territorial, o solo, o subsolo, os elementos da biosfera, a fauna e a flora".

Primeira parte – O bem jurídico ambiental

I   Bem coletivo situado na esfera social

Os chamados "bens coletivos" adquiriram relevância normativa, tanto no nível constitucional como na legislação especial.

É tradicional que os Códigos Civis regulem os bens por seu pertencimento ao domínio público ou privado. Nos últimos anos, surgiu uma categoria de bens que não pertencem ao Estado ou a indivíduos exclusivamente e que não são capazes de ser divididos em partes que permitem que a propriedade individual de um domínio seja reivindicada sobre eles.

O bem coletivo possui as características apresentadas a seguir.[130]

1   Indivisibilidade de benefícios: o bem não é divisível entre aqueles que o utilizam

Essa "natureza não distributiva" impede a concessão de direitos subjetivos, pois estes pressupõem que a propriedade seja exercida sobre uma parcela identificável ou claramente delimitada. Não há direito de propriedade nem posse individual que permita sua aquisição, e só se concedem direitos de ação na forma de legitimação para agir de forma difusa ou coletiva. No mesmo sentido, a transação é limitada, porque ninguém pode alienar, renunciar ou fazer reconhecimentos de um bem sobre o qual não pode dispor.[131]

2   Uso comum sustentável: o bem pode ser usado por todos os cidadãos

Esse uso comum produz o que é chamado de "tragédia dos bens comuns", isto é, a ausência de incentivos individuais para protegê-los e evitar o uso excessivo. O uso maciço de bens coletivos frequentemente leva ao seu esgotamento ou destruição, razão pela qual são necessárias regras limitadoras para definir o seu uso sustentável. Isso significa que o uso do bem deve ser feito de tal forma que não comprometa as

---

[130] ALEXY, Robert. *El concepto y la validez del derecho*. Barcelona: Gedisa, 1994. p. 187.
[131] Sobre o tema da transação, ver o capítulo sobre cumprimento forçado. Sobre transação em geral, ampliamos em *Tratado de los contratos*. Santa Fé: Rubinzal-Culzoni, 2000. t. III.

possibilidades de uso de outros indivíduos, bem como das gerações futuras.

3   Não exclusão de beneficiários: todos os indivíduos têm direito de uso e, portanto, não podem ser excluídos

Isso constitui uma diferença muito importante em relação aos bens individuais que admitem direitos subjetivos opostos *erga omnes*. O titular de um direito de propriedade pode excluir terceiros que pretendam se apropriar do bem sobre o qual se assenta o direito; por outro lado, os bens coletivos não outorgam essas faculdades. Como a exclusão não é possível, a carga argumentativa pesa sobre quem decida limitar seu acesso. Por exemplo, pode haver um interesse público, mas deve ser fundamentado em razões legítimas.

4   *Status* normativo: o bem coletivo tem reconhecimento legal

Em nossa opinião, precisa ser qualificado como um bem, ou seja, um interesse genérico merecedor de tutela, pois pode haver "males coletivos", como altos índices de inflação ou criminalidade, que não são protegidos. A existência legal de um bem coletivo é então identificada por seu reconhecimento deontológico, no sentido de que sua proteção deve estar ordenada.[132] Uma vez admitido que a lei pode discriminar entre bens e males coletivos, será necessário determinar se o bem deve ser reconhecido por lei para que exista como tal, ou pode surgir por mero costume. Isso torna possível distinguir entre bens coletivos típicos (reconhecidos por lei) e bens atípicos (que poderiam surgir do costume). Em matéria ambiental, existem tratados internacionais e leis nacionais que reconhecem toda classe de bens, de maneira que o problema não é tão importante como parece do ponto de vista teórico. A admissão de bens atípicos pode gerar dificuldades jurídicas porque podem ser diferentes daquelas que o legislador identifica ou podem não coincidir totalmente, o que resultaria em uma fragmentação que prejudicaria a efetividade da proteção ambiental. Por essas duas razões, inclinamo-nos pelo reconhecimento legal.

---

[132] ALEXY, Robert. *El concepto y la validez del derecho*. Barcelona: Gedisa, 1994. p. 187.

5 Qualificação objetiva: a qualificação de um bem como coletivo decorre de uma designação normativa objetiva e não subjetiva

Complementando o elemento definido no item anterior, deve-se notar que um bem não é coletivo devido ao fato de uma pessoa assim o qualificar (qualificação subjetiva), pois deve transcender a mera subjetividade de cada cidadão. Como todos os dados normativos, devem ser suscetíveis de uma manifestação externa. Também é apropriado diferenciar bens coletivos de fenômenos de cotitularidade subjetiva. Um bem pode pertencer a várias pessoas, como ocorre no condomínio sobre bens imóveis, em propriedades coparticipáveis, ou em uma sociedade de múltiplos sócios ou ainda em um fideicomisso, e em todos esses casos o indivíduo pode identificar a proporção que lhe corresponde, porque não se dissolve na totalidade. Por outro lado, nos bens coletivos, o indivíduo não pode identificar sua parte, porque não lhe pertence.[133]

---

[133] Nota da revisora: Veja no Brasil o exemplo das praias na jurisprudência do STJ: "As 'praias marítimas' são 'bens da União' (art. 20, IV, da Constituição Federal). Mais especificamente: 'As praias são bens públicos de uso comum do povo, sendo assegurado, sempre, livre e franco acesso a elas e ao mar, em qualquer direção e sentido, ressalvados os trechos considerados de interesse de segurança nacional ou incluídos em áreas protegidas por legislação específica' (Lei 7.661/1988, art. 10, grifo acrescentado). 4. As praias encerram em si um feixe complexo de valores jurídicos e, em consequência, congregam, simultaneamente, bem público da União (componente do patrimônio imobiliário federal), bem ambiental (elemento vital do meio ambiente ecologicamente equilibrado) e bem de uso comum do povo (pelos serviços de lazer, paisagísticos, entre outros, a todos oferecidos). Daí se submeterem a pelo menos três microssistemas de tutela legal, cada qual garantido por esferas distintas e autônomas de responsabilidade civil, sem prejuízo de repercussões nos campos penal e administrativo. Assim, quem irregularmente constrói em praia, ou a ocupa, além de se apropriar de imóvel público tangível e prejudicar a qualidade ambiental, causa dano, judicialmente acionável, a bem jurídico intangível: o atributo inafastável da acessibilidade absoluta e plena, ou seja, ao 'sempre livre e franco acesso' ao espaço reservado ao uso comum do povo. 5. Consoante o Decreto-Lei 9.760/1946, 'os bens imóveis da União não utilizados em serviço público poderão, qualquer que seja a sua natureza, ser alugados, aforados ou cedidos' (art. 64). Evidentemente, apenas à União cabe locar, aforar e ceder parcela do próprio patrimônio, subordinados tais atos de disposição a procedimento de rígido formalismo. Na hipótese dos autos, trata-se de bem da União; logo, sem valor jurídico nenhum - a não ser para caracterizar improbidade administrativa e também infração disciplinar e criminal - 'permissão', 'autorização' ou 'alvará' municipal ou estadual que, explícita ou implicitamente, pretende 'disciplinar' ou 'legalizar pela porta dos fundos' a ocupação ou uso da área federal (alega-se que o Município de Arraial do Cabo teria emitido 'permissão para utilização de ponto em área pública' e 'alvará de licença para localização e funcionamento e guias de recolhimento de taxa de uso do solo'). 6. Quem ocupa ou usa bem público sem a imprescindível aprovação expressa, inequívoca, atual e válida - ou além dos termos e condições nela previstos - da autoridade competente pratica esbulho, fazendo-o por sua conta e risco e, por isso, submetendo-se a sanções penais (p. ex., art. 20, caput, da Lei 4.947/1966 e art. 161, II, do Código Penal) e a remédios preventivos e reparatórios previstos na legislação, aí incluídas demolição às suas expensas e indenização pela apropriação vedada (= privatização contra legem) do

6 Legitimação para agir difusa ou coletiva: esses bens são protegidos por uma ampla legitimação para agir

A proteção desses bens não é deixada nas mãos exclusivas do Estado, como acontecia no passado. Essa concentração não deu os resultados esperados devido à falta de ação pública, ou à excessiva influência de grupos de pressão, ou porque os bens transcendem as esferas nacionais. Por esse motivo, o espectro de sujeitos legitimados sempre inclui um representante do setor público, como o *defensor del pueblo*, mas não é exclusivo, pois se estende às organizações não governamentais que representam um interesse coletivo e àquelas diretamente afetadas, que invocam um interesse difuso.

7 Precedência da tutela preventiva: para proteger esses bens, a prevenção-precaução deve ser aplicada como prioridade à reparação

O bem de incidência coletiva pode ser ferido, restringido, alterado ou ameaçado. Essa ação deve ser antijurídica, uma vez que deve haver "arbitrariedade ou ilegalidade" de um ato emanado de uma autoridade pública ou privada (art. 43, Constituição da Nação Argentina).[134] Em geral, o legislador estabelece a precedência da tutela preventiva, isto

---

patrimônio coletivo. É exatamente o que prevê o art. 10, parágrafo único, da Lei 9.636/1998: 'Até a efetiva desocupação, será devida à União indenização pela posse ou ocupação ilícita, correspondente a 10% (dez por cento) do valor atualizado do domínio pleno do terreno, por ano ou fração de ano em que a União tenha ficado privada da posse ou ocupação do imóvel, sem prejuízo das demais sanções cabíveis" (REsp nº 1.730.402/RJ. Rel. Min. Herman Benjamin, Segunda Turma, j. 7.6.2018. *DJe*, 12 mar. 2019).

[134] "Artículo 43.- Toda persona puede interponer acción expedita y rápida de amparo, siempre que no exista otro medio judicial más idóneo, contra todo acto u omisión de autoridades públicas o de particulares, que en forma actual o inminente lesione, restrinja, altere o amenace, con arbitrariedad o ilegalidad manifiesta, derechos y garantías reconocidos por esta Constitución, un tratado o una ley. En el caso, el juez podrá declarar la inconstitucionalidad de la norma en que se funde el acto u omisión lesiva. Podrán interponer esta acción contra cualquier forma de discriminación y en lo relativo a los derechos que protegen al ambiente, a la competencia, al usuario y al consumidor, así como a los derechos de incidencia colectiva en general, el afectado, el defensor del pueblo y las asociaciones que propendan a esos fines, registradas conforme a la ley, la que determinará los requisitos y formas de su organización. Toda persona podrá interponer esta acción para tomar conocimiento de los datos a ella referidos y de su finalidad, que consten en registros o bancos de datos públicos, o los privados destinados a proveer informes, y en caso de falsedad o discriminación, para exigir la supresión, rectificación, confidencialidad o actualización de aquéllos. No podrá afectarse el secreto de las fuentes de información periodística. Cuando el derecho lesionado, restringido, alterado o amenazado fuera la libertad física, o en caso de agravamiento ilegítimo en la forma o condiciones de detención, o en el de desaparición forzada de personas, la

é, primeiro prevenir, depois restituir e, finalmente, se não houver opções, reparar os danos causados. Essa sequência é imperativa, diferentemente do que não ocorre com a maioria dos bens individuais, sobre os quais o titular tem a opção voluntária entre a restituição *in natura* e o ressarcimento. Essa regra obedece não apenas a uma opção valorativa, mas também a uma razão econômica, uma vez que são de difícil apreciação econômica (não são monetizáveis).

8 Ressarcimento por meio de patrimônios de afetação: quando há ressarcimento, não há uma indenização que é transferida para o patrimônio de uma pessoa, mesmo que ela seja titular da legitimação processual

A soma de dinheiro que é concedida ou os bens substitutivos são gerenciados por alguém a quem é atribuída essa função, mas tanto o bem a que sub-rogam como esses valores não têm um proprietário particular.

9 Localização na esfera social: esses bens pertencem à esfera social de proteção

Os direitos humanos permitem a proteção da pessoa através da construção de uma fronteira para preservar a esfera íntima, o que traz obrigações de não fazer: não invadir a privacidade. Também surgem obrigações de fazer quando se trata de direitos econômico-sociais, nos quais existe uma relação intersubjetiva, por exemplo, obrigações de dar prestações de saúde.

Os bens coletivos pertencem à esfera social, ou seja, o conflito não é um ataque ao indivíduo, nem entre pessoas, mas uma relação entre bens transindividuais e os sujeitos. Esta afirmação é importante, porque no primeiro caso tem precedência a proteção do indivíduo, e no segundo é um problema de ponderação equilibrada de direitos de valor semelhante, enquanto no terceiro é uma relação entre direito subjetivo e coletivo.

---

acción de hábeas corpus podrá ser interpuesta por el afectado o por cualquiera en su favor y el juez resolverá de inmediato, aun durante la vigencia del estado de sitio".

Entre as esferas pública e privada, existe uma esfera social em que colocamos os bens coletivos, o que estabelece uma regra lógica de precedência no caso de conflitos entre bens coletivos e individuais.

II Deveres, limites e direitos fundamentais típicos

Quando estudamos os efeitos da liberdade ou da igualdade, atuamos principalmente no campo dos direitos fundamentais individuais. Pelo contrário, o paradigma ambiental representa, para os indivíduos, um sistema em que prevalecem os deveres e os limites aos direitos em razão da proteção exigida pelo bem coletivo.

Essa é uma mudança muito importante na cultura dos direitos humanos.

A teoria dos direitos fundamentais tem sido inseparavelmente ligada às noções de pessoa e de direito subjetivo.[135] Esses "direitos" são aqueles que correspondem universalmente a "todos" os "seres humanos", na medida em que são dotados do *status* de pessoas, de cidadãos ou de sujeitos com capacidade de agir, entendendo como "direito subjetivo" qualquer expectativa positiva (de prestações) ou negativa (de não sofrer danos) adstrita a um sujeito por uma norma jurídica, e por *status* a condição de um sujeito, também prevista por uma norma jurídica positiva, como pressuposto de sua aptidão para ser titular de situações jurídicas e/ou autor de atos que configuram seu exercício.

Criticamos essa noção[136] porque se baseia exclusivamente em direitos humanos com conteúdo negativo (primeira geração) ou positivo (segunda geração), concebidos como direitos "insaciáveis" porque são satisfeitos mesmo quando envolvem o esgotamento de bens comuns.

O desenvolvimento ilimitado de direitos subjetivos e o surgimento de bens coletivos revelaram que é necessária uma teoria mais elaborada. Por um lado, é essencial manter o conteúdo mínimo das garantias dos bens primários fundamentais dos seres humanos no nível transnacional, porque persistem as perseguições, o genocídio, a tortura, as ofensas à liberdade de expressão, assim como a exclusão social e econômica de numerosos grupos humanos. É por isso que devemos deixar claro que os direitos humanos de primeira e segunda geração permanecem atuais.

---

[135] FERRAJOLI, Luigi. *Los fundamentos de los derechos fundamentales*. Madrid: Trotta, 2001.
[136] Em *Teoría de la decisión judicial*. Santa Fé: Rubinzal-Culzoni, 2006.

Superado o nível da satisfação dos bens primários, é necessário encontrar um ponto de conexão entre o indivíduo e a sociedade, entre bens individuais e coletivos. É nesse campo que a teoria dos direitos deve ser completada, ampliando-se os bens tutelados: bens individuais e coletivos.

Essa nova "ontologia" dá lugar ao surgimento de deveres de proteção dos bens coletivos e a limites no exercício dos direitos individuais que surgem quando afetam irreversivelmente o bem coletivo.

Nos últimos anos, foi revelado outro fenômeno derivado do crescente colapso da natureza, e é o surgimento de direitos humanos vinculados a bens ambientais. Em muitas constituições existe o direito a um meio ambiente adequado[137] e, nos tratados internacionais, começa a ser discutido o direito a bens mais específicos. O caso mais comentado é o da água potável, que se tornou um recurso escasso e ao mesmo tempo necessário para a subsistência humana. O problema é que a água está sendo sujeita a regimes de mercado, que impõem um preço que muitas pessoas não podem pagar e que levantou a necessidade de um "direito fundamental à água potável".[138]

Em virtude do exposto, podemos afirmar que o direito ambiental se baseia na regulamentação de um bem coletivo que gera direitos, deveres, assim como limites e novos direitos fundamentais.

Podemos dizer que existem:

- *Deveres ambientais puros:*
  - *positivos:* como ocorre com os deveres de preservação dos recursos naturais ou da biodiversidade;
  - *negativos:* como os de não prejudicar outrem, não poluir.
- *Limites ao exercício de direitos subjetivos:* por exemplo, o direito ao consumo passa a ser "consumo sustentável", isto é, limitado; o direito de exercer uma indústria lícita é condicionado pelo princípio da precaução.
- *Direitos com tipicidade específica:* no campo dos reflexos individuais da proteção do meio ambiente surgem direitos típicos, como o relacionado ao meio ambiente ou à água potável.

---

[137] LOPERENA ROTA, Demetrio. *El derecho al medio ambiente adecuado*. Madrid: Civitas, 1996.
[138] Ampliamos no Capítulo 7.

III Noção de meio ambiente

O paradigma ambiental introduziu a necessidade de uma definição jurídica de meio ambiente, a fim de estabelecer qual é o objeto de proteção.

Uma primeira diferença que deve ser feita é entre o direito a um ambiente adequado, que é um direito subjetivo que as pessoas têm, e a proteção do meio ambiente, que se concentra no bem coletivo.

A primeira é uma ideia antropocêntrica e anterior ao paradigma ambiental, porque olha para a totalidade a partir do sujeito; o segundo é uma noção geocêntrica, concentrada no bem coletivo e típica do ambientalismo.

Tendo feito esse esclarecimento, pode-se dizer que o conceito de "ambiente" vem evoluindo e ainda apresenta um alto grau de confusão.[139]

Para uma tendência restritiva, incluem-se apenas recursos naturais como água, solo, flora, fauna e outros.[140] Um pouco mais ampla é a inclusão de bens culturais, como o patrimônio histórico. Outra versão mais extensa abarca problemas de política social, como a pobreza ou a moradia e a qualidade de vida em geral. Finalmente, outros concluem, sobre o conceito de qualidade de vida, como sendo abrangente do conjunto de coisas e circunstâncias que cercam e condicionam a vida do homem. É evidente que coexistem conceitos, princípios e valores que devem se diferenciar.

Uma definição pode incluir uma lista de elementos que compõem o conceito, o que é bom, mas é insuficiente, pois sempre haverá algum aspecto não incluído ou algo novo que deve ser incluído. Nesta categoria encontram-se as definições materiais que compõem a lista: o ambiente é água, solo, ar, fauna, flora.

A lista de elementos materiais deveria ser expandida por outros imateriais, como a paisagem[141] ou o patrimônio histórico.

---

[139] Muitos autores definem o ambiente mediante uma enumeração dos bens que o compõem: MILARÉ, Edis. *Direito do ambiente* – Doutrina, prática, jurisprudência, glossário. 2. ed. São Paulo: Rev. dos Tribunais, 2001; OROZCO PARDO, Guillermo; PÉREZ ALONSO, Esteban. *La tutela civil y penal del patrimonio histórico, cultural y artístico*. Madrid: McGraw-Hill, 1996; JORDANO FRAGA, Jesús. *La protección del derecho a un medio ambiente adecuado*. Barcelona: Bosch, 1995.

[140] BENJAMIN, Antonio. Função ambiental. *In*: BENJAMIN, Antonio. *Dano ambiental*. Prevenção, reparação e repressão. São Paulo: Rev. dos Tribunais, 1993. p. 49.

[141] Ampliamos no Capítulo 7. Convenção Européia da Paisagem, apresentação de Michel Prieur no Primeiro Congresso Internacional de Direito Ambiental, El Calafate, Província de Santa Cruz, 22 e 23.4.2004. A noção de patrimônio comum, em J. A. [Jurisprudência Argentina] 1998-IV-1014, diz que "a paisagem é a ilustração perfeita da união em torno de um patrimônio natural e cultural. Assim, a noção de patrimônio comum aparece como

Em nossa opinião, é necessário distinguir entre "macrobem" e "microbens ambientais".

O ambiente é um "macrobem" e como tal é um sistema, o que significa que é mais do que suas partes: é a interação entre todas elas.

Um exemplo claro é a lei brasileira (Lei nº 6.938/81, art. 3º, I), quando afirma que entende por meio ambiente "o conjunto de condições, leis, influências e interações de ordem física, química e biológica, que permite governar a vida em todas as suas formas". O mesmo critério orienta a definição de dano ambiental na Lei Geral do Meio Ambiente da Argentina (Lei nº 25.675, art. 27), que estabelece: "dano ambiental é definido como qualquer alteração relevante que modifique negativamente o meio ambiente, seus recursos, o equilíbrio de ecossistemas, ou os bens ou valores coletivos".

Os "microbens" são partes do ambiente, que por si só têm a característica de subsistemas, que apresentam relações internas entre suas partes e relações externas com o macrobem.

Nesta categoria incluímos a fauna, a flora, a água, a paisagem, os aspectos culturais, o solo etc. A biodiversidade, por exemplo, é um microbem, que tem relações internas com todos os aspectos que o compõem, mas também é uma questão horizontal que influencia e está presente em vários outros microbens, como a flora e a fauna. Em outros casos, encontramos temas que têm impactos colaterais em microbens, como ocorre com conflitos armados, que deterioram vários aspectos do meio ambiente. O mesmo ocorre com a agricultura, que influencia a desertificação e a monocultura, ou o comércio, que introduz incentivos econômicos que melhoram ou diminuem a qualidade do ambiente natural.

É claro que o que predomina é a noção de "inter-relação" ou "sistema", que é essencial para a compreensão.

---

transambiental, ou seja, aplicável a quase todos os elementos do meio ambiente, sejam naturais ou culturais".

Segunda parte – O ambiente e as ações

I   Ações de acordo com o conflito

Dissemos que o bem ambiental é coletivo,[142] localizado na esfera social, e que causa tanto direitos quanto obrigações. Esta é a definição adotada pela Suprema Corte argentina ao afirmar:[143]

> A tutela do meio ambiente importa o cumprimento dos deveres que cada um dos cidadãos tem em relação aos cuidados com os rios, a diversidade da flora e fauna, dos solos adjacentes, da atmosfera. Esses deveres são o correlato que esses mesmos cidadãos têm de desfrutar de um ambiente saudável, para si e para as gerações futuras, porque os danos que um indivíduo causa ao bem coletivo são causados a si mesmo. A melhoria ou degradação do meio ambiente beneficia ou prejudica toda a população, porque é um bem que pertence à esfera social e transindividual e daí deriva a particular energia com a qual os juízes devem agir para fazer efetivos esses mandamentos constitucionais.[144]

---

[142] Nota da revisora: Esta teoria de Ricardo Lorenzetti é muito citada nos julgados brasileiros, veja como exemplo as decisões do STJ, REsp nºs 1.655.731 e 1.737.412 e o artigo base, LORENZETTI, Ricardo Luis. O direito e o desenvolvimento sustentável – Teoria geral do dano ambiental moral. *Doutrinas Essenciais de Direito Ambiental*, v. 5, p. 415-428, mar. 2011 (DTR\2012\2810).

[143] Sent. de 20.6.2006 em "Mendoza, Beatriz Silvia e outros c/Estado Nacional e outros s/Danos e prejuízos (danos derivados da contaminação ambiental do Rio Matanza-Riachuelo)". Para ampliar, sentença definitiva ditada nos autos: "Mendoza, Beatriz Silvia e outros c/Estado Nacional e outros s/Danos e prejuízos (danos derivados da contaminação ambiental do Rio Matanza-Riachuelo)", M.1569.XL, competência originária. CSJN, sentença definitiva 8.7.2008 (Fallos: 331:1622), L. L. de 23.7.2008, p. 7, decisão 112.665, com nota de DRUCAROFF AGUIAR, Alejandro. *La responsabilidad civil de los funcionarios públicos en la jurisprudencia de la CSJN*; TETTAMANTI DE RAMELLA, Adriana. *Una sentencia que trasciende la cuestión ambiental*, p. 9; RODRÍGUEZ, Carlos A. *La prevención de la contaminación del Riachuelo*: la sentencia definitiva, p. 10. Também veja-se, L. L. de 20.8.2008, os comentários de SOLÁ, Juan V. *La Corte Suprema y el Riachuelo*, p. 7; CATALANO, Mariana. *El fallo Mendoza*, p. 11. Ainda: CAFFERATTA, Néstor A. Sentencia colectiva ambiental en el caso Riachuelo, em J. A. 2008-III-288. O dossiê, da *Revista de Derecho Ambiental*, Justicia Ambiental, o *leading case* "Mendoza (Cuenca Matanza-Riachuelo)", sob a coordenação de Mariana Catalano, com artigos de Alejandro Andrada, Carlos Camps, Aníbal Falbo, Daniel Lago, Aldo Rodríguez Salas, José Esain, Andrés Nápoli, de outubro/dezembro de 2008, nº 16; J. A. 2008-IV, Caso "Mendoza" perfiles y proyecciones, com trabalhos de Homero Bibiloni, Lidia Calegari de Grosso, Carlos Camps, Emilio Faggi, Mariana García Torres, Mariano Novelli, Leonardo Pastorino, Carlos Rodríguez, Mario Valls e Augusto M. Morello.

[144] Nota da revisora: Sobre a importância do caso Riachuelo para a evolução do direito ambiental na América Latina, veja CAFFERATTA, Nêstor A. Sentencia Colectiva Ambiental en el Caso Riachuelo. *Revista de Direito Ambiental*, v. 51, p. 333-364, jul./set. 2008 (DTR\2008\761).

Para se ter uma imagem mais clara dos efeitos dessa definição legal, alguns aspectos devem ser especificados:
- *Tipicidade dos conflitos:*
  - *ação lesiva do meio ambiente:* nesse caso, o bem coletivo é afetado, e podem acionar os legitimados extraordinários (o afetado – as organizações coletivas – os representantes públicos), que são titulares de interesses difusos, coletivos ou públicos, mas não são donos do bem. Lidamos com esse problema no próximo ponto;
  - *ação lesiva de direitos individuais:* como consequência da afetação do bem coletivo, podem ocorrer efeitos sobre a vida, a saúde ou o patrimônio das pessoas. Podem acionar seus titulares, como veremos no próximo ponto;
  - *lesão de direitos individuais com efeitos no meio ambiente:* neste caso, se toma o caminho inverso ao anterior. Desde as restrições ao gozo da propriedade, pode-se chegar até o *public nuisance*, que é uma espécie de delito que obstrui ou causa dano ao público ou a uma classe ou grupo de pessoas no exercício de seus direitos, os quais podem se referir ao *razonable confort* afetado por ruídos produzidos por um festival de *rock*, por obstruções à via pública, por poda indiscriminada de árvores ou afetações à saúde ou à segurança públicas, eventualmente vinculando-os à proteção do meio ambiente.[145] Essa via legal foi utilizada quando não havia uma recepção clara do bem coletivo, mas atualmente não é necessária.
- *Ações:*

  Quando se atua em defesa do bem coletivo, deve-se ter em mente que as ações são as seguintes:
  - a prevenção, que visa parar uma ameaça de dano;
  - a recomposição, que implica que já há um dano e que as coisas retornem ao estado anterior (recomposição *in natura*);
  - a reparação, que supõe que já existe um dano, que as coisas não podem ser devolvidas ao estado anterior (*in natura*) e que procede uma compensação monetária substituta.

---

[145] Conf. SALMOND; HEUSTON. *On the law of torts.* 20. ed. London: Sweet Maxwell, 1992. p. 32.

Como apontamos ao caracterizar os bens coletivos, no direito comum a vítima tem a possibilidade de escolher entre a prevenção, a recomposição *in natura* ou a compensação monetária, mas isso não ocorre em matéria ambiental, onde essa possibilidade não existe.

A prioridade das ações é de ordem pública e, portanto, não disponível.

O fundamento é o caráter "não monetizável" do bem.

No direito da responsabilidade civil, a reparação está indissociavelmente ligada à existência do mercado. Assim, quando se peticiona um valor monetário substituto do valor de um bem patrimonial é porque há um mercado onde se estima e se pode conhecer o preço por seu equivalente monetário. Em outros casos, a compensação não é pelo equivalente, mas pela satisfação, como ocorre em muitos casos do chamado "dano moral"; não existe um mercado em que os sentimentos sejam estimados, mas é possível encontrar bens que proporcionem satisfação que possa fazer você esquecer ou diminuir o agravo. Em outros casos em que o dano moral não admite satisfação, não há mais relação com a reparação, mas com a sanção por danos punitivos.[146]

Em matéria ambiental não há valor para o equivalente nem para a satisfação.

A prevenção sempre vem em primeiro lugar, depois a recomposição e, finalmente,[147] a reparação.[148] Isso foi dito pela Suprema Corte argentina:[149]

---

[146] Sobre estes temas ampliamos em: La lesión física a la persona, el cuerpo y la salud, el daño emergente y el lucro cesante. *Revista de Derecho Privado y Comunitario*, Santa Fé, n. 1, p. 102-141, 1992.

[147] Nota da revisora: No direito brasileiro essa reparação deve ser integral, como ensina a jurisprudência do STJ: "Adotado pelo Direito Ambiental brasileiro (arts. 4º, inciso VII, e 14, §1º, da Lei 6.938/1981), o princípio da reparação in integrum deságua na exigência da compreensão a mais ampla possível da responsabilidade civil, possibilitando a cumulação do dever de recuperar o bem atingido ao seu estado natural anterior (= prestação in natura) com o dever de indenizar prejuízos, inclusive o moral coletivo (= prestação pecuniária), mesmo que por estimativa. Reparação integral também pressupõe observar com atenção a função punitiva e inibitória da responsabilidade civil, de modo a afastar perigosa impressão, real ou imaginária, de que a degradação ambiental compensa, social e financeiramente" (REsp nº 1.661.859/RS. Rel. Min. Herman Benjamin, Segunda Turma, j. 3.10.2017. DJe, 31 ago. 2020).

[148] MESSINA DE ESTRELLA GUTIÉRREZ, Graciela N. La efectiva prevención del daño ambiental, em J. A. 1999-I-277; SAUX, Edgardo I. Acceso a la tutela de los derechos de incidencia colectiva en el nuevo texto constitucional. *Revista de Derecho Privado y Comunitario*, Santa Fé, n 7, p. 123; SABSAY, Daniel. El amparo como garantía para la defensa de los derechos fundamentales. *Revista de Derecho Procesal*, v. 5, t. II, p. 33; GOZAÍNI, Osvaldo. *El derecho de amparo*. 2. ed. Buenos Aires: Depalma, 1998; CAFFERATTA, Néstor A. Daño ambiental colectivo y proceso civil colectivo. Ley 25.675. *Revista de Responsabilidad Civil y Seguros*, ano V, n. II, mar./abr. 2003. p. 51; Ley 25.675 General del Ambiente. Comentada, interpretada y

Que, em virtude do que foi afirmado, a presente causa terá por objetivo exclusivo a tutela do bem coletivo. Nesse sentido, tem uma prioridade absoluta a prevenção do dano futuro, já que, de acordo com o que se alega, são atos em andamento que continuarão produzindo contaminação. Em segundo lugar, deve perseguir-se a recomposição da poluição ambiental já causada conforme os mecanismos previstos na lei e, finalmente, em caso de danos irreversíveis, será uma compensação.

II A tipicidade dos direitos

1 Esquema

O paradigma ambiental tem influenciado bastante a legitimidade para agir, conceito este que está indissoluvelmente unido ao bem afetado.

---

concordada, em D. J. 2002-3-1133, boletín del 26-12-2002; PEYRANO, Guillermo F. Medios procesales para la tutela ambiental, en J. A. 2001-III-1173.

[149] CSJN, M.1569.XL, 20-6-2006, "Mendoza, Beatriz Silvia e outros c/Estado Nacional e outros s/ Danos e prejuízos (danos derivados da contaminação ambiental do Rio Matanza-Riachuelo)" (Fallos: 326:2316). Na doutrina, veja-se: MORELLO, Augusto M. Aperturas y contenciones de la Corte Suprema de Justicia de la Nación, em J. A. 2006-III-304; SABSAY, Daniel. La Corte Suprema de Justicia de la Nación y la sustentabilidad de la Cuenca Matanza Riachuelo, em L. L. 2006-D-280; Caminos de la Corte. Derecho Ambiental. Una nueva etapa en la defensa de los bienes judiciales ambientales, em L. L. 2007-B-1026; PIGRETTI, Eduardo A. Aciertos y desaciertos del fallo que anotamos (caso "Mendoza"), em E. D. del 20-11-2006; CAMPS, Carlos. Derecho Procesal Ambiental: nuevas pautas de la Corte Suprema de Justicia de la Nación. *Revista de Derecho Ambiental*, Buenos Aires, n. 7, jul./set. 2006, p. 201; FALBO, Aníbal. La decisión ambiental. Enseñanzas de la sentencia de la Corte en el caso "Mendoza". *Revista de Derecho Ambiental*, Buenos Aires, n. 16, p. 49; GIL DOMÍNGUEZ, Andrés. El caso "Mendoza": hacia la construcción pretoriana de una teoría de los derechos de incidencia colectiva, en L. L. 2006-E-40; VALLS, Mario F. Sigue la causa M.1569.XL, "Mendoza, Beatriz Silvia y otros c/Estado Nacional y otros s/Daños y perjuicios (derivados de la contaminación ambiental del Río Matanza-Riachuelo)", em www.eldial.com, Suplemento Derecho Ambiental, 2006; ESAIN, José; GARCÍA MINELLA, Gabriela. Proceso y ambiente: Mucho más que [...] Corte a la contaminación. *Revista de Derecho Ambiental*, Buenos Aires, n. 7, jul./set. 2006, p. 220; CAFFERATTA, Néstor A. El tiempo de las Cortes Verdes, em L. L. 2007-B-423; ZAMBRANO, Pedro. El derecho de defensa en los juicios ambientales, em L. L. 2006-F-634; RODRÍGUEZ, Carlos. La defensa de los bienes públicos ambientales por la Corte Suprema de Justicia de la Nación, em D. J. 2006-2-703; BARBIERI, Gala. El activismo judicial tuvo que enfrentar una vez más a la disfuncionalidad administrativa, em L. L. 2006-E-318; DEVIA, Leila; NOCEDA, Paula; SIBILEAU, Agnès. Algunas reflexiones en torno al caso MatanzaRiachuelo, em L. L. 2006-E-355. Vid., CATALANO, Mariana. Anexo jurisprudencial a cargo, p. 268, em *Teoría del Derecho Ambiental*. Buenos Aires: La Ley, 2008; BIBILONI, Homero. Una sentencia ambiental de política judicial vista a partir de sus múltiples impactos y enseñanzas que deja. *Derecho Ambiental en Evolución*, n. 5, p. 173, Juruá, 2007; Ambiente y política. Una visión integradora para gestiones viables, RAP, 2008; CAMPS, Carlos. Aspectos destacables de la causa "Mendoza": más pautas de la CSJN para el trámite de procesos colectivos. *Revista de Derecho Ambiental*, Buenos Aires, n. 16, p. 27.

A existência de uma tipicidade conflituosa leva a uma tipicidade de direitos que corresponde à qualificação em três categorias.

- *Direitos sobre bens jurídicos individuais:* o interesse é individual, a legitimação também, e cada interesse é diverso do outro; cada titular inicia uma ação e obtém uma sentença em um processo bilateral. Estamos acostumados a que se concedam ações individuais em reconhecimento de um interesse individual, seja um direito subjetivo seja um interesse legítimo ou de fato não reprovado pela lei. É o modelo tradicional de litígio singular.

- *Direitos sobre interesses individuais homogêneos:* a condição é individual, a legitimação é individual, mas o interesse é homogêneo e sujeito a uma única decisão. Também pode haver muitos indivíduos interessados na mesma pretensão: por exemplo, quando um aposentado reivindica o reajuste do que recebe e o juiz concorda pode haver milhares na mesma situação. Por esse motivo, é razoável que se profira uma sentença que sirva para todos os casos semelhantes, dando efeitos *erga omnes* à coisa julgada.

O interesse é individual, a legitimação é individual, mas existe uma homogeneidade objetiva entre todos eles e uma única causa ou evento gerador do dano (fator comum de afetação); portanto, é conveniente e viável buscar uma única decisão.

- *Direitos sobre bens jurídicos coletivos:* o bem afetado é coletivo, o titular do interesse é o grupo e não um indivíduo em particular. Nessas hipóteses pode haver uma legitimação difusa, encabeçada por um dos sujeitos que integram o grupo (interesse difuso), ou de uma associação que tenha representatividade no tema (interesse coletivo) ou do Estado (interesse público). No interesse individual, pluri-individual e de grupo existe uma relação direta com o seu titular.

Em geral, há muita confusão sobre essas categorias e diferentes denominações, mas o problema que cada uma apresenta é substancialmente diferente e isso deve ficar claro.[150]

---

[150] Neste tema trabalhamos, há alguns anos, com Antonio H. Benjamin, que o incorporou no Código de Defesa do Consumidor brasileiro. De minha parte, escrevi nas decisões da Corte Suprema: "Mendoza" (Julgado: 326:2316), em meus votos em "Mulheres pela vida" (Julgado: 329:4593) e então, alcançando maioria, a sentença "Halabi" (Julgado: 332:111). Quanto a livros, *Justicia colectiva*. Santa Fé: Rubinzal-Culzoni, 2010.

Neste esquema é interessante o seguinte exemplo:

Suponha que uma fábrica despeje líquidos poluentes em um rio e se produzam os seguintes danos: três pessoas sofrem lesões ao beber água (danos à saúde); cada uma delas é titular de um interesse individual e promoverá uma demanda para o ressarcimento dos danos sofridos. Um milhão de pessoas bebem a água porque entrou no sistema de abastecimento de água potável da cidade. Este caso é objetivamente o mesmo que o anterior, uma vez que danos individuais são causados, mas acontece que há numerosos sujeitos. O problema é então de organização da justiça (não do tipo de bem jurídico) e dá origem às ações coletivas, que permitem que danos maciços sejam canalizados. É por esse motivo que se ditam leis que organizam uma classe, estabelecem suas categorias e concedem efeitos expansivos à coisa julgada. O problema é que se não existe lei é muito difícil organizar uma classe e há grandes riscos de conflitos maiores se se deixar que cada um possa agir por conta própria. Isso se deve às dificuldades de acesso à jurisdição, à possível sobreposição de ações e a julgamentos contraditórios.

Alguns pássaros bebem a água e morrem. Eram os últimos representantes da espécie, afetando assim um bem coletivo do qual ninguém é dono, e não há direitos subjetivos. Existe legitimidade para agir em defesa do bem e por isso a parte afetada (interesse difuso), uma organização (interesse coletivo) ou o defensor geral (interesse público) podem reivindicar, mas o fazem por uma legitimação extraordinária concedida pela lei. Nesse caso, se houvesse uma compensação, ela não entraria no patrimônio de nenhum deles, porque não há direitos subjetivos próprios.

Esse critério foi aceito pela Suprema Corte de Justiça da Nação em "Halabi" (consid. 9º), que citaremos literalmente para preservar a clareza e a precisão terminológica.[151]

---

[151] Sobre a decisão da CSJN, 24-2-2009, "Halabi, Ernesto c/Poder Executivo Nacional. Lei 25.873, decreto 1563/04 s/Amparo Lei 16.986", L. L. 2009-B-157. ALTERINI, Atilio Aníbal. Las acciones colectivas en las relaciones de consumo (El armado de un sistema), em L. L. 2009-D-740; BADENI, Gregorio. El dinamismo tecnológico impone la creatividad judicial para la defensa de los derechos humanos, em L. L. 2009-B-255; CARNOTA, Walter F. El perímetro de lo colectivo, de lo individual y de lo individual homogéneo: la vida de los tribunales después de Halabi, em elDial – DC109E; CASSAGNE, Juan C. Derechos de incidencia colectiva. Los efectos "erga omnes" de la sentencia. Problemas de reconocimiento de la acción colectiva, em L. L. 2009-B-649; CATALANO, Mariana; GONZÁLEZ RODRÍGUEZ, Lorena. Los litigios masivos según el prisma de la Corte Suprema, em L. L. 2009-B-598; DALLA VÍA, Alberto R. El activismo de la Corte Suprema puesto en defensa de la privacidad, em J. A. 2009-34, fasc. nº 4; GALDÓS, Jorge M. Los daños masivos y el proceso colectivo (repercusiones de Halabi), em RCyS 2010-IV-71; GARCÍA PULLES, Fernando R. Las sentencias que declaran la inconstitucionalidad de las leyes que vulneran los derechos de incidencia colectiva.

2 Direitos sobre bens jurídicos individuais

O Tribunal indica em "Halabi":

> a regra geral relativa à legitimação é que os direitos sobre bens jurídicos individuais são exercidos por seu titular. Ela não muda pela circunstância de haver numerosas pessoas envolvidas, toda vez que se trate de obrigações com pluralidade de sujeitos ativos ou passivos, ou casos em que aparece um litisconsórcio ativo ou passivo derivado da pluralidade de sujeitos credores ou devedores, ou bem uma representação plural. Nesses casos, não há variação quanto à existência de um direito subjetivo sobre um bem individualmente disponível por seu titular, que deve, indispensavelmente, provar uma lesão a esse direito para que se configure uma questão justificável. A esta categoria de direitos se refere o primeiro parágrafo do artigo 43 da Constituição Nacional, em que encontra cabimento a tradicional *Ação de Amparo* (Mandado de Segurança), instituída por via pretoriana por este Tribunal nas emblemáticas decisões "Siri" e "Kot" (anos 1957 e 1958; Julgados: 239:459 e 241:291, respectivamente)[152] e posteriormente consagrada pela Lei 16.986/66, ainda em vigor na ordem jurídica federal. Esta ação visa obter a proteção de direitos divisíveis,

---

¿El fin del paradigma de los límites subjetivos de la cosa juzgada?¿El nacimiento de los procesos de clase?, em L. L. 2009-B-189; GELLI, María A. La acción colectiva de protección de derechos individuales homogéneos y los límites al poder en el caso "Halabi", em L. L. 2009- B-565; GIL DOMÍNGUEZ, Andrés. Derechos colectivos y acciones colectivas, em L. L. 2209-C-1128; GÓMEZ, Claudio; RODRÍGUEZ, Carlos. Las acciones colectivas a la luz de un fallo de la CSJN, em D. J. 2009-726; HALABI, Ernesto. Lo más importante detrás de la causa "Halabi", em elDial – DC10EB; MAURINO, Gustavo; SIGAL, Martín. Halabi: la consolidación jurisprudencial de los derechos y acciones de incidencia colectiva, em J. A. 2009-II-39, fasc. nº 4; SAGÜÉS, Néstor P. La creación judicial del amparo, acción de clase como proceso constitucional, em J. A. 2009-II-9; ROSALES CUELLO, Ramiro; GUIRIDLIAN LAROSA, Javier D. Nuevas consideraciones sobre el caso "Halabi", em L. L. del 13-7-2009, p. 10; RODRÍGUEZ, Carlos. Las acciones colectivas a la luz de un fallo de la CSJN, em D. J. del 25.3.2009, p. 726; SABSAY, Daniel A. El derecho a la intimidad y la acción de clase, em L. L. 2009-B-401; SALOMÓN, Marcelo J. La Constitución Nacional y las acciones colectivas: reflexiones en torno del caso "Halabi", em L. L. Suplemento Constitucional, mayo de 2009, p. 41; SAGÜÉS, Néstor P. La creación pretoriana del amparo-acción de clase como proceso constitucional, em J. A. 2009-II-25, fasc. nº 4; SPROVIERI, Luis E. Las acciones de clase y el Derecho de Daños a partir del fallo "Halabi", em J. A. 2009-II-52, fasc. nº 4; SIGAL, Martín. Halabi, consolidación jurisprudencia de los derechos y acciones de incidencia colectivas, em J. A. 2009-II-15; SOLÁ, Juan V. El caso "Halabi" y la creación de las acciones colectivas, em L. L. 2009-B-154; TORICELLI, Maximiliano. Un importante avance en materia de legitimación activa, em L. L. 2009-B-202. También véase, XXIII Congreso Nacional de Derecho Procesal, Mendoza, 2005, Subcomisión 1. Procesos colectivos y acciones de clase, em OTEIZA, Eduardo (Coord.). *Procesos colectivos*. Asociación Argentina de Derecho Procesal. Santa Fé: Rubinzal-Culzoni, 2006. p. 481; CAFFERATTA, Néstor A. Caso "Mendoza". *In*: CASSAGNE, Juan Carlos (Dir.). *Máximos precedentes Corte Suprema de Justicia de la Nación*. Buenos Aires: La Ley, 2013. p. 381.

[152] Acesso em www.csjn.gov.ar pelos respectivos números.

não homogêneos e que se caracteriza pela busca da reparação de um dano essencialmente individual e próprio de cada um dos afetados.

3 Direitos sobre bens jurídicos coletivos

O Tribunal indica em "Halabi":

os direitos de incidência coletiva que têm como objeto bens coletivo (art. 43 da Constituição Nacional) são exercidos pelo *Defensor del Pueblo de la Nación*,[153] pelas associações que concentram o interesse coletivo e pelos afetados. Nestes casos, existem dois elementos de qualificação predominantes. Em primeiro lugar, a petição deve ter como objeto a tutela de um bem coletivo, que ocorre quando este pertence a toda a comunidade, sendo indivisível e não admitindo nenhuma exclusão. Por esse motivo, somente se concede uma legitimação extraordinária para reforçar sua proteção, mas em nenhum caso existe o direito de apropriação individual sobre o bem, uma vez que não estão em jogo direitos subjetivos. Não se trata apenas da existência de uma pluralidade de sujeitos, mas de um bem que, como o meio ambiente, é de natureza coletiva. É necessário especificar que esses bens não têm como titulares uma pluralidade indeterminada de pessoas, pois isso implicaria que, se o sujeito fosse determinado no processo, eles seriam os titulares, o que não é admissível. Tampouco existe uma comunidade em sentido técnico, já que isso importaria a possibilidade de peticionar a extinção do regime de cotitularidade. Esses bens não pertencem à esfera individual, mas à esfera social e não são divisíveis de forma alguma. Em segundo lugar, a pretensão deve se concentrar na incidência coletiva do direito. Isso ocorre porque o dano a esse tipo de bem pode ter uma repercussão sobre o patrimônio individual, como ocorre no caso do dano ambiental, mas essa última ação corresponde ao seu titular e resulta concomitante à primeira. Assim, quando uma reivindicação processual para a prevenção ou reparação dos danos causados a um bem coletivo é exercida individualmente, é obtida uma decisão cujos efeitos repercutem sobre o objeto da *causa petendi*, mas não há benefício direto para o indivíduo que tem a legitimação. Pode-se afirmar, portanto, que a tutela dos direitos de incidência coletiva sobre bens coletivos corresponde ao "defensor del Pueblo", às associações e àqueles afetados, e que ela deve ser diferenciada da proteção dos bens individuais, sejam patrimoniais ou não, para os quais existe uma esfera de disponibilidade na cabeça de seu titular.

---

[153] Instituição do *ombudsman*, oriundo da tradição sueca replicado em países da América Latina, recebendo a denominação de defensor do povo. Na Argentina, a partir da reforma constitucional de 1994, no art. 86. O Brasil não conta com dita instituição.

4 Direitos sobre interesses individuais homogêneos

O Tribunal observa em "Halabi" que "a Constituição Nacional admite uma terceira categoria, conformada por direitos de incidência coletiva referentes aos interesses individuais homogêneos" e que:

> nesses casos não há um bem coletivo, já que se afetam direitos individuais totalmente divisíveis. No entanto, há um fato, único ou contínuo, que provoca a lesão a todos eles e portanto é identificável uma causa factual homogênea. Esses dados têm relevância jurídica, porque em tais casos a demonstração dos pressupostos da pretensão é comum a todos esses interesses, exceto no que diz respeito aos danos sofridos individualmente. Existe uma homogeneidade fática e normativa que leva a considerar razoável a realização de um único julgamento com efeitos expansivos da coisa julgada ditada nele, salvo no que tange à prova do dano [...].
> Que a procedência deste tipo de ação requer a verificação de uma causa fática comum, uma pretensão processual focada no aspecto coletivo dos efeitos desse fato e a constatação de que o exercício individual não parece totalmente justificado. Não obstante, também procederá quando, ao que pese tratar-se de direitos individuais, exista um forte interesse estatal em sua proteção, seja por sua transcendência social ou em virtude das particulares características dos setores afetados.

III O Código Civil e Comercial da Nação Argentina

Em 1º.8.2015, entrou em vigor o Novo Código Civil e Comercial,[154] que em seu título introdutório apresenta uma nova tipicidade dos direitos contidos em seu texto, um desenho sobre a articulação entre os direitos individuais e coletivos e uma nova tipicidade na regulação dos bens.[155]

Em termos de tipicidade de direitos, o Código é inovador no contexto do direito comparado[156] e da própria história da codificação.

---

[154] Art. 7º da Lei art. 26.994 (redação conf. Lei nº 27.077). Publicada no B. O., 8 out. 2014.
[155] Ver LORENZETTI, Ricardo L. *Fundamentos de derecho privado*. Código Civil y Comercial de la Nación Argentina. Buenos Aires: La Ley, 2016. Cap. 3; *Código Civil y Comercial de la Nación comentado*. Santa Fé: Rubinzal-Culzoni; VERBIC, Francisco. Derechos de incidencia colectiva y tutela colectiva de derechos en el Proyecto de Código Civil y Comercial, em RCyS 2013-IV-58; SALGADO, José María. Derechos colectivos en el Proyecto de actualización y unificación de los Códigos Civil y Comercial de la Nación, em RCyS 2012-X-29; GIANNINI, Leandro J. Los derechos de incidencia colectiva en el Proyecto de Código Civil y Comercial (aportes para su redefinición), em D. J. del 5-9-2012, p. 89.
[156] Nota da revisora: Veja o contrário no Código Civil de 2002, que sequer conhece a palavra "coletivo". Sobre bens individuais, veja os arts. 79 a 103, sendo os bens públicos regulados dos arts. 98 a 103. Inovação é o art. 100 sobre bens de uso comum do povo: "Art. 100. Os bens

Normalmente, o direito privado regula conflitos entre direitos individuais, mas este Código também se refere aos direitos de incidência coletiva.

O Novo Código Civil e Comercial caracteriza-se, entre outras coisas, por ser um código de direitos individuais e coletivos.[157] Essa é uma consequência evidente do fenômeno da constitucionalização do direito privado, que implica deixar de lado a nítida divisão entre direito privado e direito público, característica da codificação do século XIX.[158]

O Projeto Preliminar de 2012 propunha uma proteção mais completa dos direitos de incidência coletiva – uma seção especial destinada a regular as ações e diretivas substanciais para os danos de incidência coletiva e a menção expressa aos casos de direitos individuais homogêneos no Título Preliminar – que foi modificado pelo Poder Executivo da Nação Argentina antes da entrada do Projeto no Congresso.[159] Essa menção, além de trazer clareza ao ordenamento, estabelecia um critério de aplicação em jurisprudência e doutrina.

Portanto, o Código reconhece os direitos individuais, o que significa que, quando há uma multiplicidade deles, pode-se solucionar por outros meios, como é o caso das leis de defesa do consumidor, das processuais ou da jurisprudência. Por esse motivo, os direitos individuais homogêneos existem como uma categoria jurídica, só que não estão expressamente recebidos no Código.

Em primeiro lugar, no Título Preliminar, o art. 14 estabelece que se reconhecem os direitos individuais e os direitos de incidência coletiva e que a lei não ampara o exercício abusivo dos direitos individuais quando afeta o meio ambiente ou os direitos de incidência coletiva

---

públicos de uso comum do povo e os de uso especial são inalienáveis, enquanto conservarem a sua qualificação, na forma que a lei determinar". Diferente sentido tem a Seção "V - Dos Bens Singulares e Coletivos. Art. 89. São singulares os bens que, embora reunidos, se consideram *de per si*, independentemente dos demais. Art. 90. Constitui universalidade de fato a pluralidade de bens singulares que, pertinentes à mesma pessoa, tenham destinação unitária. Parágrafo único. Os bens que formam essa universalidade podem ser objeto de relações jurídicas próprias. Art. 91. Constitui universalidade de direito o complexo de relações jurídicas, de uma pessoa, dotadas de valor econômico". Veja SCHREIBER, Anderson *et alli*. *Código Civil comentado* – Doutrina e jurisprudência. 2. ed. São Paulo: GEN/Forense, 2020. p. 66 e ss.

[157] Nos Fundamentos do Anteprojeto de Código Civil e Comercial de 2012, os membros da Comissão de Reforma expressam que se trata de um Código de direitos individuais e coletivos. Ver os Fundamentos do Anteprojeto em: www.nuevocodigocivil.com.

[158] Ampliamos em LORENZETTI, Ricardo L. *Fundamentos de derecho privado*. Código Civil y Comercial de la Nación Argentina. Buenos Aires: La Ley, 2016. Cap. 3, inc. II.

[159] TOLOSA, Pamela; GONZÁLEZ RODRÍGUEZ, Lorena. *La protección de los derechos de incidencia colectiva en el nuevo Código Civil y Comercial*. 2015. Disponível em: http:// www.nuevocodigocivil.com.

em geral. O antecedente deste artigo é a decisão "Halabi",[160] com uma pequena diferença de terminologia, uma vez que foi decidido manter a usada pela Constituição, que se refere aos direitos de incidência coletiva.

Então, no Livro Primeiro, Título III, Capítulo 1, o art. 240 estabelece que o exercício dos direitos individuais sobre os bens "deve ser compatível com os direitos de incidência coletiva [...] e não deve afetar o funcionamento nem a sustentabilidade dos ecossistemas da flora, fauna, biodiversidade, água, valores culturais, paisagem, entre outros, de acordo com os critérios estabelecidos na lei especial".

No Livro Três, tanto no Título III como no Título V, há disposições específicas referentes à proteção dos direitos de incidência coletiva.

Por outro lado, o Capítulo 1 do Título V do mesmo Livro Três contém as normas referentes à responsabilidade civil e, dentro delas, vários apontam para a proteção de direitos de incidência coletiva. Assim, o dever de prevenção e a ação preventiva de danos, embora não se refiram exclusivamente a casos relacionados a direitos de incidência coletiva, têm, indubitavelmente, um forte impacto nesse campo, principalmente em matéria de proteção ambiental.

Em outra ordem, o conceito de dano jurídico que o novo Código adota expressamente inclui a afetação dos direitos de incidência coletiva[161] e, consequentemente, o dano de incidência coletiva.[162]

Terceira parte – A natureza como sujeito

Nos últimos anos, desenvolveu-se uma tendência concentrada no reconhecimento de direitos da natureza,[163] de algumas de suas partes, como os rios ou os animais.

O assunto levanta vários problemas teóricos e práticos.[164]

---

[160] CSJN, Fallos: 332:111.

[161] "Art. 1737 – Conceito de dano. Há dano quando é lesado um direito ou interesse não reprovado pelo ordenamento jurídico, cujo objeto seja a pessoa, o patrimônio, ou um direito de incidência coletiva".

[162] O projeto também incluía neste mesmo capítulo o instituto de sanção pecuniária dissuasiva para casos de violação de direitos de incidência coletiva (na segunda seção), que foi suprimido durante o tratamento parlamentar.

[163] Entre os primeiros trabalhos sobre o tema ver: BENJAMIN, Antonio H. *Derechos de la naturaliza*. [s.l.]: [s.n.], [s.d.]. p. 31, pto. III; Sustentabilidad concepto y fundamentos éticos. In: AMEAL, Oscar (Dir.); TANZI, Silvia (Coord.). *Obligaciones y contratos en los albores del siglo XXI*. Homenaje al Prof. R. López Cabana. Buenos Aires: Abeledo-Perrot, 2001.

[164] RODRÍGUEZ, Carlos. La nueva Constitución de Ecuador, ¿la tierra como sujeto de derechos? *Revista de Derecho Ambiental*, Buenos Aires, n. 18, 2009. p. 19; ZAFFARONI, Eugenio Raúl. *La Pachamama y el humano*. [s.l.]: Colihue, 2011; QUIROGA LAVIÉ, Humberto ¿Es la naturaleza

Para esclarecer esse problema, convém distinguir entre a necessidade de proteger um bem e os instrumentos para alcançá-lo, em cada área.

Em geral, existe um consenso crescente de que a natureza e suas partes precisam de proteção. Do ponto de vista da filosofia, da ética, da biologia e da economia, há um grande número de instrumentos que estão sendo moldados, como descrevemos ao analisar o paradigma ambiental.

No direito, há também uma corrente no mesmo sentido.

A questão específica a ser estudada são as normas legais, e as seguintes alternativas são apresentadas:

1. o sistema jurídico não confere nenhuma ação para proteger a natureza, porque é uma questão de políticas públicas;
2. as pessoas têm direitos individuais a um ambiente saudável e, portanto, podem agir;
3. a natureza ou suas partes, sem serem sujeitos de direito, são bens jurídicos coletivos tutelados, e podem agir todos aqueles a quem se confere legitimidade;
4. a natureza ou suas partes são sujeitos de direito e podem agir por meio de representantes.

A primeira opção é tradicionalmente aceita por muitos países que sustentam que o problema é de natureza política ou econômica e, portanto, não é um assunto jurídico.

A segunda alternativa é a que mais evoluiu nos últimos anos, consagrando o direito das pessoas a um ambiente saudável e, como consequência desse exercício, a natureza resulta indiretamente protegida.

A terceira alternativa é aquela que reconhece os bens coletivos e legitima pessoas, associações ou o próprio Estado a agir. É o sistema brasileiro, argentino e uma tendência crescente. A diferença em relação às duas anteriores é importante, porque não é um direito subjetivo, mas uma legitimação para proteger um bem coletivo. Consequentemente, a decisão judicial concentra-se na proteção do bem e não na satisfação do indivíduo.

---

sujeto de derecho, o solamente tiene la condición de objeto protegido? El Derecho Ambiental como hecho, em L. L. 2012-C-1361; MORELLO, Augusto M.; CAFFERATTA, Néstor A. La sociedad y la naturaleza como sujetos de derecho, em E. D. 212-899; SOZZO, Gonzalo. El daño a los bienes culturales. *In*: LORENZETTI, Ricardo L. (Dir.). *Derecho ambiental y daño*. Buenos Aires: La Ley, 2011. p. 315; PERETTI, Enrique. La valoración del daño ambiental. *In*: LORENZETTI, Ricardo L. (Dir.). *Derecho ambiental y daño*. Buenos Aires: La Ley, 2011. p. 369.

O quarto reconhece direitos à natureza ou às suas partes. Nesse caso, há uma diferença com a anterior: não se trata de um bem jurídico protegido, senão de um sujeito de direito. Em grande parte, quebra substancialmente uma tradição jurídica, pois não se reconhece direitos àqueles que não são pessoas. Essa questão não é pequena, porque para muitos sistemas jurídicos importa uma transformação difícil de aceitar e com consequências muito complexas em uma grande variedade de campos. O resultado não difere muito da terceira opção, já que, em definitivo, se protege a natureza.

Veremos a seguir alguns exemplos desta última opção.

A Constituição do Equador foi pioneira nesse sentido, uma vez que declara:

> A natureza será sujeito daqueles direitos reconhecidos pela Constituição. (Art. 10)
> A natureza ou Pacha Mama, onde a vida se reproduz e realiza, tem o direito de ter sua existência plenamente respeitada e a manutenção e regeneração de seus ciclos de vida, estrutura, funções e processos evolutivos. Qualquer pessoa, comunidade, cidade ou nacionalidade pode exigir da autoridade pública o cumprimento dos direitos da natureza. Para aplicar e interpretar esses direitos se observarão os princípios estabelecidos na Constituição, quando apropriado. O Estado incentivará as pessoas naturais e jurídicas, bem como os grupos, a proteger a natureza e promoverá o respeito por todos os elementos que compõem um ecossistema. (Art. 71)
> A natureza tem direito à restauração. Essa restauração será independente da obrigação que têm o Estado e as pessoas físicas ou jurídicas de compensar indivíduos e grupos que dependam dos sistemas naturais afetados. Nos casos de impacto ambiental grave ou permanente, inclusive os causados pela exploração de recursos naturais não renováveis, o Estado estabelecerá os mecanismos mais eficazes para alcançar a restauração e adotará as medidas apropriadas para eliminar ou mitigar as consequências ambientais nocivas. (Art. 72)

A Constituição boliviana (2009) diz:

> As pessoas têm direito a um ambiente saudável, protegido e equilibrado. O exercício desse direito deve permitir que indivíduos e comunidades das gerações presentes e futuras, além de outros seres vivos, se desenvolvam de maneira normal e permanente. (Art. 33)

Com base nesse reconhecimento, foi editada a "lei de direitos da mãe terra" (Lei nº 71, de 21.12.2010), que diz: "O objetivo desta lei é reconhecer os direitos da Mãe Terra, bem como as obrigações e deveres do Estado Plurinacional e da sociedade de garantir o respeito por esses direitos" (art. 1º). A lei reconhece como princípios (art. 2º) a harmonia, o caráter do bem coletivo, a garantia de regeneração da Mãe Terra, a não mercantilização (art. 2º).

> [A] Mãe Terra é definida como "O sistema dinâmico de vida conformado pela comunidade indivisível de todos os sistemas vitais e seres vivos, inter-relacionados, interdependentes e complementares que compartilham um destino comum. A Mãe Terra é considerada sagrada pelas visões de mundo das nações e dos povos indígenas originários." Para efeito de proteção e tutela de seus direitos, a Mãe Terra adota o caráter de sujeito coletivo de interesse público. A Mãe Terra e todos os seus componentes, incluindo as comunidades humanas, são titulares de todos os direitos inerentes reconhecidos nesta Lei. A aplicação dos direitos da Mãe Terra levará em consideração as especificidades e particularidades de seus diversos componentes. Os direitos estabelecidos nesta Lei não limitam a existência de outros direitos da Mãe Terra. (Art. 5º)

Em relação a sentenças judiciais, existem várias decisões que são observadas nessa tendência, e que resenhamos no anexo sobre a jurisprudência. Por exemplo, na Índia, a Suprema Corte de Uttarkhand reconheceu direitos ao Rio Ganges.[165] Da mesma forma, a Suprema Corte de Justiça da Colômbia, Câmara de Cassação Civil,[166] reconheceu os direitos dos animais como "seres sencientes". Para conceder direitos a não humanos, invocou uma visão ecocêntrica-antrópica, dentro do marco de uma "ordem pública ecológica nacional e internacional" e, portanto, os declarou "sujeitos de direito". "Os animais como seres sencientes são sujeitos de direitos não humanos" e, como tal, "têm prerrogativas como fauna protegida, salvaguardada em virtude da biodiversidade e do equilíbrio natural das espécies e, especialmente, da natureza silvestre". Esclareceu:

> não se trata de dar direitos a sujeitos sensíveis não humanos, iguais aos dos seres humanos, equiparando-os ao todo, acreditando que touros, papagaios, cães ou árvores etc. terão seus próprios tribunais, mas reconhecer-lhes os correspondentes, os justos e os conveniente à sua espécies. [...] Trata-se de reconhecer e atribuir direitos e personalidade

---

[165] Writ Petition (PIL) nº 126 of 2014. Disponível em: https://www.ecolex.org/details/court-decision/mohd-salim-v-state-of-uttarakhand-others-260ca401-424d-40f6-8586-e20e1b746ba/; http://lobis.nic.in/ddir/uhc/RS/orders/22-03-2017/RS20032017WPPIL1262014.pdf.
[166] Disponível em: https://corte-suprema-justicia.vlex.com.co/vid/692862597.

jurídica para determinar epistemológica, ética, política, cultural e juridicamente a irracional destruição de nosso planeta e de toda a natureza, que aflige vergonhosa e tragicamente a geração do nosso tempo.

Em conclusão, a Suprema Corte de Justiça da Colômbia determinou que os animais, como "seres sencientes integrados a uma ordem pública ecológica", são titulares de direitos, estão isentos de deveres, e que é o Estado que deve garantir e proteger seus direitos, como membros de um ecossistema em que cada espécie cumpre uma função insubstituível.

Em suma, é uma maneira de proteger, mas pode não ser necessário alterar todo o sistema jurídico para fazê-lo, porque, em última análise, os efeitos jurídicos são semelhantes aos alcançados por outros meios.

CAPÍTULO 4

PRINCÍPIOS E DIRETRIZES

I   Introdução

Os princípios em questões ambientais têm experimentado uma recepção profusa em tratados internacionais, constituições, leis nacionais, declarações acadêmicas e sentenças judiciais.

Essa característica é evidente desde o início do movimento ambientalista. Nesse sentido, a Declaração da Conferência das Nações Unidas sobre o Meio Ambiente, realizada em Estocolmo, no ano de 1972, expressa, por exemplo, no Princípio 1:

> o homem tem o direito fundamental à liberdade, à igualdade e ao desfrute de condições de vida adequadas em um ambiente de qualidade tal que lhe permita uma vida digna de gozar do bem-estar e tem a obrigação solene de proteger e de melhorar o meio ambiente para as gerações presentes e futuras.

Essa técnica tem sido amplamente utilizada em todo o mundo, e inúmeras disposições mencionam que há direito à vida, à igualdade ou ao bem-estar, ou apontam quais são os critérios das políticas públicas.

Sem dúvida, elas têm um valor do ponto de vista declarativo, filosófico, ético e motivacional, mas neste trabalho estamos interessados em determinar qual é o seu efeito normativo.

Estudar esta questão requer examinar o problema das fontes; distinguir se são regras ou princípios; qual é a consequência legal em cada caso; qual é o seu conteúdo. É uma questão muito importante porque se trata de identificar a distância entre a vocação aspiracional dos princípios e sua aplicação prática, ou qual é o conteúdo legal de um direito à qualidade de vida, ou se um juiz pode orientar políticas públicas com base em princípios ou bem se pode integrar um vácuo legal.

II Definição normativa de princípios e valores

1 Princípios

Em sua longa história, os princípios mostraram duas características que lhes deram força: a primeira é sua simplicidade, ou pelo menos a aspiração de ter um conjunto de ideias que guiam o cálculo jurídico.

A segunda é sua hierarquia superior. Qualquer que seja a concepção desenvolvida sobre eles, sempre foram classificados como altos; para alguns eles integram o direito natural, para outros têm uma raiz histórica; para outros, eles são anteriores ao ordenamento, mas são obtidos por generalização de normas e são superiores a elas. Essa superioridade é o que permite conferir-lhes uma função de controle, de limite, de guia da atividade infraprincipal.

Esse fenômeno fez com que se falasse de uma concepção "principal" do sistema jurídico que é muito evidente no direito ambiental.

O princípio é uma afirmação normativa geral, ou seja, não define uma suposição factual específica,[167] pois constitui um mandado para a realização de um valor em seu nível ótimo. Como o próprio nome indica, ele se opõe a algo acabado, terminado, são noções germinais,[168] *prima facie*, e, portanto, capazes de ser concluídas. Essas normas recebem valores e, como tal, só podem ser aspirações cujo grau de concretização varia de acordo com os sistemas legais, os períodos históricos e a relação com as regras.

A aplicação completa do que o princípio diz é excessiva, ou seja, colide com outros princípios, outros valores ou outros direitos. Nesse sentido, o princípio é excessivo, expressa demais porque é uma aspiração,[169] são critérios de avaliação caracterizados por excesso de conteúdo deontológico; é por isso que você precisa medi-lo, estabelecer seu relacionamento com outros princípios e regras para acessar um conteúdo.

---

[167] ALPA, Guido. I principi Generali. *In*: IUDICA, Giovanni; ZATTI, Paolo (A cura di). *Trattato di Diritto Privato*. Milano: Giuffrè, 1993. p. 69; RODOTÀ, Stefano, .Ideologie e tecniche della riforma del diritto civile. *Riv. Dir. Commerciale*, I, 1967. p. 86.

[168] BETTI, Emilio. Interpretación de la ley y de los actos jurídicos. *Revista de Derecho Privado*, Madrid, 1975. p. 283.

[169] BETTI, Emilio. Interpretación de la ley y de los actos jurídicos. *Revista de Derecho Privado*, Madrid, 1975. p. 287.

Por esse motivo, foi dito que os princípios são mandados de otimização[170] e podem ser cumpridos em vários graus. A aplicação do princípio leva a estabelecer um relacionamento com outros princípios competitivos ou contraditórios e a buscar o ponto ideal de realização. O princípio não expressa uma ideia objetiva e precisa que leva o juiz a um julgamento silogístico; não pode ser considerado uma premissa principal e incluído em um caso. Este conteúdo é estabelecido por meio de um julgamento de peso com outros princípios. "Ponderação" é estabelecer comparações, determinar o peso de cada uma e aplicar a mais alta no caso específico. Portanto, o grau de generalidade não é decisivo para o princípio jurídico; o que importa é sua aptidão como argumento legal.[171]

Os princípios têm muitas funções:

1. *Integrativa*: é um instrumento técnico para preencher uma lacuna na lei.

2. *Interpretativa*: é uma maneira de incluir o caso em uma declaração ampla. Ajuda o intérprete a se orientar na interpretação correta, adaptando-a aos valores fundamentais.

3. *Finalística*: são orientações de um possível[172] regulamento em matéria legislativa ou em políticas públicas.

4. *Delimitadora*: constituem diretrizes básicas que permitem estabelecer um limite, como os valores, para as oscilações bruscas das regras. No processo de decisão judicial, eles podem controlar o ativismo judicial excessivo, fornecendo uma estrutura para a ação.[173]

5. *Fundante*: eles oferecem um valor para fundar internamente a ordem e dão origem a criações pretorianas.

---

[170] ALEXY, Robert. Sistema jurídico, principios jurídicos y razón práctica. *Doxa*, n. 5, 1988. p. 143.
[171] LARENZ, Karl. *Derecho justo*. Fundamentos de ética jurídica. Madrid: Civitas, 1985. p. 36.
[172] LARENZ, Karl. *Derecho justo*. Fundamentos de ética jurídica. Madrid: Civitas, 1985. p. 32.
[173] LASARTE, Carlos. Principios de Derecho Civil. *Trivium*, Madrid, t. 1, 1992. p. 79-80.

2 Valores

Os valores desempenham um papel no discurso filosófico, político, sociológico, moral e na teoria da ação humana. Este último aspecto nos leva a afirmar que os seres humanos são guiados apenas pelo interesse.[174]

Do ponto de vista jurídico, eles cumprem algumas funções:

- No campo da validade material, há um limite axiológico que pode ser encontrado invocando valores.[175]
- No campo argumentativo, eles podem ser conteúdo dos princípios, na medida em que contêm uma ideia ou referência valorativa. Nesse caso, a argumentação jurídica implica que o princípio leva a uma análise comparativa de valores.

Em outros casos, o valor expressa um juízo comparativo (compara um valor com outro) e, nesse sentido, difere do princípio (mandamento de otimização, manda fazer algo na maior medida possível). Essa valoração comparativa surge quando de dois objetos se diz que um tem maior valor que outro, expressando juízos de preferência ou equivalência.

Em outros casos, o valor pode ser usado para fins de classificação, no sentido de categorização de objetos.

III Recepção no direito ambiental

1 Fontes internacionais

O primeiro aspecto a considerar são as fontes em que se encontram essas normas e que, em nível internacional, são numerosas; não apenas em tratados, mas no direito secundário, ditado pelos comitês criados por esses acordos. A isto devem ser acrescentadas as constituições e as legislações nacionais.

Essa pluralidade de fontes cria princípios que são semelhantes, mas expressados de maneira diferente, em várias línguas e que se referem a sistemas e tradições jurídicas que conferem alcance específico à noção de princípios que não coincidem.

A Declaração sobre os Princípios Legais para o Desenvolvimento Sustentável, aprovada pela Cúpula Ibero-Americana de Supremos

---

[174] FINNIS, John. *Natural law and natural rights.* New York: Clar Press, 1984. p. 113.
[175] PAREJO ALONSO, Luciano. *Constitución y valores del ordenamiento.* Prólogo de Gregorio Peces-Barba. Madrid: Areces, 1990.

Tribunais e Conselhos da Magistratura, Comissão de Direito Ambiental,[176] evidencia a existência abundante desse material normativo.

De acordo com a declaração, são os seguintes: Declaração de Estocolmo, Cúpula da Terra, Estocolmo, Suécia, de 5 a 16.6.1972; Convenção sobre a Proteção do Patrimônio Mundial Cultural e Natural, celebrada na Conferência Geral da Organização das Nações Unidas para a Educação, a Ciência e a Cultura, Paris, França, de 17.10 a 21.11.1972; Convenção sobre Comércio Internacional de Espécies Ameaçadas de Fauna e Flora Selvagens, acordada em Washington DC, Estados Unidos, em 3.3.1973; Carta de Belgrado, Seminário Internacional de Educação Ambiental, Belgrado, Sérvia, 13 a 22.10.1975; Declaração de Tbilisi, Conferência Intergovernamental sobre Educação Ambiental, organizada pela Unesco em cooperação com o PNUMA, em Tbilisi, URSS, de 14 a 26.10.1977; Convênio sobre Poluição Atmosférica Transfronteiriça de Longa Distância, concluída em Genebra, Suíça, 1979; Carta Mundial da Natureza, aprovada na Assembleia-Geral das Nações Unidas, Nova York, Estados Unidos, 28.10.1982; Convenção das Nações Unidas sobre o Direito do Mar, Nova York, Estados Unidos, 10.12.1982; Convenção de Viena para a Proteção da Camada de Ozônio, aprovada em Viena, Áustria, em 23.3.1985; Convenção de Basileia sobre o Controle de Movimentos Transfronteiriços de Resíduos Perigosos e sua Eliminação, adotada em Basileia, Suíça, em 22.5.1989; Protocolo ao Tratado Antártico de Proteção Ambiental, assinado em Madri, Espanha, 4.10.1991; Convenção sobre Proteção e Uso de Cursos de Água Transfronteiriços e Lagos Internacionais, aprovada em Helsinque, Finlândia, 17.3.1992; Declaração do Rio sobre Meio Ambiente e Desenvolvimento, Conferência das Nações Unidas sobre Meio Ambiente e Desenvolvimento, Rio de Janeiro, de 3 a 14.6.1992; Convenção das Nações Unidas sobre Diversidade Biológica, celebrada na Cúpula da Terra, Rio de Janeiro, Brasil, 1992; Convenção-Quadro das Nações Unidas sobre Mudança do Clima, Nova York, 9.5.1992; Programa 21 sobre Conservação da Diversidade Biológica, Cúpula da Terra, Rio de Janeiro, Brasil, 5.6.1992; Convenção para a Proteção do Meio Marinho do Atlântico Nordeste, assinada em Paris, França, 22.9.1992; Carta de Aalborg das cidades europeias em direção à sustentabilidade, Dinamarca, 27.5.1994; Acordo da Organização Mundial do Comércio sobre a Aplicação de Medidas Sanitárias e Fitossanitárias, 1º.1.1995; Acordo sobre Peixes Transnacionais e Altamente Migratórios, Assembleia-Geral das Nações Unidas, Nova York, Estados Unidos, 4.8.1995; Diretiva Europeia nº 96/61/EC, sobre Prevenção

---

[176] Quito, 2018.

e Controle Integrado da Poluição, Conselho da União Europeia, Bruxelas, Bélgica, 24.9.1996; Convenção sobre Acesso à Informação, Participação Pública na Tomada de Decisão e Acesso à Justiça em Matéria Ambiental: Convenção de Aarhus, Dinamarca, 25.6.1998; Convenção Internacional de Combate à Desertificação em Países Afetados por Secas Graves ou Desertificação, Conselho da União Europeia, Bruxelas, 9.3.1998; Convenção de Roterdã para a Aplicação do Procedimento de Prévia Informação e Consentimento para Certos Pesticidas e Produtos Químicos Perigosos em Comércio Internacional, Roterdã, Países Baixos, 10.9.1998; Protocolo à Convenção de 1979 sobre Poluição Atmosférica Transfronteiriça de Longo Alcance para Reduzir a Acidificação, Eutrofização e Ozônio Troposférico, Gotemburgo, Suécia, 30.11.1999; Protocolo de Cartagena sobre Biossegurança, Montreal, Canadá, 29.1.2000; Carta da Terra, Unesco, Paris, março de 2000; Convenção de Estocolmo sobre Poluentes Orgânicos Persistentes, Estocolmo, Suécia, 23.5.2001; Convenção-Quadro para a Proteção do Meio Marinho do Mar Cáspio, Teerã, Irã, novembro de 2003; Diretiva 2004/35/CE do Parlamento Europeu e do Conselho sobre responsabilidade ambiental em relação à prevenção e reparação de danos ambientais, Bruxelas, Bélgica, publicada em 21.4.2004; Protocolo à Convenção de Londres, 24.3.2006; Convenção-Quadro para a Proteção do Meio Ambiente para o Desenvolvimento Sustentável na Ásia Central, Ashkhabad, Turquemenistão, 2006; Comitê de Peritos, Comentário Geral sobre a Convenção nº 169, Organização Internacional do Trabalho, 2010; Conferência das Nações Unidas sobre Desenvolvimento Sustentável, Rio + 20, Rio de Janeiro, Brasil, 20 a 22.6.2012; Declaração de Buenos Aires, adotada no âmbito da XVI Cúpula Judicial Ibero-Americana, em 2012; Programa anticorrupção de ética e cumprimento para as empresas das Nações Unidas, Nova York, Estados Unidos, outubro de 2013; Comitê Jurídico da Organização dos Estados Americanos sobre guia de princípios sobre responsabilidade social das empresas no campo dos direitos humanos e do meio ambiente nas Américas, adotado na 84ª sessão, Washington, DC, Estados Unidos, 13.3.2014; Objetivos de Desenvolvimento Sustentável (ODS), Cúpula de Desenvolvimento Sustentável, Nações Unidas, setembro de 2015 (Agenda 2030); Declaração Mundial da União Internacional para a Conservação da Natureza (IUCN) sobre o Estado de Direito em matéria ambiental, Rio de Janeiro, Brasil, 26 a 29.4.2016.[177]

---

[177] Nota da revisora: No direito brasileiro, as principais fontes internacionais recebidas são a Convenção-Quadro das Nações Unidas sobre Mudança do Clima (Decreto nº 2.652, 1998), a Convenção sobre Diversidade Biológica (Decreto nº 2.519, 1998), Protocolo de Quioto à

2 Direito argentino

A lei ambiental argentina[178] menciona objetivos a serem alcançados (art. 1º): "uma gestão sustentável e adequada do meio ambiente, a preservação e proteção da diversidade biológica e a implementação do desenvolvimento sustentável".

Também se refere aos objetivos da política ambiental (art. 2º):[179]

a) assegurar a preservação, conservação, recuperação e melhoria da qualidade dos recursos ambientais, naturais e culturais, na realização das diferentes atividades antrópicas.

b) Promover a melhoria da qualidade de vida das gerações presentes e futuras, de forma prioritária.

c) Fomentar a participação social nos processos de tomada de decisão.

d) Promover o uso racional e sustentável dos recursos naturais.

e) Manter o equilíbrio e a dinâmica dos sistemas ecológicos.

f) Assegurar a conservação da diversidade biológica.

g) Prevenir os efeitos nocivos ou perigosos que as atividades antrópicas gerem no meio ambiente para permitir a sustentabilidade ecológica, econômica e social do desenvolvimento.

h) Promover mudanças em valores e comportamentos sociais que possibilitem o desenvolvimento sustentável, por meio da educação ambiental, tanto nos sistemas formais como não formais.

i) Organizar e integrar as informações ambientais e assegurar o livre acesso da população a elas.

Convenção-Quadro das Nações Unidas sobre Mudanças Climáticas (Decreto nº 5.445,2005), Acordo de Paris sob a Convenção das Nações Unidas sobre Mudanças Climáticas (Decreto nº 9.073, 2017), além da Declaração do Rio de Janeiro sobre Meio Ambiente e Desenvolvimento.

[178] Lei nº 25.675, sancionada em 6.11.2002; promulgada parcialmente pelo Decreto nº 2.413, em 27.11.2002.

[179] Nota da revisora: No Brasil, com texto semelhante, a Lei nº 6.938, de 31.8.1981, que dispõe sobre a Política Nacional do Meio Ambiente, afirma: "Art. 2º A Política Nacional do Meio Ambiente tem por objetivo a preservação, melhoria e recuperação da qualidade ambiental propícia à vida, visando assegurar, no País, condições ao desenvolvimento sócio-econômico, aos interesses da segurança nacional e à proteção da dignidade da vida humana, atendidos os seguintes princípios: I - ação governamental na manutenção do equilíbrio ecológico, considerando o meio ambiente como um patrimônio público a ser necessariamente assegurado e protegido, tendo em vista o uso coletivo; II - racionalização do uso do solo, do subsolo, da água e do ar; III - planejamento e fiscalização do uso dos recursos ambientais; IV - proteção dos ecossistemas, com a preservação de áreas representativas; V - controle e zoneamento das atividades potencial ou efetivamente poluidoras; VI - incentivos ao estudo e à pesquisa de tecnologias orientadas para o uso racional e a proteção dos recursos ambientais; VII - acompanhamento do estado da qualidade ambiental; VIII - recuperação de áreas degradadas; IX - proteção de áreas ameaçadas de degradação; X - educação ambiental a todos os níveis de ensino, inclusive a educação da comunidade, objetivando capacitá-la para participação ativa na defesa do meio ambiente".

j) Estabelecer um sistema federal de coordenação interjurisdicional para a implementação de políticas ambientais de escala nacional e regional.

k) Estabelecer procedimentos e mecanismos adequados para minimizar os riscos ambientais, para a prevenção e mitigação de emergências ambientais e para a recomposição dos danos causados pela contaminação ambiental.[180]

3 Efeitos jurídicos

Qual é o valor jurídico?

A enumeração de princípios de maneira indiscriminada apresenta o problema da superabundância e ineficácia, sobretudo se não se distingue adequadamente o enunciado normativo.

As regras contêm mandamentos, proibições ou permissões.

No direito internacional, há menções à "solidariedade" dos Estados, que, obviamente, não existe habitualmente, e não é executável. Não é procedente uma demanda judicial peticionando que sejam solidários.

A solidariedade é um valor que implica agir de maneira diferente da que se adotaria caso se perseguisse o interesse próprio ou individual; é focar a ação no outro ou no bem comum. Portanto, pode ser um elemento usado para incentivar a conduta da lei ou delimitar a conduta em uma sentença.

Portanto, os princípios e valores podem ter um campo de aplicação diferente.

Seguindo o que foi dito anteriormente, veremos alguns exemplos.

---

[180] Nota da revisora: No Brasil, veja na Lei nº 6.938, de 31.8.1981, que dispõe sobre a Política Nacional do Meio Ambiente: "Art. 4º A Política Nacional do Meio Ambiente visará: I - à compatibilização do desenvolvimento econômico-social com a preservação da qualidade do meio ambiente e do equilíbrio ecológico; II - à definição de áreas prioritárias de ação governamental relativa à qualidade e ao equilíbrio ecológico, atendendo aos interesses da União, dos Estados, do Distrito Federal, dos Territórios e dos Municípios; III - ao estabelecimento de critérios e padrões de qualidade ambiental e de normas relativas ao uso e manejo de recursos ambientais; IV - ao desenvolvimento de pesquisas e de tecnologias nacionais orientadas para o uso racional de recursos ambientais; V - à difusão de tecnologias de manejo do meio ambiente, à divulgação de dados e informações ambientais e à formação de uma consciência pública sobre a necessidade de preservação da qualidade ambiental e do equilíbrio ecológico; VI - à preservação e restauração dos recursos ambientais com vistas à sua utilização racional e disponibilidade permanente, concorrendo para a manutenção do equilíbrio ecológico propício à vida; VII - à imposição, ao poluidor e ao predador, da obrigação de recuperar e/ou indenizar os danos causados e, ao usuário, da contribuição pela utilização de recursos ambientais com fins econômicos".

Os princípios podem ser um instrumento técnico para colmatar uma lacuna no ordenamento, como evidenciado por vários julgados. Além disso, eles podem ser um guia na atividade legislativa. Nesse sentido, a lei argentina estabelece (art. 5º) que "os diferentes níveis de governo incluirão em todas as suas decisões e atividades previsões de caráter ambiental, destinadas a assegurar o cumprimento dos princípios enunciados na presente lei".

A função interpretativa dos princípios é advertida em numerosas sentenças que os invocam para esclarecer uma dúvida que a lei apresenta.

Indicamos que os princípios são orientações de uma possível regulamentação em questões legislativas ou políticas públicas. Por exemplo, a lei argentina menciona (art. 2º, inc. j) o objetivo de estabelecer um sistema de coordenação interjurisdicional, e é isso que muitos tribunais estabeleceram, como aconteceu com o caso "Mendoza"[181] ou com o caso conhecido como o "Rio Atuel",[182] porque em ambos os casos foi necessário elaborar ações interjurisdicionais.

Os princípios e valores têm uma função delimitadora, de modo que permitem estabelecer fronteiras para determinadas ações que sejam contrárias ao quadro axiológico estabelecido, tanto no campo judicial quanto no legislativo.

Finalmente, eles também oferecem um valor para fundar internamente o ordenamento, e dar lugar a criações pretorianas. Um exemplo disso é a indicação da "qualidade de vida das gerações presentes e futuras". É um valor fundamental do ordenamento, tanto para a legislação como para a jurisprudência.

IV Descrição dos princípios ambientais

A existência de uma pluralidade de fontes internacionais, nacionais e locais evita o problema da criação doutrinária de princípios e, ao mesmo tempo, apresenta a dificuldade de sua enumeração. A quantidade pode ser muito abundante se forem detalhados com os diferentes nomes mencionados em diferentes normas, e, nesse sentido, tem sido um grande esforço apresentá-los de maneira sistemática.[183]

Com base no exposto, faremos uma descrição dos princípios ambientais, sem prejuízo de sua ampliação posterior.

---

[181] Veja em www.csjn.gov.ar (Julgado 326:2316).
[182] Veja em www.csjn.gov.ar (Julgado 340:1695).
[183] Neste sentido ver a Declaração de Quito, citada.

1 Princípio da congruência

a) Enunciação e efeitos

Na lei argentina, é descrito da seguinte forma: "A legislação provincial e municipal relacionada ao meio ambiente deve ser adequada aos princípios e normas estabelecidos nesta lei; caso contrário, prevalecerá sobre toda outra norma que a ela se oponha".[184]

Do ponto de vista da teoria geral do direito, a noção de congruência significa a ausência de contradição no sistema jurídico, pois pode haver normas ou decisões judiciais que difiram ou se oponham em alguns aspectos. Diante desse problema, a decisão judicial deve ser coerente com o restante do sistema jurídico, harmonizando as regras.[185] Isso ocorre porque a solução dedutiva parte de uma norma identificada como válida, mas no sistema atual, em que há uma pluralidade de fontes, pode dar-se o caso, não infrequente, de normas válidas que podem ter soluções diferentes. Portanto, é necessário verificar se existe um princípio geral que as compreenda. Esse processo envolve olhar para cima, isto é, para as regras gerais que dão coerência ao sistema jurídico.[186] É necessário salientar que se presume a coerência,[187] havendo o ônus argumentativo de se provar o contrário.

O sentido do princípio que estamos discutindo é precisamente resolver esse problema com dois aspectos:

– Que a legislação deve ser adequada aos princípios ambientais, referindo-se especificamente a leis de classificação inferior à

---

[184] Lei nº 25.675 sancionada em 6.11.2002, art. 4º.

[185] Ampliamos em LORENZETTI, Ricardo L. *Teoría de la decisión judicial*. Santa Fé: Rubinzal-Culzoni, 2006. CSJN, "Bramajo, Hernán" (Fallos: 319:1840): quando a inteligência de um preceito, baseada exclusivamente na literalidade de um de seus textos, leva a resultados concretos que não se harmonizam com os princípios axiológicos enunciados em outro de nível superior e produz consequências de notório desvalor, é necessário dar preeminência ao espírito da lei, a seus fins, ao conjunto harmonioso do sistema jurídico e aos preceitos fundamentais do direito no grau e na hierarquia em que são valorizados pelo sistema normativo. Quanto à interpretação das convenções coletivas, o tribunal afirmou que a totalidade dos preceitos em causa deve ser contabilizada de forma harmoniosa, a fim de se chegar a uma aplicação racional para que não sejam admitidas soluções injustas que dispensem as consequências que derivam de cada critério particular ("Tursi, Vicente c/ Banco de la Nación Argentina", Fallos: 324:1381).

[186] A Corte Suprema disse que o juiz pode se afastar das palavras da lei, quando a interpretação sistemática assim o imponha (Fallos: 283:239 e 301:489). Deve atender-se à totalidade dos preceitos de uma norma (Fallos: 320:74), e sua vinculação com o ordenamento jurídico (Fallos: 314:445, 321:730, 324:4349).

[187] CSJN, j.s: 316:1319; 324:2153 e 3876 (veja em www.csjn.gov.ar).

federal. Em outras palavras, deve-se buscar uma solução que não desnaturalize o marco geral de tutela ambiental.

- Que, em caso de contradição, deve haver preferência pela lei ambiental federal. Esta disposição é consistente com o princípio da posição preferencial dos direitos fundamentais.

Sempre que um Estado de Direito entra em conflito com um Estado de poder, o juiz, como operador legal, deve resolver o caso, escolhendo favoravelmente o padrão que protege os direitos humanos e ambientais. As normas de direitos são superiores às normas de poder localizadas no mesmo plano, são as que determinam as ações dos órgãos do poder público.[188]

b) Congruência em matéria processual

A sentença deve ter uma relação de congruência com o que foi peticionado pelas partes, mas em questões ambientais houve uma evolução importante nesse aspecto.[189] Na redação original da Lei nº 25.675, os juízes tinham poderes para decidir além do que as partes postulavam em seus escritos introdutórios e do que foi efetivamente comprovado pelos litigantes na fase processual apropriada. Tudo isso, em razão da prevalência do interesse coletivo. Agora, desde que esse poder foi vetado, é essencial fazer uma pausa para justificar as razões que os juízes descobriram para tornar esse princípio mais flexível e, assim, ser capaz de superar a barreira imposta pelo veto. No art. 32 da Lei nº 25.675, o magistrado tem o poder de ordenar medidas cautelares e urgentes, caso as circunstâncias do caso o aconselhem, podendo fazê-lo mesmo oficiosamente. Se isso é possível, o juiz poderá incluir nessas decisões questões não expressamente levantadas pelas partes, se as peculiaridades do caso e a prevalência da proteção do macroambiente ambiental o justificarem.

No mesmo sentido, há um espaço importante em relação à incerteza que é pregada sobre certos danos ambientais e a maneira como isso condiciona a decisão judicial. É o caso em que a reivindicação

---

[188] Declaração de Quito, que cita como fonte: *Introducción*. Parte I da Convenção de Viena; Preâmbulo e arts. 29, nº 3 e 30 da Declaração Universal de Direitos Humanos; Preâmbulo e arts. 2º, nº 1 e 2; 3º, 4º, 5º, nº 2, 46 e 47 do Pacto Internacional de Direitos Civis e Políticos; arts. 2º, nº 1; 4º e 5º do Pacto Internacional de Direitos Econômicos, Sociais e Culturais, e arts. 1º, 25, nº 2, letra a) e 29 da Convenção Americana sobre Direitos Humanos.

[189] LORENZETTI, Pablo. A diez años de la ley 25.675: sentencias, principios... ¿eficacia? *Revista de Derecho Ambiental*, Buenos Aires, n. 31, jul./set. 2012. p. 299.

de danos ambientais visa impedir que determinado empreendimento seja executado, invocando que o projeto possa gerar danos ambientais irreversíveis, mesmo que esses danos não possam ser comprovados de maneira completa e decisiva. A incerteza científica não pode ser traduzida em incerteza jurídica. O sistema jurídico ambiental fornece ao magistrado o princípio da precaução, que lhe permite resolver além do que é especificamente invocado e comprovado pelas partes.

No campo da equidade intergeracional, esse aspecto também se manifesta. O respeito pelas gerações futuras introduz questões que não foram levantadas pelas partes no processo. Por exemplo, o juiz deve adotar essa consideração nos estudos de impacto ambiental que são apresentados, apontando efeitos em longo prazo que talvez não tenham sido introduzidos pelas partes. Na decisão do tribunal, você não apenas precisa considerar o agora, mas o "amanhã", que deve ser "atemporalmente convincente",[190] o que pode ir além das pretensões da demanda e da contestação.

2 Princípio da prevenção

Dedicamos um capítulo especial à prevenção[191] e à precaução, motivo pelo qual apenas os mencionaremos aqui.

---

[190] PERETTI, Enrique. La sentencia ambiental. Su eficácia. *Revista de Derecho Público*, Santa Fé, n. 2009-2. Derecho Ambiental – II. p. 321. Este mesmo autor: El juez ante la indemnización por daño ambiental. Criterios de valoración. *Revista de Derecho Ambiental*, n. 10, abr./jun. 2007. p. 429, *Encuentro Internacional de Derecho Ambiental*. Memorias. Tercero 2004. Cuarto 2005. Quinto 2006, Ciudad de México, Foro Consultivo, Científico y Tecnológico, 2007; La valoración del daño ambiental. *In*: LORENZETTI, Ricardo L. (Dir.); CATALANO, Mariana; GONZÁLEZ RODRÍGUEZ, Lorena (Coord). *Derecho ambiental y daño*. Buenos Aires: La Ley, 2009. p. 369-401; *Ambiente y propiedad*. Santa Fé: Rubinzal-Culzoni, 2014; La transición hacia el nuevo paradigma ambiental. *Revista de Derecho Ambiental*, Buenos Aires, n. 46, abr./jun. 2016. p. 61.

[191] Nota da revisora: Veja a Constituição Federal: "Art. 225. Todos têm direito ao meio ambiente ecologicamente equilibrado, bem de uso comum do povo e essencial à sadia qualidade de vida, impondo-se ao poder público e à coletividade o dever de defendê-lo e preservá-lo para as presentes e futuras gerações. §1º Para assegurar a efetividade desse direito, incumbe ao poder público: I - preservar e restaurar os processos ecológicos essenciais e prover o manejo ecológico das espécies e ecossistemas; II - preservar a diversidade e a integridade do patrimônio genético do País e fiscalizar as entidades dedicadas à pesquisa e manipulação de material genético; III - definir, em todas as unidades da Federação, espaços territoriais e seus componentes a serem especialmente protegidos, sendo a alteração e a supressão permitidas somente através de lei, vedada qualquer utilização que comprometa a integridade dos atributos que justifiquem sua proteção; IV - exigir, na forma da lei, para instalação de obra ou atividade potencialmente causadora de significativa degradação do meio ambiente, estudo prévio de impacto ambiental, a que se dará publicidade; V - controlar a produção, a comercialização e o emprego de técnicas, métodos e substâncias que comportem risco para

"As causas e fontes de problemas ambientais serão tratadas como prioritárias e integradas, tratando de prevenir os efeitos negativos que sobre o ambiente se possam produzir".

Na Declaração de Quito, é chamado de "Princípio da ação preventiva", enfatizando a efetividade, a ação e não a mera declaração preventiva.[192] Afirma-se:

> as causas e as fontes dos problemas ambientais serão tratadas como prioritárias e integradas, tentando evitar os efeitos negativos que possam ocorrer no ambiente. O critério de prevenção prevalecerá sobre qualquer outro na gestão pública e privada do meio ambiente e dos recursos naturais. A consumação do dano deve ser evitada, e não apenas atuar-se na reparação dos efeitos nocivos, determinando inclusive a cessação dos efeitos danosos.

3 Princípio da precaução

Na lei argentina, é descrito da seguinte forma: "Quando há risco de danos graves ou irreversíveis, a ausência de informações ou certeza científica não deve ser usada como motivo para postergar a adoção de medidas eficazes, em função dos custos, para impedir a degradação do meio ambiente".[193]

---

a vida, a qualidade de vida e o meio ambiente; VI - promover a educação ambiental em todos os níveis de ensino e a conscientização pública para a preservação do meio ambiente; VII - proteger a fauna e a flora, vedadas, na forma da lei, as práticas que coloquem em risco sua função ecológica, provoquem a extinção de espécies ou submetam os animais a crueldade".

[192] Art. 194.1 da Convenção das Nações Unidas sobre o Direito do Mar; art. 2º da Convenção-Quadro das Nações Unidas sobre Mudança Climática; art. 5º e Anexo II do Acordo das Nações Unidas sobre Peixes Transzonais e Altamente Migratórios; Preâmbulo e art. 1º da Convenção sobre Diversidade Biológica; Princípios Gerais da Carta Mundial da Natureza; art. 1º da Convenção de Estocolmo sobre Poluentes Orgânicos Persistentes; e Princípio 6 da Declaração de Estocolmo.

[193] Lei nº 25.675, sancionada em 6.11.2002. LORENZETTI, Ricardo L. La nueva Ley Ambiental argentina, em L. L. 2003-C-1332; CAFFERATTA, Néstor A. Ley 25.675 General del Ambiente. Comentada, interpretada y concordada, em D. J. 2002- 3-1133; Daño ambiental colectivo y proceso civil colectivo. Ley 25.675. *Revista de Responsabilidad Civil y Seguros*, ano V, n. II, mar./abr. 2003. p. 51; SABSAY, Daniel A.; DI PAOLA, María Eugenia. El Federalismo y la nueva Ley General del Ambiente. ADLA, n. 32, 2002. Dos mesmos autores: La participación pública y la Ley General del Ambiente. ADLA, n. 14, 2003. p. 14; El daño ambiental colectivo y la nueva Ley General del Ambiente. ADLA, n. 17, 2003. p. 1; GARCÍA MINELLA, Gabriela. Ley General del Ambiente. Interpretando la nueva legislación ambiental. *In: Derecho Ambiental*. Su actualidad de cara al tercer milenio. Buenos Aires: Ediar, 2004. p. 19; RODRÍGUEZ, Carlos A. *Ley General del Ambiente de la República Argentina*. Ley 25.675 comentada. [s.l.]: LexisNexis, 2007; KEMELMAJER DE CARLUCCI, Aída. Estado de la jurisprudencia nacional en el ámbito relativo al Derecho Ambiental colectivo después de la sanción de la Ley General del Ambiente. *Anticipo de Anales*, Buenos Aires, ano LI, 2ª Época, n. 44. p. 12, jul. 2006; LAGO,

Na Declaração de Quito, afirma-se:

a) Com o fim de proteger o meio ambiente, se deverá aplicar amplamente o critério de precaução de acordo com suas capacidades. Quando haja perigo de dano grave ou irreversível, a falta de certeza científica absoluta não deve ser usada como motivo para adiar a adoção de medidas eficazes em função dos custos para impedir a degradação do meio ambiente. Por tais razões, a jurisdição não deve postergar, e tomar medidas cautelares imediatamente, urgentemente, mesmo quando houver ausência ou evidência insuficiente a respeito dos danos causados.

b) Este princípio está relacionado ao princípio de prevenção que se descreve abaixo e que opera sob risco, existente ou virtual, e evoluiu para uma série de mecanismos que contêm medidas de gerenciamento para prevenção e supervisão de impactos ambientais, incluindo aqueles que aparecem na Avaliação de Impacto Ambiental.

O princípio da precaução[194] foi inicialmente enunciado pelo Painel Intergovernamental sobre Mudanças Climáticas, criado em 1987, por decisões congruentes da Organização Meteorológica Mundial e do PNUMA, incluído na Declaração Ministerial da Segunda Conferência Mundial do Clima, aparecendo consagrado no inc. III do art. 3º da Convenção-Quadro sobre Mudança Climática, negociada entre fevereiro de 1991 e maio de 1992, sob os auspícios das Nações Unidas. Também aparece como princípio 15, na Declaração do Rio sobre Meio Ambiente e Desenvolvimento, em 1992. Constitui um dos quatro princípios

---

Daniel. La Ley General del Ambiente. Ley 25.675 y sus reglas procesales. Reflexiones sobre su constitucionalidad, em J. A. 2003-III-1272; PIGRETTI, Eduardo A. *Derecho Ambiental profundizado*. Buenos Aires: La Ley, 2003. p. 72; DE BENEDICTIS, Leonardo. Comentarios acerca de la Ley General del Ambiente (Ley Nacional 25.675), em D. J. 2003-4-407; VALLS, Mario F. La Ley 25.675. Ley General del Ambiente. Una miscelánea de medidas protectoras del ambiente uniformes que sigue dispersando la legislación ambiental federal, em J. A. 2003-III-1294; Ley 25.675 General del Ambiente. Comentada, em Suplemento de Derecho Ambiental, 2003.

[194] Nota da revisora: Veja a aceitação do princípio da precaução na jurisprudência brasileira e sua consolidação no *site* do STJ, que esclarece: "O princípio da precaução pressupõe a inversão do ônus probatório, competindo a quem supostamente promoveu o dano ambiental comprovar que não o causou ou que a substância lançada ao meio ambiente não lhe é potencialmente lesiva". Acórdãos: REsp nº 1.237.893/SP. Rel. Min. Eliana Calmon, Segunda Turma, j. 24.9.2013. *DJe*, 1º out. 2013; AgRg no AREsp nº 206.748/SP. Rel. Min. Ricardo Villas Bôas Cueva, Terceira Turma, j. 21.2.2013. *DJe*, 27 fev. 2013; REsp nº 883.656/RS. Rel. Min. Herman Benjamin, Segunda Turma, j. 9.3.2010. *DJe*, 28 fev. 2012; AgRg no REsp nº 1.192.569/RJ. Rel. Min. Humberto Martins, Segunda Turma, j. 19.10.2010. *DJe*, 27 out. 2010; REsp nº 1.049.822/RS. Rel. Min. Francisco Falcão, Primeira Turma, j. 23.4.2009. *DJe*, 18 maio 2009.

incorporados no art. 130 R-2, no qual o Tratado de Maastricht da União Europeia fundamenta a Ação da Comunidade.[195]

4   Princípio da progressividade

A lei argentina o descreve da seguinte maneira: "Os objetivos ambientais devem ser alcançados gradualmente, por meio de metas intermediárias e finais, projetadas em um cronograma temporal que facilite a adequação correspondente às atividades relacionadas com esses objetivos".[196]

Também incluído na Declaração de Quito:[197]

> Os Estados são obrigados a gerar, a cada momento histórico, a maior e melhor proteção e garantia dos direitos humanos e ambientais, de tal forma, que sempre devem estar em constante evolução e sob nenhuma justificativa para retroceder. No mesmo sentido, as normas relacionadas aos direitos humanos e ambientais devem ser interpretadas de acordo com a Constituição e os tratados internacionais vigentes, favorecendo em todo momento a pessoa e seus direitos da forma mais ampla.

A progressividade se relaciona com o avanço, e este com a proporcionalidade. Em nossa doutrina, destaca-se que esse princípio responde a ideias de temporalidade, envolvimento gradual, conscientização, adaptação.[198] Mencionam-se como critérios a proporcionalidade, no sentido de equilíbrio entre meios e fins, e a graduação, que também se extrai do Protocolo Adicional ao Tratado de Assunção sobre o Meio Ambiente. A progressividade está relacionada com a sua contraparte: o retrocesso, uma questão que aprofundaremos ao analisar o princípio da não regressão.

---

[195] Princípio 15 da Declaração do Rio; art. 6º do Acordo sobre Peixes Transzonais e Altamente Migratórios; art. 3º do Protocolo da Convenção de Londres; art. 5º do Acordo da Organização Mundial do Comércio sobre a Aplicação de Medidas Sanitárias e Fitossanitárias; art. 2º, letra a, da Convenção para a Proteção do Meio Marinho do Atlântico Nordeste; art. 1º da Convenção de Estocolmo sobre Poluentes Orgânicos Persistentes; e Pontos 158 e 167 da Conferência das Nações Unidas sobre Desenvolvimento Sustentável, Rio + 20.

[196] Lei nº 25.675, sancionada em 6.11.2002, art. 4º.

[197] Princípios 9, 11 e 12 da Declaração do Rio; Princípios 13 e 25 da Declaração de Estocolmo; arts. 2º, 3º, nº 1 e 52 do Pacto Internacional de Direitos Civis e Políticos; arts. 1º, 2º, e 29, letra b, da Convenção Americana sobre Direitos Humanos, e arts. 2º, nº 1, 3º, 4º, 16, 24, 25 do Pacto Internacional de Direitos Econômicos, Sociais e Culturais.

[198] CAFFERATTA, Néstor. Principios de Derecho Ambiental, em J. A. 2006-III142.

Ambos estão ligados:

Princípio 12. *Não regressão:* os Estados, as entidades subnacionais e as organizações de integração regional não deverão empreender ou permitir a realização de ações que tenham por efeito diminuir a proteção jurídica do meio ambiente ou o acesso à justiça ambiental.
Princípio 13. *Progressão:* Para alcançar o desenvolvimento progressivo e o cumprimento do Estado de Direito em questões ambientais, os Estados, as entidades subnacionais e as organizações de integração regional devem revisar e melhorar periodicamente as leis e políticas destinadas a proteger, conservar, restaurar e melhorar o meio ambiente, levando em conta a evolução das políticas e os conhecimentos científicos mais recentes.[199]

5 Princípio da responsabilidade

A lei argentina[200] declara: "O gerador de efeitos degradantes do ambiental, atuais ou futuros, é responsável pelos custos das ações preventivas e corretivas de recomposição, sem prejuízo da vigência dos sistemas de responsabilidade ambiental correspondentes".[201]

---

[199] Declaração Mundial da União Internacional para a Conservação da Natureza (UICN) acerca do Estado de Direito em Matéria Ambiental.

[200] Nota da revisora: No Brasil, veja o art. 225 da Constituição Federal ("§3º As condutas e atividades consideradas lesivas ao meio ambiente sujeitarão os infratores, pessoas físicas ou jurídicas, a sanções penais e administrativas, independentemente da obrigação de reparar os danos causados") e a Lei nº 6.938, de 31.8.1981, que dispõe sobre a Política Nacional do Meio Ambiente e os instrumentos da política, a saber: "Art. 9º São instrumentos da Política Nacional do Meio Ambiente: I - o estabelecimento de padrões de qualidade ambiental; II - o zoneamento ambiental; III - a avaliação de impactos ambientais; IV - o licenciamento e a revisão de atividades efetiva ou potencialmente poluidoras; V - os incentivos à produção e instalação de equipamentos e a criação ou absorção de tecnologia, voltados para a melhoria da qualidade ambiental; VI - a criação de espaços territoriais especialmente protegidos pelo Poder Público federal, estadual e municipal, tais como áreas de proteção ambiental, de relevante interesse ecológico e reservas extrativistas; VII - o sistema nacional de informações sobre o meio ambiente; VIII - o Cadastro Técnico Federal de Atividades e Instrumentos de Defesa Ambiental; IX - as penalidades disciplinares ou compensatórias ao não cumprimento das medidas necessárias à preservação ou correção da degradação ambiental; X - a instituição do Relatório de Qualidade do Meio Ambiente, a ser divulgado anualmente pelo Instituto Brasileiro do Meio Ambiente e Recursos Naturais Renováveis – IBAMA; XI - a garantia da prestação de informações relativas ao Meio Ambiente, obrigando-se o Poder Público a produzi-las, quando inexistentes; XII - o Cadastro Técnico Federal de atividades potencialmente poluidoras e/ou utilizadoras dos recursos ambientais; XIII - instrumentos econômicos, como concessão florestal, servidão ambiental, seguro ambiental e outros".

[201] Lei nº 25.675, sancionada em 6.11.2002, art. 4º.

Na Declaração de Quito, vários aspectos são indicados. Aquele do poluidor-pagador:[202] "O gerador de efeitos degradantes do ambiente, atuais ou futuros, é responsável pelos custos das ações preventivas e corretivas de recomposição, sem prejuízo da vigência dos sistemas de responsabilidade ambiental correspondentes".

As responsabilidades internacionais são comuns, mas diferenciadas:

> Os Estados deverão cooperar com espírito de solidariedade mundial para conservar, proteger e restabelecer a saúde e a integridade do ecossistema da Terra. Dado que contribuíram de diferentes maneiras para a degradação do meio ambiente global, os Estados têm responsabilidades comuns, mas diferenciadas. Os países desenvolvidos reconhecem a responsabilidade que lhes cabe na busca internacional de desenvolvimento sustentável, em atenção às pressões que suas sociedades exercem no meio ambiente mundial e das tecnologias e recursos financeiros de que dispõem.[203]

A responsabilidade civil é objetiva[204] e solidária.[205]

---

[202] Nota da revisora: Veja também a tese no *site* do STJ sobre as práticas no tempo: "Não há direito adquirido a poluir ou degradar o meio ambiente, não existindo permissão ao proprietário ou possuidor para a continuidade de práticas vedadas pelo legislador". Acórdãos: REsp nº 1.172.553/PR. Rel. Min. Arnaldo Esteves Lima, Primeira Turma, j. 27.5.2014. *DJe*, 4 jun. 2014; AgRg no REsp nº 1.367.968/SP. Rel. Min. Humberto Martins, Segunda Turma, j. 17.12.2013. *DJe*, 12 mar. 2014; EDcl nos EDcl no Ag nº 1.323.337/SP. Rel. Min. Mauro Campbell Marques, Segunda Turma, j. 22.11.2011. *DJe*, 1º dez. 2011; REsp nº 948.921/SP. Rel. Min. Herman Benjamin, Segunda Turma, j. 23.10.2007. *DJe*, 11 nov. 2009. Também neste sentido a súmula do STJ: "Não se admite a aplicação da teoria do fato consumado em tema de Direito Ambiental" (Súmula nº 613, Primeira Seção, j. 9.5.2018. *DJe*, 14 maio 2018).

[203] Princípio 7 da Declaração do Rio; Convenção-Quadro das Nações Unidas sobre Mudança Climática e seu Protocolo; Convenção para a Proteção da Camada de Ozônio; e Pontos 15 e 199 da Declaração das Nações Unidas sobre o Desenvolvimento Sustentável, Rio + 20.

[204] Nota da revisora: a legislação brasileira assim o define e o STJ em recurso repetitivo consolidou o entendimento: "A responsabilidade por dano ambiental é objetiva, informada pela teoria do risco integral, sendo o nexo de causalidade o fator aglutinante que permite que o risco se integre na unidade do ato, sendo descabida a invocação, pela empresa responsável pelo dano ambiental, de excludentes de responsabilidade civil para afastar sua obrigação de indenizar. (Tese julgada sob o rito do art. 543-C do CPC/1973)". Acórdãos: REsp nº 1.374.284/MG. Rel. Min. Luis Felipe Salomão, Segunda Seção, j. 27.8.2014. *DJe*, 5 set. 2014; AgRg no AgRg no AREsp nº 153.797/SP. Rel. Min. Marco Buzzi, Quarta Turma, j. 5.6.2014. *DJe*, 16 jun. 2014; REsp nº 1.373.788/SP. Rel. Min. Paulo de Tarso Sanseverino, Terceira Turma, j. 6.5.2014. *DJe*, 20 maio 2014; AgRg no REsp nº 1.412.664/SP. Rel. Min. Raul Araújo, Quarta Turma, j. 11.2.2014. *DJe*, 11 mar. 2014.

[205] Princípio 22 da Declaração de Estocolmo; Preâmbulo da Convenção da Basileia sobre o Controle dos Movimentos Transfronteiriços dos Dejetos Perigosos e sua Eliminação, e art. 57 da Declaração de Buenos Aires.

Esses "princípios" são na verdade declarações gerais cuja aplicação concreta depende das regras em vigor em cada país ou na arena internacional. É útil indicá-las como uma maneira de orientar soluções e, acima de tudo, legislações no mesmo sentido, ou seja, servem para formar consensos básicos.[206]

O sistema de responsabilidade civil está regulamentado tanto no setor público quanto no privado, com distintas legislações e códigos civis que desenvolvem aquelas noções gerais.

Essa questão torna mais relevante o estudo das regras de responsabilidade de cada sistema jurídico[207] do que um princípio geral cujo significado é muito pouco preciso.

Ampliaremos nos capítulos relacionados à responsabilidade civil.

6 Princípio da subsidiariedade

Na lei argentina diz-se: "O Estado Nacional, através das diferentes instâncias da administração pública, tem a obrigação de colaborar e, se necessário, participar de forma complementar nas ações dos particulares na preservação e proteção ambientais".[208]

Esse princípio não nega o papel fundamental do Estado na proteção dos bens ambientais, uma vez que se refere a outro aspecto: quando os indivíduos agem, o setor público deve colaborar, complementando suas ações.

A ideia é que a atuação privada ou os organismos públicos mais próximos do problema geralmente têm um nível inferior ao Estado

---

[206] Nota da revisora: A solidariedade com base em lei é destacada na jurisprudência brasileira e a tese tem reflexos processuais como destaca o site do STJ: "Os responsáveis pela degradação ambiental são co-obrigados solidários, formando-se, em regra, nas ações civis públicas ou coletivas litisconsórcio facultativo". Acórdãos: AgRg no AREsp nº 432.409/RJ. Rel. Min. Herman Benjamin, Segunda Turma, j. 25.2.2014. DJe, 19 mar. 2014; REsp nº 1.383.707/SC. Rel. Min. Sérgio Kukina, Primeira Turma, j. 8.4.2014. DJe, 5 jun. 2014; AgRg no AREsp nº 224.572/MS. Rel. Min. Humberto Martins, Segunda Turma, j. 18.6.2013. DJe, 11 out. 2013; REsp nº 771.619/RR. Rel. Min. Denise Arruda, Primeira Turma, j. 16.12.2008. DJe, 11 fev. 2009.

[207] Nota da revisora: No direito brasileiro, o STJ é claro ao afirmar o princípio da responsabilidade integral: "Admite-se a condenação simultânea e cumulativa das obrigações de fazer, de não fazer e de indenizar na reparação integral do meio ambiente". Acórdãos: REsp nº 1.328.753/MG. Rel. Min. Herman Benjamin, Segunda Turma, j. 28.5.2013. DJe, 3 fev. 2015; REsp nº 1.307.938/GO. Rel. Min. Benedito Gonçalves, Primeira Turma, j. 16.6.2014. DJe, 16 set. 2014; AgRg no REsp nº 1.415.062/CE. Rel. Min. Humberto Martins, Segunda Turma, j. 13.5.2014. DJe, 19 maio 2014; REsp nº 1.269.494/MG. Rel. Min. Eliana Calmon, Segunda Turma, j. 24.9.2013. DJe, 1º out. 2013; REsp nº 1.264.250/MG. Rel. Min. Mauro Campbell Marques, Segunda Turma, j. 3.11.2011. DJe, 11 nov. 2011.

[208] Lei nº 25.675, sancionada em 6.11.2002, art. 4º.

nacional e costumam ser mais eficientes. Portanto, há que se colaborar com eles.

O Estado nacional tem a obrigação de colaborar, enquanto que a intervenção da autoridade nacional deveria ser exercida somente quando necessário.

7   Princípio da sustentabilidade

A noção de "sustentabilidade" é muito importante no ambientalismo.

Foi um grande avanço qualificar o desenvolvimento e o consumo, que não tinham limites, como "sustentável" e, portanto, com fronteiras específicas.

Na Argentina, a Constituição (art. 41) estabelece o direito ambiental "para que as atividades produtivas atendam às necessidades atuais sem comprometer as das gerações futuras". O Código Civil e Comercial introduz esse equilíbrio em vários artigos que iremos desenvolver posteriormente.

A Lei Geral do Meio Ambiente expressa assim: "O uso sustentável dos recursos naturais e a preservação do patrimônio natural e cultural são condições necessárias para o desenvolvimento econômico e social. A gestão sustentável do meio ambiente deve garantir o uso de recursos naturais para as gerações presentes e futuras".[209] Na Declaração de Quito[210] se afirma:

> O aproveitamento sustentável dos recursos naturais e a preservação do patrimônio natural e cultural são condições necessárias do desenvolvimento econômico e social. A gestão sustentável do ambiente deverá garantir a utilização dos recursos naturais pra as gerações presentes e futuras.
>
> Deverão ser adotadas medidas legais e de outra índole para proteger e restaurar a integridade dos ecossistemas, bem como para manter e melhorar a resiliência dos sistemas socioecológicos. Na elaboração de políticas e leis e na tomada de decisões, a manutenção de uma

---

[209] Lei nº 25.675, sancionada em 6.11.2002, art. 4º.
[210] Princípios 3, 4, 5 e 8 da Declaração do Rio; Princípio 2 da Declaração de Estocolmo; art. 3º, nº 1 da Convenção-Quadro das Nações Unidas sobre Mudança Climática; art. 4º, letra a) da Carta da Terra; Princípios Gerais da Carta Mundial da Natureza; Objetivo de Desenvolvimento Sustentável 11 das Nações Unidas e pontos 3 e 12 da Conferência das Nações Unidas sobre Desenvolvimento Sustentável, Rio + 20.

biosfera saudável para a natureza e a humanidade deve ser a principal consideração.[211]

Em geral, pode-se dizer que é uma expressão do paradigma ambiental, o que implica que desenvolvimento e consumo não são ilimitados, pois o bem coletivo, que neste caso é a natureza, deve ser preservado.

No aspecto conflituoso, significa que não há uma oposição insolúvel entre desenvolvimento e meio ambiente, mas um caminho diferente: o desenvolvimento sustentável.

Isso implica que pode haver desenvolvimento e consumo cuidando dos processos ecológicos que possibilitam a capacidade de manutenção e regeneração de plantas, animais, solos e águas, diversidade biológica etc., como já dissemos.

No campo jurídico, o princípio estabelece uma relação entre o exercício dos direitos individuais e a proteção do patrimônio coletivo, que no Código Civil e Comercial da Argentina está presente na noção de abuso de direito e na função ambiental.[212] Também em declarações internacionais:

> Toda pessoa natural ou jurídica, ou grupo de pessoas que possua ou controle terras, água ou outros recursos, tem o dever de manter as funções ecológicas essenciais associadas a ditos recursos e de abster-se de realizar atividades que possam prejudicar tais funções. As obrigações legais de restaurar as condições ecológicas da terra, água ou outros recursos são obrigatórias para todos os proprietários, ocupantes e usuários de um local e sua responsabilidade não termina com a transferência a outros do uso ou do título de propriedade.[213]

---

[211] Declaração de Quito, 2018; Princípio 5 da Declaração Mundial da União Internacional para a Conservação da Natureza (UICN) acerca do Estado de Direito em Matéria Ambiental.

[212] Nota da revisora: Veja no Brasil, a tese consolidada no STJ: "A obrigação de recuperar a degradação ambiental é do titular da propriedade do imóvel, mesmo que não tenha contribuído para a deflagração do dano, tendo em conta sua natureza *propter rem*". Acórdãos: REsp nº 1.240.122/PR. Rel. Min. Herman Benjamin, Segunda Turma, j. 28.6.2011. *DJe*, 11 set. 2012; REsp nº 1.251.697/PR. Rel. Min. Mauro Campbell Marques, Segunda Turma, j. 12.4.2012. *DJe*, 17 abr. 2012; AgRg no REsp nº 1.137.478/SP. Rel. Min. Arnaldo Esteves Lima, Primeira Turma, j. 18.10.2011. *DJe*, 21 out. 2011; AgRg no REsp nº 1.206.484/SP. Rel. Min. Humberto Martins, Segunda Turma, j. 17.3.2011. *DJe*, 29 mar. 2011.

[213] Declaração Mundial da União Internacional para Conservação da Natureza (UICN) acerca do Estado de Direito em Matéria Ambiental.

8 Princípio da equidade intergeracional

Descrevemos o problema da equidade intergeracional no primeiro capítulo. O princípio é uma maneira de resolvê-lo, mediante a responsabilidade de uma geração com relação à seguinte.

A legislação argentina[214] o recepciona do seguinte modo: "Os responsáveis pela proteção ambiental deverão velar pelo uso e gozo apropriados do meio ambiente por parte das gerações presentes e futuras".[215]

"O direito ao desenvolvimento deve exercer-se de forma a responder equitativamente às necessidades de desenvolvimento ambiental das gerações presentes e futuras".[216]

"Os responsáveis pela proteção ambiental deverão velar pelo uso e gozo apropriado do meio ambiente por parte das gerações presentes e futuras".[217]

"Princípio 8. *Equidade Intergeracional*. A geração presente deverá garantir que a saúde, a diversidade, as funções ecológicas e a beleza estética do meio ambiente se mantenham ou restaurem para proporcionar um acesso equitativo a seus benefícios a cada geração sucessiva".[218]

Isso significa que devemos dar às gerações vindouras um mundo que lhes ofereça as mesmas oportunidades que tivemos na geração presente.

---

[214] Nota da revisora: Veja a Constituição Federal: "Art. 225. Todos têm direito ao meio ambiente ecologicamente equilibrado, bem de uso comum do povo e essencial à sadia qualidade de vida, impondo-se ao poder público e à coletividade o dever de defendê-lo e preservá-lo para as presentes e futuras gerações".

[215] Lei nº 25.675, sancionada em 6.11.2002, art. 4º.

[216] Princípio 3 da Declaração do Rio sobre o Meio Ambiente e Desenvolvimento, Ata de conformidade 151/5, de 7.5.1992, da Conferência das Nações de 3 a 14.6.1992.

[217] Princípio 1 da Declaração de Estocolmo; Princípio 3 da Declaração do Rio; arts. 12, nº 1; 14, nº 1; 25, nº 1 e 26 da Declaração de Buenos Aires; Princípio 8 da Declaração Mundial da União Internacional para a Conservação da Natureza (IUCN) sobre o Estado de Direito em Matéria Ambiental; art. 4º, nº 5 da Convenção-Quadro sobre a proteção do meio ambiente para o desenvolvimento sustentável na Ásia Central, e Ponto 86 da Conferência das Nações Unidas sobre Desenvolvimento Sustentável, Rio + 20.

[218] Declaração Mundial da União Internacional para Conservação da Natureza (UICN) acerca do Estado de Direito em Matéria Ambiental.

9 Princípio da solidariedade

A solidariedade é um valor, que é apropriado para o século XXI e aplicável tanto para as relações entre os indivíduos como entre os Estados.

Esse princípio é usado, majoritariamente, para exortar os Estados: "A Nação e os Estados Provinciais serão responsáveis pela prevenção e mitigação dos efeitos ambientais transfronteiriços adversos de suas próprias ações, bem como pela minimização dos riscos ambientais sobre os sistemas ecológicos compartilhados".[219]

"Os Estados devem cooperar com espírito de solidariedade mundial para conservar, proteger e restaurar a saúde e a integridade do ecossistema da Terra".[220]

"Os Estados e os povos devem cooperar de boa-fé e com espírito de solidariedade na aplicação dos Princípios consagrados".[221]

10 Princípio da cooperação

"Os recursos naturais e os sistemas ecológicos compartilhados serão usados de forma equitativa e racional. O tratamento e a mitigação de emergências ambientais com efeitos transfronteiriços serão desenvolvidos em conjunto".[222]

Os Estados devem cooperar entre si para erradicar a pobreza, como requisito indispensável do desenvolvimento sustentável (princípio 5, Declaração do Rio sobre Meio Ambiente e Desenvolvimento), para proteger a integridade do ecossistema da Terra (princípio 7, Declaração do Rio sobre Meio Ambiente e Desenvolvimento), para reforçar a criação de capacidades endógenas para alcançar o desenvolvimento sustentável (princípio 9, Declaração do Rio sobre Meio Ambiente e Desenvolvimento), abordar os problemas de degradação ambiental (princípio 12, Declaração do Rio sobre Meio Ambiente e Desenvolvimento).

---

[219] Lei nº 25.675, sancionada em 6.11.2002, art. 4º.
[220] Princípio 7, Declaração do Rio sobre Meio Ambiente e Desenvolvimento.
[221] Princípio 27, Declaração do Rio sobre Meio Ambiente e Desenvolvimento.
[222] Lei nº 25.675, sancionada em 6.11.2002, art. 4º.

11 In dubio pro natura

Na órbita do Estado de direito ambiental, a noção de proteção dos vulneráveis tem uma extensa tradição.

Em matéria ambiental tem sido utilizado, a partir dos trabalhos de Benjamin,[223] nos quais se destaca que, em caso de dúvida, a interpretação deve ser favorável à natureza.

> Em caso de dúvida, todos os processos perante tribunais, órgãos administrativos e outros tomadores de decisão deverão ser resolvidos de forma a favorecer a proteção e conservação do meio ambiente, dando preferência a alternativas menos prejudiciais. Nenhuma ação será tomada quando seus potenciais efeitos adversos forem desproporcionais ou excessivos em relação aos benefícios deles derivados.[224]

Na Declaração de Quito, também foi adicionado o princípio *pro natura*, ou seja, não apenas em caso de dúvida, que diz:

> Todo operador das normas ambientais deverá ter sempre presente o princípio pro natureza, segundo o qual se evitarão os riscos, se privilegiarão os interesses coletivos gerais sobre os particulares, se favorecerá a preservação do meio ambiente e, em caso de dúvida, se preferirá a interpretação que proteger o meio ambiente de forma mais ampla. Não somente na dúvida proteger a natureza, mas como um postulado direto e fundamental.

No mesmo sentido: "Cada Estado, entidade pública ou privada e os particulares têm a obrigação de cuidar e promover o bem-estar da

---

[223] Nota da Revisora: Veja a consolidação da teoria do *in dubio pro natura*, em caso de desmatamento e dificuldade de identificação dos autores e proprietários, decisão do STJ, REsp nº 1.905.367/DF. Rel. Min. Herman Benjamin, Segunda Turma, j. 24.11.2020. DJe, 14 dez. 2020, na interpretação das normas, REsp nº 135.6207/SP. Rel. Min. Paulo de Tarso Sanseverino, Terceira Turma, j. 28.4.2015. DJe, 7 maio 2015, a integração das normas: "As normas ambientais devem atender aos fins sociais a que se destinam, ou seja, necessária a interpretação e a integração de acordo com o princípio hermenêutico in dubio pro natura" (REsp nº 1.367.923/RJ. Rel. Min. Humberto Martins, Segunda Turma, j. 27.8.2013. DJe, 6 set. 2013). E ainda com reflexos processuais, REsp nº 1.818.008/RO. Rel. Min. Herman Benjamin, Segunda Turma, j. 13.10.2020. DJe, 22 out. 2020: "Como corolário do princípio in dubio pro natura, 'justifica-se a inversão do ônus da prova, transferindo para o empreendedor da atividade potencialmente perigosa o ônus de demonstrar a segurança do empreendimento, a partir da interpretação do art. 6º, VIII, da Lei 8.078/1990 c/c o art. 21 da Lei 7.347/1985, conjugado ao Princípio Ambiental da Precaução' (REsp nº 972.902/RS, Rel. Min. Eliana Calmon, Segunda Turma, DJe 14.9.2009)".

[224] Declaração Mundial da União Internacional para Conservação da Natureza (UICN) acerca do Estado de Direito em Matéria Ambiental.

natureza, independentemente de seu valor para os seres humanos, bem como de impor limitações ao seu uso e exploração".[225]

V Princípio da não regressão

1 O retrocesso do direito ambiental

No capítulo inicial, descrevemos o processo de avanço do ambientalismo ao longo de muitos anos, o que provocou o surgimento de um novo paradigma ambiental. Essa tendência não está isenta de retrocessos e é o que se adverte em numerosas regiões do planeta, sobretudo em momentos de crises econômicas ou de nacionalismos exacerbados.

Para promover seu desenvolvimento regional, nacional ou local, os países começam a competir com legislações menos protetoras do meio ambiente ou se retiram de tratados internacionais ou neutralizam sua aplicação, porque assim baixam os custos dos investimentos.

Em outros casos, aproveitam a deterioração ambiental, acentuando-a. É o que acontece no Polo Norte, que está em processo de degelo, o que torna a área navegável. Muitos países veem isso como uma oportunidade para aumentar o comércio, enquanto exacerbam o problema.

As decisões administrativas locais também produzem esses problemas. Por exemplo, quando existe uma área protegida e se decide reduzi-la, ou se libera a produção de uma indústria classificada como poluente.

Também geram controvérsia neste campo as decisões internas do Estado, quando desarma organismos ou agências destinadas à proteção ambiental.

Um aspecto ainda mais complexo é a mudança na jurisprudência de um tribunal no sentido de proteger uma área protegida em menor grau ou alterar sua própria tradição de proteção devido a uma mudança interna em seus membros.

Em geral, tudo isso abre um debate entre desenvolvimento econômico e proteção ambiental.

---

[225] Declaração de Quito, 2018. Declaração Mundial da União Internacional para Conservação da Natureza (UICN) acerca do Estado de Direito em Matéria Ambiental.

Por essas razões, surgiu a ideia de elaborar um "princípio de não regressão".²²⁶

2 Principais características

Do ponto de vista aspiracional, é um princípio modesto, na medida em que visa manter o que foi alcançado e, por esse motivo, é necessário complementá-lo com os demais mandamentos que visam ao desenvolvimento do direito ambiental. Sua grande utilidade aparece em tempos de crises, conforme descrito.

Analisando sua fundamentação e descrição, surgem debates importantes, e ainda mais difícil é o aspecto da aplicação, porque não é fácil determinar o que realmente significa não voltar atrás e que meios legais existem para sua efetivação.

Prieur ressalta que existem três maneiras diferentes de expressar a vontade de não regressão: 1) através de uma proclamação expressa; 2) através de uma exigência de proteção ambiental por meio de medidas nacionais em um nível que seja pelo menos igual ao nível de proteção internacional; 3) de maneira mais indireta, embora não menos explícita, através de cláusulas de incompatibilidade com outros acordos, o que, em caso de competência ou diferenças entre vários convênios, confirme a superioridade ou preeminência do tratado que propõe a maior proteção do meio ambiente.

Um exemplo claro a esse respeito é a Constituição do Equador de 2008, que menciona:

---

[226] Neste tema ver: PRIEUR, Michel. El nuevo principio de no regresión en el Derecho Ambiental, en el acto de investidura de grado de doctor Honoris Causa, en Prensas Universitarias de Zaragoza; SOZZO, Gonzalo. El principio de no regresión del Derecho Ambiental en el camino de la conferencia de Río + 20, em J. A. 2011-IV; BERROS, María Valeria. Construyendo el principio de no regresión en el Derecho argentino, em J. A. 2011-IV, del 28-12-2011; GIACOSA, Natalia; LLORET, Juan Sebastián. El principio de progresividad ambiental y los horizontes de su aplicación, em J. A. 2011-IV; ESAÍN, José. El principio de progresividad en materia ambiental, em J. A. 2007-IV; FALBO, Aníbal. El principio de progresividad en una medida cautelar urbano ambiental. *Revista de Derecho Ambiental*, n. 28, out. 2011. p. 246; DE ARAUJO AYALA, Patryck. Direito fundamental ao ambiente e a prohibição de regresso nos niveis de proteção ambiental na constitução brasileira. *Revista de Derecho Ambiental*, n. 30, 2012. p. 35; CAFFERATTA, Néstor. Reformulación del principio de progresividad a 10 años de la Ley 26.675 General del Ambiente. Avances y novedades. *Revista de Derecho Ambiental*, n. 31, jul./set. 2012. p. 1; FERRARESI, Priscila. *Proibição do retrocesso e desenvolvimento sustentável*. São Paulo: Fiuza, 2010. Também se veja PEÑA CHACÓN, Mario (Ed.). El principio de no regresión en Iberoamérica. *UICN*, 2016. Disponível em: https://portals.iucn.org/library/sites/library/files/documents/EPLP-084.pdf.

A integração, em especial com os países da América Latina e do Caribe, será um objetivo estratégico do Estado. Em todas as instâncias e processos de integração, o Estado equatoriano se comprometerá a [...] Fortalecer a harmonização das legislações nacionais, com ênfase nos direitos e regimes trabalhista, migratório, fronteiriço, ambiental, social, educativo, cultural e de saúde pública, de acordo com os princípios da progressividade e da não regressão. (Art. 423, inc. 3º)

Existem dois tipos de fundamentos: o princípio de progressividade e o desenvolvimento sustentável e perdurável.

3 Princípio da progressividade

O princípio da progressividade é um fundamento que determina que, da mesma forma que se há de avançar na tutela dos direitos fundamentais, não é possível retroceder.[227]

Embora a progressividade importe reformas que devem ser realizadas temporariamente, com metas intermediárias incorporadas a um cronograma gradual de conformidade, ela também expressa que, uma vez que essa tarefa tenha sido realizada, ela não pode voltar atrás.[228] Pelo contrário, o nível de proteção alcançado deve ser respeitado e não diminuído, mas aumentado.

4 O desenvolvimento sustentável e duradouro

O desenvolvimento deve ser sustentável, o que implica manter um volume de recursos apto para que as gerações futuras possam aproveitá-lo, e isso significa não retroceder.

Esse conceito pode ser estendido ao conceber o progresso como permanência transgeracional.[229] O debate surge porque se pode pensar

---

[227] ESAÍN, José. El principio de progresividad en materia ambiental, em J. A. 2007-IV. Do mesmo autor: Progresividad, gradualidad, no regresión y el derecho humano fundamental al ambiente. *Revista de Derecho Ambiental*, n. 35, Buenos Aires. p. 1.

[228] BERROS, María Valeria. Construyendo el principio de no regresión en el Derecho argentino, em J. A. 2011-IV, del 28-12-2011. A autora descreve o *Projecto de Pesquisa Binacional* denominado "A aplicabilidade do princípio de não regressão em matéria ambiental. Possibilidades e perspectivas", elaborado entre as universidades de Limoges (França) e de Litoral (Argentina). DE ARAUJO AYALA, Patrick. Mínimo existencial ecológico e proibição de retrocesso em matéria ambiental: considerações sobre a inconstitucionalidades do Código do Meio Ambiente de Santa Catarina. *Revista de Derecho Ambiental*, n. 60, 2010. p. 329 e ss.

[229] SOZZO, Gonzalo. El principio de no regresión del Derecho Ambiental en el camino de la conferencia de Río + 20, em J. A. 2011-IV.

que "desenvolvimento sustentável" é um equilíbrio que uma geração pode alcançar, celebrando um contrato social e econômico, em determinada região e, assim, resolvendo um conflito. Mas o problema é a ausência das gerações futuras, que não podem se expressar. Por esse motivo, argumenta-se que se deve assegurar uma racionalidade da herança ambiental. Nesse modelo, há uma garantia de transmissão intergeracional de certo volume ou capital.

Nesse sentido, a CSJN estabeleceu:[230]

> O princípio da precaução produz uma obrigação de previsão estendida e antecipada pelo funcionário público. Portanto, a lei não é cumprida se as autorizações forem concedidas sem o conhecimento do efeito, com o objetivo de agir após a manifestação desses danos. Pelo contrário, o administrador que tem diante de si duas opções fundadas sobre o risco deve atuar precavidamente e obter previamente informações suficientes para tomar uma decisão com base em um equilíbrio adequado de riscos e benefícios. A aplicação deste princípio implica harmonizar a proteção do meio ambiente e do desenvolvimento mediante um julgamento de ponderação razoável. Por esse motivo, não se deve procurar oposição entre os dois, mas sim complementaridade, *pois a proteção do meio ambiente não significa interromper o progresso, mas, pelo contrário, torná-lo mais duradouro no tempo, para que as gerações futuras possam aproveitá-lo.*

Pode estabelecer-se um "mínimo existencial" ou mesmo "procurar que o que se transfira seja o máximo de bens recebidos".

As leis geralmente mencionam a noção de conteúdo mínimo em matéria ambiental.[231] De acordo com a Lei argentina nº 25.675, o mínimo consiste em "prever as condições necessárias para garantir a dinâmica dos sistemas ecológicos, manter sua capacidade de carga e, em geral, assegurar a preservação ambiental e o desenvolvimento sustentável".

A determinação deste volume implica um diálogo com as demais ciências, dependendo do tema específico e tendo em mente que essa será uma tarefa geralmente difícil de estabelecer.

Nesses temas, haverá sempre um debate sobre quem está autorizado a fixar o conteúdo mínimo ou a herança ambiental e com base em quais critérios. Um passo importante para esclarecer as dúvidas consiste no monitoramento da evolução dos bens ambientais, a informação

---

[230] CSJN, 26.3.2009, in re, "Salas, Dino y otros c/Salta, Provincia de y otro".
[231] BERROS, María Valeria. Construyendo el principio de no regresión en el Derecho argentino, em J. A. 2011-IV, del 28-12-2011.

estatística, os indicadores sociais, isto é, informação confiável sobre a evolução para frente ou para trás.

Nesta linha, Prieur justifica o princípio pelo caráter finalista do direito ambiental, cujo objetivo é a progressão da proteção do meio ambiente. Considera também que o direito ambiental possui uma essência teleológica, carregada de valores e fins vinculados ao ser humano em sua interdependência com a biodiversidade. Outro argumento invocado é o interesse coletivo pela sobrevivência da humanidade e pela preservação dos bens coletivos. O autor também observa em um comentário que a regressão do direito ambiental hoje decidida constituirá uma violação dos direitos das gerações futuras, pois leva a impor a essas gerações um ambiente degradado. Ao modificar uma lei ambiental para reduzir seu grau de proteção, um ambiente mais degradado está sendo imposto às gerações futuras através de uma lei com conteúdo regressivo.

5 Efeitos jurídicos

Neste tópico, é importante definir o objeto no qual o princípio é aplicado.

O recuo pode ser:

– *Normativo:* trata-se de uma norma jurídica que é modificada para reduzir seriamente a proteção e pode ter sua origem nos três poderes do Estado. Por exemplo, uma lei que reduz o nível de proteção ambiental ou decisões administrativas que suspendem proibições ou desarmam estruturas estatais. Também pode acontecer que um tribunal altere sua jurisprudência em questões ambientais, o que é frequente quando a composição de seus membros é alterada.

– *Material:* neste caso, é o efeito negativo concreto sobre um bem ambiental.

É comum descrever o princípio da não regressão, suas fontes e características, mas o mais importante é tratar de estabelecer seus efeitos.

Existem inúmeros antecedentes no campo dos direitos sociais que são transferíveis para o campo ambiental.

a) A lei injustificadamente regressiva

Nesse aspecto, o princípio pode ser utilizado para desqualificar uma lei que é "injustificadamente regressiva", como a Corte argentina fez:

O princípio de progressividade ou não regressão, que proíbe o legislador de adotar medidas regressivas injustificáveis, não apenas é um princípio arquitetônico do Direito Internacional dos Direitos Humanos, mas também uma regra que emerge das disposições de nosso próprio texto constitucional sobre o assunto.[232]

No caso "Associação de Trabalhadores do Estado s/Ação de inconstitucionalidade"[233] de 18.6.2013, a Corte novamente reafirma o princípio da progressividade, "o qual [...] impõe que todas as medidas estatais de caráter deliberadamente 'regressivo' em matéria de direitos humanos, tal como o é o decreto impugnado, requerem a consideração 'mais cuidadosa' e devem 'justificar-se plenamente'".

No caso "Sánchez, María del Carmen c/ANSeS s/Vários reajustes", de 24.11.2015,[234] a Corte afirmou que "os tratados internacionais promovem o desenvolvimento progressivo dos direitos humanos e suas cláusulas não podem ser entendidas como uma modificação ou restrição de direito algum estabelecido pela primeira parte da Constituição Nacional (art. 75, inc. 22)".

b) A interpretação mais favorável

No caso da interpretação, esse princípio obriga a decidir-se pela opção mais favorável ao progresso da tutela.

Quanto à interpretação, deve ser adotada a "opção que proteja em maior medida a pessoa humana".

Na decisão de Madorrán, de 3.5.2007,[235] a Corte considerou que o impulso determinado à progressividade na plena efetividade dos direitos humanos, típico dos tratados internacionais sobre o assunto, agregado ao princípio *pro homine*, inato desses documentos, determine que o intérprete deve escolher dentro do que a norma torna possível, o resultado que proteja em maior medida a pessoa humana. E essa pauta se impõe ainda com maior intensidade quando sua aplicação não implica colisão alguma de direitos humanos, assim interpretada com outros valores, princípios, atribuições ou direitos constitucionais. No precedente "Bianchi", de 2.3.2011,[236] o Tribunal afirmou (em uma

---

[232] Julgado: 328:1602, "Sánchez, María del Carmen c/ANSeS s/Reajustes varios", de 17-5-2005, consid. 6º. Veja in www.csjn.gov.ar.
[233] Julgado: 336:672, consid. 9º. Veja em www.csjn.gov.ar.
[234] Julgado: 338:1347, consid. 6º, do voto da maioria. Veja em www.csjn.gov.ar.
[235] Julgado: 330:1989, consid. 8º. Veja em www.csjn.gov.ar.
[236] Julgado: 334:198, consid. 26. Veja em www.csjn.gov.ar.

causa vinculada a recebíveis de pensão) que, para resolver esses casos, "justifica-se adotar a solução que melhor se adapte aos princípios e garantias da Constituição Nacional e favoreça a progressividade dos direitos humanos".

c) Em relação às políticas públicas

A Suprema Corte de Justiça argentina ordenou avançar e não retroceder no campo da luta contra a contaminação dos rios. Na resolução de 20.6.2006, no caso "Mendoza", com base nessa ideia de progressividade, ordenou-se aos três níveis do Estado demandados a apresentação de um plano integrado de saneamento, no qual devem ser pautados diferentes programas de recomposição e de prevenção do dano ambiental futuro, mediante a consecução de um cronograma temporário de conformidade, no qual se indiquem datas, medidas e políticas de acordo com o aspecto da problemática de que se trate.

CAPÍTULO 5

PRINCÍPIOS DA PREVENÇÃO E DA PRECAUÇÃO

Introdução

As leis e tratados que consagram os princípios preventivo e precautório os tratam separadamente, como apontamos ao estudar os princípios em geral.[237] No entanto, ambos podem ser examinados

---

[237] Escreveu-se muito sobre prevenção, precaução e tutela inibitória. Como referência, ampliamos em LORENZETTI, Ricardo, La tutela civil inhibitoria, en L. L. 1995-C-1217. Ver: MILARÉ, Edis. Principios fundamentales de derecho del ambiente. *Revista dos Tribunais*, v. 756, out. 1998. p. 60; BESTANI, Adriana. *Principio de precaución*. Buenos Aires: Astrea, 2012; ANDRADA, Alejandro; HERNÁNDEZ, Carlos. Soja, principio precautorio y agroquímicos. *Revista de Derecho de Daños*, Santa Fé, n. 1, 2011. p. 437; LORENZETTI, Pablo. Agroquímicos versus principio precautorio: ¿una opción trágica?. *Revista de Derecho Ambiental*, n. 27, jul./set. 2011. p. 85; KEMELMAJER DE CARLUCCI, Aída. El principio de precaución en un documento de la Unesco. *Anales de la Academia Nacional de Derecho*, 2005; SCHEJTMAN, Flavia. Una mirada al principio de precaución ambiental en los EE. UU. de América. *Revista de Derecho Ambiental*, n. 26, abr./jun. 2011. p. 37; BERROS, María Valeria. El principio de precaución en diálogo con el principio de equidad intergeneracional. *Revista de Derecho Ambiental*, n. 31, jul./set. 2012. p. 23 (ficheiro nº 8); GALDÓS, Jorge. Responsabilidad civil preventiva. Aspectos sustanciales y procesales, em L. L. 2017-E-114; SEGUÍ, Adela. Tutela jurídica privada frente a riesgos de daños ambientales. ¿De la prevención a la precaución? *Revista de Derecho Ambiental*, n. 31, jul./set. 2012. p. 35; RAMOS MARTÍNEZ, María Florencia. Principio precautorio y responsabilidad del Estado, em RCyS 2012-VIII-157; MÜLLER, Enrique. Los principios preventivos y precautorios en el derecho ambiental. *Revista de Daños*, n. III, 2008; RINESSI, Juan. Los principios de Derecho Ambiental. *Revista de Daños*, n. 2008-3-97; CAFFERATTA, Néstor. Del principio precautorio en América Latina, em J. A. 2009-IV-1254 a 1255; ANDORNO, Roberto. El principio de precaución: Un nuevo estándar jurídico para la era tecnológica, em L. L. 2002- D-1326; Pautas para una correcta aplicación del principio de precaución, em J. A. 2003-III, fasc. n. 4. p. 29; FALBO, Aníbal J. *El principio precautorio del Derecho Ambiental y sus funciones cautelares y de interpretación*. Buenos Aires: Abeledo-Perrot, n. 4, out. 2005. p. 506; La tutela del ambiente ante la incertidumbre. *Revista de Derecho Ambiental* (adiante *RDA*), n. 13, jan./mar. 2008. p. 161; FACCIANO, Luis A. La agricultura transgénica y las regulaciones sobre bioseguridad en la Argentina y en el orden internacional. Protocolo de Cartagena de 2000. *In*: AA.VV. *Tercer Encuentro de Colegios de*

Abogados sobre temas de Derechos Agrarios. [s.l.]: Instituto de Derecho Agrario del Colegio de Abogados de Rosario, 2001. p. 247; ESAÍN, José. El Derecho Agrario y la cuestión de los "feed lots", em J. A. 2002-IV, fasc. n. 6. p. 34; CAFFERATTA, Néstor A. Principio precautorio (o la certeza de la incerteza). *In*: VITULIA, Ivone (Dir.). *Biodiversidad, Biotecnologías y Derecho*. 1. ed. [s.l.]: Aracne, 2010. p. 49-67; também: El principio precautorio. *Gaceta Ecológica*, México, n. 73. p. 5, out./dez. 2004. Do mesmo modo, Principio precautorio en el derecho argentino y brasileño. *Revista de Derecho Ambiental*, n. 5. p. 67. Do mesmo autor: El principio de prevención en el Derecho Ambiental. *RDA*, Buenos Aires, n. 0, nov. 2004. p. 9; El principio precautorio. *RRCyS*, ano V, n. 6, nov./dez. 2003; Principio precautorio y derecho ambiental, em L. L. 2004-A-208; Breves reflexiones sobre la convergencia de la bioética y el derecho ambiental a la luz del principio precautorio, em J. A. 2006-IV-1253; El principio precautorio. *RRCyS*, ano XVI, n. 1, fev. 2014. p. 5; GOLDENBERG, Isidoro; CAFFERATTA, Néstor A. El principio de precaución, em J. A. 2002-IV, fasc. n. 6; MARINONI, Luis. Tutela inhibitoria: la tutela de prevención del ilícito, em E. D. 186-1127; DE LORENZO, Miguel F. *El daño injusto en la responsabilidad civil*. Buenos Aires: Abeledo-Perrot, 1996. p. 17; ANDORNO, Luis O. El denominado proceso urgente (no cautelar) en el derecho argentino como instituto similar a la acción inhibitoria del derecho italiano, em J. A. 1995-II-887; PEYRANO, Jorge W. *La acción preventiva*. [s.l.]: LexisNexis, Abeledo-Perrot, 2004; Lo urgente y lo cautelar, em J. A. 1995-I-899; MIRRA, Álvaro; VALEY, L. Derecho ambiental brasileño: el principio de precaución y su aplicación judicial, em J. A. 2003-III, del 17-9-2003, fasc. n. 12; PARELLADA, Carlos A. Los principios de responsabilidad civil por daño ambiental en Argentina. *In*: *Responsabilidad por Daños al Medio Ambiente*. [s.l.]: Universidad de Externado de Colombia, 2000. p. 243; MARTÍN MATEO, Ramón. *Tratado de Derecho Ambiental*. 1991. v. II. p. 770; BESTANI, Adriana. Prevención del daño en la Corte Suprema de Justicia de la Nación. p. 209; MÁRQUEZ, José Fernando; MÁRQUEZ, Jimena; LÓPEZ COQUET, Lucía. La prevención del daño en la jurisprudencia. p. 253; GALDÓS, Jorge Mario. El mandato preventivo. Una valiosa herramienta procesal de la responsabilidad civil. p. 347; ACCIARRI, Hugo. La función preventiva y el análisis económico del Derecho. p. 145; PARELLADA, Carlos. La función preventiva y la defensa de la biodiversidad. p. 563; LORENZETTI, Pablo. Tutela inhibitoria en materia ambiental: Función preventiva y función precautoria de la responsabilidad civil. p. 523; SEGUÍ, Adela. La función preventiva y los daños causados a personas en situación de vulnerabilidad. p. 597, todos publicados em *Revista de Derecho de Daños*, n. 1, Santa Fé, 2016; PEYRANO, Jorge. *La acción preventiva*. Buenos Aires: Abeledo-Perrot, 2004; MORELLO, Augusto M. *Anticipación de la tutela*. La Plata: Platense, 1996; MARINONI, Luiz G. *Tutela inhibitoria*. [s.l.]: Marcial Pons, 2014; *Tutela anticipatoria y tutela inhibitoria*, Palestra, 2016; CAFFERATTA, Néstor A. La prevención en el Derecho Ambiental. *Revista de Derecho de Daños*, n. 2, Santa Fé, 2008. p. 441; PEYRANO, Jorge W. Noticia sobre la acción preventiva. p. 19; La acción preventiva: certezas y dudas. p. 25; Más sobre la acción preventiva. p. 31; Lineamientos de la jurisdicción preventiva. p. 73; La jurisdicción preventiva civil en funciones. El mandato preventivo despachado en el seno de un proceso cuya pretensión principal resulta desestimada. p. 79; La jurisdicción preventiva. p. 87; FREY, María Carla. Jurisdicción preventiva en el Derecho de Daños, en la tutela del consumidor y en el Derecho Ambiental. p. 111; ARAZI, Roland. La tutela preventiva en el Código Civil y Comercial de la Nación. p. 191; DE LOS SANTOS, Mabel. Vías procesales para deducir la pretensión preventiva. p. 199; KEMELMAJER DE CARLUCCI, Aída. La función preventiva de la responsabilidad en el Código Civil y Comercial. p. 357; PEYRANO, Jorge W. Aspectos procesales del funcionamiento del principio precautorio en materia ambiental. p. 767; Marco procesal del principio precautorio ambiental. p. 783; Vías procesales para dar cauce al principio precautorio. p. 789, todos em PEYRANO, Jorge W. (Dir.); ESPERANZA, Silvia L. (Coord.). *La acción preventiva en el Código Civil y Comercial de la Nación*. Santa Fé: Rubinzal-Culzoni, 2016. HERNÁNDEZ, Carlos. Soja, principio precautorio y agroquímicos. *Revista de Derecho de Daños*, Santa Fé, n. 1, 2011. p. 437; BERGEL, Salvador Darío. Introducción del principio precautorio en la responsabilidad civil. In: *Derecho Privado*. Homenaje al profesor doctor Alberto J. Bueres. Buenos Aires: Hammurabi, 2001. p. 1008; La recepción del principio precautorio en la Ley General del Ambiente, en E. D. del 22-4-2004; Las variedades transgénicas y el principio de precaución, en Seminario Internacional "Biotecnología y Sociedad", desarrollado los días 16 y 17 de noviembre de 1999; La recepción del principio precautorio en la Ley General del Ambiente, en E. D. del 22-4-2004; BENAVENTE, María Isabel. El principio de precaución en diálogo con el principio de equidad intergeneracional: algunos desafíos abiertos hacia el porvenir, n. 31. p. 23; MORALES LAMBERTI, Alicia. Conflictos de reglas, principios y paradigmas en la decisión de un caso ambiental complejo: agroquímicos y facultades locales, n. 14, 2008; Campos electromagnéticos e incertidumbre: entre formalidades procesales y verdad jurídica objetiva, n. 17, 2009; Principio precautorio: causalidad, proporcionalidad y ponderación de la prueba en la actuación administrativa, n. 23. p. 231; NOVELLI, Mariano; TABARES, Julieta C. Problemática del principio precautorio en la Unión europea, n. 32, 2013. p. 275, todos citados em *Revista de Derecho Ambiental*, Buenos Aires; SOZZO, Gonzalo (Coord.). *El gobierno de los riesgos*. Santa Fé: Ediciones UNL, 2007; El estado actual de la problemática de los riesgos derivados del consumo (Dimensiones reparatoria, preventiva y precautoria). *Revista de Derecho Privado y Comunitario*, n. 1, Consumidores, Santa Fé, 2009; La prevención del daño (ensayo desde la mirada de las vías periféricas). *Revista de Derecho Privado y Comunitario*, n. 1, Sociedad conyugal – I, Santa Fé, 2008; Repensar la regla de asunción del riesgo (De "causal de justificación" a dispositivo tecnológico de gobierno de los riesgos). *Revista de Derecho de Daños*, n. 2, La omisión en el Derecho de Daños, Santa Fé, 2007; Entre ser prudentes y estar informados (Sobre la diferente racionalidad del deber de información y el principio precautorio). *Revista Crítica de Derecho Privado*, Uruguay, n. 5, 2008; SOZZO, Gonzalo; BERROS, M. Valeria. Principio precautorio. *Revista de Responsabilidad Civil y Seguros*, 2011-III-28. Dos mesmos autores: Una agenda para el principio precautorio. *Revista Crítica de Derecho Privado*, La Ley, Uruguay, 2009, n. 6; TRIPPELI, Adriana, El principio de enfoque de precaución según el Tribunal Internacional del Derecho del Mar. Opinión consultiva. Caso 17. *Revista de Derecho Ambiental*, Buenos Aires, n. 33, 2013. p. 131; El principio de precaución en la bioseguridad, en III Encuentro de Colegios de Abogados sobre Temas de Derecho Agrario, Rosario, 2000. p. 283; ZLATA DRNAS DE CLÉMENT. El principio de precaución en materia ambiental. Nuevas tendencias, en la Jornada de Medio Ambiente del Instituto de Federalismo de la Academia Nacional de Derecho y Ciencias Sociales de Córdoba, el 8 de mayo de 2000. Também se veja a obra coletiva, sob a coordenação desta mesma autora, El principio de precaución ambiental. La práctica argentina, Lerner, 2008, com trabalhos de Mirta Liliana Belloti, Oscar Benítez, Zlata Drnas, Marta S. Juliá, Elsa Manrique, Gloria Rosenberg, Marta S. Sartori, Patricia Torres, e os estudantes María de La Colina, María José García Castro, Alejandra A. Nader (Disponível em: http://www.acader.unc.edu.ar); CANS, Chantal, Le principe de précaution nouvel élement du controle de légalité. *Revue Française de Droit Administratif*, n. 4, jul./ago 1999, traducido en Investigaciones, 1-2000. p. 195, Secretaría de Investigación del Derecho Comparado, Corte Suprema de Justicia de la Nación. També, da doutrina espanhola: CAPPELLI, Silvia. Principio precautorio. Perspectiva da jurisdição: o caso do Brasil, 4ª Jornadas Latinoamericanas sobre Medio Ambiente, Salta, 23-8-2007; CASSAGRANDE NOGUEIRA, Ana C. O conteúdo jurídico do princípio da precaução no Direito Ambiental brasileiro. *In*: BENJAMIN, Antonio H. 10 anos do Eco 92. O Direito e o Desenvolvimento Sustentável; [s.l.]: Instituto O Direito por um Planeta Verde, 2002. p. 285; CODERCH, Pablo; SEUBA TORREBIANCA, Juan; LUNA YERGA, Álvaro; RAMOS GONZÁLEZ, Sonia. "Neminem Lædere", princípio de cautela e rede de alerta. *InDret*. Disponível em: http://www.indret.com/cas/artdet.php.ed; DE ARAUJO AYALA, Patryck. *A proteção jurídica das futuras gerações na sociedade do risco global*: o direito ao futuro na ordem constitucional brasileira, em Princípio da precaução. Belo Horizonte: Del Rey, 2004. p. 229-261; DE SADELEER, Nicolás. *Environmental principles. From political slogans to legal rules*. Oxford: Oxford University Press, 2002; DURÁN MEDINA, Valentina. Regulación de la contaminación electromagnética en Chile a la luz de los principios precautorio y de acceso a la información ambiental. *In*: AA.VV. *Jornadas Nacionales de Derecho Ambiental*. Comisión de Medio Ambiente y Centro de Derecho Ambiental de la Facultad de Derecho de la Universidad de Chile,

2003. p. 271; EMBID TELLO, Antonio Eduardo. El principio de precaución. *In*: SANTAMARÍA PASTOR, J. A. *et al*. *Los principios jurídicos del Derecho Administrativo*. Madrid: La Ley, 2010; Reflexiones sobre el uso del principio precautorio como principio del derecho de nuevo paradigma. *In*: EMBID IRUJO, Antonio (Coord.). *Agua, energía, cambio climático y otros estudios de Derecho Ambiental*. Em recordação de Ramón Martín Mateo. [s.l.]: Thomson Reuters Aranzadi, 2016. p. 310; ESTEVE PARDO, José. *El desconcierto del Leviatán*. Política y derecho ante las incertidumbres científicas. Madrid: Marcial Pons, 2009; *Derecho del medio ambiente*. Madrid: Marcial Pons, 2008; EWALD, François. *Le príncipe de precaution*. Que sais je? Paris: PUF, 2001; *Le retour de maligne gènie*. Esquise d'une philosophie de la précaution, em La principe de précaution dans la conduite affaires humaines, sour la dirección Oliver Godard. Paris: Editorial de la Maison des Sciences de l'homme, 1997; Philosophie de la précaution. *L'Année sociologique*, Paris, n. 46-2, 1992; GODARD, Olivier. *O principio da precaução*. Ao dilema da tradução jurídica das demandas sociais. Lições de método decorrentes do caso da vaca louca, em Princípio da precaução. Belo Horizonte: Del Rey, 2004. p. 157; KISS, Alexander. Os direitos e interesses das gerações futuras e o princípio da precaução, en DIAZ VARELLA, M. y BARROS PLATIAU, A. F., Principio da precaução, em Coleçao Direito Ambiental em Debate, Del Rey, Belo Horizonte, 2004; KOURILSKY, Philippe; VINEY, Geneviève. *Le principe de precaution*. Rapport au Premier Ministre. Editions Odile Jacob. Paris: La documentation française, 2004; LATOUR, Bruno, De príncipe de précaution au príncipe du bon governement: vers de nouvelles régles de la méthode expérimentales, disponível em http://www.ensmp.fr/latour; LE TORNEAU, Philippe, Reflexiones panorámicas sobre la responsabilidad civil, em TRIGO REPRESAS, Félix A. y LÓPEZ MESA, Marcelo J., Tratado de la responsabilidad civil. Buenos Aires: La Ley, t. IV. p. 901, em especial seções 26 a 28. p. 918, do exímio professor da Facultade de Direito da Universidade de Toulouse, França. LUHMMAN, Niklas, Sociología del riesgo, Triana Editores, México, 1998; MARTIN, Gilles. Précaution et évolution du Droit, en Recueil Dalloz Sirey, Cahier Chronique, 2003, n. 39; NOIVILLE, Christine. De non gouvernement des risques. Le Droit et la question du risque aceptable, Presses Universitaires de France, Paris, 2003; MILANO SÁNCHEZ, Aldo. El principio precautorio, Editorial Investigaciones Jurídicas, 2005; MIRRA, Álvaro y VALERY, L. Direito brasileiro. O princípio da precaução e sua aplicação judicial, em J. A. 2003-III-1281; ídem, *Revista de Direito Ambiental*, ano 6, jan./mar. 2001, n. 21. p. 92; NOIVILLE, Christine, Science, decisión, action: toris remarques á propos du príncipe de précaution, en Petites, afiches 1-2, Novembre de 2004, n. 218-219, Paris, 2004; PEÑA CHACÓN, Mario, Daño, responsabilidad y reparación del medio ambiente, Investigaciones Jurídicas. p. 30, 2006; PRIEUR, Michel, Incertitude juridique, incertitude scientifique et protection de l'enivronment, en Incertitude juridique, incertitude scientifique. Les Cahiers du Crideau, n. 3, Pulim Limoges, 2001; ROMEO CASABONA, Carlos M. Principio de precaución, biotecnología y Derecho Penal. Resumo, monografía disponível na Internet, do Catedrático de Direito Penal da Universidade do País Basco/EHU Lejona; SANZ LARRUGA, Francisco Javier. El principio de precaución en la jurisprudencia comunitaria. *Revista Aranzadi de Derecho Ambiental*, 2002, n. 1. p. 117; MAZEAUD, D. Responsabilité civile et précaution. La responsabilité civile à l'aube du XXI siècle, em Resp. Civ. et Assur, junio 2001, n. 19 y ss.; MORATO LEITE, José R.; DE ARAUJO AYALA, Patryck. *Direito Ambiental na Sociedade de Risco*. 2. ed. Rio de Janeiro: Forense, 2006; SIVINI FERREIRA Heline. O Risco Ecológico e o princípio da precação. *In*: SIVINI FERREIRA, Heline José; MORATO LEITE, Rubens. *Estado de Direito Ambiental*. Tendências. Aspectos Constitucionais e Diagnósticos. Rio de Janeiro: Forense Universitária, 2004. p. 55; SUNSTEIN, Cass. *Leyes de miedo*. Más allá del principio de precaución, Katz Editores, 2009; TELES DA SILVA, Solange, Principio da precaução: uma nova postura em face dos riscos e incertezas científicas, em Princípio da precaução, Del Rey, 2004. p. 75-91; TICKNER, Joel; RAFFENSPERGER, Carolyn; MYERS, Nancy. El principio precautorio en acción. Manual, escrito para la Red de Ciencia y Salud Ambiental (Science and Environmental Health Network, SEHN), jun. 1999; VINEY, Geneviéve. Le principe de précaution. Le point de vue d'juriste. *Les petites Affiches*, 30 nov. 2000. p. 70; KOURILSKY, Philippe; VINEY, Geneviève. *Le principe de precaution*. Rapport au Premier Ministre. Editions Odile Jacob. Paris: La documentation française, 2004 p. 151.

em um campo mais amplo, que é a adoção de medidas judiciais para impedir um evento futuro com base em informações incompletas.[238] Desse ponto de vista, embora sejam distintos, são complementares. Iremos desenvolver o argumento enfatizando a natureza problemática do princípio da precaução, que é o de mais difícil aplicação.

I Consenso emocional e dissenso cognitivo

O "princípio da precaução" é relativamente recente no campo ambiental, mas se expandiu com rapidez incomum, tendo sido introduzido em vários instrumentos internacionais e nacionais com ampla aceitação na doutrina especializada.

O "consenso emocional" é baseado em dois aspectos principais.

O primeiro é a natural "aversão ao risco" e uma forte rejeição dos perigos por parte de todas as pessoas, questões que o tornam politicamente correto.[239]

O segundo é a mudança de paradigma que está ocorrendo em relação à percepção dos riscos sociais. Desde que o desenvolvimento industrial começou a exibir seus benefícios, as pessoas estão dispostas a suportar "danos colaterais" como um efeito inevitável, o que levou a uma estratégia "reativa": o progresso deve avançar e, quando há problemas, eles devem ser controlados, deve-se administrá-los, premiando-se aqueles que os suportam ou mesmo se sancionando aqueles que atuam indevidamente. Atualmente, as pessoas expressam cada vez mais medo ante o potencial do desenvolvimento, os riscos começam a ser vistos como algo cuja entidade não se conhece com precisão, desconfia-se da ciência, e se prefere agir com cuidado, em vez de se avançar em uma direção desconhecida. O medo força você a ser "proativo" e não reativo; antecipar riscos em vez de reagir, uma vez que estes causam danos graves ou irreversíveis.

O princípio da precaução ganha consenso quando se dirige ao coração das pessoas. A adesão emocional serve como enunciação, mas não vai muito longe na implementação, deixando um flanco muito

---

[238] TOLOSA, Pamela. Principio precautorio y de prevención: función preventiva y problemas de información, em J. A. 2011-IV-69. Neste interessante trabalho, questiona-se a distinção baseada entre risco e probabilidade, elaborada pela Comissão Mundial de Ética do Conhecimento Científico e Tecnologia da Unesco (Comest), Relatório do Grupo de Especialistas sobre o princípio da precaução, Unesco, 2005.
[239] PERCIVAL, Robert. Who's Afraid of the Precautionary Principle. *Pace Environmental Law Review*, v. 23, n. 1, 2005/6.

amplo para objeções. Nesse plano, o princípio tem sido criticado por ser uma resposta cega que os administradores, o Congresso e os juízes dão aos temores públicos, e que leva a adotar más decisões, que foram chamadas de "leis do medo".[240] Os regulamentos geralmente não explicam claramente os motivos nem têm uma base científica clara, o que não confere segurança de que sejam adequados. Por esse motivo, argumenta-se que devemos ser "cautelosos" com relação à "precaução", porque as percepções públicas de risco podem ser errôneas ou manipuladas por interesses econômicos e, portanto, podem não ser seguras.

O debate sobre os critérios de implementação apresenta um amplo espectro de divergências.[241] Em um extremo, há quem defenda que o princípio é uma afirmação puramente exortadora, mas não tem alcance prático. No outro, argumenta-se a proibição de todo empreendimento de risco ambiental, até que se demonstre algo que é quase indemonstrável. No meio, podemos identificar uma grande quantidade de posições, que vão desde a utilização de critérios baseados no risco/benefício para identificar soluções, até sua negação.

O princípio da precaução gera sua própria incerteza quando se dirige ao cérebro das pessoas, apelando às suas razões.

Na hipótese de se identificar um método aceitável para fundá-lo, a implementação do princípio pode chegar a ser extremamente complexa: devem-se proibir os produtos geneticamente modificados por precaução ante a probabilidade de danos futuros? Deve-se proibir que existam nos escritórios os computadores, telefones e outros produtos que podem produzir um campo magnético cujos efeitos cumulativos são desconhecidos? As decisões em um ambiente de incerteza são naturalmente difíceis, mas, se aplicadas a opções que podem ter efeitos econômicos e sociais muito amplos para uma população, uma nação ou mesmo para as gerações futuras, a dificuldade aumenta. Esses caminhos estiveram sempre à disposição, mas não eram vistos como problemáticos, porque sempre se optava por seguir aquele que levava ao desenvolvimento. Hoje em dia, as pessoas não agem com tanta pressa e param para pensar um pouco mais quando estão em uma encruzilhada. Um trabalho sério

---

[240] SUNSTEIN, Cass. *Laws of fear*: beyond the precautionary principle. Cambridge: [s.n.], 2005; Irreversible and Catastrophic: Global Warming, Terrorism, and Other Problems. *Environmental Law Review*, v. 23, n. 3, 4, 2005-2006.

[241] CROSS, Frank. Paradoxical Perils of the Precautionary Principle. *Wash. & Lee L. Rev.*, v. 53, p. 851-852, 1996.

sobre o princípio também deve abordar essa desvantagem e promover o desenvolvimento de algumas diretrizes de ação.

O princípio da precaução exibe fraquezas quando usado para dar os primeiros passos no escuro.

Esta introdução pretende mostrar o entorno problemático do princípio: há consenso nos corações, discordância nas razões e fraqueza na caminhada.

No estágio atual do "paradigma ambiental", acreditamos que o princípio da precaução deve ser aceito, mas devemos avançar na fase de implementação para torná-lo uma realidade possível e não uma mera declaração, politicamente correta, mas inaplicável.

A questão é difundir o princípio, mas também indagar sobre o modo como se o instrumenta: o que significa ser precautório?

Começaremos a análise com a forma como se raciocina nos diferentes modelos.

II   Intervencionistas, preventivos e precautórios

Suponhamos que um funcionário ou um juiz receba uma solicitação de um grupo de cidadãos para limitar uma atividade que poderia causar danos graves e irreversíveis ao meio ambiente, sem que existam provas científicas conclusivas.

Um "intervencionista" está acostumado a "intervir" na natureza, adaptando-a às necessidades humanas e, portanto, negaria qualquer base legal para limitá-la, argumentando:

- que qualquer limitação à liberdade é de interpretação restritiva;
- que avançar sobre isso é basear a decisão no medo e não em evidências científicas;
- que não há garantias de que a regulamentação seja melhor que sua ausência;
- que para ser coerente, deveríamos conhecer os efeitos nocivos da própria regulamentação ambiental;
- que é melhor reagir severamente à ocorrência do que agir cegamente.

Um "preventivo" sustentaria os seguintes argumentos jurídicos para proteger a natureza:

- que todo dano sério e irreversível ao meio ambiente deve ser evitado;

- que é preferível agir antes do que não o fazer, mas sempre se devem respeitar os direitos dos demais e a segurança jurídica;
- que no caso não há prova da relação causal, ou seja, não há evidência alguma de que o dano exista nem que seja a consequência de determinada ação.

Um "precautório", por outro lado, argumentaria o seguinte:
- que se deve prevenir todo dano sério e irreversível ao meio ambiente;
- que é preferível agir antes do que não o fazer;
- que a falta de certeza não é uma escusa admissível.

III Antecedentes

A precaução é uma ideia que alguns situam na tradição milenar das comunidades antigas. Outros a colocam no campo da medicina do século XIX, que – apesar da falta de certeza científica – aconselhava a população sobre o uso da água como uma medida para deter a epidemia de cólera.

Os antecedentes em matéria ambiental geralmente remontam à década de 1970. Na Alemanha se utilizou o *Vorsorgeprinzip* para prevenir a população do ar proveniente do desmatamento, e também na lei sueca sobre proteção ambiental de 1969.

A noção de "princípio" é delineada na década de 1980, na proteção do Mar do Norte. Em 1982, a Convenção sobre o Direito do Mar (art. 206)[242] estabeleceu que o Estado deve avaliar os efeitos potenciais de atividades que poderiam implicar uma poluição significativa ou modificações consideráveis no ambiente marinho. A Segunda Conferência Internacional relativa ao Mar do Norte, 1987, reconheceu a necessidade de adotá-lo como um princípio.

Na década seguinte, o princípio da precaução já foi claramente adotado na Declaração do Rio de 1992 sobre Meio Ambiente e Desenvolvimento (princípio 15). A potencialidade do movimento é evidente por sua inserção em vários instrumentos internacionais:

---

[242] "Artigo 206. Avaliação dos efeitos potenciais de atividades. Os estados que tenham motivos razoáveis para acreditar que as atividades projetadas sob sua jurisdição ou controle podem causar uma poluição considerável do meio marinho ou nele provocar modificações significativas e prejudiciais, devem avaliar, na medida do possível, os efeitos potenciais dessas atividades para o meio marinho e publicar relatórios sobre os resultados dessas avaliações nos termos previstos no artigo 205".

a Convenção de Bamako, de 1991, sobre a proibição de importar resíduos perigosos e o controle de movimentos transfronteiriços na África; a Convenção sobre a Proteção e Utilização dos Cursos de Água Transfronteiriços e de Lagos Internacionais, Helsinque, 1992; a Convenção para a Proteção do Meio Marinho do Atlântico Nordeste, Paris, 1992; o Acordo de Conservação e Manejo de Peixes, Nova York, 1995; o Acordo para a Aplicação de medidas Sanitária e Fitossanitária de Marakesh de 1994; o Protocolo de Oslo de 1994 sobre poluição atmosférica. Também o vemos na Convenção sobre Mudança Climática (1992), na Convenção sobre Diversidade Biológica (1992), no Tratado de Maastricht (1992).

Nos últimos anos, a União Europeia[243] e o Comitê de Especialistas em Ética da União Internacional para Conservação da Natureza (UICN) produziram versões mais detalhadas da fase de implementação.

IV Conceito

Para entender o que significa "precaução", é conveniente levar em consideração algumas de suas formulações em documentos internacionais:

Declaração do Rio sobre Meio Ambiente e Desenvolvimento, de 1992, princípio 15:

> Com o fim de proteger o meio ambiente, os Estados deverão aplicar amplamente os critérios de precaução de acordo com suas capacidades. Quando exista o risco de danos graves e irreversíveis, a falta de certeza científica absoluta não deverá ser utilizada como razão para postergar a adoção de medidas eficazes em função dos custos para impedir a degradação do meio ambiente.

Convenção-Quadro das Nações Unidas sobre Mudanças Climáticas (Lei nº 24.295),[244] art. 3.3:

> As partes devem adotar medidas de precaução para minimizar as causas das mudanças climáticas e mitigar os efeitos adversos. Quando exista uma ameaça de dano grave e irreversível, a falta de certeza científica completa não deve ser usada como motivo para adiar tais

---

[243] *Comision of the European Communities, Comunication from the Comision on the Precautionary principle*, 2000. Disponível em: http://europa.eu.int/comm/dgs/health_consumer/library/pub/pub07.

[244] Nota da revisora: No Brasil, recebido pelo Decreto nº 2.652, 1998.

medidas, levando em consideração que políticas e medidas para combater as mudanças climáticas devem ser eficazes em função dos custos a fim de assegurar benefícios mundiais ao menor custo possível. Para esse fim, essas políticas e medidas devem levar em consideração diferentes contextos socioeconômicos, ser abrangentes, incluir todas as fontes relevantes, sumidouros e depósitos de gases de efeito estufa e abranger todos os setores econômicos. Os esforços para fazer frente às mudanças climáticas podem ser realizados em cooperação entre as partes interessadas.

Convênio sobre a Diversidade Biológica incorporado ao sistema legal argentino pela Lei nº 24.375, de 1994,[245] diz que, quando existir uma ameaça de redução ou perda substancial de diversidade biológica não se deve alegar a falta de provas científicas inequívocas como razão para adiar as medidas destinadas a evitar ou reduzir ao mínimo essa ameaça.

Lei Geral do Ambiente nº 25.675, art. 4º: "*Princípio da precaução*: quando houver perigo de dano grave ou irreversível, a ausência de informação ou certeza científica não deverá ser usada como razão para postergar a adoção de medidas eficazes, em função dos custos, para impedir a degradação do meio ambiente".[246]

Na Colômbia, a Lei nº 99 diz:

> as autoridades ambientais e os particulares darão aplicação ao princípio da precaução segundo o qual, quando houver perigo de dano grave e irreversível, a falta de certeza científica não deverá ser utilizada como motivo para postergar a adoção de medidas eficazes para impedir a degradação do meio ambiente.

Na Costa Rica, a Lei nº 7.788/98 diz que "quando há perigo ou ameaça de danos graves e iminentes aos elementos da biodiversidade e ao conhecimento a eles associado, a ausência de certeza científica não deve ser usada como motivo para postergar a adoção de medidas de proteção eficazes".

No Peru, a Lei nº 28.611 diz que "quando há risco de dano grave ou irreversível, a falta de certeza absoluta não deve ser usada como motivo para postergar a adoção de medidas eficazes e eficientes para impedir a degradação do ambiente".

Na França, a "Carta de L'Environment" (Constituição, 2005) diz:

---

[245] Nota da revisora: No Brasil, recebido pelo Decreto nº 2.519, 1998.
[246] Nota da revisora: Veja, no Brasil, a Lei nº 6.938, de 31.8.1981, da Política Nacional do Meio Ambiente.

Quando a ocorrência de um dano, mesmo que incerto considerando o estado do conhecimento científico, possa afetar de modo grave e irreversível o meio ambiente, as autoridades públicas providenciarão, através da aplicação do princípio da precaução nas áreas de suas atribuições, a implementação de procedimentos de prevenção de riscos e a adoção de medidas provisórias e proporcionais, com a finalidade de evitar a realização do dano.

V   Perguntas

A leitura das definições normativas levanta inúmeras questões:
- É uma mera declaração política ou um princípio obrigatório?
- Os destinatários são os funcionários ou também alcança os habitantes?[247]
- Qual o seu efeito sobre as políticas públicas?
- Significa que só pode ser aplicado quando existam medidas de proteção eficazes[248] ou também quando existam medidas cujo efeito se desconhece?
- Requer certeza absoluta, relativa, total ou parcial?
- Aplica-se de modo geral ou somente a alguns casos que são riscos incontroláveis e superam a faixa de probabilidade, como mudanças climáticas ou deterioração da camada de ozônio, ou de espécies ou de biodiversidade?
- Causa a inversão do ônus da prova ou a transferência do risco da dúvida, da mora ou da incerteza?
- Deve aplicar-se a análise do "risco-proveito"?

Primeira parte – Qualificação jurídica

I   É uma obrigação ou uma opção voluntária?

Uma "versão fraca" do princípio consiste em afirmar que é uma declaração de natureza meramente exortativa e que é uma opção de política pública de aplicação voluntária.

---

[247] Colômbia, lei cit.
[248] Peru, lei cit.

Pelo contrário, uma "versão forte" leva a sustentar que é uma norma jurídica que obriga a decidir-se pela maior precaução das opções disponíveis.[249]

No primeiro caso, permanece totalmente no campo da discricionariedade de quem toma a decisão, enquanto que no segundo é obrigatório porque isso já foi definido pelo legislador. Na primeira situação pode haver uma regulação reativa ou proativa, enquanto, na segunda, ela deve ser proativa.

Para dar uma resposta, é conveniente discriminar diferentes âmbitos da precaução e a qualificação jurídica em cada um deles.

II Os funcionários são seus destinatários ou também alcança os habitantes?

O livre arbítrio foi defendido em termos constitucionais com base na liberdade, de modo que a regra é que todos os indivíduos têm o direito de decidir o que é conveniente para satisfazer suas aspirações. No entanto, há áreas em que essa liberdade foi restringida sob a noção de "ordem pública de coordenação", isto é, de uma série de normas que articulam as condutas individuais para tornar o social possível. Nesse sentido, é interessante lembrar que, por exemplo, no campo do tráfego de veículos automotores, é comum exigir que os motoristas sejam "cautelosos", o que significa que, se tivermos dúvidas sobre se nossa direção ou manobra causará algum prejuízo a outros, é melhor evitar avançar. Dirigir um carro é um risco e devemos ser conservadores.

Em questões ambientais, há também uma ordem pública que limita os direitos subjetivos e lhes confere uma "função": o consumo deve ser sustentável e, portanto, precautório.

Por isso, podemos afirmar que:

- as pessoas são livres para tomar decisões, mas há um limite externo baseado na função ambiental;
- disso deriva que a conduta deve ser preventiva;
- a precaução é aqui um princípio, ou seja, um mandado de otimização;
- ante uma conduta que cause danos e outra que não o cause, as pessoas devem orientar-se de maneira preventiva.

---

[249] *Guidelines for applying the precautionary principle to biodiverstiy conservation and natural resource management*, aproved by the 67 meeting of the IUCN council.

III Qual o seu efeito sobre as políticas públicas?

No domínio das políticas públicas, existe um campo de discricionariedade dentro do qual a administração pode decidir se age de uma maneira ou de outra. A esse respeito, sustenta-se que a precaução é uma opção: o funcionário pode, no exercício de uma atividade discricionária, conceder ou não uma autorização, regular ou não, de acordo com as informações disponíveis no momento. Nesse sentido, é uma diretiva política para antecipar, evitar e mitigar ameaças ao meio ambiente.

Na medida em que a lei contenha um mandado dirigido à administração, isso importa uma restrição no seu campo de trabalho. Portanto, mais do que discutir se há voluntariedade ou obrigatoriedade, o problema é de limites, ou seja, até que ponto o administrador pode agir de acordo com sua própria discricionariedade.

Nesse esquema, pode-se afirmar que:

– não é uma mera exortação, pois, quando a lei recebe o princípio da precaução, este tem um valor normativo preciso de caráter delimitativo. É uma estrutura genérica de ação, dentro da qual existe discricionariedade lícita e fora da qual há ilicitude;

– gera uma obrigação de previsão estendida e antecipada. Por isso já se disse:

> requer mais do que uma antecipação cuidadosa de danos potenciais que já estão em curso; requer uma posição de previsão sobre os riscos no futuro. É um princípio proativo nas decisões. A implementação requer humildade e restrição, reconhecendo a falibilidade do conhecimento humano.[250]

– dessa maneira, o administrador que tem ante si duas opções fundadas sobre o risco deve agir com precaução em sentido geral. Isso não significa que uma das opções de precaução deva ser seguida, ou seja, ela pode ser preventiva proibindo, permitindo com restrições, adiando uma decisão, forçando a obtenção de informações prévias. Podemos distinguir entre:

  • *Opções de primeiro grau:* é apresentada uma alternativa entre uma decisão que aumenta seriamente o risco ambiental, mas oferece controle dos efeitos *a posteriori* e outra que

---

[250] *Guidelines for applying the precautionary principle to biodiverstiy conservation and natural resource management*, aproved by the 67 meeting of the IUCN council.

prefere controlar possíveis danos *a priori*. Nesse caso, o administrador deve escolher o segundo, ou seja, ser proativo ao invés de reativo.

- *Opções de segundo grau:* dentro das possibilidades proativas, há a discricionariedade de escolher qual delas parece mais conveniente.

Nesse sentido, a Corte Suprema de Justiça argentina indicou que "o princípio da precaução é um princípio jurídico de direito substantivo"[251] e que "produz uma obrigação de previsão estendida e antecipada pelo funcionário público".[252]

IV Qual é o conteúdo do princípio?

1 Fundamento constitucional

O princípio tem um fundamento constitucional porque se estabelece que existe um dever genérico de não degradar o meio ambiente.

2 Conceito jurídico indeterminado

O princípio é uma norma jurídica e não uma mera declaração, mas o grau de obrigatoriedade é diferente da regra de direito. Esta última expressa um conceito jurídico determinado, portanto, não há opção: deve ser cumprida ou não. Em vez disso, o princípio, sendo indeterminado, é um mandado de otimização, isto é, exige que seja feito todo o possível para alcançar o objetivo.[253] O princípio gera um campo de tensão que é resolvido por meio de um julgamento de ponderação, que consiste em medir o peso de cada princípio no caso concreto.

3 Peso diferente de acordo os bens comprometidos

De acordo com o acima exposto, o princípio tem diferentes pesos no caso concreto; ele mostra a direção em que a decisão deve ser buscada, mas a força depende dos bens em jogo.

---

[251] CSJN, "Associação Multisetorial do Sul em Defesa do Desenvolvimento Sustentável c/ Comissão Nacional de Energia Atômica", Fallos: 333:748.

[252] CSJN, "Salas, Dino e outros c/Salta, Província do Estado Nacional s/Amparo", Fallos: 332: 663.

[253] Ampliamos em *Teoría de la decisión judicial*. Santa Fé: Rubinzal-Culzoni, 2006.

Aplicando essas noções gerais no campo específico, pode-se dizer, por exemplo: "O princípio deve ser integrado com outros princípios e direitos, como a equidade intrageracional e intergeracional".[254]

> O princípio tem relevância no contexto de conservação e uso sustentável da biodiversidade e dos recursos naturais vivos; as espécies são geneticamente únicas e insubstituíveis. Não se pode presumir que são intercambiáveis, a perda de uma espécie não pode ser compensada pela proteção ou restauração de outra.[255]

V Quais são os pressupostos de aplicação?

1 Ameaça de dano grave ou irreversível

O primeiro requisito é a existência de "ameaça de dano grave ou irreversível".

Com referência a esse elemento, foram levantadas algumas objeções que podem ser resumidas da seguinte forma.

Não está especificado o quão grave o dano deve ser para começar a agir, o que pode dar lugar a interpretações muito diferentes; é contraditório exigir um fato verificável (ameaça de dano grave) que, ao mesmo tempo, seja incerto para que a precaução seja aplicada; existe uma grande variedade de palavras com significados diferentes nas várias leis e tratados internacionais; alguns mencionam "ameaça" e outros "perigo"; alguns textos exigem que seja sério ou irreversível, enquanto outros exigem os dois elementos.

As críticas anteriores exigem que o princípio atue como regra, ou seja, buscam uma determinação que nenhum princípio possui. Como apontamos, os princípios são conceitos legais indeterminados e não descrevem um suporte fático, enquanto as regras, pelo contrário, contêm mandados, permissões ou proibições aplicáveis a uma hipótese precisamente delimitada.

O princípio é um instrumento adequado para situações de incerteza, porque não é rígido e porque permite medir em cada caso seu peso concreto, equilibrando-se com outros argumentos competitivos. Por outro lado, é complementar à regra, como ocorre, por exemplo, na

---

[254] *Guidelines for applying the precautionary principle to biodiverstiy conservation and natural resource management, aproved by the 67 meeting of the IUCN council.*

[255] *Guidelines for applying the precautionary principle to biodiverstiy conservation and natural resource management, aproved by the 67 meeting of the IUCN council.*

circulação automotiva: existem regras de velocidade máxima (proibida a circulação a mais de 100 km/h) e princípios que a reforçam ("não causar dano a outrem") em situações que a regra não previu.[256]

Em virtude da distinção efetuada, podemos responder às três objeções da seguinte forma:

- não é apropriado exigir do princípio que especifique quão grave é o dano ou quais são seus elementos probatórios;
- não é contraditório exigir um fato verificável (ameaça de dano grave) que, ao mesmo tempo, deva ser incerto para que seja aplicável a precaução. Isso ocorre porque o fato certo é a base factual que permite a aplicação do princípio. Este último não pode ser aplicado em qualquer situação, mas somente quando há um dano grave. Portanto, o elemento factual ativador deve ser determinado, enquanto que o princípio não o é;
- seria desejável uma maior precisão na definição dos elementos típicos para alcançar uma maior uniformidade em sua aplicação.

Já afirmamos que o princípio não pode ser invocado em qualquer situação, mas apenas quando a "ameaça de dano grave ou irreversível" é verificada, o que requer alguns esclarecimentos:

- um produto, substância ou atividade devem ser identificados;
- danos futuros devem ser identificados;
- deve tratar-se de um dano grave. Esse requisito é essencial porque a precaução não age contra qualquer tipo de situação, senão em casos extremos e onde exista uma necessidade de fazê-lo porque os danos serão irreversíveis. A gravidade, aplicada ao bem ambiental, significa que há que prevenir em vez de ressarcir, recompor antes de indenizar. Por esse motivo, pode-se salientar que a precaução pode apresentar dois cenários diferentes:
  - se há um cenário em que não agir implicaria assumir um risco de dano grave por ser irreversível, o *standard* é mais rigoroso;
  - se, em vez disso, é reversível, é suscetível de recomposição e, portanto, pode ser fornecido um quadro mais flexível.

---

[256] Se um princípio fosse usado para regular a velocidade em vez de uma regra, eu diria: dirija de uma forma que não prejudique o outro, mas seria muito difícil porque cada motorista faria uma avaliação diferente. Daria muito trabalho tomar a decisão sobre a velocidade a cada momento (altos custos de transação), e causaria grande insegurança porque outros não saberiam de antemão como cada motorista decide em cada situação.

As seguintes situações devem ser separadas:

- se o dano futuro certamente ocorrerá, a prevenção trabalha para impedi-lo;
- se o dano futuro for incerto, é um caso de precaução, como veremos no próximo ponto.

2 A incerteza científica

O dano potencial deriva de um fenômeno, produto ou processo que foi identificado, mas a avaliação científica não permite que o risco seja especificado com precisão suficiente para agir.[257]

Esse elemento é chave para distinguir entre prevenção e precaução: na primeira se atua ante uma ameaça certa, mas, se essa certeza não for comprovada, não se age. Por outro lado, na precaução são tomadas medidas mesmo diante de uma ameaça incerta.[258]

Existe amplo consenso, tanto na disciplina jurídica como nas sociais, físicas e naturais, de que a "incerteza científica" é necessária para que o princípio seja aplicável, mas não há um critério para estabelecer quanta evidência é necessária para agir ou para deixar de fazê-lo.

É possível estabelecer algumas distinções:

- *Certeza da ciência e incerteza no meio ambiente:* a incerteza é inerente aos problemas ambientais,[259] porque os sistemas se comportam de um modo complexo com múltiplas interações, sendo possível afirmar que há um grau permanente de incerteza ontológica. Mas a ciência estuda esses fenômenos e se vão fazendo progressos, de modo que podemos dizer que em alguns casos se conhece exatamente como eles funcionam e em outros não há base para prever. A incerteza ontológica é irredutível, enquanto a incerteza cognitiva é redutível pelo aumento do conhecimento. Esse aspecto é importante porque, nos casos em que há um problema de incerteza cognitiva, medidas podem ser organizadas para reduzi-la (mais pesquisas sobre um assunto), o que não pode ser feito quando ele é ontológico.

---

[257] *Commission of the European communities, Communication from the Commission on the precautionary principle* (2000).
[258] Com razão já se disse que "Esperar certeza normalmente nos habilitará somente a reagir e não a una regulação preventiva", em "Ethyl Corp vs. EPA", 541 F. 2d. 1 D. C. Circ. 1976.
[259] Banco Mundial, Desenvolvimento e Meio Ambiente, informe do ano de 1992. p. 40.

- *Certeza absoluta e relativa:* existem leis que usam a expressão "falta absoluta de certeza" e outras usam o termo "relativa". Esses termos têm pouco valor normativo e são de pouca utilidade para lidar com problemas, que normalmente exibem graus de certeza em diferentes faixas. Do ponto de vista jurídico, quando a ameaça é relativamente certa, é possível estabelecer a probabilidade de ocorrência, o que nos coloca ante um caso de prevenção e não de precaução.[260]
- *Incerteza no momento da decisão:* quando se exige a falta de certeza, alude-se ao momento em que se toma a decisão, de modo que pode desaparecer em um momento posterior.
- *Incerteza sobre o dano grave ou sobre a relação causal:* para esclarecer o raciocínio, é interessante imaginar que se solicite uma autorização para um produto que:
  - *seja inofensivo:* neste caso, deve ser aprovado;
  - *certamente causará um dano grave:* deve se prevenir;
  - *não se sabe se causará ou não um dano grave:* aplica-se a precaução.

Comparando as situações, parece claro que é necessário demonstrar, pelo menos, a probabilidade de ocorrência de um dano grave, pois se nada disso acontecer a atividade é inofensiva e deve ser aprovada. A questão principal geralmente está relacionada ao nexo de causalidade; portanto, deve-se provar ao menos um cenário de ocorrência de um dano grave.

Este último aspecto é importante porque deve haver um limite de acesso ao princípio da precaução, pois, caso contrário, sempre se pode argumentar que qualquer atividade em um futuro próximo ou distante pode causar danos. O problema disso é que ele pode se prestar a usos do princípio que são negligentes ou realmente obedecem a outras intenções.

Uma suposição que pode ocorrer é a da impossibilidade ou extrema dificuldade probatória da certeza. Um bom exemplo é o seguinte caso: em resposta a uma reivindicação de ambientalistas, o Tribunal de Apelações do Distrito de Columbia ordenou à Agência de Proteção Ambiental (EPA) que decidisse, dentro de trinta dias, se o acréscimo de aditivo de chumbo à gasolina deveria ser regulado

---

[260] *Guidelines for applying the precautionary principle to biodiverstiy conservation and natural resource management,* aproved by the 67 meeting of the IUCN council.

por razões de proteção à saúde (outubro de 1973). A EPA decidiu que poderia ser perigoso para a saúde e estabeleceu um limite. As empresas processaram e, em 1974, o Tribunal do Distrito de Columbia, composto por três juízes no caso, revogou a resolução por dois votos a um. A maioria afirmou que não havia evidências suficientes para provar que as emissões de chumbo podem comprometer a saúde humana. A EPA recorreu a todo o Tribunal, que afirmou, em março de 1976, por 5 votos a 4, que a decisão da agência estava correta, aplicando o princípio da precaução. A maioria argumentou que a Lei do Ar Limpo (*Clean Air Act*) previa que uma ação deveria ser tomada antes que o dano ocorresse. Foi dito que, se há incerteza, não se requer uma prova passo por passo de causa e efeito; dita prova pode ser impossível de obter. O objetivo legal de precaução deve ser cumprido.[261]

Concluindo: a incerteza requer determinar se, no momento da tomada da decisão, existe falta de conhecimento científico sobre a probabilidade de dano grave e irreversível e, nesse caso, ordenar medidas investigativas para reduzi-lo. Se as investigações estiverem esgotadas, pelo menos um cenário em que a atividade cause um dano grave e irreversível deve ser provado para descartar as suposições de que é inofensiva.

Segunda parte – Aplicação do princípio

I   É casuístico

Já foi dito que não é uma regra geral, mas deve ser avaliado caso a caso.[262] Um princípio não é uma regra e, portanto, não se aplica imediatamente a uma série de situações que podem ser definidas com base em uma suposição factual genérica. O princípio carece dessa propriedade e deve ser aplicado em cada caso com base em um juízo de ponderação.

Esse casuísmo ocorre não apenas através da aplicação judicial ou administrativa, mas também da elaboração de tratados, muitos dos

---

[261] "Natural Res. Def. Council, Inc. vs. Epa", n. 722233, D. C. Circ. 1973; "Ethyl Corp. vs. EPA", 541, F. 2d, 1, 10 D. C. Circ. 1976.
[262] Neste sentido, a Comissão da União Europeia, em uma Comunicação de 2.2.2000 sobre as condições de aplicação do princípio da precaução, esclareceu que não preconiza a inversão do ônus da prova como regra geral, mas sim que a prevê como uma possibilidade a ser analisada no caso concreto.

quais tratam de relacioná-lo com um problema específico, como ocorre, por exemplo, com:

- *Camada de ozônio:* o Protocolo de Montreal sobre substâncias que enfraquecem a camada de ozônio, 1987, dispõe:

  as partes deste Protocolo determinaram proteger a camada de ozônio com a adoção de medidas de precaução para controlar equitativamente as emissões globais totais de substâncias que a debilitem, com o objetivo final de eliminá-las, utilizando o desenvolvimento do conhecimento científico.

- *Mudança climática:* a Convenção-Quadro sobre Mudança Climática, Rio de Janeiro, 1992, refere-se a um tema específico:

  as partes devem adotar medidas de precaução para antecipar, prevenir ou minimizar as causas das mudanças climáticas e mitigar seus efeitos adversos.
  Quando houver ameaça de dano grave ou irreversível, a falta de certeza científica completa não deve ser usada como razão para adiar tais medidas, levando em consideração que as políticas e medidas para enfrentar as mudanças climáticas devem ser eficazes em função dos custos, com o fim de garantir benefícios globais ao menor custo possível.

- *Diversidade biológica:* a Convenção sobre Diversidade Biológica, Rio de Janeiro, 1992, estabelece: "no Preâmbulo, as partes contratantes observam que é vital antecipar, prevenir e atacar em suas fontes as causas de redução ou perda da diversidade biológica". Também estabelece que, onde houver uma ameaça de redução ou perda substancial da diversidade biológica, a falta de evidências científicas inequívocas não deve ser alegada como motivo para adiar medidas para prevenir ou reduzir essa ameaça.

II   Redução da incerteza

O primeiro aspecto a considerar em um caso é se existe uma maneira de reduzir a incerteza.

Nesse aspecto, deve se estabelecer uma série de situações de completa ignorância até aquelas em que as probabilidades podem ser estimadas a fim de esclarecer as opções.

Devem incluir-se o impacto direto, os indiretos, secundários ou ameaças de longo prazo, e também o impacto cumulativo de atos repetidos.[263] Uma vez que o problema tenha sido colocado na sua totalidade, devem se identificar as ações disponíveis e suas possíveis ameaças, bem como as medidas positivas para antecipá-las.

Em outras palavras, deve-se começar coletando todas as informações disponíveis e solicitando que se as investigue para obter o que é possível. Pode-se solicitar o aporte de informações às empresas, realizar consultas com outros centros científicos, realizar testes, modelos de previsão e qualquer outra medida considerada adequada.

Em relação às fontes, todas as informações disponíveis devem ser levadas em consideração e, em caso de discrepâncias, as informações coletadas por instituições públicas e independentes devem ser preferidas.

III Transferência do risco da dúvida

O princípio afirma que a falta de certeza científica não deve ser usada como argumento para adiar medidas eficazes em função dos custos.

Essa afirmação obriga a distinguir duas atitudes:

- *Reativa:* a regra geral nos sistemas jurídicos baseia-se na segurança jurídica e na liberdade de comércio. Quando alguém propõe uma atividade, ela é autorizada e, se houver alguma dúvida, não se pode restringi-la, pois só será acionada quando o dano é causado. Não se pode agir proibindo ou regulando uma atividade diante de uma dúvida, porque a liberdade de comércio é a regra e toda restrição deve ser fundada. O controle é *a posteriori*, reativo.
- *Proativa:* quando se trata de risco ambiental, é transferido o risco da dúvida, que recai sobre quem promove a iniciativa. Esse efeito tem um alto impacto nas políticas regulatórias, que se tornam proativas.

---

[263] *Guidelines for applying the precautionary principle to biodiverstiy conservation and natural resource management*, aproved by the 67 meeting of the IUCN council.

IV Transferência do risco de erro científico. Falsos positivos e falsos negativos

O princípio reconhece que uma previsão falsa de que uma atividade não causará dano é mais prejudicial à sociedade do que uma previsão falsa de que uma atividade causará dano. De outra maneira, pode-se dizer que as consequências dos falsos negativos (julgar erroneamente que um produto ou atividade não tem risco) são muito piores que as derivadas dos falsos positivos (julgar erroneamente que um produto ou atividade tem risco).

Essa característica implica a transferência do risco de erro científico.

O postulado tradicional nesta matéria é que deve ser comprovado que haverá um dano, incluindo o elemento científico, e, diante da possibilidade de erro ou falsa previsão, nenhum progresso é feito. O princípio da precaução transfere esse risco para a atividade e indica que é preferível errar regulando do que não regulando.

Desta forma, os custos de uma regulação baseada em previsões científicas erradas são repassados ao peticionário.

V Transferência de risco no adiamento

O princípio da precaução reconhece que adiar a ação até que haja evidência completa da ameaça, geralmente, significa que será muito caro ou impossível evitá-la. Há também uma transferência do risco de atraso na atuação, que tradicionalmente era um elemento neutro ou que gerava custos para o meio ambiente. Quando surge uma dúvida na regulamentação, normalmente se posterga para buscar maiores garantias ou até que surja um novo elemento que permita apreciar os fatos mais claramente. O princípio da precaução introduz uma exceção nessa matéria ao comparar os custos da demora com os do comportamento proativo, e postula que é sempre menos grave agir do que atrasar ao fazê-lo. Avançando na dúvida e sem demora, importa que os riscos da ação apressada sejam suportados pelo peticionário.

VI Transferência do risco probatório

"O princípio da precaução responde à seguinte pergunta: dada a incerteza científica sobre o perigo ambiental de uma atividade, quem tem o ônus de provar sua ofensividade ou inofensividade? O proponente do projeto ou o órgão público?".[264]

A prova de um fato é um ônus cujo incumprimento resulta na perda de um benefício. Sob o princípio da precaução, o ônus da prova se inverte.

Por esse motivo, o ônus da prova é atribuído a quem propõe a atividade potencialmente prejudicial, quem se beneficia com ela ou quem teve acesso à informação.

VII Aplicação dinâmica e adaptativa

O princípio deve ser aplicado de modo dinâmico e adaptativo, o que significa que nunca há decisões definitivas. Seja uma atividade aprovada ou não, ela deve sempre ser submetida a um processo de monitoramento constante, no qual as decisões tomadas podem ser revisadas total ou parcialmente.

No campo regulatório, isso significa a aplicação de um *"management* adaptativo", que consiste em promover pesquisas que visem reduzir a incerteza, garantir avaliações periódicas dos resultados da implementação, estabelecendo sistemas de correção com base nas informações produzidas.

No plano jurídico, leva a uma ausência da coisa julgada, uma vez que não há decisões definitivas, mas decisões parciais, experimentais, adaptativas e de redirecionamento da atividade. No caso da aprovação de uma atividade, pode até mesmo levar à imposição de riscos do desenvolvimento, o que veremos no próximo ponto.

VIII Transferência do risco do desenvolvimento

O problema dos riscos produzidos pelo desenvolvimento levanta uma primeira questão, que é estabelecer se são admissíveis. A resposta pode ser negativa se um princípio de precaução de natureza proibitiva for aplicado a uma atividade que possa causar danos graves e irreversíveis. No caso de o risco ser de nível médio, a decisão deve ser permissiva, mas responsabilizando o proponente pelos danos ou impondo uma carga permanente de controle sobre a evolução dos riscos. A questão é complexa porque inverte uma regra tradicional: se um produto é

---

[264] BENJAMIN, Antonio E. Derechos de la naturaleza. *In*: BENJAMIN, Antonio E. *Obligaciones y contratos en los albores del siglo XXI*. Buenos Aires: Abeledo-Perrot, 2001. p. 31 e ss.

lançado ou uma atividade é proposta, e no momento da aprovação ela não apresenta riscos verificáveis, deve ser autorizada e não haverá responsabilidade alguma.

A exceção começou a ser estudada no campo do direito do consumidor e da responsabilidade por produtos manufaturados. O fabricante lança um produto no mercado, com base no conhecimento disponível naquele momento: o que acontece se, posteriormente, com o tempo, for descoberto outro de melhor qualidade ou uma informação que teria evitado o dano? A suposição pode ocorrer frequentemente com medicamentos lançados com um quadro de efeitos adversos e colaterais conhecidos no momento da aprovação e, depois de um tempo, um novo efeito adverso é descoberto que causa o dano: ele é atribuível ao fabricante que não o conhecia?

Para uma tese afirmativa, o fabricante responde mesmo que a potencial nocividade do produto seja desconhecida no momento de iniciá-lo ao consumo.[265] Ressalta-se que o desenvolvimento deve garantir a segurança dos produtos que entram no mercado consumidor de massa; que a óptica deve se concentrar na vítima, neste caso o consumidor, que sofre injustamente o dano, e não no fabricante.[266]

Para a tese negativa, o desenvolvedor não assume o risco do progresso científico após o lançamento do produto. Ressalta-se que é um risco atípico que não permitiria políticas de previsão financeira adequadas que encareceriam os custos de produção, e que não há uma garantia de inofensividade dos bens que introduz na comunidade.

No campo ambiental, há uma clara transferência de riscos do desenvolvimento, o que significa que, se a atividade ou o produto

---

[265] Pode ser considerada uma posição majoritária na Argentina. A IV Conferência sobre Responsabilidade por Produtos Farmacêuticos e Medicamentos (Morón, 1987) indicou que "não configura um acontecimento fortuito estranho à atividade o chamado risco do desenvolvimento" (Com. 1, V); que "uma vez aceita a necessidade de vigilância do poder público para preservar as qualidades terapêuticas dos medicamentos, seu estrito controle deve ser ampliado para prevenir sua morbidade" (Com. 2, I, 4) e que "a existência de autorização estatal não exime de responsabilidade o fabricante se se atribui a ele o vício ou defeito de fabricação do produto que gerou o dano" (Com. 2, II, 3). Na Conferência de Responsabilidade Civil e Seguros de Mar del Plata (Mar del Plata, 1989), observou-se: "Nos casos de lançamento no mercado de consumo de massa de produtos cuja nocividade não era conhecida no momento em que foram colocados em circulação, mas que novas verificações científicas ou técnicas mostram, deve-se responsabilizar o produtor, que deve garantir aos consumidores a segurança dos bens que introduz na comunidade. O profissional de saúde será responsável quando a nocividade do medicamento prescrito for conhecida ou cognoscível, e mesmo assim o tenha indicado" (rec. 4, b, *de lege lata*).

[266] GOLDENBERG, Isidoro H.; LÓPEZ CABANA, Roberto M. Responsabilidad civil por productos farmacéuticos y medicinales. Control estatal y responsabilidad del Estado. *El Jurista*, Corrientes, n. IV. p. 7.

autorizado causar danos, seu promotor é responsável. Também aqui o princípio da precaução pode ser invocado para a fase pós-aprovação da atividade, quando efeitos adversos previamente desconhecidos são detectados.

IX   Equidade e não discriminação

A aplicação do princípio é casuística e obriga a realizar um juízo de ponderação entre princípios competitivos. Isso significa que se devem identificar os riscos para os quais são tomadas medidas e estas devem ser proporcionais, devendo considerar-se os custos econômicos e sociais: quem se beneficia e quem perde.[267]

Também é relevante notar que as medidas tenham uma relação direta com a proteção do meio ambiente, evitando-se que se transformem em um tratamento discriminatório disfarçado. Essa hipótese é muito comum nas discussões sobre comércio internacional, nas quais o princípio da precaução é invocado para a entrada no mercado de determinados produtos, como produtos geneticamente modificados.[268]

Terceira parte – O balanço entre riscos e benefícios

I   Admissibilidade do balanço risco-benefício

O princípio contém o mandado de adotar "medidas eficazes em função dos custos para impedir a degradação ambiental".[269]

A eficácia em função dos custos é fazer um balanço entre os benefícios esperados pela aplicação do princípio (danos graves serão evitados ou reduzidos) e os custos de sua obtenção. O desenho legal do princípio obriga a efetuar um balanço do risco-benefício, que sempre, expressa ou implicitamente, se realiza. No entanto, a noção está cercada de preconceitos de todos os tipos e deu origem a inúmeros debates,[270] sendo necessário aprofundar o conceito.

---

[267] *Guidelines for applying the precautionary principle to biodiverstiy conservation and natural resource management, aproved by the 67 meeting of the IUCN council.*

[268] *World Trade Organization Dispute Settlement: Dispute DS291, European Communities: measures affecting the approval and marketing of biotech products, july 1, 2005.* Disponível em: http://www.wto.org.

[269] Declaração do Rio, Princípio 15 *in fine*.

[270] Ver, por exemplo: SUNSTEIN, Cass. *Riesgo y razón.* Seguridad, ley y medioambiente. Buenos Aires: Katz, 2006.

II O caráter de técnica procedimental não avaliativa

Para varrer falsas dicotomias, é necessário situar os planos de discussão.

Não há dúvida de que, no caso de um conflito de valores, a proteção ambiental é prevalente. Por esse motivo, a análise de custo-benefício não pode ser invocada como forma indireta de impor o primado do desenvolvimento econômico sobre a proteção ambiental, alterando a decisão de valor.

A análise é uma técnica processual e não um critério axiológico.

III O método analítico não emocional

Normalmente, o princípio da precaução começa a surgir quando há um temor da comunidade ante um risco.

A análise desse temor levanta inúmeras questões: como saber se é fundada ou infundada? É uma "comunidade" representativa ou é um grupo expressivo, mas minoritário, ao qual se opõe uma maioria silenciosa? É uma pretensão genuinamente popular ou bem é mobilizado por algum interesse econômico que os utiliza como instrumento? Deve ser adotada uma medida regulatória imediata para acalmar as reivindicações? Temos certeza de que a medida não causa efeitos piores? Que critérios de adjudicação devemos usar quando houver pouco dinheiro para investir e muitos riscos diferentes os quais tememos? Os riscos podem ser comparados uns aos outros?

Diante dessas perguntas, as respostas podem ser emocionais e levar a um efeito oposto ao desejado, ou podem produzir custos desnecessários ou não ter utilidade. O problema é que se utilizam métodos insuficientes, porque se concentram em um aspecto isolado, sem levar em consideração o contexto ou a complexidade do problema e seus efeitos adversos.[271]

A reação emocional pode levar a agir em excesso diante de pequenos problemas de alto impacto na mídia e com defeito em relação aos grandes riscos pouco disseminados. Também pode acontecer que, uma vez que as decisões sejam tomadas dessa maneira, haja interesse em manipular emoções para obter alguns regulamentos e tudo se torne mais incerto.

---

[271] DORNER, Dietrich. *The logic of failure*: recognizing and avoiding error in complex situations. Nova York: Metropolitan Books, 1996.

A análise de risco-benefício é um procedimento analítico que permite "esfriar" as paixões e ser "cauteloso" com a precaução para ter uma base de informação para agir, exceto, é claro, em casos de urgência.

Nessas hipóteses, o "resfriamento analítico" deve ser usado para obter mais eficácia na aplicação do princípio, conforme enunciado, e não para atrasar as coisas até que tudo seja esquecido.

IV O procedimento

Uma abordagem analítica obriga a examinar, detidamente, todos os elementos do risco que se quer evitar, mas é exatamente isso que é difícil devido à incerteza. Por esse motivo, deve admitir-se uma metodologia que atue como guia complementar das etapas já indicadas na aplicação do princípio.

Dissemos que há que reduzir a incerteza ao máximo possível pela coleta de informações. Uma vez reunida a informação mais completa, as seguintes ações são necessárias.

1 Identificar margens de probabilidades

É preciso identificar margens de probabilidades de ocorrência do risco, do impacto que pode ter no meio ambiente, independentemente de se referir a recursos renováveis ou não. Normalmente não existe um número exato ou um curso causal precisamente identificável, mas é possível mostrar margens máximas e mínimas dentro das quais as variáveis se comportam e são um guia importante para estabelecer tendências.

2 Devem ser avaliados os benefícios relativos para as partes relevantes[272]

Muitas medidas são reclamadas como apropriadas por um grupo, pois se terceirizam a informação ou os custos. Por exemplo, vizinhos organizados podem considerar uma instalação de fábrica adequada porque os custos são suportados por um grupo invisível e desorganizado, que são os futuros trabalhadores e consumidores. Por

---

[272] *Guidelines for applying the precautionary principle to biodiverstiy conservation and natural resource management, aproved by the 67 meeting of the IUCN council.*

outro lado, alguns empresários podem solicitar uma autorização para um projeto que trará grandes benefícios no emprego e na produção, mas os custos ambientais são terceirizados e suportados por toda a comunidade.

Esses conflitos podem ser muito complexos porque, dada a falta de informações e a dispersão dos setores beneficiados ou afetados, existem altos custos de transação que dificultam seriamente os acordos.

Para encontrar soluções equilibradas, partes relevantes devem ser identificadas, ou seja, não apenas qualquer grupo, mas aqueles que têm alguma relação com os bens e valores envolvidos no caso. Uma vez que isso ocorre, se pode pôr em contato e difundir o máximo de informação possível para diminuir o nível de dificuldade nos acordos e na tomada de decisões.

Portanto, seria razoável definir os benefícios e custos para as partes relevantes para que um debate policêntrico possa ser articulado e não se adotem decisões baseadas em critérios unilaterais. Por outro lado, a multiplicidade de vozes provoca um debate mais vigoroso e um aumento na informação disponível.

3 Devem examinar-se os custos comparativos das diversas alternativas[273]

Quando a informação é disseminada e diferentes centros de interesse são chamados, conflitos entre bens, valores e interesses competitivos tornam-se evidentes. Para ajudar na resolução, deve-se tentar reunir diferentes cenários de solução com base nas hipóteses de conflito, investigar o custo de reduzir o problema e explicar quem arcará com o custo. Dessa maneira, podem-se encontrar critérios para comparar, que são sempre aproximados e difíceis. A esse respeito, Sunstein[274] coloca o problema corretamente: como se comparam os riscos de dirigir um automóvel com os riscos de voar? Como se comparam os riscos de pesticidas com os riscos de não comer muitas frutas e verduras? Como os riscos de comer manteiga de amendoim se comparam aos riscos do consumo de cigarro? Os alimentos orgânicos são mais saudáveis do que os geneticamente modificados?

---

[273] *Guidelines for applying the precautionary principle to biodiverstiy conservation and natural resource management, aproved by the 67 meeting of the IUCN council.*

[274] SUNSTEIN, Cass. *Riesgo y razón*. Seguridad, ley y medioambiente. Buenos Aires: Katz, 2006.

Em alguns casos, é possível obter mais clareza com os modelos analíticos, levando em consideração os casos anteriores ou projetando soluções passo a passo que permitem experimentação e correção.

4   As experiências anteriores devem ser avaliadas para agir de forma consistente

O custo e os resultados têm mensuração muito complexa, porque envolvem aspectos econômicos, sociais e políticos em interação. Por esse motivo, o principal laboratório que deve ser utilizado para entendê-las é a experiência do passado, que também serve para dar consistência às decisões, evitando que sejam contestadas pelas circunstâncias ou pela busca de objetivos ocultos. A avaliação de casos anteriores, como o que aconteceu com o amianto ou o chumbo,[275] ensina que as catástrofes sempre emitem alarmes precoces.

5   Experimentar passo a passo

As decisões que alcançam bons resultados geralmente são experimentais, no sentido de executar pequenos passos reversíveis, verificar seus efeitos, testar e depois seguir em frente, a menos que você possa ter uma visão completa da situação desde o início.

6   Comparações intra e intergeracionais

A análise de custo-benefício é um instrumento que aprimora muito a capacidade de análise em contextos incertos, aumentando as informações disponíveis para a tomada de decisões. Cabe ressaltar que, pelo menos no estágio atual do conhecimento, também não é uma ferramenta definitiva, pois apresenta inúmeros aspectos controversos.

Um dos problemas mais difíceis é a comparação entre mercadorias para as quais parâmetros de medição precisos não estão disponíveis. Por exemplo, a análise regulatória deve considerar a perda de vidas humanas que uma atividade poderia causar em comparação à sua proibição e com as atividades alternativas que já estão sendo desenvolvidas ou

---

[275] PERCIVAL, Robert. Who's Afraid of the Precautionary Principle. *Pace Environmental Law Review*, v. 23, n. 1, 2005/6; PERCIVAL, Robert e outros. *Environmental regulation*: law, science, and policy. Boston: Little, Brown & Co., 2000. p. 1182.

que poderiam ser desenvolvidas. A proibição da circulação de veículos a motor diminuiria drasticamente a perda de vidas humanas, mas produziria outras consequências que também devem ser consideradas em termos de desemprego, caos nos transportes etc. Limitar a circulação é uma alternativa mais considerada e, se as emissões forem reguladas, por exemplo, os benefícios ambientais podem ser comparados com os custos gerados. Mas esses cálculos não são simples nem deixam de ser controversos. É difícil comparar benefícios econômicos com mercadorias que não estão listadas no mercado. Também o é a comparação da perda atual de vidas humanas com a que ocorrerá no futuro, após um período de latência do fator poluidor.[276]

Essa questão leva a outra solução difícil, uma vez que a equidade intergeracional geralmente inclui aspectos inconvenientes para a equidade intrageracional. Por exemplo, uma geração que tenha um alto padrão de vida aceitará certas restrições para beneficiar as gerações futuras, sendo propensa à equidade intergeracional. Por outro lado, quem convive com emergências econômicas buscará a equidade entre as gerações atuais e terá menos incentivo para pensar em médio e longo prazo.

A análise de custo-benefício é uma técnica útil, mas não resolve todos os problemas, porque sempre haverá debates que vão além dela.

Por esse motivo, é necessário complementá-la com um debate que aprofunda o processo de deliberação moral.

V Controle do cidadão

1 O processo de deliberação moral

As decisões relacionadas à aplicação do princípio devem passar por um processo democrático de deliberação moral.[277]

Quando nos colocamos no campo estrito do princípio, somos confrontados com uma situação em que as decisões devem ser tomadas em contextos de incerteza, e suas consequências afetam diferentes grupos. A medida não pode ser tomada por uma única pessoa, sem que, pelo menos, se produza um controle social do conhecimento e da própria

---

[276] REVESZ, Richard. Environmental Regulation, Cost-Benefit Analisis, and the discounting of human lives. *Columbia Law Review*, maio 1999.

[277] *Guidelines for applying the precautionary principle to biodiverstiy conservation and natural resource management, aproved by the 67 meeting of the IUCN council.*

decisão. Tudo isso significa que juízos, valores e percepções culturais do risco devem desempenhar um papel. Para esses fins, é necessário realizar audiências públicas que promovam deliberações e debates sobre questões de alta relevância. Para elas, devem ser convocados aqueles que arcarão com o custo da ameaça potencial e aqueles que arcarão com o custo da aplicação do princípio.[278]

2   A crise nos processos de tomada de decisão

O mencionado acima é consequência da crise que ocorre nos processos de atuação sobre riscos sociais e ambientais.

Mediante um processo longo e trabalhoso, a humanidade conseguiu identificar perigos e tomar decisões sobre eles, por meio de mecanismos científicos e políticos. O que está acontecendo em questões ambientais é uma quebra de confiança nas previsões científicas e na representação das decisões políticas nessa matéria.

No primeiro aspecto, é comum notar um amplo debate sobre questões científicas relacionadas a grandes problemas ambientais que levam a uma espécie de "parlamentarismo científico". Essas discussões transcendem o mundo acadêmico, e a opinião pública, hesitante em relação a certos prognósticos científicos, começa a desempenhar um papel importante. Uma das razões é a abstração, pois essas não são situações que normalmente podem ser percebidas pelos sentidos e, em muitos casos, não há fortes evidências científicas. Isso cria um novo "senso comum",[279] uma nova narrativa sobre o risco, que se constrói sobre intuições que se vão generalizando e que têm um efeito poderoso nos mecanismos de decisão política.

Nesta linha, "precaução" é uma linguagem narrativa do senso comum ante o risco que atua como um critério de orientação aproximada que tem um poderoso impacto em dois campos que veremos a seguir.

---

[278] Este aspecto é incluído tanto nas *Guidelines* da IUCN, como nas que referimos da Unão Europeia (Disponível em: http//europa.eu.int/comm/dgs/health_consumer/library/pub/pub07/-em).
[279] SANTOS, Boaventura de Souza. *Un discurso sobre las ciências*. [s.l.]: Edições Afrontamento, 1987.

3 Democracia intensiva

A crise nos mecanismos de tomada de decisão provoca o surgimento de uma "democracia intensiva", que precisa ser explicada brevemente.

O estatuto do poder foi elaborado no século XIX pelos fundadores das grandes cartas constitucionais, em virtude das quais a democracia representativa foi criada, o que implica um modo de participação por meio de representantes eleitos a cada quatro ou seis anos, que recebem um mandato para guiar a sociedade.

A maioria das decisões que afetam o cidadão ocorre durante os interregnos em que não há nenhuma participação prevista e geralmente são irreversíveis. Por outro lado, o imediatismo das informações da mídia põe em xeque a intermediação, pois aproxima as pessoas, colocando-as em contato direto e instantâneo com a decisão e com quem deve adotá-la.

Esses fenômenos não encontram lugar no estatuto de poder que herdamos do século XIX, e nenhum novo desenho constitucional foi trabalhado, o que não significa que o sistema não esteja sendo redesenhado.

Nos nossos dias, não existe uma decisão importante que não esteja de alguma forma sujeita a uma espécie de plebiscito. O estabelecimento de uma grande empresa com possíveis efeitos ambientais, a criação de um parque, a construção de uma ponte, a instalação de redes elétricas, a aprovação de produtos manufaturados, a autorização de concessões de pesca, e muitos desses atos geram um intercambio de opinião na qual a população intervém, como relatado pela mídia. Em não poucos casos, são propostas ações judiciais ou administrativas que geralmente preveem audiências públicas com debates em processos policêntricos, nos quais muitas vozes intervêm.

Estes são novos mecanismos de participação democrática:

- *Intermediário*, porque o debate principal não ocorre nos parlamentos ou através de habitantes isolados, mas na sociedade civil, isto é, através de cidadãos organizados em associações de todos os tipos.
- *Intensivo*, porque não segue a ordem temporal da votação, mas a dos problemas: diante de cada conflito o debate é ativado.
- *Policêntrico*, porque não se trata de debates entre duas partes, mas entre muitas vozes organizadas que representam interesses horizontais competitivos.

– *Reflexivo*, porque os critérios materiais de decisão são progressivamente construídos através de debates constantes.[280]

VI Controle e administração do risco

Existe algum consenso de que vivemos em uma sociedade de risco,[281] mas há menos consenso sobre como os riscos devem ser gerenciados.

Nas sociedades pré-modernas, os perigos eram externos, produtos da natureza; eles eram alheios ao comportamento humano e não podiam ser controlados. A insegurança derivava do dano que a natureza poderia causar e, portanto, era fatal no sentido de que era incontrolável. Esse caráter fez com que não fosse feita nenhuma tentativa de desenvolver uma metodologia científica de administração e que esses problemas fossem gerenciados através da religião e da magia. No campo jurídico, o puro risco incontrolável funciona dentro da noção de caso fortuito.

Podemos dizer então que existem riscos naturais incontroláveis.

Atualmente, o risco permanece, mas os dois elementos que o qualificam mudaram: eles não são apenas de origem natural e a capacidade de controle aumentou.

Os riscos de origem humana apareceram abruptamente como consequência do desenvolvimento,[282] e pode-se dizer que são o resultado de decisões atuais em contextos de incerteza que nos expõem a sofrer danos futuros.

A consequência principal que deriva da classificação de um risco como de origem natural ou humana é que, no segundo caso, o comportamento pode ser influenciado de modo a evitá-lo, diminuir sua intensidade ou administrá-lo.

---

[280] Isso levou alguns autores a falar de um "direito reflexivo". Por exemplo, Teubner: "No momento em que a autorregulação e a autodescrição se combinam para que a identidade (autoconstitutiva) seja utilizada como critério de escolha das estruturas, ela provoca processos de autorreflexão dentro do sistema. O desenvolvimento de um contexto de argumentação relacionado à identidade própria do sistema – por exemplo na teoria do Direito – torna o sistema autorreflexivo. Portanto, podemos falar hoje de um direito reflexivo em sentido estrito somente quando a teoria do Direito e a dogmática jurídica tematizam as atuais condições sociais do Direito (especialmente sua posição no processo geral de diferenciação social) e o Direito extrai disso consequências operativas para a sua prática decisória" (TEUBNER, Gunther. *O direito como sistema autopietico*. Lisboa: Fund. Calouste Gulbenkian, 1989).
[281] BECK, Ulrich. *La sociedad del riesgo*. Hacia una nueva modernidad. [s.l.]: Paidós, [s.d.].
[282] LUHMANN, Niklas. *Las consecuencias perversas de la modernidad*. [s.l.]: Anthropos, 1996.

Muitos riscos de origem humana não são eliminados, mas são reduzidos e podem ser administrados. O risco de acidentes causados por veículos automotores é gerenciado por seguros com base em cálculos probabilísticos que permitem compensar as vítimas e, em uma segunda fase, atuar como incentivo à prevenção.[283] No campo econômico, algo semelhante ocorre por meio de contratos aleatórios, de jogo, os que têm por objeto a inversão sobre variáveis incertas em títulos futuros e em muitos outros casos semelhantes.[284] Os riscos de doença e de falta de renda na velhice são gerenciados por meio de seguro de vida, aposentadoria, medicina privada pré-paga etc.

As bases teóricas para que isso ocorra são as seguintes.[285]:

- As pessoas são "avessas ao risco" se consideram que a utilidade de uma perspectiva certa de ganho monetário é maior que a utilidade esperada de uma perspectiva incerta de um valor monetário esperado igual. Em vez disso, outras pessoas são "neutras ao risco", como é o caso de alguém que pratica montanhismo ou alguém que joga sua fortuna no cassino. Pessoas que se arriscam preferem uma perspectiva de ganho incerta a uma perspectiva de igual valor monetário esperado.

- Os contratos de seguro se baseiam na aversão ao risco e levam em consideração que os indivíduos pagam dinheiro para prever alternativas incertas no futuro; eles não jogam dados com o desemprego, a doença, os acidentes de carro. Uma pessoa racional prefere certa renda mais baixa a uma mais alta, mas incerta.

- Se uma pessoa segurada tiver todos os riscos cobertos, seu comportamento será desinteressado em comportamentos preventivos. Para evitar esse fenômeno, chamado de "álea moral", o seguro envolve o segurado com uma parte do custo através do cosseguro. O que está acontecendo em questões ambientais é uma crise no sistema de gerenciamento de riscos humanos, que para alguns está em fase terminal.[286]

---

[283] CALABRESSI, Guido. *El coste de los accidentes*. Barcelona: Ariel, [s.d.]; CASTEL, Robert. *Las metamorfosis de la cuestión social*. [s.l.]: Paidós, 2004.

[284] Ampliamos em *Tratado de los contratos*. Parte general. t. III.

[285] COOTER, Robert; ULEN, Thomas. *Derecho y Economía*. México: Fondo de Cultura Económica, 1998.

[286] RAMOS, Ramón. De la sociedad del riesgo a la sociedad de la incertidumbre. *In: Gobernar los riesgos*. OEI, 2004:45; SOZZO, Gonzalo. Riesgos del desarrollo y sistema del Derecho de Daños (hacia un Derecho de Daños pluralista). *In: Direito, sociedade e riscos*. A sociedade

Não há dúvida de que há uma crise, mas isso não nos isenta de especificá-la e fazer algumas distinções.

Em primeiro lugar, há crise porque o objetivo de reduzir e gerenciar riscos não é aplicável em relação à maioria dos microbens ambientais que não são renováveis ou compensáveis. Isso nos permite afirmar que, nos casos de recursos não renováveis, a precaução é mais intensa do que nos casos em que é possível um tratamento menos drástico.

Em segundo lugar, há uma crise porque o grau de incerteza é acentuadamente aumentado e até excede os limites do campo probabilístico. Por esse motivo, os problemas que excedem o nível de probabilidade em que a precaução é aplicada e os abaixo dessa linha, que permitem seguro, podem ser separados.

Em terceiro lugar, há uma crise porque a magnitude dos danos não é gerenciável pelos sistemas econômicos usuais, que estão saturados e não podem distribuir o custo com eficiência. Por isso, podemos separar os casos em que a difusão do custo é aplicável e os que excedem essas possibilidades e devemos aplicar a precaução.

Em conclusão: a precaução é mais intensa nos casos em que há riscos de origem humana, não renováveis, com uma incerteza que excede o cálculo de probabilidades e a difusão racional do custo.

Quarta parte – Mudanças paradigmáticas

A aplicação do princípio da precaução é realizada no contexto do paradigma ambiental e produz mudanças específicas que serão analisadas a seguir.

I   A segurança jurídica

Um dos valores mais apreciados no sistema jurídico é a clareza de suas regras e a previsibilidade que gera. Na medida em que a precaução é uma diretiva que se baseia na incerteza e, portanto, na falta de provas concretas, afasta-se da segurança jurídica.

Esse conflito ocorre em várias áreas do ordenamento jurídico ambiental. Por exemplo, no direito penal, exige-se uma aplicação clara

---

contemporânea vista a partir da idéia de risco, Red Latino-Americana e Europeia sobre Governo dos Riscos, Brasília, 2006.

da segurança jurídica, ao se exigir uma descrição prévia do ilícito e uma certeza na noção de dano. No entanto, na área ambiental surgem crimes de mero perigo, normas penais em branco, e bens jurídicos coletivos cujas fronteiras são difusas, tudo que acaba por afetar a previsibilidade.[287]

Na aplicação do princípio da precaução, deve-se fazer uma adequada ponderação entre previsibilidade e precaução ante a incerteza.

A melhor metodologia para realizar essa ponderação é a utilização de curvas de otimização.

II Da reparação à antecipação

Observamos que o bem ambiental não é monetizável e, portanto, a reparação é inapropriada, e a prevenção é priorizada.[288] Esta última opera com base na previsibilidade, mas o princípio da precaução vai além, agindo com base na mera antecipação sem bases verificáveis de certeza.

---

[287] BENJAMIN, Antonio E. Derechos de la naturaleza. *In*: BENJAMIN, Antonio E. *Obligaciones y contratos en los albores del siglo XXI*. Buenos Aires: Abeledo-Perrot, 2001. p. 31 e ss.

[288] Nota da revisora: No Brasil, veja na Lei nº 6.938, de 31.8.1981, que dispõe sobre a Política Nacional do Meio Ambiente, as penalidades possíveis: "Art. 14. Sem prejuízo das penalidades definidas pela legislação federal, estadual e municipal, o não cumprimento das medidas necessárias à preservação ou correção dos inconvenientes e danos causados pela degradação da qualidade ambiental sujeitará os transgressores: I - à multa simples ou diária, nos valores correspondentes, no mínimo, a 10 (dez) e, no máximo, a 1.000 (mil) Obrigações Reajustáveis do Tesouro Nacional – ORTNs, agravada em casos de reincidência específica, conforme dispuser o regulamento, vedada a sua cobrança pela União se já tiver sido aplicada pelo Estado, Distrito Federal, Territórios ou pelos Municípios. II - à perda ou restrição de incentivos e benefícios fiscais concedidos pelo Poder Público; III - à perda ou suspensão de participação em linhas de financiamento em estabelecimentos oficiais de crédito; IV - à suspensão de sua atividade. §1º Sem obstar a aplicação das penalidades previstas neste artigo, é o poluidor obrigado, independentemente da existência de culpa, a indenizar ou reparar os danos causados ao meio ambiente e a terceiros, afetados por sua atividade. O Ministério Público da União e dos Estados terá legitimidade para propor ação de responsabilidade civil e criminal, por danos causados ao meio ambiente. §2º No caso de omissão da autoridade estadual ou municipal, caberá ao Secretário do Meio Ambiente a aplicação das penalidades pecuniárias previstas neste artigo. §3º Nos casos previstos nos incisos II e III deste artigo, o ato declaratório da perda, restrição ou suspensão será atribuição da autoridade administrativa ou financeira que concedeu os benefícios, incentivos ou financiamento, cumprindo resolução do CONAMA. §5º A execução das garantias exigidas do poluidor não impede a aplicação das obrigações de indenização e reparação de danos previstas no §1º deste artigo. Art. 15. O poluidor que expuser a perigo a incolumidade humana, animal ou vegetal, ou estiver tornando mais grave situação de perigo existente, fica sujeito à pena de reclusão de 1 (um) a 3 (três) anos e multa de 100 (cem) a 1.000 (mil) MVR".

Assim, o princípio estabelece uma prioridade absoluta da proteção antecipada.[289] Nesse sentido, foi dito:

> a necessidade de uma tutela antecipada é imposta dessa maneira, considerando a ameaça de danos sérios e irreversíveis, cujas consequências podem se propagar no espaço ao longo do tempo. A falta de certeza científica acerca da etiologia de certos processos ambientais e dos alcances de muitas relações ecológicas básicas contribuem para acentuar as dúvidas sobre o enquadramento legal do meio ambiente como um bem jurídico valioso. O dever de precaução obriga a levar em consideração a probabilidade de danos significativos à biosfera, situação que determina a necessidade de maior zelo e cuidado diante da fundada suspeita de que a integridade do meio ambiente se encontra comprometida.[290]

III O paradigma da ancoragem

Há muito tempo, usei a ideia de um "paradigma da ancoragem" para expressar uma noção similar à precaução.[291]

Ciência e progresso têm as virtudes do navegador que se aventura em mares desconhecidos. Quando a natureza está em jogo, trata-se de velejar, mas conservando o mar, o céu e as estrelas que nos guiam. Os valores e os bens coletivos são essas estrelas que orientam o navegador. É uma ancoragem em valores, em ir mais devagar para não arruinar tudo o que temos que deixar para aqueles que continuarão no uso dos bens ambientais.

---

[289] Nota da revisora: Daí a importância do estudo de impacto ambiental, conforme frisa a jurisprudência do STJ: "As normas ambientais encerram obrigações não só para quem usa recursos naturais, mas também para o administrador público que por eles deve velar. O agente do Estado que, com dolo genérico, descumpre, comissiva ou omissivamente, tais deveres de atuação positiva comete improbidade administrativa, nos termos do art. 11 da Lei 8.429/1992. 5. Como regra geral, o elemento subjetivo na Ação de Improbidade Administrativa deve, na sua plenitude, ser apreciado na instrução processual, após ampla produção de prova e máximo contraditório. Nos termos do art. 17, §8º, da Lei 8.429/1992, a presença de indícios de cometimento de atos ilícitos autoriza o recebimento da petição inicial da Ação de Improbidade Administrativa, devendo prevalecer na fase inicial o princípio in dubio pro societate. Nesse sentido: REsp 1.065.213/RS, Rel. Ministro Francisco Falcão, Primeira Turma, DJe 17.11.2008; AgRg no REsp 1.533.238/SP, Rel. Ministro Mauro Campbell Marques, Segunda Turma, DJe 14.12.2015; AgRg no AREsp 674.126/PB, Rel. Ministra Assusete Magalhães, Segunda Turma, DJe 2.12.2015; AgRg no AREsp 491.041/BA, Rel. Ministro Humberto Martins, Segunda Turma, DJe 18.12.2015."(REsp 1260923/RS, Rel. Ministro Herman Benjamin, Segunda Turma, julgado em 15/12/2016, DJe 19/04/2017)" (AgInt no AREsp nº 1.100.789/SP. Rel. Min. Assusete Magalhães, Segunda Turma, j. 7.12.2017. DJe, 15 dez. 2017).

[290] BENJAMIN, Antonio E. Derechos de la naturaleza. In: BENJAMIN, Antonio E. Obligaciones y contratos en los albores del siglo XXI. Buenos Aires: Abeledo-Perrot, 2001. p. 31 e ss.

[291] Em Las normas fundamentales de Derecho Privado. Santa Fé: Rubinzal-Culzoni, 1994. p. 183.

CAPÍTULO 6

A FUNÇÃO AMBIENTAL

I Introdução

Todas as atividades suscetíveis de afetar negativamente o meio ambiente pressupõem – no campo jurídico – o exercício de direitos relacionados à propriedade privada, à liberdade de contratação e ao desenvolvimento de projetos industriais ou comerciais.

Trata-se de prerrogativas individuais fortemente tuteladas tanto pelos tratados de direitos fundamentais como pelas constituições nacionais de cada país.

O surgimento de bens coletivos gera evidentes limitações e necessidades de compatibilizações entre ambas as ordens jurídicas, a fim de percorrer o caminho para o desenvolvimento sustentável.

A Suprema Corte argentina declarou sobre esse ponto que o princípio da precaução

> implica harmonizar a proteção do meio ambiente e o desenvolvimento, por meio de um juízo de ponderação razoável, de modo que não se deve buscar oposição entre eles, mas sim complementaridade, já que a tutela do meio ambiente não significa deter o progresso, mas, pelo contrário, torná-lo mais duradouro no tempo para que as gerações futuras possam desfrutá-lo também.[292]

---

[292] CSJN, 26-3-2009, "Salas, Dino e outros c/Província de Salta e Estado Nacional", Fallos: 332:663; L. L. 2009-B-683 (resumo), com nota de AGUIRRE ASTIGUETA, Sebastián. O princípio precautório ante o conflito entre desenvolvimento e preservação; DOLABIAN, Diego; SZARANGOWICZ, Gustavo. Desmonte y tala de bosques nativos, em L. L. del 6.5.2009. p. 9; BENAVENTE, María. El legado del caso "Salas". *Revista de Derecho Ambiental*, n. 30, 2012. p. 25.

Esse é um parâmetro importante quando se trata de fundar juridicamente os objetivos do direito ambiental, com o propósito de banir interpretações reducionistas que imputam à matéria uma espécie de caráter impeditivo do crescimento econômico das pessoas e dos países.

Na opinião do mais alto tribunal argentino, expressa na citação acima, não é real que a proteção dos direitos de terceira geração enfraqueça ou atrase a satisfação dos da primeira ou da segunda.

É essa ideia de "balanço" entre direitos individuais e direitos de incidência coletiva que exploraremos no próximo título deste capítulo.

Essas questões são debatidas em fóruns regionais e globais, pois são o eixo de todos os conflitos ambientais: são feitas tentativas para resolver problemas de colisão entre direitos fundamentais concorrentes e entre os quais não existe hierarquia prévia que permita a adoção de mecanismos de subsunção normativa.[293]

Portanto, um dos grandes parâmetros propostos para a execução dos juízos de ponderação é o da função ecológica ou ambiental no exercício dos direitos fundamentais.

Apenas para mencionar alguns dos exemplos mais recentes, o princípio número seis da Declaração Mundial da União Internacional para a Conservação da Natureza (IUCN) sobre o Estado de Direito em matéria ambiental[294] estabelece:

> Toda pessoa natural ou jurídica ou grupo de pessoas que possui ou controla terras, água ou outros recursos, tem o dever de manter as funções ecológicas essenciais associadas a esses recursos e de não realizar atividades que possam prejudicar tais funções. As obrigações legais para restaurar as condições ecológicas da terra, água ou outros recursos são vinculativas para todos os proprietários, ocupantes e usuários de um lugar, e sua responsabilidade não termina com a transferência para outros do uso ou título.

---

[293] Argumentou-se que "o meio ambiente tem uma textura diferente de outros interesses integrados ao Estado social. É mais complexo e sua realização, em harmonia com os demais, mais custosa. E isso porque o bem jurídico ambiental está em potencial conflito com qualquer outro bem constitucional (clássico ou social). A capacidade do ambiente de convergir, de justapor-se, o seu caráter multifacetado e a sua visão expansiva forçam um repensar completo do Estado social que o assuma impregnando as políticas sociais e econômicas com componentes ambientais. Tratar-se-ia de alcançar um Estado social ambientalmente orientado" (ESAIN, José Alberto. El Estado ambiental de Derecho. *RDAmb.*, 50, 23).

[294] Elaborada no marco do Congresso Mundial de Direito Ambiental da UICN, reunido na cidade do Rio de Janeiro, Brasil, de 26 à 29.4.2016.

No âmbito dos poderes judiciais, no parágrafo 83, intitulado *Função ecológica do direito de propriedade*, da Declaração de Princípios Jurídico Ambientais para um Desenvolvimento Ecologicamente Sustentável,[295] lê-se: "O direito de propriedade e a propriedade mesma se integra como um todo, na medida em que importe obter um benefício responsável, e que suas funções sociais compreendam a ecologia e o respeito ao meio ambiente".[296]

No que diz respeito a um dos microbens ambientais com os quais as nações estão mais preocupadas atualmente, dispõe o segundo dos princípios da Declaração de Juízes sobre Justiça Hídrica,[297] sancionada em Brasília em 21.3.2018:

> Como consequência dos estreitos vínculos existentes entre o solo e a água, bem como as funções ecológicas dos recursos hídricos, toda pessoa titular de um interesse ou um direito de uso sobre solos ou recursos hídricos tem o dever de manter as funções ecológicas e a integridade desses recursos e dos ecossistemas relacionados.

Sob esse paradigma, refletiremos nos títulos sucessivos deste capítulo sobre a função ecológica ou ambiental da propriedade, a teoria dos contratos e também os direitos do consumidor.

II Harmonização entre direitos individuais e coletivos

1 Localização do conflito

A tensão e a compatibilização entre o "público" e o "privado" foi, é e continuará sendo um dos maiores debates que se apresentam nas sociedades e que os ordenamentos jurídicos tentam canalizar.

O nó da questão reside em delimitar os contornos da interseção entre a órbita da liberdade pessoal e a ausência de intervenção do Estado, em um extremo, e o campo regulatório do coletivo e das situações de vulnerabilidade nos vínculos privados por meio de normativa imperativa ou de ordem pública, em outro.

---

[295] Elaborada no marco da XIX Assembleia Plenária da Cúpula Judicial Ibero-americana, celebrada em Quito, Equador, nos dias 18, 19 e 20.4.2018.
[296] Nota da revisora: Veja a Súmula nº 613 no STJ: "Não se admite a aplicação da teoria do fato consumado em tema de Direito Ambiental" (Súmula nº 613, Primeira Seção, j. 9.5.2018. *DJe*, 14 maio 2018).
[297] Documento apresentado na Conferência de juízes e promotores sobre Justiça Hídrica no 8º Foro Mundial da Água em Brasília (Brasil), celebrado de 18 a 23.3.2018.

Por um longo período histórico, a regulação do exercício dos direitos individuais foi baseada no pressuposto econômico da maximização de utilidades.[298]

Como expressão da proteção jurídica da esfera individual, a proteção de direitos personalíssimos poderia muito bem ser usada como exemplo.

No direito argentino, os atos de disposição de direitos personalíssimos são admitidos de modo amplo pelo art. 55 do Código Civil e Comercial,[299] na medida em que não sejam apresentados como contrários à lei, à moral e aos bons costumes.

A esfera íntima da pessoa é vigorosamente preservada, sem que se justifiquem intervenções estatais nas decisões particulares que pareçam violar o disposto no art. 19 da Constituição Nacional.[300]

A jurisprudência aplicou esse paradigma ao resolver uma série de situações extremamente complexas e intrincadas em relação à disposição ou renúncia de direitos personalíssimos, inclusive vinculados à saúde ou à vida.[301]

Em resumo, existe um consenso geral de que os direitos individuais – sejam eles personalíssimos ou não – estão relativamente disponíveis para seus detentores e são regidos pela autonomia privada. Ao mesmo tempo, há uma série de outras relações ou situações jurídicas em que é necessário equilibrar as prerrogativas descritas acima com a proteção de certas garantias que são consideradas de maior peso na ponderação que o legislador ou o juiz deve fazer.

Por um lado, em casos de vulnerabilidade, de impossibilidade de livre expressão da vontade ou de vínculos não paritários, interpretar-se-á de maneira restritiva a possibilidade de dispor de direitos individuais, enquanto surgirão normas jurídicas de ordem pública que concorrerão para regulamentar ditas situações.

---

[298] LORENZETTI, Ricardo Luis. *Fundamentos de Derecho Privado*. Código Civil y Comercial de la Nación Argentina. Buenos Aires: La Ley, 2016. p. 38-39.

[299] Artigo 55 - Disposição de direitos personalíssimos. O consentimento para a disposição dos direitos personalíssimos é admitido se não for contrário à lei, à moral ou aos bons costumes. Este consentimento não se presume, é de interpretação restritiva e livremente revogável.

[300] "Artigo 19 - As ações privadas dos homens que de nenhum modo ofendam a ordem e a moral públicas, nem prejudiquem a terceiros, são reservadas apenas a Deus e isentas da autoridade dos magistrados. Nenhum habitante da Nação será obrigado a fazer o que a lei não manda, ou privado do que ela não proíbe".

[301] A modo de exemplos de sentenças da CSJN, 6-4-93, "Bahamondez, Marcelo s/Med. caut.", L. L. 1993-D-130, Fallos: 316:479; 1-6-2012, "Albarracini Nieves, Jorge W. s/Medidas precautórias", L. L. del 8-6-2012, Fallos: 335:799; 7-7-2015, "D., M. A. s/Declaração de incapacidade", Fallos: 338:556.

Por outro lado, em matéria de direitos de incidência coletiva, a renunciabilidade é praticamente nula, uma vez que nenhuma pessoa pode ostentar direitos de domínio exclusivos sobre os bens comuns.

Portanto, legislar sobre o direito à saúde, à privacidade, à intimidade ou à vida de cada pessoa não é o mesmo que o fazer com relação ao meio ambiente, aos direitos dos consumidores ou a certos grupos minoritários discriminados, por exemplo.

No primeiro grupo, há uma forte defesa da autodeterminação, pois cada indivíduo pode planejar sua vida como quiser, desde que respeite os padrões mínimos que surgem da coexistência social. No segundo grupo, por outro lado, é essencial estabelecer outros tipos de contornos que permitam privilegiar certos valores aos quais o paradigma constitucional atribui uma hierarquia mais alta à disponibilidade de direitos individuais.

É jurisprudência pacífica da Corte Suprema argentina que a coexistência em sociedade impõe enquadrar o exercício de direitos em torno do bem comum, uma vez que, por exemplo:

> nem o direito de usar e dispor da propriedade, nem qualquer outro direito reconhecido pela Constituição, tem o caráter de absoluto. Um direito ilimitado seria uma concepção antissocial. A regulamentação ou limitação do exercício dos direitos individuais é uma necessidade derivada da coexistência social. Regular um direito é limitá-lo, é torná-lo compatível com os direitos de outras pessoas na comunidade e com os melhores interesses desta última.[302]

2 Regras de compatibilização no Código Civil e Comercial argentino

O art. 14 do Código Civil e Comercial da Argentina, após reconhecer a existência de direitos de incidência individual e coletiva, declara que a lei não protege o exercício abusivo de direitos individuais quando pode afetar o meio ambiente e os direitos de incidência coletiva em geral.

É uma norma de transcendência fenomenal no marco do Estado de direito ambiental, porque implica uma mudança copernicana na concepção clássica de abuso de direito, o qual se "meioambientaliza".

---

[302] CSJN, 28-4-92, "Ercolano, Agustín c/Lanteri de Renshaw, Julieta", Fallos: 136:170.

O abuso de direito redimensiona o exercício dos direitos subjetivos, sinalizando um limite externo que foi chamado de "função ambiental".[303]

Essa preferência pelo coletivo é mantida com ainda mais detalhes e ênfase no art. 240 do Código Civil e Comercial,[304] ao ordenar que o exercício dos direitos individuais deve ser compatível com os direitos de incidência coletiva e não deve afetar o funcionamento nem a sustentabilidade dos ecossistemas da flora, da fauna, da biodiversidade, da água, dos valores culturais, da paisagem, entre outros, segundo os critérios previstos na lei especial.[305]

Portanto, com base no critério do desenvolvimento sustentável e no princípio da equidade intergeracional, será necessário introduzir a variável coletiva diante de cada relação jurídica que se enquadre nas disposições do Código Civil e Comercial; circunstância que resume amplamente uma das principais premissas do Estado de direito ambiental.

Sob esse paradigma, o exercício dos direitos individuais não pode ser considerado legal ou convencionalmente válido se não for sustentável.

Trata-se de um interessante esquema de harmonização e compatibilidade que induz a inovar em soluções que levam à conquista de um dos maiores desafios em matéria de bens coletivos, que é a implementação efetiva das normas de proteção.

A filosofia que inspira a solução adotada pelo Código Civil e Comercial consiste em sustentar que a proteção do meio ambiente configura um pressuposto ou um prerrequisito para o desfrute dos

---

[303] LORENZETTI, Ricardo Luis. *Fundamentos de Derecho Privado*. Código Civil y Comercial de la Nación Argentina. Buenos Aires: La Ley, 2016. p. 405; SOZZO, Gonzalo. El giro ecológico del abuso de Derecho. *Revista de Derecho Ambiental*, n. 51, set. 2017. p. 1; LORENZETTI, Pablo. Compatibilización entre la esfera pública y la privada y entre el ámbito colectivo y el individual en el Código Civil y Comercial de la Nación, em J. A. 2015-III-3, J. A. del 30-9-2015; AP/DOC/830/2015.

[304] "Artigo 240 - Limites ao exercício dos direitos individuais sobre os bens. O exercício dos direitos individuais sobre os bens mencionados nas Seções 1 e 2 deve ser compatível com os direitos de incidência coletiva. Deve estar em conformidade com as normas do direito administrativo nacional e local ditadas no interesse público e não deve afetar o funcionamento ou sustentabilidade dos ecossistemas de flora, fauna, biodiversidade, água, valores culturais, paisagem, entre outros, de acordo com os critérios previstos na lei especial".

[305] Já foi dito em comentário ao artigo citado que "Esta norma estabelece o paradigma da sustentabilidade, que juntamente com os critérios de progressividade, não regressão e *pro homine* serão muito importantes para a aplicação do sistema normativo de proteção dos direitos de incidência coletiva" (GARRIDO CORDOBERA, Lidia M. R. Derechos individuales y de incidencia colectiva en el Código Civil y Comercial, em L. L. del 10-2-2015. p. 1; L. L. 2015-A-835; RCyS 2015-III-13).

demais direitos fundamentais reconhecidos tanto pela Constituição Nacional como pelo próprio Código.

Não é viável exercitar os direitos à vida, à saúde, às diferentes liberdades, e o exercício de uma indústria ou comércio, trabalho, entre outros, se não for garantida uma qualidade ambiental razoável. Esse é o fundamento central da regra de precedência do coletivo sobre o individual que as normas em análise introduzem.

Observe que essas premissas afetam todo o sistema jurídico e até questões que, *prima facie*, pareceriam completamente não relacionadas ao meio ambiente.

Foi o que aconteceu, por exemplo, em um caso no qual um integrante do escritório jurídico representante do síndico da falência de uma empresa alegou que o ativo da massa era constituído por dois navios muito deteriorados e com possibilidade de afundar, o que poderia causar danos ambientais ao Riachuelo.[306]

Nesta disputa, há uma evidente colisão entre, de um lado, o interesse coletivo em proteger o meio ambiente – já que, se os navios afundassem, agravariam a poluição do rio – e, de outro, os interesses individuais dos credores da empresa – pelo fato de que qualquer medida adotada para consertar os barcos e impedi-los de afundar geraria despesas e, com isso, novos créditos que os credores buscarão recuperar, aumentando o passivo da falida.

Levantado o conflito, este se resolve precisamente aplicando a normativa contida no Código Civil e Comercial a que nos referimos, sustentando o julgado o seguinte:

> Só a circunstância de que a colisão que ocorre no caso dá-se entre interesses individuais homogêneos e interesses coletivos, por império do que está consagrado nos artigos 14 e 240 do Código Civil e Comercial da Nação, prioriza a proteção do segundo. E isso é ainda mais conclusivo quando, como no caso em particular, esse bem coletivo é o meio ambiente. Isso porque se trata de um bem cuja proteção também foi expressamente imposta como um mandamento legal.

Com base em tais fundamentos, ordena-se a extração e o assentamento a seco de um dos navios, adotando-se as medidas de salvaguarda necessárias para que a execução da referida ação se realize sem gerar danos ou afetar o meio ambiente.

---

[306] JNFed.CCorr. nº 12, 15-3-2017, "Q., J. H."

Como pode ser visto, o impacto desses critérios de compatibilização e harmonização é enorme e excede claramente os objetivos deste trabalho.

Claro está que esses institutos devem ser interpretados e aplicados de modo razoável (art. 3º do Código Civil e Comercial); tentando satisfazer o máximo possível todos os direitos constitucionais – tanto individuais como coletivos – que estão em jogo e "compitam" em cada caso concreto (art. 1º) e também dialogar com cada uma das fontes que concorrem para regular o conflito de uma maneira coerente e responsável (art. 2º).

Nesse contexto, mesmo os direitos individuais mais clássicos e poderosos terão que ser repensados. É neste norte, em suma, que a consagração da função socioambiental no exercício dos direitos individuais é proclamada como o verdadeiro princípio geral do direito, exigível de modo concreto segundo os parâmetros e fundamentos vigentes em cada um dos ordenamentos jurídicos vigentes.[307]

III A propriedade privada

1 Noção inicial

Um dos direitos mais característicos da esfera privada do povo e, consequentemente, mais enfaticamente protegido pelas constituições liberais e pelos códigos do século XIX é a propriedade privada.

Contudo, a propriedade não escapa ao caráter "não absoluto" do exercício da generalidade dos direitos fundamentais.[308]

O modelo "propriedade-direito individual" é substituído pelo "propriedade-função", no qual não apenas existem limitações de natureza negativa, mas também emergem verdadeiros deveres positivos derivados do ambiente.

O direito do proprietário cumpre uma função para o grupo social como um todo, e isso se traduz em um conteúdo obrigatório positivo que parte da própria situação de pertencimento.

---

[307] A doutrina tem apoiado essas ideias, por exemplo, no âmbito da XXV Conferência Nacional de Direito Civil realizada em 2015 em Bahía Blanca, Argentina, ao observar que "os artigos 14, 240 e concs. do Código Civil e Comercial consagram a função socioambiental no exercício dos direitos individuais, o que implica introduzir a noção de bem comum e sustentabilidade no sistema de Direito Privado, tanto para a proteção das gerações atuais como das futuras".

[308] Lê-se no parágrafo 93 da *Encíclica Laudato Si'* que "A tradição cristã nunca reconheceu como absoluto ou intocável o direito à propriedade e sublinhou a função social de qualquer forma de propriedade privada".

Esses parâmetros atribuem à propriedade o caráter de direito-dever, o qual importa para o titular – juntamente com as faculdades clássicas – obrigações concretas de cuidado, preservação, reparação, não degradação, não contaminação etc.[309]

O Código Civil brasileiro – uma das fontes observadas na época da elaboração do Código Civil e Comercial da Argentina – é um bom exemplo dessas ideias, uma vez que seu art. 1228 estabelece:

> O direito de propriedade deve ser exercido em consonância com as suas finalidades econômicas e sociais e de modo que sejam preservados, de conformidade com o estabelecido em lei especial, a flora, a fauna, as belezas naturais, o equilíbrio ecológico e o patrimônio histórico e artístico.

A Constituição colombiana, entre outras, consagra o mesmo princípio em seu art. 58, ao sustentar que "a propriedade é uma função social que implica obrigações". Como tal, lhe é inerente uma função ambiental.

2 Algumas derivações

A função ambiental denota neste campo o ressurgimento de um direito privado imperativo e protetor, que penetra a atividade comercial por meio de normas de ordem pública para exigir um processo de internalização dos custos ambientais, em oposição ao mecanismo de externalização desse tipo de danos colaterais permitidos pelo direito clássico.

No entanto, mediante essa noção, não se trata apenas de impor sanções, multas ou indenizações às empresas ou particulares poluidores, mas, ao contrário, a promoção da adoção de tecnologias limpas nos processos produtivos, entendidas como externalidades positivas que quem possui a propriedade ou exerce uma indústria lícita pode aportar à sociedade.[310]

---

[309] CATALANO, Mariana. Amparo. Preservación de ruinas de valor arqueológico, histórico, cultural y turístico. Principio precautorio. Función ambiental de la propiedad, em L. L. NOA 2007 (octubre). p. 892.

[310] Continuando com a *Encíclica Laudato Si'*, é explicado no parágrafo 177 que "Há uma jurisprudência crescente que visa reduzir os efeitos poluentes de empreendimentos empresariais. Mas o arcabouço político e institucional não existe apenas para evitar as más práticas, mas também para estimular as melhores práticas, para estimular a criatividade que busca novos caminhos, para facilitar as iniciativas pessoais e coletivas ", e em 191 que "Os esforços para um uso sustentável dos recursos naturais não é um gasto inútil, mas um investimento que pode trazer outros benefícios econômicos a médio prazo".

Este princípio da função ambiental ou ecológica exige, portanto, a introdução da noção de desenvolvimento sustentável em todas as atividades ou projetos que envolvem o exercício da propriedade privada.

A Suprema Corte argentina teve esse conceito em mente em vários precedentes, citando, apenas como exemplo, o que é afirmado na seguinte passagem:

> Se a ação de proteção ambiental promovida se destina a impedir o início da construção de duas barragens localizadas na província demandada, e envolve obras de magnitude considerável, com grande potencial para modificar o ecossistema de toda a área, é necessário medir adequadamente suas consequências levando em consideração as alterações que podem ocorrer tanto na água, na flora, na fauna, na paisagem e na saúde da população atual e das gerações futuras, motivo pelo qual é necessário garantir a sustentabilidade do desenvolvimento que se empreende e, consequentemente, o exercício do controle confiado à justiça sobre as atividades dos demais poderes do Estado.[311]

Por um lado, dessa forma, deve-se garantir o respeito à equidade intrageracional, segundo o qual o objetivo é reduzir as assimetrias estruturais em que o mercado coloca os diferentes setores da população nos Estados e também em relação a estes últimos ante seus semelhantes no concerto global.

Os princípios relacionados à economia verde, nessa perspectiva, deverão buscar a consecução de parâmetros vinculados à justiça social e à igualdade entre seres humanos e entre países, na possibilidade de usufruir de direitos fundamentais.

Por outro lado, o conceito também atinge o princípio da equidade intergeracional, que adquiriu carta de cidadania no ordenamento jurídico argentino a partir do art. 41[312] da Constituição Nacional.

---

[311] CSJN, 26-4-2016, "Associação Argentina de Advogados Ambientalistas da Patagônia c/ Província de Santa Cruz e outros s/Amparo ambiental", Fallos: 339:515.

[312] "Artigo 41 - Todos os habitantes têm direito a um meio ambiente saudável e equilibrado, adequado ao desenvolvimento humano e às atividades produtivas que satisfaçam as necessidades presentes sem comprometer as das gerações futuras; e têm o dever de preservá-lo. O dano ambiental irá gerar prioritariamente a obrigação de recompô-lo, conforme estabelecido em lei. As autoridades providenciarão a proteção desse direito, o uso racional dos recursos naturais, a preservação do patrimônio natural e cultural e da diversidade biológica, e a informação e educação ambiental. Compete à Nação ditar as normas que contenham os pressupostos mínimos de proteção, e às províncias, as necessárias para complementá-las, sem que aquelas alterem as jurisdições locais. É proibida a entrada em território nacional de resíduos atuais ou potencialmente perigosos, e dos radioativos".

Ao apontar que as atividades produtivas devem satisfazer as necessidades atuais sem comprometer as das gerações futuras, estas últimas recebem o caráter de sujeitos da lei que, como tais, merecem proteção.[313]

Em definitivo, é claro que a propriedade privada não pode mais ser concebida como um direito absoluto regido por legislação meramente complementar à vontade das partes, que usam seu domínio sem qualquer limitação.

Regem o Estado de direito ambiental obrigações *propter rem*[314] impostas por regras e princípios de ordem pública que modificam notoriamente os contornos do direito de propriedade, resultando constitucionalmente válido seu exercício tanto quanto resulte social e ambientalmente sustentável.

IV O contrato

1 Tutela da autonomia da vontade e das liberdades individuais

Em questões contratuais, o impacto da harmonização entre direitos individuais e coletivos é também extremamente transcendente, já que essa figura é, provavelmente, o instituto jurídico que as pessoas

---

[313] Por meio de sua jurisprudência, a Corte Suprema de Justiça da Nação tem concedido proteção ao patrimônio ambiental coletivo, levando em consideração seu vínculo com as gerações presentes e futuras. O tribunal afirmou que: "A solução deste conflito, que, por outro lado, é cada vez mais frequente no mundo de hoje e o será no futuro, exige uma conduta que exceda os interesses pessoais e provinciais. Deve-se levar em consideração também que a quantidade de água deve ser destinada à conservação do ecossistema interprovincial, de forma a manter sua sustentabilidade. Da mesma forma, deve-se considerar o interesse das gerações futuras, cujo direito ao gozo do meio ambiente está amparado pelo direito vigente" (1-12-2017, "Província de La Pampa c/ Província de Mendoza s/ Uso da água", Fallos: 340:1695).

[314] Nota da revisora: Assim a posição do STJ, veja Súmula nº 623: "As obrigações ambientais possuem natureza *propter rem*, sendo admissível cobrá-las do proprietário ou possuidor atual e/ou dos anteriores, à escolha do credor" (Súmula nº 623, Primeira Seção, j. 12.12.2018. DJe, 17 dez. 2018) e REsp nº 1.905.367/DF. Rel. Min. Herman Benjamin, Segunda Turma, j. 24.11.2020. DJe, 14 dez. 2020, cuja ementa ensina: "2. A oponibilidade erga omnes constitui um dos mais celebrados atributos do direito de propriedade, característica casada, na tutela do meio ambiente, com o jaez propter rem das obrigações ambientais. Em sendo assim, todos os indivíduos, a coletividade e o Estado se acham, no talhe de deveres de conteúdo negativo, compelidos a respeitar o domínio alheio. Logo, se arrostado com turbação ou esbulho atual ou futuro, ao proprietário privado ou estatal – ou a quem o represente – faculta-se, na busca por socorro, acionar judicialmente sujeito especificado ou fazê-lo adversus omnes, se desconhecido ou incerto o transgressor".

naturais e jurídicas mais utilizam diariamente para realizar qualquer tipo de atividade.

No direito contratual, observam-se claramente as diferentes racionalidades e filosofias que inspiram cada um dos regulamentos, da maneira que já sugerimos neste capítulo.

É que o contrato e a autonomia da vontade – assim como a propriedade – são fortemente protegidos pelos ordenamentos jurídicos locais.

No direito argentino, a partir do art. 958, o Código Civil e Comercial reconhece a liberdade de contratar e também projetar o objeto e os efeitos do contrato; sempre dentro dos limites impostos pela lei, pela ordem e moral públicas e pelos bons costumes.

Esse princípio, de acordo com o art. 990, também se manifesta para promover tratativas destinadas à formação do contrato e para abandoná-las a qualquer momento.[315]

Mantém-se a regra clássica segundo a qual as partes são livres para regular seus vínculos jurídicos por meio de contratos, quando se trata de relações paritárias e têm o direito de agir dessa maneira sem que ninguém possa intervir em tais expressões da vontade. É por isso que o art. 960 impede que os juízes modifiquem as estipulações dos contratos, a menos que seja a pedido de uma das partes quando autorizado por lei, ou oficiosamente, quando a ordem pública for manifestamente afetada.

Sob esse regime dedicado a contratos paritários, então, não é possível pregar a abolição da autonomia da vontade, muito menos, como já foi escrito, a "morte do contrato".[316]

Muito pelo contrário: o contrato como meio por excelência para adquirir direitos e obrigações de contratação permanece incólume.[317]

Esse paradigma não termina na formação do contrato, mas persiste tanto em seus efeitos quanto em sua execução.

Mantém-se a máxima do efeito vinculante dos pactos no art. 959[318] do Código Civil e Comercial e acrescenta-se, de modo contundente, no

---

[315] "Artigo 990 - Liberdade de negociação. As partes são livres para promover tratativas dirigidas à formação do contrato, e para abandoná-las em qualquer momento".

[316] GILMORE, Grant. *The Death of Contract*. [s.l.]: The Ohio State University Press, 1974.

[317] Disse a doutrina que "o contrato continua a ser um acordo de vontades destinado a regular os direitos dos sujeitos contratantes. Ou seja, seus elementos persistem; ainda há um consentimento, um objeto e, claro, uma causa-fim. O que mudou, e muito, é a interpretação dos contratos. Nesse ponto, a grande modificação ocorreu na finalidade, ou seja, em um dos elementos do contrato: a causa-fim" (VERGARA, Leandro. Nuevo orden contractual en el Código Civil y Comercial, em L. L. del 17-12-2014. p. 1).

[318] "Artigo 959 - Efeito vinculante. Todo contrato validamente celebrado é obrigatório para as partes. Seu conteúdo só pode ser modificado ou extinto por acordo das partes ou nas hipóteses em que a lei o prevê".

art. 965,[319] que os direitos resultantes de contratos integram o direito de propriedade do sujeito. Em relação a este último, a jurisprudência da Corte Suprema da Argentina afirma o seguinte:

> o contrato e a propriedade têm proteção constitucional no Direito argentino e qualquer limitação que se disponha é de interpretação restritiva.
> Essa tutela compreende tanto a liberdade de contratar, que é um aspecto da autonomia pessoal a que todo cidadão tem direito (art. 19, Constituição Nacional), quanto o direito de configurar o conteúdo do contrato, que é um pressuposto do direito a exercer uma indústria lícita (art. 14, Constituição Nacional) e de liberdade econômica nas relações competitivas (art. 43, Constituição Nacional). A liberdade de contratar, de competir e de configurar o conteúdo de um contrato constituem uma posição jurídica que esta Corte deve proteger como um tribunal de garantias constitucionais. É nesse sentido que o termo "propriedade" constitucional deve ser interpretado (art. 17, Const. Nac.). Não se trata de indagar se há um direito real ou creditório, mas de afirmar que a liberdade, o direito subjetivo e a posição jurídica relativas ao contrato têm uma posição constitucional.[320]

Além disso, é perfeitamente claro no art. 962 que as normas introduzidas pelo Código nesta matéria são complementares à vontade das partes, a menos que sua natureza indisponível resulte de seu modo de expressão, seu conteúdo ou seu contexto.

Em outras palavras, de acordo com o disposto no art. 963, o único regulamento que prevalece sobre a autonomia da vontade em caso de concorrência de fontes que venham a regular o contrato em particular são as regras indisponíveis, sejam provenientes de leis especial, sejam do próprio Código.

A partir desse desenvolvimento, em contratos paritários, a autonomia da vontade continua sendo a principal fonte normativa à qual as partes podem recorrer ao elaborar o programa de direitos e obrigações que regerá seu vínculo.

---

[319] "Artigo 965 - Direito de propriedade. Os direitos resultantes dos contratos integram o direito de propriedade do contratante".
[320] CSJN, 27-12-2006, "Massa, Juan A. c/Poder Executivo Nacional". Da ampliação de fundamentos do Dr. Ricardo Lorenzetti, L. L. 2007-A-316 (Fallos: 329: 5913).

2 Influência da ordem pública e da teoria dos direitos fundamentais no direito contratual

No âmbito do que a doutrina classificou como fratura do tipo geral do contrato, para os casos em que não há igualdade entre as partes, o Código Civil e Comercial da Argentina inclui regras e princípios muito diferentes dos descritos na seção antecedente.

É para essa situação que, juntamente com a regulamentação dos vínculos paritários, emerge uma teoria geral dos contratos – ou melhor, das relações – de consumo que o Código Civil e Comercial expõe a partir de seu art. 1.092.

Nesse campo, a bagagem normativa não é mais supletória da vontade das partes, senão imperativa porque se tenta proteger o sujeito que está em condições inferiores em relação ao seu cocontratado.

Além dessa teoria geral das relações de consumo, há outras disposições que podem ser extraídas da regulamentação dos contratos paritários e que também expressam a necessidade de testar esses pactos sob os regulamentos de ordem pública provenientes da teoria dos direitos fundamentais.[321]

Essa circunstância resulta em uma teoria contratual muito mais materializada e ajustada aos parâmetros constitucionais e convencionais.

Lê-se, por exemplo, que o objeto do ato jurídico (art. 279) e do contrato (art. 1.004) não deve ser um fato impossível ou proibido por lei, contrário à moral, aos bons costumes, à ordem pública ou lesivo de direitos alheios ou à dignidade humana.

Aos contornos clássicos proporcionados pela moral, a ordem pública e os bons costumes, por exemplo, acrescenta-se a dignidade humana.

A natureza imperativa de certos campos legislativos alheios à autorregulação é também reforçada pelo sistema geral do Código Civil e Comercial, conforme regulamentado pelo art. 12, ao estipular que as convenções particulares não podem invalidar as leis em cuja observância está interessada a ordem pública. Essa ideia é importante, pois nos leva a refletir que a maior parte da legislação microssistêmica que protege direitos fundamentais se autoclassifica como de ordem pública.[322]

---

[321] DE LORENZO, Miguel Federico. Contratos, derechos fundamentales y dignidad de la persona humana, em L. L. 2011-E-1258.

[322] Como exemplos no direito argentino: art. 65 da Lei nº 24.240 de Proteção de Consumidores e Usuários e art. 3º da Lei nº 25.675, Lei Geral do Ambiente.

Portanto, essas ordens normativas também funcionarão como contornos da autonomia da vontade que as partes aperfeiçoam em seus contratos, exigindo que as cláusulas não afetem direta ou indiretamente – no nosso caso – os bens coletivos.

Seja como for, e mesmo em pactos entre "iguais", a implementação de comportamentos relacionados à previsibilidade e precaução será urgente no campo contratual, sob o pretexto de incorrer na introdução de cláusulas ilícitas e nulas por violadoras de regimes de ordem pública.

Em qualquer acordo de partes que possa afetar direitos fundamentais protegidos por normativa imperativa ou de ordem pública, deverão ter-se presentes as limitações previstas pelos dispositivos citados nesta seção, que deslocam a autonomia privada como a única fonte de direito contratual.[323]

No âmbito da ordem pública de coordenação, adquire importância o conceito de "função", que tenta resolver problemas de colisão de normas: as que provêm da esfera privada e as que provêm da esfera pública e social.

Não apenas aqui se verifica uma limitação negativa, como a decorrência das regras regulatórias do objeto do contrato, mas também, através do conceito de função socioambiental, emergem deveres positivos de atuação.[324]

3 Função ambiental do contrato

No que diz respeito ao esquema analítico descrito na seção anterior, a proteção do meio ambiente ostenta caráter de direito fundamental regulado por norma imperativa que, portanto, concorrerá para testar a sustentabilidade das cláusulas contidas em qualquer contrato suscetível de modificar os bens coletivos.

Portanto, o instituto da função socioambiental permitirá à autoridade administrativa ou ao Judiciário, a pedido de uma parte ou de ofício, intervir nesses pactos por meio dos quais danos ambientais diretos ou indiretos possam ser ocasionados, a fim de integrar, modificar

---

[323] O conflito entre autonomia privada e ordem pública em matéria contratual é resolvido pelo art. 963 do Código Civil e Comercial argentino nos seguintes termos: "Quando concorrem disposições deste Código e de qualquer lei especial, as normas são aplicadas com a seguinte ordem de prioridade: a) normas indisponíveis da lei especial e deste Código; b) normas particulares do contrato; c) normas complementares da lei especial; d) normas complementares deste Código".

[324] LORENZETTI, Ricardo Luis. *Tratado de los contratos*. Parte general. 3. ed. ampl. e atual. com o Código Civil e Comercial de la Nación. Santa Fé: Rubinzal-Culzoni, 2018. p. 129.

ou excluir cláusulas e adaptar os negócios às exigências do princípio da sustentabilidade.

Classificando-se todo o microssistema de proteção ambiental como de ordem pública, é possível pregar essa revisão das disposições contratuais, uma vez que os arts. 960, 962 e 964 do Código Civil e Comercial tornam isso possível no direito argentino.

O debate sobre a conveniência ou inconveniência de incluir uma norma semelhante à contida no art. 421 do Código Civil brasileiro[325] está exposto nos Fundamentos do Anteprojeto de Reforma e Unificação dos Códigos Civil e Comercial da Argentina: "A liberdade de contratar será exercida dentro dos limites da função social do contrato".

Alega-se que também deve ser considerado que a função não é apenas social, mas que há outro aspecto mais novo, que é a função "ambiental", a qual é transversal a todos os contratos porque se aplica a empresas e consumidores e permite ao juiz moderar a colisão entre o exercício dos direitos individuais e coletivos, como o meio ambiente.

Portanto, no direito argentino, aceita-se a noção de "função socioambiental" dos contratos – embora uma fórmula expressa não tenha sido positivada –, entendendo que resulta suficiente para englobar essas ideias com os institutos da boa-fé e a proibição do exercício abusivo de direitos.

Por fim, concluímos que a função socioambiental é um parâmetro fundamental a ser aplicado pelos tribunais na solução de casos de grande relevância.[326]

A Corte Suprema argentina decidiu o seguinte:

> É legítima a declaração de nulidade de uma cláusula contratual quando demonstrada com evidência clara e concreta que esta se opõe ao ordenamento ambiental, que é de ordem pública, mas não pode ser feita com relação a uma intenção que indica que um ato pode ou não ser realizado.
>
> Que, finalmente, é de advertir que no estado atual da causa não se verifica uma suposição em que seja aplicável o princípio da precaução

---

[325] Nota da tradutora: A redação original do artigo foi alterada em 2019 para a inclusão de um parágrafo único. O texto atual do artigo é este: "Art. 421. A liberdade contratual será exercida nos limites da função social do contrato. (Redação dada pela Lei nº 13.874, de 2019). Parágrafo único. Nas relações contratuais privadas, prevalecerão o princípio da intervenção mínima e a excepcionalidade da revisão contratual. (Incluído pela Lei nº 13.874, de 2019)".

[326] A modo de exemplo: a) STJ, Recurso Especial nº 1.109.778-SC (2008/0282805- 2). Rel. Min. Herman Benjamin. Recorrente: Sergio Motta. Recorrido: União. Data: 10.11.2009; b) STJ, Recurso Especial nº 1.168.632-SP (2008/0265726-7). Rel. Min. Luiz Fux. Recorrente: Alberto Clemente Castrucci e outro. Recorrido: Fazenda do Estado de São Paulo. Data: 17.6.2010.

enquanto não haja prova alguma sobre a existência de um perigo de dano grave ou irreversível derivado desses combustíveis.

Que, no entanto, a conclusão alcançada não frustra ou prejudica as faculdades que assistem – entre outros – ao demandante para efetuar um monitoramento rigoroso da evolução do cumprimento do contrato e de verificar um perigo de dano ambiental que possa constituir um caso contencioso com o alcance sublinhado na consideração 10, e agir de forma preventiva ou precautória por meio de ações judiciais pertinentes.[327]

Observe-se que, no último parágrafo da citação, o Tribunal possibilita a aplicação dos princípios de prevenção e precaução no caso de o contrato produzir efeitos nocivos ao meio ambiente, enfatizando a necessidade de realizar um acompanhamento adequado e rigoroso da execução do pacto.

Acrescentamos que, no plano dos deveres positivos que decorrem da função ambiental, a figura possui uma grande aplicação prática, por exemplo, em contratos de construção de fábricas, de pesquisa, de *design* de produtos e novas tecnologias, contratos sobre bens culturais ou do patrimônio histórico, entre outros.[328]

O instituto é também relevante na teoria da responsabilidade civil de origem contratual.

É que qualquer parte contratante que não observe os postulados deste princípio e, através do pacto, produza danos aos bens comuns, será passível de responder sob o sistema de responsabilidade civil por danos ambientais.

Concluímos que a função ambiental induz a reinterpretar cada um dos institutos clássicos da teoria dos contratos, enquanto convida a testar os pactos sob o prisma dos direitos fundamentais coletivos, a fim de alcançar o objetivo constitucional e convencional de uma mais efetiva implementação do direito ambiental.

V O consumo sustentável

1 Localização do conflito

A tarefa inescapável de relacionar o direito ambiental com o direito das relações de consumo decorre do dado fático consistente de

---

[327] CSJN, 4-5-2010, "Schröder, Juan c/INVAP S. E. y E. N.", Fallos: 333:570.
[328] LORENZETTI, Ricardo Luis. *Tratado de los contratos*. Parte general. 3. ed. ampl. e atual. com o Código Civil e Comercial de la Nación. Santa Fé: Rubinzal-Culzoni, 2018. p. 134.

que o aumento crescente dos níveis de consumo em escala regional e mundial afeta negativamente – e cada vez mais – o meio ambiente.[329]

Trata-se de uma circunstância facilmente demonstrável e que foi abordada em um grande número de fóruns de todos os tipos em nível internacional.[330]

Além disso, a *Encíclica Laudato Si'* ecoou esses problemas, destacando, por exemplo:

> Ainda não foi possível adotar um modelo de produção circular que garanta recursos para todos e para as gerações futuras, o que significa limitar ao máximo o uso de recursos não renováveis, moderar o consumo, maximizar a eficiência do aproveitamento, reutilizar e reciclar. Abordar essa questão seria uma maneira de combater a cultura do descarte, que acaba afetando todo o planeta, mas observamos que os avanços nesse sentido ainda são muito escassos.[331]

---

[329] Nota da revisora: Veja o exemplo das águas e esgotos na jurisprudência do STJ: "7. Primeiramente, importante observar que, sob o tríplice enfoque - do Direito Ambiental, do Direito Sanitário e do Direito do Consumidor -, descabe cobrar por esgoto não coletado ou despejado in natura nas galerias pluviais. Neste último caso, a questão deixa de ser de tratamento de resíduos e se transforma em poluição pura e simples, o que implica, para o Poder Público e suas concessionárias, responsabilidade civil ambiental, e não direito a pagamento por serviços inexistentes. Sem dúvida, não foi intuito do Recurso Repetitivo (REsp 1.339.313/RJ) transformar inadmissível ilícito antissanitário, antiambiental e anticonsumerista em lícito contratual remunerado, pois não se equivalem, de um lado, o uso das galerias pluviais para escoamento de esgoto tratado e, do outro, a poluição das galerias pluviais, dos rios e do mar com efluentes sem qualquer forma de tratamento, nem mesmo primário. Essa a (correta) leitura que se deve fazer do Repetitivo, no ponto em que alude à possibilidade de utilização de galerias pluviais. Em outras palavras, seu emprego se legitima somente quando os efluentes nelas lançados estão devidamente tratados, etapa fundamental do chamado saneamento básico, não bastando o mero recolhimento e descarte" (REsp nº 1.817.722/RJ. Rel. Min. Herman Benjamin, Segunda Turma, j. 1º.10.2019. *DJe*, 11 out. 2019).

[330] Apenas para citar um dos mais recentes e importantes instrumentos internacionais que tem focado na necessária sustentabilidade do consumo, apontamos que na Cúpula Mundial para o Desenvolvimento Sustentável realizada no Rio de Janeiro em 2012 (Rio + 20) os países concordaram que: "[...] as políticas de economia verde no contexto do desenvolvimento sustentável e da erradicação da pobreza deverão [...] o) Promover padrões de consumo e produção sustentáveis" (art. 58); "[...] a adoção de medidas urgentes em relação às modalidades insustentáveis de produção e consumo, quando ocorrem, continua a ser essencial para abordar a sustentabilidade ambiental e promover a conservação e uso sustentável da diversidade biológica e dos ecossistemas, a regeneração dos recursos naturais e a promoção do crescimento mundial inclusivo e equitativo" (art. 61); "É essencial alcançar mudanças fundamentais na forma como as sociedades consomem e produzem para alcançar o desenvolvimento sustentável global" (art. 224).

[331] Parágrafo 22.

Na mesma linha:

> O ritmo de consumo, de desperdício e de alteração do meio ambiente superou as possibilidades do planeta, de forma que o estilo de vida atual, sendo insustentável, só pode terminar em catástrofes, como de fato já está acontecendo periodicamente em várias regiões.[332]

No contexto econômico global, torna-se difícil selecionar produtos, serviços e processos de produção, tendo como orientação a proteção do meio ambiente, pois, pelo contrário, normalmente são adotados parâmetros individualistas e economicistas que postergam, por completo, a noção de "coletivo" ou de "bem comum".

Para tanto, muitas vezes são apresentadas razões tais como que adotar padrões de consumo sustentáveis retardaria o progresso econômico dos Estados e, com isso, aumentariam os níveis de pobreza da população.

Outro motivo que agrava o problema consiste em que ainda há um longo caminho a percorrer em termos de educação que deve necessariamente ser fornecida à população para promover o consumo de produtos ou serviços "verdes".

O conceito de qualidade de vida geralmente está associado a altos padrões de consumo, o que não é correto. Trocar, periodicamente, telefones celulares ou eletrodomésticos sem qualquer causa, mover-se em veículos particulares em vez de usar o transporte público, deixar os aparelhos de ar condicionado nas casas o dia inteiro ligados não resultam em comportamentos que melhorem a qualidade de vida das pessoas, relido este conceito em termos constitucionais.

Seja como for, estamos na presença de uma relação inversamente proporcional entre as duas ordens que analisamos neste título: quanto mais uma se desenvolveu e aumentou (o consumo), a outra mais foi contaminada e diminuiu em termos quantitativos e qualitativos (o meio ambiente).[333]

---

[332] Parágrafo 161.
[333] GONZÁLEZ RODRÍGUEZ, Lorena. La sustentabilidad y el consumo. *In*: PICASSO, Sebastián; VÁZQUEZ FERREYRA, Roberto (Dir.). *Ley de Defensa del Consumidor*: comentada y anotada. Buenos Aires: La Ley, 2009. v. 3; LORENZETTI, Pablo. Consumo y ambiente. Diálogos microsistémicos. *Revista de Derecho Ambiental*, n. 39, jul./set. 2014. p. 9; SOZZO, Gonzalo. Consumo digno y verde: humanización y medioambientalización del consumidor (sobre los principios de dignidad del consumidor y de consumo sustentable). *Revista de Derecho Privado y Comunitario*, Santa Fé, n. 3, 2012.

Evidentemente, uma das possíveis soluções ante esse dilema consiste em associar a noção de sustentabilidade às noções de consumo e produção.

Por meio do princípio ou objetivo de desenvolvimento sustentável, a cidadania adquire a ideia de consumo sustentável, que os Estados concordaram em definir como

> O uso de bens e serviços que respondam a necessidades básicas e proporcionem uma melhor qualidade de vida, ao mesmo tempo que minimizam o uso de recursos naturais, materiais tóxicos e emissões de resíduos e contaminantes sobre o ciclo de vida, de tal forma que não se ponham em risco as necessidades das gerações futuras.[334]

Trata-se de uma conceituação extremamente ampla e abrangente que exige a harmonização de cada um dos fatores listados, com o objetivo de atuar sobre os padrões de consumo, tornando-os mais amigáveis com o meio ambiente.

O objetivo não é consumir menos do que o necessário e, assim, submeter as classes ou países mais fracos, senão, pelo contrário, trabalhar fortemente de modo que as sociedades consumam e produzam introduzindo a variável ambiental em tais processos.

No campo legal, se irá dizer que ambas matérias se dirigem à consecução de um objetivo comum, que é o de uma melhor qualidade de vida.[335]

Advertimos, então, uma interessante apropriação por parte do direito do consumidor e do direito ambiental de todo o discurso e instrumental teórico proveniente da área dos direitos fundamentais.

Nesse contexto, o consumo sustentável se apresenta como uma expressão da função ambiental, já que, ao fim e ao cabo, o ato de consumir não deixa de configurar o exercício de um direito individual

---

[334] Simpósio de Oslo em 1994 e definição adotada pela terceira seção da Comissão para o Desenvolvimento Sustentável (CSD III) em 1995. Em igual sentido, a Argentina adotou – mediante o Decreto nº 1.289/2010 – a decisão do Conselho do Mercosul nº 26 de 27.6.2007, que utiliza a mesma definição.

[335] Expressa a doutrina que "o Direito Ambiental e o do Consumidor convergem na busca pela 'qualidade de vida social', abrangente do enorme conjunto de interesses 'difusos'. A melhoria dessa qualidade de vida é a reivindicação que reúne a aspiração ecológica dos cidadãos e seus direitos como consumidores" (STIGLITZ, Gabriel. Consumo sustentable. El Derecho del Consumidor y la protección del medio ambiente, em D. J. 1997-3-73).

que, como tal, também deve observar os parâmetros de proteção que emergem do Estado de direito ambiental.[336]

O caminho para o desenvolvimento sustentável não é apenas exigível das empresas ou estados nacionais, mas seu trânsito também deve ser percorrido de maneira responsável por cada um dos seres humanos no exercício diário de seu papel de consumidor.

Estamos na presença de um processo de humanização e ambientalização do direito do consumidor que demanda dos operadores jurídicos raciocínios muito mais sofisticados do que os usuais.

Emergirão destes princípios, juntamente com os direitos que as regras de proteção concedem aos consumidores, certas obrigações derivadas da sustentabilidade.

2 Algumas manifestações

Do imprescindível diálogo a ser estabelecido para resolver todas as controvérsias derivadas das relações de consumo que podem afetar negativamente o meio ambiente, nascem algumas das seguintes manifestações concretas.

Uma primeira ideia consiste na necessidade de fornecer aos consumidores não apenas dados relacionados a questões comerciais, econômicas ou de segurança de produtos ou serviços, mas também sobre as variáveis que podem conter qualquer impacto ambiental.

No direito argentino, o inc. "e" do art. 61 da Lei nº 24.240,[337] sobre a proteção de consumidores e usuários, a fim de orientar o consumidor a evitar os riscos que possam surgir de produtos fabricados ou do uso

---

[336] A jurisprudência dispõe que "os direitos individuais têm uma função ambiental. O direito de domínio encontra uma limitação na proteção do meio ambiente, uma vez que não é sustentável a permanência de um modelo dominial que não a leve em consideração. O consumo também deve ser adaptado a paradigmas sustentáveis em questões ambientais. Baseia-se numa concepção 'holística', ou seja, tudo tem uma inter-relação que deve ser respeitada, tanto na natureza como no próprio Direito" (CCCom. de Junín, 19-11-2015, "Décima, Julia Graciela e outros c/Produtos de Milho SA [Ingredion Argentina SA] e outros s/Danos e prejuízos").

[337] "Artigos 61 - Formação do consumidor. A formação do consumidor deve facilitar a compreensão e o uso de informações sobre questões inerentes ao consumidor, orientando-o para prevenir os riscos que podem advir do consumo de produtos ou da utilização de serviços. Para ajudá-lo a avaliar alternativas e usar os recursos de forma eficiente, deverão incluir em sua formação, entre outros, os seguintes conteúdos: a) Saúde, nutrição, prevenção de doenças de origem alimentar e adulteração de alimentos. b) Os perigos e a rotulagem dos produtos. c) Legislação pertinente, forma de obtenção de indenizações e organizações de defesa do consumidor. d) Informações sobre pesos e medidas, preços, qualidade e disponibilidade de itens essenciais. e) Proteção ambiental e uso eficiente de materiais".

de serviços e auxiliá-los para avaliar alternativas e empregar os recursos de forma eficiente, prevê que o conteúdo educacional a ser ensinado deve incluir aqueles relacionados à "proteção do meio ambiente e uso eficiente de materiais".

No nível supranacional, na última das grandes convenções sobre meio ambiente, os países do mundo sustentaram:

> Reafirmamos que o acesso pleno à educação de qualidade em todos os níveis é uma condição essencial para alcançar o desenvolvimento sustentável, a erradicação da pobreza, a igualdade de gênero, o avanço das mulheres e o desenvolvimento humano e as metas de desenvolvimento acordadas internacionalmente. Enfatizamos a necessidade de garantir igualdade de acesso à educação para as pessoas com deficiência, povos indígenas, comunidades locais, minorias étnicas e pessoas que vivem em áreas rurais.[338]

Esse conceito de educação como base do consumo responsável está intimamente relacionado à escolha de um modelo de vida sustentável.

Os instrumentos devem ser fornecidos ao consumidor – por meio de processos educacionais contínuos e constantes – com o objetivo de convencê-los sobre os benefícios de adquirir e usar produtos e serviços que são amigáveis aos bens comuns.[339]

É disso que trata a geração de "consciência ou cultura ambiental": quando você obtém qualquer tipo de produto – embora as pessoas raramente pensem nisso –, você também apoia todo o processo anterior, desde a forma de produção até a distribuição, transporte e também a maneira pela qual os resíduos desse objeto serão tratados posteriormente. Assim, os consumidores devem estar convencidos de que, ao selecionar "produtos verdes", estão exercendo uma responsabilidade social que vai além de seus próprios interesses.

Sob esse paradigma, também é essencial exigir que os fornecedores forneçam informações ambientais sobre os bens e serviços que colocam no mercado.

---

[338] Cúpula Mundial para o Desenvolvimento Sustentável celebrada no Rio de Janeiro no ano de 2012 (Rio + 20).

[339] Em relação à educação ambiental no campo jurídico, parece engenhosa a seguinte frase incluída em livro sobre direito florestal no Brasil, em que se denunciam as dificuldades decorrentes do pouco interesse em fornecer aos futuros advogados conceitos relativos ao direito ambiental: "A continuação do silêncio nacional, por mais de cem anos, nesta matéria, trará como consequência inquestionável o desaparecimento dos demais quadros do Direito, por inúteis. Por que estudar Direito Civil, Comercial, Penal, Judiciário, etc., nas margens do Saara?" (PEREIRA, O. D. *Direito florestal brasileiro*. Rio de Janeiro: Borsoi, 1950. p. 150).

Trata-se de uma obrigação imposta ao fornecedor que beneficia os consumidores atuais e as gerações vindouras.

A informação e a publicidade de bens e serviços desempenham um papel fundamental na mudança dos padrões atuais de consumo e, como tal, deve incluir conteúdo ambiental.[340]

Não é viável que se fomente constantemente o consumo desmedido e irresponsável em relação à proteção do meio ambiente, sob pena de se continuar externalizando para as gerações que nos sucederão os riscos e custos que emanam de nossa vida no planeta.

Em muitas ocasiões, essa circunstância é avaliada pelos fornecedores como inestimável ou prejudicial, uma vez que geralmente se pensa que quanto mais dados forem comunicados sobre, por exemplo, processos de produção ou disposição final de resíduos, menos os produtos em questão serão comercializados.

No entanto, essa racionalidade deve ser revertida. A empresa começará a entender que a adoção de tecnologias e mecanismos limpos, vinculados à responsabilidade social corporativa, funcionará como incentivo em relação aos consumidores, que selecionarão esse tipo de mercadoria e não outros, quando se trata de atender às suas necessidades. Além do que foi afirmado em referência à educação e às informações a serem fornecidas aos consumidores, destacamos uma última derivação da função ambiental nesse campo e que está relacionada à concorrência e integração normativas.

Assim, em termos gerais, e para qualquer conflito que surja no marco de uma relação de consumo e que possa apresentar algum tipo de impacto no meio ambiente, integram-se as disposições da normativa de proteção do consumidor com todos aqueles princípios, valores e regras provenientes do microssistema ambiental, porque é isso que manda a interpretação constitucional em nossos países.

Já adiantamos neste capítulo que a legislação de proteção ao consumidor e a legislação ambiental têm natureza de ordem pública,[341] razão pela qual não é possível que seja deixada de lado pelos indivíduos por meio do exercício da autonomia privada e pode até ser aplicada, de ofício, pelos tribunais judiciais.

Além disso, uma nota distintiva do microssistema de proteção do meio ambiente é sua vocação de expansão para outras ordens, uma questão que se baseia na necessidade de proteger a qualidade de vida

---

[340] Resulta ilustrativo o art. 37, §2º, do Código de Defesa do Consumidor brasileiro, que qualifica como abusiva toda publicidade que "infrinja valores ambientais".
[341] Na Argentina: art. 65 da Lei nº 24.240 e art. 3º da Lei nº 25.675.

como prerrequisito para o gozo dos demais direitos fundamentais. Com base no exposto é que, em todas as questões ou conflitos que direta ou indiretamente possam gerar consequências ambientais, deveria, de maneira preliminar, obrar-se do seguinte modo:

a) Nos casos em que a questão esteja prevista na normativa específica do direito do consumidor, tais disposições serão aplicadas, mas relidas ou reinterpretadas sob o prisma dos princípios da política ambiental (art. 4º da Lei argentina nº 25.675).[342]

Nesta linha, e como exemplo, os princípios de prevenção e precaução serão usados na solução de conflitos derivados da possível ou provável geração de danos ambientais por meio de uma relação de consumo.

Também os princípios e valores provenientes do microssistema ambiental resultarão procedentes no campo contratual para, por

---

[342] Princípios da política ambiental. "Artigo 4º - A interpretação e aplicação desta lei, e de qualquer outro regulamento por meio da qual a Política Ambiental seja executada, estará sujeita ao cumprimento dos seguintes princípios: Princípio da congruência: a legislação provincial e municipal referente ao meio ambiente deve ser adequada aos princípios e normas estabelecidas nesta lei; caso contrário, prevalecerá sobre qualquer outra norma que se oponha. Princípio da prevenção: As causas e fontes dos problemas ambientais serão abordadas de forma prioritária e integrada, procurando prevenir os efeitos negativos que no meio ambiente possam se produzir. Princípio da precaução: Quando houver perigo de danos graves ou irreversíveis, a ausência de informação ou certeza científica não deve ser usada como motivo para atrasar a adoção de medidas eficazes, em função dos custos, para prevenir a degradação ambiental. Princípio da equidade intergeracional: Os responsáveis pela proteção ambiental devem garantir o uso e o aproveitamento adequado do meio ambiente pelas gerações presentes e futuras. Princípio da progressividade: Os objetivos ambientais devem ser alcançados gradativamente, por meio de metas intermediárias e finais, projetadas em um cronograma temporário que facilite a correspondente adaptação às atividades relacionadas a esses objetivos. Princípio da responsabilidade: O gerador de efeitos degradantes ao meio ambiente, atuais ou futuros, é responsável pelos custos das ações preventivas e corretivas de recomposição, sem prejuízo da validade dos respectivos sistemas de responsabilidade ambiental. Princípio da subsidiariedade: O Estado nacional, através das diferentes instâncias da administração pública, tem o dever de colaborar e, se necessário, participar de forma complementar nas ações das pessoas singulares na preservação e proteção do meio ambiente. Princípio da sustentabilidade: O desenvolvimento econômico e social e o uso dos recursos naturais devem ser realizados por meio de uma gestão adequada do meio ambiente, de forma a não comprometer as possibilidades das gerações presentes e futuras. Princípio da solidariedade: A Nação e os estados provinciais serão responsáveis pela prevenção e mitigação dos efeitos ambientais transfronteiriços adversos de suas próprias ações, bem como pela minimização dos riscos ambientais em sistemas ecológicos compartilhados. Princípio da cooperação: Os recursos naturais e os sistemas ecológicos compartilhados serão usados de forma equitativa e racional. O tratamento e a mitigação de emergências ambientais de efeitos transfronteiriços serão desenvolvidos em conjunto".

exemplo, desvendar o caráter abusivo de certos tipos de cláusulas que geralmente são inseridas em contratos celebrados com consumidores.[343]

    b) Por outro lado, e para conflitos que não sejam explicitamente resolvidos por meio de mecanismos específicos do microssistema de proteção de consumidores e usuários, utilizar-se-á também – de forma suplementar – o restante dos instrumentos derivados da legislação de proteção ambiental.

Nesta segunda variante, por exemplo, o instituto da avaliação de impacto ambiental – ainda não previsto na legislação do consumidor – deve ser exigido em todas as relações com os consumidores que possam impactar positiva ou negativamente nos bens comuns.

Além dos regulamentos já delineados, todos esses postulados que referenciamos brevemente encontram uma base positiva na lei argentina no que é regulado pelo art. 1.094 do Código Civil e Comercial, segundo o qual "As normas que regulam as relações de consumo devem ser aplicadas e interpretadas de acordo com o princípio da proteção do consumidor e do acesso ao consumo sustentável".

Com base neste dispositivo, concluímos que a normativa ambiental concordará e assistirá ao direito do consumidor ao aplicar e interpretar as vicissitudes de cada relação de consumo que se submete ao teste de constitucionalidade.

---

[343] O inc. XIV do art. 51 do Código de Defesa do Consumidor do Brasil inclui dentro do catálogo de cláusulas abusivas aquelas que "infrinjam ou possibilitem a violação de normas ambientais". Na Argentina, a Resolução nº 53/2003, 21.4.2003, da Secretaria da Concorrência, Regulações e Defesa do Consumidor alega que "São consideradas abusivas as cláusulas que [...] k) Infrinjam normas de proteção do meio ambiente ou possibilitem sua violação".

CAPÍTULO 7

A REGULAÇÃO DA ÁGUA E DA PAISAGEM

Após estudar os principais aspectos do direito ambiental, realizaremos neste capítulo a análise de dois bens que apresentam particularidades especiais em relação ao tipo de regulação, muito típicas do direito ambiental e inovadoras.

Primeira parte – A regulação da água

I   Introdução

O presente estudo se propõe a investigar quais são as relações jurídicas estabelecidas em relação à água como um bem jurídico.[344] Nosso objetivo não é a investigação histórica e, portanto, dispensaremos a descrição detalhada de dados, para focar nos modos pelos quais eles foram organizados de maneira relevante, de acordo com modelos normativos que apresentaremos esquematicamente.

Os principais aspectos são os seguintes:
- A água foi um pressuposto fático passivo, regulado pela norma jurídica, adaptado a ela, mas agora passará a ser a norma jurídica que se redimensionará para se adaptar ao microssistema.
- A escassez é elemento característico que vai modificando as condutas e as instituições. Diante disso, o diagnóstico e a solução foram definidos de modo reativo, com enfoques

---

[344] LORENZETTI, Ricardo. Derechos Reales y Derecho Ambiental. "¿Qué fue, qué es y qué será el agua para el Derecho?, em L. L. 2003-3, L. L. del 14-7-2003. Ainda: ¿Qué fue; qué es y qué será el agua para el Derecho? *In*: BENJAMIN, Antonio Herman (Org.). *Direito, água e vida*. São Paulo: Instituto O Direito por um Planeta Verde, 2003. v. 1. p. 833.

unilaterais de curto prazo e com uma perspectiva claramente antropocêntrica; no futuro, ter-se-á que adotar um enfoque proativo de longo prazo e centrado no bem ambiental.
- Aos bens protegidos: à propriedade e à saúde pública agora se somará o bem de incidência coletiva como tal.
- Haverá uma evolução do direito subjetivo para o interesse difuso e coletivo sobre a água.
- Os modos de concessão de direitos foram baseados em uma clara desconexão entre o público e o privado. O direito deverá fundar-se em uma perspectiva inter-relacionada das esferas pública e privada, como cenário de compatibilização de interesses competitivos. Em seguida, apresentaremos o caso do "Rio Atuel" e da "Declaração de Justiça da Água", pois ambos são exemplos dos novos modelos que exploraremos aqui.

II O que a água foi para o direito?

1 O modelo dominial e antropocêntrico

Poderíamos indicar que esse período abarcado pelo "paradigma dominial" varia do direito romano a meados do século XX.

Durante esse período, verificamos as seguintes características:
- A água é "objeto" passivo de regulação, um mero pressuposto fático.
- As normas se referem a ela como coisa suscetível de apropriação e para delimitar a propriedade privada da pública.
- As águas são classificadas de acordo com o domínio que permitem.
- Na esfera pública, atua-se para solucionar problemas de saúde pública.
- Os bens protegidos são a propriedade privada, industrial e a saúde pública.
- Há uma desconexão entre as esferas pública e privada e um modelo reativo de ação de curto prazo.
- As normas consistem na concessão de direitos subjetivos.

A seguir mostraremos mais detalhadamente algumas dessas características.

2 Coisa suscetível de apropriação: *res commercium*

Os romanos distinguiam entre *res extra commercium*, sobre as quais não há apropriação, e as *in commercium*, sobre as quais há tráfego jurídico. Entre as primeiras estão as *res divini iuris*, constituídas pelas *res sacræ* e pelas *res religiosæ*.[345] Em geral, poderia dizer-se que são coisas ligadas ao desenvolvimento da religião e é interessante mencionar que houve épocas em que as florestas eram classificadas como *res sacra*,[346] e isso ocorre sempre que uma religião adverte a presença dos deuses em um setor específico da natureza. O caráter sagrado é adquirido mediante uma cerimônia ritual chamada consagração ou dedicação (*dedicatio*).

As coisas sujeitas à apropriação são públicas ou privadas. As coisas públicas pertencem ao povo romano, dentro do qual estavam o mar, suas costas, os rios de fluxo permanente, os banhos e os banhos termais.

Essa abordagem é interessante, porque o critério de apropriação para uso é anterior ao caráter público ou privado. Primeiro, define-se que a água é apropriável, mesmo quando ninguém tenha se apropriado dela, quando então é considerada *res nullius*, disponível para quem a quiser usar.

3 Limites à apropriação

É importante ressaltar que houve casos em que a água foi considerada não suscetível de apropriação, nem pública nem privada.

Na opinião de Marciano, a água (*aqua profluens*) estava entre as "coisas comuns a todos" (*res comun omnius*), juntamente com o ar, porque é impossível se apropriar dela, nunca é a mesma água, pois é fluente. A base é a dificuldade de definir direitos de propriedade sobre algo que se transforma permanentemente.

Noutros casos, os limites baseavam-se na necessidade de utilização dos rios, razão pela qual foi criado o caminho de Sirga, regulado nas *Institutas*,[347] e que foi recebido pelas codificações ocidentais. Nesse caso, a razão do limite é harmonizar interesses competitivos: o de transitar pelo rio utilizando um caminho de Sirga e o do proprietário ribeirinho.

---

[345] GUZMÁN BRITO, Alejandro. *Derecho privado romano*. [s.l.]: Jurídica de Chile, [s.d.]. t. I.
[346] GAIUS, 2.2.3; *Digesto*, 1.81, *Institutas* 2.17.
[347] Libr. II, Ti. I, parág. 4.

4 Dessacralização da água

A qualificação dentro das coisas não sagradas abriu o campo para uma longa tradição legal que enquadrava a água dentro do modelo "dominal".

A água, como um bom objeto de apropriação, enquadra-se na categoria de bens privados e bens de domínio público. É considerada uma coisa sobre a qual se pode exercer o domínio, é coisa imóvel ou, eventualmente, móvel, fungível, consumível e divisível.

Se analisado em detalhes, o critério utilizado não está relacionado ao bem (água), mas à possibilidade de domínio sobre ele, seja este privado ou público.

Na esfera pública, a água foi classificada como um "recurso", e na esfera privada, como um bem dominial.

Esse modelo é o que marcou todas as abordagens normativas no assunto.

Por exemplo, a distinção entre o domínio público e o privado foi baseada na necessidade de delimitar o uso privado do público. Na lei argentina, as margens internas dos rios são incluídas no domínio público, entendendo-se por tal a extensão de terra que as águas banham ou desocupam durante as enchentes médias ordinárias, e a demarcação das propriedades corresponde às autoridades administrativas para ordenar os conflitos com os proprietários privados.

O Código Civil da época (hoje revogado) continha normas de natureza "proprietária": "As vertentes que nascem e morrem dentro da mesma propriedade pertencem em domínio, uso e gozo ao dono da propriedade" (art. 2.340, inc. 3, Código Civil). As águas marítimas, as águas fluviais, as águas dos rios são ordenadas de acordo com sua possível apropriação. As vertentes e mananciais, que são os lugares por onde a água subterrânea aflora, ou que é fonte (*caput fontis*), se transformam em águas de valor econômico e, portanto, se concedem direitos privados sobre elas.

5 O problema ambiental focado na saúde pública humana

A análise das políticas públicas do ponto de vista histórico mostra que a maioria das medidas tem se baseado na proteção da saúde humana.

Esse fenômeno é observado principalmente pelo surgimento das populações urbanas, de modo muito evidente no século XIX, quando os efeitos do esgoto começaram a ser percebidos em escala regional e nacional.

É importante o impacto das fontes de poluição que surgiram da Revolução Industrial: empresas que produziam resíduos pelo tratamento de ferro, fábricas têxteis, tratamento de papel, automóveis e similares.

O efeito conjunto dessas novas fontes foi detectado com as epidemias e foi necessário agir rapidamente.

O problema foi abordado do ponto de vista urbano e tratado por engenheiros, arquitetos, médicos, que tiveram que atender a crises urgentes. Por esse motivo, há uma perspectiva de curto prazo: investir em mecanismos de abastecimento de água e no esgoto.[348] Em muitos casos, esses sistemas não resolveram o problema, mas o desviaram para outras áreas ou cidades suburbanas.

O diagnóstico e a solução foram definidos de maneira restrita e com uma perspectiva claramente antropocêntrica e de curto prazo.

6 Esferas pública e privada independentes

As esferas pública e privada são consideradas independentes em todos os campos. Na ordem normativa, o Código Civil revogado regulava os problemas de domínio e, dentro deles, tratava das questões da água; na esfera pública, os regulamentos administrativos, principalmente de planejamento urbano, referem-se a questões de saúde pública.

Não havia uma abordagem cruzada ou transversal para os problemas. Estes, e no caso da água é evidente, são adaptados aos regulamentos e não geram normas ou microssistemas reguladores.

Essa desconexão também impede uma avaliação adequada do bem e uma ordenação de comportamentos sociais em médio e longo prazos.

7 Bem jurídico protegido

No direito privado, o bem jurídico protegido é o domínio, representativo do patrimônio do cidadão e da emergente indústria.

No setor público, a saúde pública é protegida, pois as políticas são basicamente ordenadas para combater epidemias causadas pelo consumo de água contaminada.

---

[348] ANDREEN, William. The Evolution of Water Pollution Control in the United States. State, Local and Federal Efforts, 1789-1972-Part I. *Stanford Environmental Law Journal*, jan. 2003.

Basicamente, é um modelo antropocêntrico, no sentido de que o problema a ser resolvido é a proteção humana individual.
Não há preocupação com bens coletivos como tais.

8 Tipo de normas: predomínio do direito subjetivo

Existe uma clara predominância do direito subjetivo na esfera privada e por isso a configuração deontológica das normas é de permissões: autorizações para agir.

No setor público, a atuação limita-se a reagir contra alguns efeitos dessa ação; por isso o modelo é reativo e de curto prazo. As normas visam a fornecer a infraestrutura necessária para o desenvolvimento urbano e industrial.

9 Fontes jurídicas

A fonte de regulação jurídica é o direito administrativo, e principalmente o urbanístico, no setor público, e o Código Civil, que a regula ao referir-se às coisas, ao domínio e a suas restrições.

III O que é a água para o direito?

A visão sobre a água mudou nos últimos anos e, como consequência, estamos testemunhando um período de transição: o modelo de dominância antropocêntrica apresenta fragilidades e suas fronteiras emergem. Por esse motivo, leis que limitam, com maior ou menor intensidade, o direito subjetivo sobre a água começam a surgir com cada vez mais frequência.

As fraturas, as inconsistências normativas, as discordâncias de opinião mostram a transição para uma nova era normativa e uma mudança de paradigma.

Existem alguns aspectos que devem ser lembrados.

1 A consciência de que a água é um bem escasso

O surgimento de grandes centros industriais e assentamentos populacionais em escala nacional e global produziu dois efeitos-chave:
- Maior demanda pelo uso de água potável.
- Diminuição da oferta devido às mudanças climáticas e aumento da poluição.

Esses dois fatores colocaram o problema da água na primeira cena, uma vez que seu uso ilimitado não é possível.

Esse fenômeno foi verificado em diversos aspectos: nos rios surgem problemas de poluição devido aos resíduos industriais e urbanos; nas águas subterrâneas há níveis extremamente altos de contaminação; detectam-se conflitos devido às atividades predatórias difusas da fauna e da flora; há salinização de águas doces. O problema é evidente em todos os espaço e lugares onde a água é relevante: mares, águas polares, águas subterrâneas, lagos, córregos. Nada escapa do problema.

Por outro lado, os efeitos das mudanças climáticas são cada vez mais evidentes e produzem um aumento no calor e, portanto, na demanda por água e, em outros locais, um processo de desertificação que reduz a oferta.

2 O interesse se transfere para o uso

O principal problema que os Códigos Civis tiveram que regular em período anterior foi a delimitação entre o domínio público e o privado. A classificação das águas respondeu a essa necessidade: pública, privada, mares e águas territoriais, curso dos rios e proprietários ribeirinhos, águas subterrâneas e superficiais.

Atualmente, interessa mais o uso que a propriedade.

Em primeiro lugar, a água admite múltiplos usos:[349]

- para consumo humano direto;
- para usos domésticos;
- para usos industriais;
- para irrigação;
- para a conservação da fauna e da flora;
- para recreação e estética, pesca;
- para geração de energia;
- para transporte.

---

[349] EMBID IRUJO, Antonio (Dir.). *Usos del agua (Concesiones, autorizaciones y mercados del agua)*. [s.l.]: Universidad de Zaragoza, Thomson Reuters, Aranzadi, 2013; *Agua y ciudades*. [s.l.]: Universidad de Zaragoza, Thomson Reuters-Civitas, 2012; *Agua y agricultura*. [s.l.]: Universidad de Zaragoza, Thomson Reuters-Civitas, 2011; PASSOS DE FREITAS, Vladimir (Coord.). Águas. Aspectos jurídicos e ambientais. Curitiba: Juruá, 2000; BENJAMIN, Antonio Herman (Org.). *Direito, água e vida*. São Paulo: Instituto O Direito por um Planeta Verde, 2003. v. 1; EMBID IRUJO, Antonio (Coord.). *Agua, energía y otros estudios de Derecho Ambiental*. En recuerdo a Ramón Martín Mateo. [s.l.]: Thomson Reuters, Aranzadi, 2015; PINTO, Mauricio; MARTIN, Liber. *Agua, ambiente y energía*. Aportes jurídicos para su vinculación. [s.l.]: Lajouane, 2017.

Esses usos não dependem de propriedade pública ou privada, mas dos interesses em tais finalidades. Por esse motivo, começam a surgir setores vinculados a usos específicos que atuam como centros de interesse jurídico e provocam conflitos sobre o uso contra os proprietários, sejam eles do setor público sejam do privado.

Vajamos alguns casos:

– *Conflitos sobre o uso:* considerou-se que o surgimento da sociedade de consumo e do lazer fez com que as pessoas saíssem e desfrutassem da água, valorizando o seu uso estético e recreativo.[350] Este centro de interesse entrou em conflito com o interesse representado por aqueles que reivindicam o uso para a exploração agrícola, ou entre eles e o interesse estatal para dar-lhe um uso em áreas de preservação. Por exemplo, nos Estados Unidos, a Suprema Corte tratou o tema da quantidade de água que o governo federal pode destinar a reservas naturais e para usos recreativos.[351]

– *Alocação de direitos sobre o uso:* o processo de privatização começa e, em seguida, o Estado concede direitos sobre o uso da água às empresas concessionárias. Em todo o mundo, a privatização dos serviços de abastecimento de água é discutida; no caso argentino, é um processo amplamente realizado, já que a maioria das províncias privatizou seus serviços de água. Isso abre uma nova arena de disputas: entre provedores de serviços de água e usuários e consumidores.

– *Gerenciamento público:* o setor público começa a abordar o problema do uso da água, e surgem as questões de gerenciamento, qualidade e otimização no uso. Por exemplo, no Brasil, cria-se o Sistema Nacional de Gerenciamento de Recursos Hídricos.[352] O recurso deve ser gerenciado, administrado, o objetivo é a otimização no uso. Isso se coloca sobre todos os tipos de águas: doces, saudáveis, salinas, seus usos predominantes, e os

---

[350] ANDREEN, William. The Evolution of Water Pollution Control in the United States. State, Local and Federal Efforts, 1789-1972-Part I. *Stanford Environmental Law Journal*, jan. 2003.

[351] "United States vs. District Court for Eagle County", 401 U. S. 520, 522-523, 91 S. Ct. 998, 1000-1001, 28 L. Ed. 2d 278 (1971); "Colorado River Water Cons. Dist. vs. United States", 424 U. S. 800, 805, 96 S. Ct. 1236, 1240, 47 L. Ed. 2d 483 (1976). Disponível em: https://supreme.justia.com/cases/federal/us/401/520/; https://supreme.justia.com/cases/federal/us/424/800/.

[352] Lei nº 9.433/97. Cf. MILARÉ, Edis. *Direito do ambiente*: doutrina, prática, jurisprudência, glossário. 2. ed. São Paulo: Revista dos Tribunais, 2001.

níveis suportáveis de contaminação.³⁵³ Os órgãos de controle mostram os efeitos da captura pelos interesses corporativos.³⁵⁴

3 A imposição de limites ao desenvolvimento industrial e o modelo dominial

Nesse estágio, limites ao direito dominial começam a ser impostos.

No caso das águas marinhas, é delineado um "direito do mar", com a Convenção das Nações Unidas da Jamaica de 1992 sobre Direito do Mar, que estabelece a obrigação dos Estados de proteger e preservar o meio ambiente marinho.

As legislações começam a impor limites à quantidade de resíduos que são jogados em rios e lagos, podendo mostrar êxitos significativos.³⁵⁵

No caso argentino, foi dito³⁵⁶ que a Lei nº 12.257 estabelece a obrigação de aplicar "técnicas eficientes", que institucionalizem mecanismos de controle preventivo, publicidade e participação comunitária, como consultas públicas e auditorias ambientais, e se outorgam incentivos à concessionária que utiliza métodos mais racionais de uso da água.

---

[353] Brasil, Resolução nº 20/86, do Conselho Nacional do Meio Ambiente.
[354] ANDREEN, William. The Evolution of Water Pollution Control in the United States. State, Local and Federal Efforts, 1789-1972-Part I. *Stanford Environmental Law Journal*, jan. 2003.
[355] ANDREEN, William. The Evolution of Water Pollution Control in the United States. State, Local and Federal Efforts, 1789-1972-Part I. *Stanford Environmental Law Journal*, jan. 2003.
[356] CAFFERATTA, Néstor. *Apuntes sobre el régimen legal de aguas*. [s.l.]: [s.n.], [s.d.]. O autor resume o regime da Província de Buenos Aires da seguinte forma: "A Lei 12.257, Código de Águas da Província de Buenos Aires, divide-se em Títulos: I. Princípios gerais, arts. 2ª à 8ª. II. Do inventário e conhecimento da água, arts. 9º à 24 (registro público e censo das águas, obras hidráulicas). III. Do uso e aproveitamento da água e dos canais públicos, arts. 25 a 81 (usos comuns e especiais de recursos hídricos, permissões, concessões e autorizações): Cap. I: Uso comum. II: Permissões e concessões. III: Usos especiais e pagamento de direitos de uso de águas públicas. IV. Das normas aplicáveis à água subterrânea, arts. 82 a 89. V. Das normas aplicáveis à água atmosférica, arts. 90 a 92. VI. Da preservação e melhoria da água e proteção contra seus efeitos nocivos, arts. 93 a 106 (prevenção e controle da poluição da água e normas de procedimento e polícia de águas, consórcios de usuários). VII. Das obras, serviços e tarefas relacionadas com a água, arts. 107 a 120. VIII. Dos Comitês de Bacias e dos Consórcios, arts. 121 a 135. IX. Das limitações ao domínio, arts. 136 a 157: cap. I: Das limitações ao domínio e das servidões. II: Do direito de expropriar, ocupar, constituir servidões sobre propriedade alheia. III: Da rota de evacuação ou alagamento. X. Da competência, do processo e do sistema de infração (criação da A.A., fixação de atributos e competências; fiscalização, controle e aplicação de sanções). XI. Disposições especiais para correlacionar o regime jurídico da água com o de outras atividades e recursos naturais. Título final".

4 Fontes normativas

a) Constituição

A constitucionalização dos direitos leva o problema ambiental para as constituições. Nesse sentido, a Constituição do Brasil, em seu art. 20, III,[357] estabelece que são propriedade da União os lagos, rios e qualquer corrente de água em terras de seu domínio ou que banham mais de um Estado, ou sirvam de limite a outros países. No art. 26, I, incluem-se as águas superficiais ou subterrâneas, afluentes, emergentes, em depósito, ressalvadas, neste caso, na forma da lei, as decorrentes de obras da União. O art. 21 estabelece que é responsabilidade da União instituir um sistema nacional de gestão e o art. 22. IV estabelece a competência exclusiva da União para legislar sobre as águas.

b) Legislação especial

A fonte reguladora começa a ser a legislação especial, predominantemente.

No Brasil, o Código das Água é editado pelo Decreto nº 24.643, de 10.7.1934,[358] com uma abordagem econômica e dominial.[359] A Lei nº 9.433, de 1997, instituiu a Política Nacional de Recursos Hídricos e o Sistema Nacional de Gerenciamento de Recursos Hídricos, o que representou um avanço em termos de gestão ambiental. Pela Lei nº 9.884/2000, modificada pela Medida Provisória nº 2.143/2001, criou-se a Agência Nacional de Águas.

Na Argentina, foram promulgadas normas relacionadas à água: Lei Federal de Irrigação (Lei nº 6.546, de 1900),[360] Lei de Obras Sanitárias da Nação (Lei nº 13.577, de 1949 e reformas),[361] Lei de Águas Cloacais e Resíduos Nocivos (Lei nº 2.797).[362]

---

[357] Art. 20, III, CF/88: "os lagos, rios e quaisquer correntes de água em terrenos de seu domínio, ou que banhem mais de um Estado, sirvam de limites com outros países, ou se estendam a território estrangeiro ou dele provenham, bem como os terrenos marginais e as praias fluviais; [...]".

[358] MILARÉ, Edis. Direito do ambiente: doutrina, prática, jurisprudência, glossário. 2. ed. São Paulo: Revista dos Tribunais, 2001. p. 131-132.

[359] Lei nº 24.463, de 1934. Modificada pelo Decreto-Lei nº 852, de 1938.

[360] Disponível em: http://servicios.infoleg.gob.ar/infolegInternet/verNorma.do?id=216044.

[361] Disponível em: http://servicios.infoleg.gob.ar/infolegInternet/verNorma.do?id=57202.

[362] Disponível em: http://servicios.infoleg.gob.ar/infolegInternet/anexos/200000-204999/201127/norma.htm.

5 Tipo de normas

O tipo de normas está caracterizado por mandados e proibições orientados ao controle de natureza regulatória.[363]

O modelo é reativo ante os problemas e o enfoque é de curta duração, geralmente baseado na resposta a eventos conjunturais ou "crises" específicas.[364]

6 Bem jurídico protegido

O bem jurídico protegido permanece sendo a propriedade, enquanto que a questão da água se apresenta como um valor de função delimitativa.

IV O que será?

1 A água como problema gerador de modelos de adjudicação legal

O problema da água vem adquirindo importância relevante em todo o mundo, de tal forma que não é mais um mero pressuposto fático passivo da norma, senão que um subsistema que motiva suas próprias regulações e ordens classificatórias, como foi a terra em seu momento.

A água é um subsistema ambiental e um microbem, que quando afetado produz efeitos circulares, sistêmicos.

Por um lado, o aumento da escassez de água e, por outro, o aumento da demanda. Por um lado, a água como forma de reduzir as doenças humanas e, por outro, a proliferação de doenças causadas diretamente pela ausência de água ou por sua contaminação.

Por um lado, a água se torna vital para o esquema da sociedade de consumo, mas, por outro, o consumo multiplica as fontes de contaminação: lixo doméstico, efluentes industriais, agrotóxicos e pesticidas, detergentes sintéticos, poluição térmica, focos dispersos etc.[365]

---

[363] ANDREEN, William. The Evolution of Water Pollution Control in the United States. State, Local and Federal Efforts, 1789-1972-Part I. *Stanford Environmental Law Journal*, jan. 2003.
[364] ANDREEN, William. The Evolution of Water Pollution Control in the United States. State, Local and Federal Efforts, 1789-1972-Part I. *Stanford Environmental Law Journal*, jan. 2003.
[365] Lei nº 25.688, Regime de Gestão Ambiental de Águas: "Art. 1º. Esta lei estabelece os pressupostos ambientais mínimos para a preservação da água, seu aproveitamento e uso racional. Art. 2º. Para os efeitos desta lei, entende-se: Por água, aquilo que faz parte do conjunto

de corpos e cursos d'água naturais ou artificiais, superficiais e subterrâneos, bem como aqueles contidos em aquíferos, rios subterrâneos e atmosféricos. Por bacia hidrográfica superficial, a região geográfica delimitada pelas divisórias de águas que deságuam em direção ao mar por meio de uma rede de canais secundários que convergem em um único canal principal e as endorreicas. Art. 3º. As bacias hidrográficas como unidade ambiental de gestão de recursos são consideradas indivisíveis. Art. 5º. Entende-se por utilização de água para os efeitos desta lei: a) A captação e o desvio de águas superficiais; b) A estagnação, modificação do fluxo ou aprofundamento das águas superficiais; c) A captação de substâncias sólidas ou em dissolução das águas superficiais, desde que tal ação afete o estado ou a qualidade das águas ou do seu escoamento; d) A colocação, introdução ou descarga de substâncias em águas superficiais, sempre que tal ação afete o estado ou a qualidade das águas ou do seu escoamento; e) A colocação e introdução de substâncias nas águas costeiras, desde que tais substâncias tenham sido colocadas ou introduzidas do continente, ou tenham sido transportadas para as águas costeiras para aí serem depositadas, ou instalações que nas águas costeiras tenham sido erguidas ou ancoradas em forma permanente; f) A colocação e introdução de substâncias nas águas subterrâneas; g) A captação de águas subterrâneas, sua elevação e condução sobre o terreno, bem como o seu desvio; h) Estancamento, aprofundamento e desvio das águas subterrâneas, mediante instalações destinadas a essas ações ou que se prestem a elas; i) Ações capazes de causar alterações permanentes ou significativas nas propriedades físicas, químicas ou biológicas da água; j) Modificar artificialmente a fase atmosférica do ciclo hidrológico. Art. 6º. Para utilizar as águas objeto desta lei, dever-se-á contar com a permissão da autoridade competente. No caso de bacias interjurisdicionais, quando o impacto ambiental sobre qualquer uma das demais jurisdições for significativo, será vinculativa a aprovação de dita utilização pelo comitê de bacia correspondente, que receberá competência para esse ato pelas diferentes jurisdições que a integram. Um exemplo da importância da água constitui a Lei 26.639, um regime de pressupostos mínimos para a preservação das geleiras e do meio periglacial (BO: 28-10-2010), que visa preservá-los como reservas estratégicas de recursos hídricos para o consumo humano, para a agricultura e como abastecedores de água para recarga de bacias hidrográficas, para proteção da biodiversidade, como fontes de informação científica e como atrativo turístico. As geleiras são bens públicos". Em nossa doutrina judiciária houve decisões do Tribunal, relacionadas a questões ligadas à proteção de geleiras, no caso "Vargas, Ricardo Marcelo c/San Juan, Província de e outros s/Dano ambiental", CSJ 175/2007 (43-V)/CS1, 1-9-2015, Fallos: 338:811. Disponível em: https://sjconsulta.csjn.gov.ar/sjconsulta/documentos/verDocumentoById. html?idDocumento=7243791&cache=1596247413122. Também, com relação às represas do Rio Santa Cruz: "Associação Argentina de Advogados da Patagônia c/Santa Cruz, Província de e outro s/Amparo ambiental", CSJ 5258/2014, 26-4-2016, Fallos: 339:515. Disponível em: https://sjconsulta.csjn.gov.ar/sjconsulta/documentos/verDocumentoById.html?idDocum ento=7300612&cache=1596247478861. No mesmo expediente, 21-12-2016, Fallos: 339:1732. Disponível em: https://sjconsulta.csjn.gov.ar/sjconsulta/documentos/verDocumentoById. html?idDocumento=7352511&cache=1596247533952. MARTIN, Liber. *Derecho de aguas*. Estudio sobre el uso y dominio de las aguas pública. [s.l.]: Abeledo-Perrot, Universidad Nacional de Cuyo (Facultad de Derecho), 2010. p. 18, 28-29, destaca que "Depois da reforma da Constituição de 1994, todas as províncias modificaram suas constituições, com exceção de Mendoza (1916), Misiones (1958), Santa Fe (1962), San Juan (1986), San Luis (1987), Catamarca (1968), Río Negro (1988) e Tierra del Fuego (1991), incorporando parte dos princípios lá contidos. O mesmo aconteceu com a modificação das leis de águas de Río Negro (Lei 2952/95), San Luis (Lei 5122/97), o Código de Águas Formosa (Lei 1246/97), Salta (Lei 7017/99), Chubut (Lei 4148/98), Entre Ríos (Lei 9172/98), Buenos Aires (Lei 12.257 / 99), Corrientes (Decreto-lei 191/2001), Tucumán (Lei 7139/2001) e a Cidade Autônoma de Buenos Aires (Lei 3295/2010). Em Mendoza, a Lei das Águas (1884) passou por inúmeras reformas, embora não sistematizadas. A Constituição da Província de Mendoza de 1916 contém normas expressas sobre o assunto, em particular, a Sexta Seção refere-se ao Departamento Geral de Irrigação. Em outro aspecto da disciplina de água, o federalismo argentino desenvolveu pactos interprovinciais sobre rios compartilhados (PINTO, Mauricio.

O bem foi levado a um ponto de tensão extrema pelo modelo dominial e pelo uso indiscriminado. A conclusão é que não é mais possível admitir que existe o direito de todos de usarem água em qualquer quantidade e para qualquer finalidade. Por esse motivo, não será mais possível que a água seja um mero pressuposto de fato de direitos subjetivos, mas sim que estes deverão se adaptar ao funcionamento do subsistema, reconhecendo sua circularidade e natureza sistêmica.

Chegou o momento em que devemos pensar o problema da água em termos de escassez e nos interesses competitivos que devem ser justamente reconciliados.[366]

As perguntas que surgem são árduas e, por exemplo, já foi questionado:[367] quanta água um indivíduo pode usar? Quanta qualidade de água deve ser requerida após o uso? Quanta água deve ser destinada para manter as espécies aquáticas? Como deve ser adjudicado o bem, escasso, entre interesses competitivos?

2 A adjudicação através do mercado

Nesta linha de pensamento, tem-se criticado fortemente o que foi feito até agora e propõe-se substituir completamente o sistema regulatório centralizado, estatal e burocrático, pela concessão de direitos de propriedade individuais sobre a água.

Os principais argumentos são os seguintes.

a) Analogia entre a terra e a água

Nesse assunto, a analogia entre uma "Lei da Água" e uma "Lei da Terra" é muito poderosa. O domínio e o uso da terra foram

---

El régimen jurídico de los ríos interprovinciales en Argentina. [s.l.]: Lajouane, 2014), que levaram a implementar políticas comuns e à criação de organismos de bacia de distinta tipologia (EMBID IRUJO, Antonio; MATHUS ESCORIHUELA, Miguel (Dir.). *Organismos de Cuenca en España y Argentina.* [s.l.]: Dunken, 2010).

[366] GOULD, Kenneth S. An Introduction to Water Rights in the Twenty-First Century: The Challenges Move East. *University of Arkansas at Little Rock Law Review,* Fall 2002; CENICACELAYA, María de las Nieves. *El derecho al agua.* Un derecho humano transversal. [s.l.]: Cooperativas, 2012; PINTO, Mauricio; TORCHIA, Noelia; MARTIN, Liber. *El derecho humano al agua.* Buenos Aires: Abeledo-Perrot, 2008. A Corte Suprema de Justiça argentina pronunciou-se sobre o direito humano à água potável, no precedente: "Kersich, Juan Gabriel e outros c/Aguas Bonaerenses SA e outros s/Amparo", Fallos: 337:1361. Disponível em: https://sjconsulta.csjn.gov.ar/sjconsulta/documentos/verDocumentoById.html?idDocumento=7175721&cache=1596247579537.

[367] MORRISS, Andrew P.; YANDLE, Bruce; ANDERSON, Terry L. Principles of Water. Water Use Symposium Articles. *Tulane Environmental Law Journal,* Summer 2002.

divididos porque foram concedidos direitos subjetivos, o que motivou substancialmente o uso eficiente desse bem.

Não há nenhuma razão para tratar a água de maneira diferente da terra. Se isso não foi feito até agora, é um erro, pois melhoraria substancialmente o gerenciamento da água. Por exemplo, a concessão de direitos de propriedade sobre um rio poderia oferecer um incentivo para controlá-lo, impedir inundações e cheias repentinas.

A objeção tradicional de que não pode haver usos privados da água porque é um bem essencial para nossas vidas e bem-estar não é importante, porque a terra também é vital e nada impediu a concessão de direitos subjetivos sobre ela.

b) Crítica ao socialismo sobre a terra e sobre a água

A situação atual é identificada como um "socialismo" e já foi dito: o que podemos esperar desse "socialismo da água"? A resposta pode ser obtida comparando os resultados obtidos pelo socialismo da terra[368] e, portanto, certamente serão ruins.

O acesso ilimitado de todos à água causou grandes danos e excessos.

Entre os danos, o socialismo da água levou a que as baleias estejam em extinção, a quantidade de peixes caindo drasticamente, os rios ficando poluídos e os lagos cheios de barcos de todos os tipos. Não há mecanismos de mercado para alocar recursos entre interesses competitivos e ninguém tem interesse na proteção.

Entre os excessos, diz-se que o direito de uso da água pelos bombeiros para extinguir um incêndio já foi negado, porque isso violava as normas vigentes.

3 O modelo dos direitos de propriedade sobre a água

Diz-se que a adjudicação administrativa é burocrática e é muito difícil e caro reunir informações suficientes para tomar decisões.

Que, em vez disso, se deveriam outorgar direitos individuais definidos e seguros, já que, dessa maneira, se cada indivíduo buscar o melhor uso, o valor total será benéfico. Além disso, argumenta-se

---

[368] MCGEE, Robert; BLOCK, Walter. Pollution Trading Permits as a Form of Market Socialism, and the Search for a Real Market Solution to Environmental Pollution. *Fordham L. & Envtl. J.*, v. 6, n. 51, 1994.

que, se esses direitos forem transferíveis, haverá uma evolução para um uso mais valioso.

Recursos como a água devem ser tratados exatamente da mesma forma que a terra em uma sociedade em que as regras de mercado se aplicam. Isso leva à privatização de fontes de água: aquíferos, canais, estuários, águas subterrâneas, oceanos, água potável, água para irrigação, reservas etc.

4 Deve respeitar-se a liberdade e a propriedade individual

Nessa matéria, tem se defendido a tese da liberdade e da propriedade, de modo que qualquer afetação desta deve ser indenizada.[369]

O conceito de propriedade é estendido ao direito contratual no sentido de que qualquer quebra contratual no fornecimento de água aos agricultores deve ser indenizada, embora se invoque o interesse público. O caso foi levantado em *The Klamath Basin of Oregon*, porque o *U.S. Bureau of Reclamation* (BOR) deixou sem efeito um contrato celebrado em 1909 para fornecer água aos agricultores, com base na proteção da fauna. Quase 1.400 agricultores faliram e alguns deles se envolveram em atos de desobediência civil, abrindo as comportas para levar água para suas terras. O direito dos agricultores de irrigar suas terras competia com o direito do Estado de proteger as espécies, conforme exigido pela *Endangered Species Act*.

Qualquer mudança no relacionamento com os proprietários ribeirinhos constitui uma expropriação indenizável.[370]

Sustenta-se que uma regulação estadual que afeta o direito de usar totalmente a água constitui uma apropriação. O direito de usar a água é de natureza usufrutuária e não consiste apenas na quantidade utilizada, mas também na disponibilidade do uso em si.

O argumento central é a distribuição dos custos. Nenhuma pessoa razoável quer a extinção de peixes e animais, mas quando decidimos protegê-los, também devemos definir quem deve suportar o fardo. Se

---

[369] WHITEHEAD JR., Roy; BLOCK, Walter. Enviromental Takings of Private Water Rights. The Case for Water Privatization. *Environmental Law Reporter*, v. XXXII, News & Analysis, out. 2002.

[370] THOMPSON JR., Barton H. Takings and Water Rights. *In*: CARR, Kathleen Marion; CRAMMOND, James D. (Ed.). *Water Law*: Trends, Policies, and Practice. [s.l.]: [s.n.], 1995. p. 43-55.

considerarmos que é do interesse público tomar direitos privados para proteger espécies ameaçadas, deveríamos arcar com os custos.

5 Críticas

As principais críticas a essa posição são baseadas na dificuldade de aplicar direitos de propriedade e nos efeitos adversos que isso pode ter.

Quanto à dificuldade, pode-se dizer que os cursos de água não se prestam muito à delimitação. Os corpos de água estão interconectados, os oceanos são conectados de várias maneiras, cada lago não é totalmente separado de outras fontes, a água de superfície é conectada às águas subterrâneas. A água não está apenas conectada horizontalmente, mas também verticalmente, já que cada partícula, cada molécula é ao mesmo tempo água do oceano e, posteriormente, evapora e viaja entre as nuvens. O curso dos rios muda constantemente.

Para os partidários da tese do mercado, esses obstáculos são superáveis. A terra também está interconectada e também houve sérios problemas para estabelecer limites nos primeiros tempos, mas um sistema aceitável de delimitação foi alcançado.

Com instrumentos científicos precisos é possível identificar e usar marcas para definir limites.

6 A água como bem coletivo na esfera social

A outra abordagem, que compartilhamos, é diversa e suas principais diretrizes são as apresentadas a seguir.

7 A água como bem pertencente à esfera social ou coletiva

O meio ambiente é um bem coletivo com as seguintes características:

- *A indivisibilidade dos benefícios*, uma vez que o bem não é divisível entre aqueles que o usam. Isso resulta na proibição da apropriação privada ou individual e na natureza difusa da titularidade.
- *O princípio da não exclusão de beneficiários*, uma vez que todos os indivíduos têm direito ao meio ambiente, até as gerações futuras.

De acordo com essa classificação, não é possível afirmar a existência de direitos subjetivos de propriedade individual sobre o ambiente como macrobem, nem sobre a água como microbem.

O bem assim definido permite ações que legitimam qualquer indivíduo, afetado, as associações representativas e o *defensor del pueblo*, enquanto demonstrem que existe uma lesão de tal interesse.

Esse bem está localizado na esfera social, caracterizada pela presença de bens coletivos, e com uma lógica jurídica de resolução de conflitos diferente do que ocorre na esfera privada e na esfera íntima da pessoa.[371]

8   Substituição do modelo antropocêntrico

Essa classificação como um bem coletivo localizado na esfera social também implica a substituição do modelo antropocêntrico e dominial. Para entender o ambiente e, especificamente, a água, é necessária uma perspectiva sistêmica que examine a globalidade dos processos, desde fonte, suprimento, uso, tipo de uso e reciclagem de água após o uso.[372] A *forest communit* consiste em um conjunto de plantas, animais, ar, sol e água; cada um desses organismos está direta ou indiretamente inter-relacionado com todos os outros organismos da comunidade; a saúde e o bem-estar de cada organismo dependem dos fatores ambientais que o cercam, e todo o sistema está condicionado, em um grau considerável, pela própria comunidade biótica; tudo constitui um sistema ecológico complexo.[373]

9   Precedência lógica na colisão de direitos

O reconhecimento jurídico do "meio ambiente" importa um novo cenário de colisão de direitos. Já não são bens individuais com direitos de paridade subjetivos, como nas relações de vizinhança, mas bens individuais *versus* bens públicos.

---

[371] Ampliamos em *Fundamentos do direito privado*. São Paulo: Rev. Dos Tribunais, [s.d.].

[372] BARRON, Gerald; BUCHANAN, Denise Hase Sharunda; MAINZER, Montrece Hugh; RANSOM, John Sarisky Mcneill. New Approaches to Safe Drinking Water. *Journal of Law, Medicine and Ethics*, Fall, 2002. Special Supplement-Concurrent Sessions-Law & the Basics; Safe Water, Food & Air.

[373] SPURR, S. *Forest Ecology*. [s.l.]: [s.n.], 1964. p. 155; GOSZ; HOLMES; LIKENS; BORMANN. The Flow of Energy in a Forest Ecosystem. *Scientific American*, n. 3, p. 92-102, 1978.

Assim descrito, o exercício dos direitos de propriedade pode colidir com o direito a um ambiente saudável.

O conflito entre o bem ambiental e a propriedade está localizado na esfera social, onde o bem social tem prioridade sobre o individual.

Portanto, quando o exercício dos direitos de propriedade leva à lesão a bens ambientais, o último deve ser protegido e o primeiro deve ser limitado. Da mesma forma, quando a propriedade é lesada, como consequência da proteção ambiental, o "sacrifício" deve ser admitido pela primazia da esfera social.

10 Função ambiental dos direitos de propriedade

Os direitos de propriedade sobre a terra ou a água existentes têm seu limite na função ambiental. Em relação à função ambiental, Benjamin[374] ressalta que há uma série de deveres negativos derivados da obrigação de não poluir: o dever de defender o meio ambiente, o dever de reparar, o dever de preservar. Além disso, existem obrigações positivas.[375]

Esses dados normativos compõem um núcleo duro de normas que estabelecem um objetivo ambientalista e limites à atuação social e à produção jurídica.

11 Direito fundamental de acesso à água potável

O problema da água começa a ser analisado como um de adjudicação de interesses competitivos,[376] mas a competição tem outro limite inferior, que é o direito fundamental que os indivíduos possuem de acesso à água potável.

---

[374] BENJAMIN, Antonio H. (Coord.). *Dano ambiental*: prevenção, reparação e repressão. São Paulo: Revista dos Tribunais, 1993. v. I. p. 9-82, em especial, seu trabalho *Função ambiental*, p. 56.

[375] BENJAMIN, Antonio. Reflexões sobre a hipertrofia do direito de propriedade na tutela da reserva legal e das áreas de preservação permanente. *In*: CONGRESSO INTERNACIONAL DE DIREITO AMBIENTAL. *Anais...* São Paulo: Imprensa do Estado, 1997. p. 21.

[376] GOULD, George A.; GRANT, Douglas L. *Water Law*. 6. ed. [s.l.]: [s.n.], 2000; SAX, Joseph L.; THOMPSON, Barton H.; LESHY, John D.; ABRAMS, Robert H. *et al. Environmental Law and Policy*: Nature, Law, and Society. 2. ed. [s.l.]: [s.n.], 1998; *Legal Control of Water Resources*, 76, 3. ed. 2000.

12   Bens protegidos e tipo de normas

Os bens protegidos serão:
- a água como bem coletivo, em sua interação sistêmica;
- o direito humano fundamental de acesso à água potável.

Em relação ao tipo de normas, pode-se dizer que haverá um direito fundamental que outorgará pretensões positivas e negativas de acesso à água potável.

Em relação ao bem coletivo, surgirá a ideia de função como ordenadora das finalidades típicas que os direitos subjetivos devem respeitar como nexo de vinculação entre a esfera privada e a social.

Também terão importância relevante os princípios jurídicos ambientais operacionais que produzirão uma reestruturação do sistema normativo.

Segunda parte – O caso do rio Atuel

I   O rio Atuel: uma introdução ao caso

Em uma decisão histórica[377] que começou a moldar a resolução de um conflito que já dura mais de 70 anos, a Corte Suprema da Argentina ordenou, em 2017, que a Província de Mendoza, juntamente com a Província de La Pampa, designasse, dentro de 30 dias, o fluxo de água do rio Atuel para permitir a restauração do ecossistema afetado no noroeste de La Pampa pelas barragens de Los Nihuiles. Na decisão, o Alto Tribunal argentino ordenou que as duas províncias, juntamente com o governo nacional, apresentassem um plano de trabalho para a alocação das águas do rio Atuel.[378] O Tribunal impôs um prazo de 120 dias para que fosse apresentado o plano.

Esse conflito é antigo. No início do século XX, o fluxo do rio Atuel começou a diminuir devido à construção de obras de água e represas particulares, mas, em 1947, Mendoza iniciou a construção de uma barragem que produziu uma grande seca no noroeste da Província de La Pampa. As águas do rio Atuel deixaram de chegar às cidades dos

---

[377] CSJN, 2017 243/2014 (50-L), "Provincia de La Pampa c/Provincia de Mendoza s/Uso aguas". Ver a decisão completa: http://www.cij.gov.ar/nota-28698-Conflicto-Ro-Atuel—la-Corte-orden—a-las-provincias-de-La-Pampa-y-Mendoza-la-presentaci-nde-un-programa-de-obras-con-la-participaci-n-del-Estado-Nacional.html.

[378] O rio Atuel nasce nos Andes, alimentado pela neve. Em 1914, fazia um percurso de quase 800 quilômetros e terminava no rio Colorado, após cruzar La Pampa.

pampas de Santa Isabel e Algarroba del Águila. Portanto, uma diáspora começou e centenas de colonos abandonaram suas cidades, ao contrário do departamento General Alvear de Mendoza, que conseguiu continuar seu desenvolvimento. La Pampa começou a depender economicamente de Mendoza.

O Tribunal Supremo já havia decidido em 1987 que o rio era interprovincial. Além disso, a decisão daquele ano havia concedido a Mendoza uma cota de irrigação de 75.761 hectares no sul da província, nos departamentos de General Alvear e San Rafael, e a instou a implementar medidas para tornar essa irrigação mais eficiente, como dirigir e executar canais marginais. Portanto, o excedente de água para Mendoza resultante da cota concedida pela decisão obrigava a província a negociar e a fazer "acordos interprovinciais" para beneficiar La Pampa ao mesmo tempo. La Pampa alegou que a decisão nunca foi implementada e entrou com uma ação em 2014 por danos ambientais e sociais. A Província de La Pampa alega, por ser uma bacia deficitária, a necessidade de estabelecer um fluxo ecológico mínimo de 4,5 m³/segundo, que garanta a subsistência do ecossistema – de todo o rio –, uma melhoria da eficiência da irrigação por parte de Mendoza e a construção de um reservatório.

Durante as audiências públicas realizadas na Suprema Corte em 2017, La Pampa alegou que o rio Atuel havia sido "roubado", o que causou uma catástrofe ambiental, além do profundo dano social, econômico e emocional sofrido pelos habitantes da parte ocidental da província. Mendoza, por outro lado, argumentou que "não era razoável pedir água ao deserto",[379] declarou que 97% do território era desértico, e assinalou – para indicar seu uso eficiente da água – que os rios Diamante, Mendoza, Tunuyán e Atuel teriam um fluxo combinado que era equivalente a 1% do rio Paraná, o segundo maior rio da América do Sul.[380]

---

[379] Durante a audiência pública realizada na Corte Suprema da Argentina, depois que todas as partes apresentaram seus argumentos perante o tribunal, o governador de Mendoza explicou: "Há possibilidades de acordo. Mendoza está sempre aberta a acordos. La Pampa construiu um mito sobre um rio roubado que danifica o noroeste de La Pampa, mas nada fez para que o setor de sua província não fosse árido. Eles poderiam ter redirecionado o rio Colorado ou represado a água que vem esporadicamente do Atuel, e então distribuí-la". Neste contexto, acrescentou: "Não é razoável pedir ao deserto que entregue água" (Governo de Mendoza, 14.7.2017, Cornejo: Não é razoável pedir ao deserto que entregue água. Disponível em: http://www.prensa.mendoza.gov.ar/cornejo-no-es-reasonable-pedirle-al-desierto-queentregue-agua/).

[380] O rio Paraná nasce no planalto sudeste do Brasil e geralmente flui para o sul até o ponto onde, após uma viagem de 4.880 km, se junta ao rio Uruguai para formar o extenso estuário do Río de la Plata no Oceano Atlântico.

Mendoza acusou La Pampa de fazer apenas trabalhos de saneamento na parte oriental da província.

De acordo com a última decisão da Suprema Corte, o programa que as províncias desenvolverão com o governo nacional deveria contemplar alternativas técnicas com relação às características ecológicas específicas do rio, os custos de construção das obras e seu modo de distribuição entre os três governos. Também deve prever os benefícios do uso, as necessidades das populações vizinhas, a necessidade de defender o acesso das populações à água potável, a participação das comunidades originárias localizadas na região e a atividade econômica produtiva. A decisão implica uma mudança na gestão do rio. O Tribunal exigiu que Mendoza, La Pampa e o governo nacional chegassem a um acordo para implementar o plano e financiar trabalhos que mitiguem a desertificação e melhorem a eficiência do uso da água.

A nova decisão finalmente pretende chegar a um acordo após décadas de litígio. Assim, solicita que os governos cheguem a um consenso sobre a gestão do rio Atuel e os trabalhos necessários para regulá-lo. Mas a chave é a exigência de garantir um fluxo mínimo de água que permita a restauração ambiental de La Pampa, principalmente a área de Santa Isabel e seus arredores. O Tribunal enfatizou os problemas ambientais enfrentados pelas comunidades devido às mudanças climáticas. Nesse sentido, explicou que o problema não era tanto a "demanda" de água que Mendoza e La Pampa poderiam ter, mas que o suprimento diminuiria cada vez mais. A Corte enfatizou que era necessário mudar a abordagem de confronto adotada pelas duas províncias para uma de cooperação. Nesse contexto, sustentou que, "diante da existência de tensões nas relações interjurisdicionais, é necessário assumir uma percepção conjuntiva ou cooperativa, típica de um federalismo de concessão, que supere as abordagens disjuntivas ou separatistas".[381] O Tribunal também tornou obrigatório chegar a um acordo, estabelecendo que em 120 dias deveria haver um plano de gerenciamento e trabalho para melhorar o gerenciamento e a garantia da água do rio Atuel para as duas províncias.

Nos parágrafos a seguir, analisaremos os principais elementos da decisão de 2017: o processo original de La Pampa de 2014; a competência dirimente da Corte Suprema da Argentina; a rejeição da exceção de

---

[381] CSJN 2017 243/2014 (50-L), "Provincia de La Pampa c/Provincia de Mendoza s/Uso aguas". Ver a decisão completa: http://www.cij.gov.ar/nota-28698-Conflicto-R-oAtuel—la-Corte-orden—a-las-provincias-de-La-Pampa-y-Mendoza-la-presentaci-n-de-un-programa-de-obras-con-la-participaci-n-del-Estado-Nacional.html.

coisa julgada suscitada por Mendoza; o direito humano de acesso à água potável; a luta contra a desertificação; a visão integral de uma bacia hidrográfica e o estabelecimento da Comissão Interprovincial do Baixo Atuel (CIAI) como órgão de resolução de conflitos. Concluímos com uma reflexão sobre a importância de uma mudança de paradigma na gestão de recursos hídricos compartilhados.

II A demanda iniciada por La Pampa em 2014 que origina esta resolução

Em sua demanda, La Pampa alegou que Mendoza havia violado a obrigação de negociar e observar de boa-fé os acordos para regular os usos do rio Atuel. A província sustentou que a maior prova da má-fé de Mendoza foi a demora intencional na consideração e posterior rejeição por parte de sua legislatura do acordo marco de 2008, que previa um plano de trabalho que se levaria a cabo e que seria financiado pelas duas províncias e pelo governo federal. Solicitou que os danos ambientais fossem declarados como consequência da violação mencionada, e que a cessação dos danos e a restauração do meio ambiente fossem ordenadas. Também afirmou que deveria ser estabelecido um fluxo mínimo de água para o território de La Pampa, levando em consideração o direito humano à água e o crescimento harmonioso e equilibrado entre as províncias.

III A competência dirimente do Tribunal

A Corte Suprema sustentou que sua intervenção no litígio está amparada no art. 127 da Constituição Nacional argentina, segundo o qual as denúncias das províncias "devem ser submetidas à Corte Suprema de Justiça e dirimidas por ela".[382] O Tribunal enfatizou a necessidade de respeitar o princípio da lealdade federal ou de boa-fé para avançar na resolução do conflito, segundo o qual, no exercício harmônico do poder, devem evitar-se os abusos para alcançar, cooperativamente, a funcionalidade da estrutura federal como um todo. Nesse contexto, o Tribunal concluiu que, à luz das tensões interjurisdicionais, era necessário assumir a percepção de um federalismo concertado, que ia além das abordagens disjuntivas ou separatistas.

---

[382] 1994, Constituição da Nação Argentina (art. 127).

IV A rejeição da exceção *res judicata*

A Corte rejeitou o argumento de que esse conflito era idêntico ao que havia sido resolvido em 1987 entre as duas províncias e, portanto, negou a defesa de coisa julgada suscitada por Mendoza. Para decidir isso, levou-se em consideração que, embora em ambos os casos houvesse um conflito pelo uso do rio Atuel, as questões apresentadas neste caso foram diferentes das descritas na decisão de 3.12.1987,[383] porque, ao longo dos anos, o conflito começou a envolver aspectos relacionados à visão integral do meio ambiente que emanavam da cláusula ambiental da reforma constitucional argentina de 1994. Essa distinção, explicou o Tribunal, "muda substancialmente o enfoque do problema, cuja solução não só deve atender às pretensões dos estados provinciais, já que os afetados são múltiplos e abrangem uma ampla região".[384] Por esse motivo, a solução não poderia se limitar à solução dos problemas do passado, mas, fundamentalmente, deveria se concentrar na sustentabilidade futura. A Corte enfatizou que a regulação legal da água deixou de ser um modelo antropocêntrico, puramente dominial, amplamente presente no conflito resolvido pela decisão de 1987, para um modelo ecocêntrico e sistêmico.

V O direito humano de acesso à água potável

O Tribunal também declarou que o direito humano à água potável era uma consideração central. Ele argumentou que o acesso à água potável afeta diretamente a vida e a saúde das pessoas, pelo que deveria ser protegido por juízes e no campo dos direitos coletivos; portanto, é essencial tutelar a água para que a natureza mantenha seu funcionamento como sistema e sua capacidade de regeneração e resiliência. Tanto as Nações Unidas[385] como a Organização dos Estados Americanos[386] reconheceram o direito com resoluções sobre o direito humano à água e ao saneamento, aprovadas em 2010 e 2012,

---

[383] "Provincia de La Pampa c/Provincia de Mendoza", Fallos: 310:2478 (1987). Disponível em: http://sjconsulta.csjn.gov.ar/sjconsulta/documentos/verDocumentoSumario.html?idDocumentoSumario=2097.

[384] CSJN 2017 243/2014 (50-L), "Provincia de La Pampa c/Provincia de Mendoza s/Uso aguas". Ver a decisão completa: http://www.cij.gov.ar/nota-28698-Conflicto-R-oAtuel—la-Corte-orden—a-las-provincias-de-La-Pampa-y-Mendoza-la-presentaci-n-deun-programa-de-obras-con-la-participaci-n-del-Estado-Nacional.html.

[385] G. A. Res. 64/292, 64th Sess., U. N. Doc. A/RES/64/292 (28-7-2010).

[386] OAS, GA/RES 2760 (XLII-O/12) (5-6-2012).

respectivamente. Esta declaração da água como direito humano foi reiterada em inúmeras decisões da Corte Interamericana de Direitos Humanos e em encontros internacionais e nacionais. Nesse caso, o direito à água potável se especifica no direito a um fluxo de água que garanta a restauração ambiental.

VI A luta contra a desertificação na região

O Tribunal também considerou a desertificação como um problema legal relevante. Ele afirmou que as imagens mostradas na audiência pública e as exposições das partes no caso haviam demonstrado claramente o estado de seca e desertificação que caracterizavam a região dos Pampas na bacia de Atuel. Esse fato comprovado, afirmou a Corte, teria implicações legais, uma vez que a Argentina assinou a Convenção das Nações Unidas para Combater a Desertificação em Países que Sofrem Secas Graves e/ou Desertificação, particularmente na África,[387] adotada em Paris e ratificada pela Argentina por meio de Lei nº 24.701. Segundo esta Convenção, a Argentina deve priorizar a luta contra a desertificação e mitigar os efeitos da seca, além de alocar recursos suficientes para fazê-lo de acordo com suas capacidades e circunstâncias.

O Tribunal acrescentou que a luta contra a desertificação também envolvia o foco no suprimento de água, e não apenas na demanda por água. Isso significa que é necessário identificar possíveis fontes de suprimento com um escopo mais amplo, cobrindo toda a bacia e as regiões afetadas. Isso decorre da obrigação da Argentina de alocar recursos para combater secas severas ou desertificação, com uma visão que inclui toda a bacia.

VII A visão integral da bacia hídrica

A bacia do rio Atuel é um sistema integral, que se reflete na estreita interdependência entre as várias partes do curso de água. O Tribunal enfatizou a importância de abordar o conflito a partir dessa perspectiva abrangente. Ele explicou que a solução do caso exigia a adoção de medidas relacionadas à bacia em geral e não se limitando

---

[387] United Nations Convention to Combat Desertification in Those Countries Experiencing Serious Drought and/or Desertification, Particularly in Africa, 14-10-94, 33, I. L. M 1328 (1994).

às jurisdições territoriais, uma vez que os conflitos ambientais não coincidem com as divisões políticas ou jurisdicionais. Ele ressaltou que o próprio conceito de bacia hidrográfica é de unidade, na qual o ciclo hidrológico é entendido como um todo, vinculado a um território e ambiente específicos.

A decisão do Tribunal especificou que a bacia hidrológica deveria ser o centro da ação necessária. As bacias hidrográficas são áreas físicas nas quais os diferentes usos e efeitos da água e de outros recursos naturais são naturalmente interdependentes e, portanto, devem ser usados e conservados de maneira integrada. Pelo que foi relatado, a bacia hidrográfica deve ser tratada como uma unidade de gestão, coordenada por uma organização da bacia, em oposição à gestão setor por setor; na Argentina, isso se reflete no Princípio 17, Gestão Integrada do Recurso Hídrico, dos Princípios Orientadores de Política Hídrica aprovados pelo Cohife (Conselho Hídrico Federal).[388]

O Tribunal acrescentou que essa visão fazia parte da evolução do conceito de gestão de bacias: mudou de uma abordagem orientada basicamente para a captação de água para outros níveis mais complexos de abordagem, como a proteção dos recursos naturais, a mitigação dos efeitos dos fenômenos naturais extremos e a melhoria da produção (agrícola, industrial, pecuária, mineradora, florestal) combinada com o gerenciamento integrado de recursos naturais da bacia.

VIII O CIAI

A Suprema Corte estabeleceu que o programa para a implementação de medidas corretivas deveria ser preparado no âmbito do CIAI, órgão criado pelas próprias províncias interessadas precisamente para responder ao conflito. Para garantir o cumprimento desse objetivo, o Tribunal especificou que as províncias e o governo nacional deveriam fornecer os recursos necessários para fortalecer institucionalmente o CIAI.

A Corte salientou que o CIAI era o órgão formalmente constituído pelas partes com o objetivo de conduzir negociações destinadas a alcançar um entendimento sobre o uso das águas do rio Atuel, no âmbito de um federalismo de coordenação (em lugar do federalismo

---

[388] Conselho Hídrico Federal, Princípios Dirigentes da Política Hídrica da Argentina (2003). Disponível em: http://www.cohife.org/advf/documentos/2015/10/561- b1c0da79ae.pdf.

de oposição) para superar conflitos entre Estados-Membros de uma única nação.

IX Conclusão

A decisão da Suprema Corte destacou que esse conflito entre as duas províncias era diferente do resolvido em 1987 e sustentou que deveria ser resolvido com base em um federalismo concertado, que superava os enfoques separatistas. Disse que o caso, em sua forma atual, envolvia um problema ambiental, que havia um direito à água que deveria superar o modelo dominial para ser sistêmico e ecocêntrico. Afirmou que o acesso à água potável afeta diretamente a vida e a saúde das pessoas e que sua proteção é essencial para a natureza manter seu funcionamento como sistema e sua capacidade de regeneração e resiliência. Também afirmou que a luta contra a desertificação implica centrar-se no abastecimento de água, não apenas na demanda por água.

Por essas razões, a Corte ordenou que as duas províncias, com a participação do governo nacional, apresentassem um plano que incluísse a alocação de seus custos no âmbito do CIAI. As partes também receberam a ordem para estabelecer um fluxo de água adequado para a restauração do ecossistema afetado no noroeste da província de La Pampa. O Tribunal também enfatizou a necessidade de abordar o conflito de Atuel do ponto de vista da unidade, como uma bacia hidrográfica, uma vez que os recursos naturais são interdependentes e devem ser tratados de maneira integrada.

Uma vez emitida a decisão, os governadores de ambas as províncias enviaram solicitações formais para uma reunião com o governo nacional para discutir o conflito e começar a formular os mecanismos conjuntos e cooperativos ordenados pelo Tribunal. O julgamento do Tribunal supera as diferenças históricas e exige que todos os envolvidos no conflito se comprometam e negociem. O Tribunal ordenou que as partes se reconciliassem com as diretrizes que beneficiam um sistema no qual as províncias e a nação estejam diretamente envolvidas.

Em suma, não há vencedores ou perdedores neste caso. A decisão do Tribunal é sobre um debate acerca de abordagens ambientais. Não existe um único proprietário do ambiente; o meio ambiente é responsabilidade de todos. Além disso, a decisão gerou conscientização sobre a necessidade de uma mudança de paradigma em torno do uso da água, na Argentina e no mundo.

Terceira parte – Declaração de Brasília de Juízes sobre Justiça da Água (Declaração de 10 Princípios)[389]

Nós, juízes que administramos a justiça sobre a água e decidimos casos relacionados ao uso, gerenciamento e proteção de todos os tipos de recursos de água doce; acesso equitativo aos serviços de água e saneamento; o impacto das atividades humanas na água e no meio ambiente e a restauração de serviços e funções ecológicas,

Admitindo que a disponibilidade de água doce está rapidamente se tornando um problema global premente, com uma necessidade global de água até 2030 que espera dobrar a de 2005 e que supera os níveis atuais, confiáveis e acessíveis de oferta em 40%,

Conscientes de que a iminente crise da água, acelerada pelo impacto das mudanças climáticas no ciclo hidrológico e na disponibilidade de recursos hídricos para atender às demandas da sociedade e do meio ambiente, também é uma crise de Governo e da Justiça,

Reconhecendo que o dano aos recursos de água e ecossistemas vinculados e as deficiências na prestação de serviços de água impactam desproporcionalmente sobre as pessoas e os grupos vulneráveis, incluindo mulheres, crianças, idosos, pessoas com deficiência, povos indígenas e grupos minoritários, e a necessidade de mitigar esses impactos,

Observando a importância do ciclo hidrológico no funcionamento ecológico; a interligação entre as águas subterrâneas e os sistemas de águas superficiais; e a importância de enfrentar os desafios da água no nível da bacia,

Considerando o fato de que os recursos de água doce são um componente vital de todos os ecossistemas aquáticos e terrestres e que os ecossistemas fornecem uma variedade de serviços essenciais para a vida,

Enfatizando o papel chave dos recursos hídricos na manutenção e funcionamento de uma série de ecossistemas críticos, provendo serviços ecossistêmicos essenciais para o benefício da humanidade e de toda vida,

Tendo em conta a necessidade urgente de alcançar um alto nível de proteção ambiental dos recursos hídricos, à luz da total dependência da

---

[389] Esta Declaração foi apresentada na Conferência de Juízes e Promotores de Justiça sobre Justiça da Água do 8º Fórum Mundial da Água, que aconteceu em Brasília (Brasil), de 18 a 23.3.2018. Esta Declaração reflete e resume as discussões e opiniões dos participantes das Reuniões Preparatórias de Alto Nível realizadas no Rio de Janeiro (Brasil) em 12.12.2017 e da Conferência de Juízes e Promotores sobre Justiça da Água, que ocorreram de 19 a 21.3.2018. Esta Declaração não representa um resultado formalmente negociado e não reflete necessariamente a opinião de cada indivíduo, instituição, Estado ou país representado no Fórum, ou sua posição institucional em todas as questões, ou as opiniões de cada juiz ou membro do Instituto Mundial de Justiça para o Meio Ambiente ou o Comitê Diretor da Comissão Mundial de Direito Ambiental (WCEL).

humanidade em relação à água – nos níveis biológico, ecológico, social, econômico e cultural – para sua sobrevivência,

Admitindo que ações cujo potencial adverso em serviços de água, recursos de água ou ecossistemas relacionados são pouco razoáveis, desproporcionais ou excessivas em relação aos benefícios derivados delas, não devem ser permitidas ou executadas,

Antecipando o papel crítico de uma administração eficaz dos recursos hídricos na adaptação social aos desafios colocados pelas mudanças climáticas,

Admitindo que o uso doméstico deve ter precedência sobre outros usos na distribuição de água,

Respeitando a importância das culturas e a sabedoria dos povos indígenas e sua contribuição para a sustentabilidade da água,

Aceitando a contribuição que as populações de montanha e dos alcances superiores das bacias hidrográficas fazem em termos de custódia da cobertura vegetal e manutenção do ciclo hidrológico nas bacias hidrográficas,

Reconhecendo que os direitos à vida, à saúde e a um padrão de vida adequado são centrais para todos os sistemas legais e reconhecidos na Declaração Internacional de Direitos, e que a água e os ecossistemas vinculados são críticos para sua realização,

Afirmando a confiança pública nos tribunais para reconhecer e proteger os direitos humanos em geral, e em particular o direito humano à água e ao saneamento, e para sustentar e preservar os recursos hídricos,

Ratificando que o direito de águas e o Estado de Direito Ambiental são essenciais para a proteção dos recursos e ecossistemas hídricos,

Conscientes da importante contribuição da comunidade jurídica global no cumprimento de padrões e garantias para a sustentabilidade ambiental,

Também conscientes da necessidade de uma aplicação independente e imparcial do direito de águas e do Estado de Direito Ambiental pelos juízes e, portanto, de que a integridade e a independência judicial sejam protegidas pelos outros poderes do governo, pela sociedade civil e pela comunidade empresarial,

Também convencidos de que a deficiência de conhecimento, ferramentas e informações relevantes para o direito ambiental e de águas é um importante contribuinte para a falta de implementação, desenvolvimento e cumprimento do direito ambiental e de águas,

Conscientes do papel da água na sustentabilidade da vida e dos ecossistemas, e da importância de refletir a interdependência da água e outros elementos do ambiente natural, especialmente a terra, os subsolos e as florestas, incluindo as importantes conexões ecossistêmicas, na resolução judicial de conflitos relacionados à água e na administração da justiça da água,

Reafirmando os valores e princípios consagrados na Declaração de Estocolmo sobre o Ambiente Humano (1972), na Carta Mundial da Natureza (1982), na Declaração do Rio sobre Meio Ambiente e Desenvolvimento e o Capítulo 18 da Agenda 21 (1992), a Carta da Terra (2002), os Princípios de Joanesburgo sobre o Papel do Direito e o Desenvolvimento Sustentável adotado no Simpósio Mundial de Juízes (2002), o documento final da Conferência das Nações Unidas sobre Desenvolvimento Sustentável, *O futuro que queremos* (2012), a Declaração Rio + 20 sobre Justiça, Gestão e Direito para o Desenvolvimento Sustentável (2015), os Princípios de Gestão da Água da Organização para Cooperação e Desenvolvimento Econômico (2015), os Princípios de Oslo das Obrigações Globais para as Mudanças Climáticas (2015), o Projeto de Pacto Internacional sobre o Direito Humano ao Meio Ambiente (2016), a Declaração Mundial da IUCN sobre o Estado de Direito Ambiental (2016) e o Projeto de Pacto Global para o Meio Ambiente (2017).

Atentos aos valores e compromissos refletidos em *Transformando nosso mundo: a Agenda 2030 para o Desenvolvimento Sustentável* (2015) e, em particular, no 6º Objetivo de Desenvolvimento Sustentável (SDG) *Garantir a disponibilidade e o gerenciamento sustentável da água e saneamento para todos*, e em outros objetivos de desenvolvimento sustentável instrumentalmente vinculados à água,

Celebrando a criação do Instituto Mundial de Justiça para o Meio Ambiente, e seu papel no apoio à aplicação independente e cumprimento do Estado de Direito Ambiental, em particular da água,

I. *Concordamos em ser guiados pelos seguintes dez princípios fundamentais na promoção da justiça da água e do Estado de Direito Ambiental:*

Princípio 1 - A água como bem de interesse público.
O Estado deve exercer a custódia de todos os recursos hídricos e protegê-los junto com suas funções ecológicas associadas, para o benefício da presente e das futuras gerações, e da comunidade vivente da Terra.

Princípio 2 - Justiça da água, uso da terra e a função ecológica da propriedade.
Devido às estreitas interdependências entre terra e água e às funções ecológicas dos recursos hidrológicos, qualquer pessoa com o direito ou interesse em usar os recursos hídricos ou terrestres tem o dever de manter as funções ecológicas e a integridade dos recursos hídricos e ecossistemas conexos.

Princípio 3 - Justiça da água e povos originários indígenas e tribais e povos das montanhas e outros em bacias hidrológicas.
Os direitos e as relações dos Povos Originários Indígenas e Tribais com os recursos hídricos e ecossistemas relacionados, tradicionais ou habituais devem ser respeitados, assim como seu consentimento livre, prévio e informado deverá ser requerido para qualquer atividade realizada ou que afete os recursos da água e ecossistemas conexos.

Dada a contribuição dos Povos da Montanha e outros habitantes das regiões mais altas das bacias hidrográficas para a conservação, o funcionamento ecológico e hidrológico e a integridade dos recursos de água e ecossistemas vinculados em toda a bacia aqüífera, devem desenvolver-se e implantar-se mecanismos apropriados para incentivar e facilitar o compromisso das pessoas com dita conservação.

Princípio 4 - Justiça da água e prevenção.
Para evitar medidas *ex post* caras para reabilitar, tratar ou desenvolver novos suprimentos de água ou ecossistemas relacionados à água, evitar danos futuros aos recursos hídricos e aos ecossistemas relacionados deve ter precedência sobre a reparação de danos passados, considerando as melhores tecnologias disponíveis e as melhores práticas ambientais.

Princípio 5 - Justiça da água e precaução.
O princípio da precaução deve ser aplicado na resolução de conflitos hídricos. Apesar da falta de certeza ou complexidade científica sobre a existência ou o alcance dos riscos de danos sérios ou irreversíveis à água, à saúde humana ou ao meio ambiente, os juízes devem defender ou ordenar as medidas de proteção necessárias, levando em consideração as melhores evidências científicas.

Princípio 6 - "In dubio pro aqua".
Consistente com o princípio *in dubio pro natura*, em caso de incerteza, disputas ambientais e de água deverão ser resolvidas judicialmente, e as leis aplicáveis interpretadas da maneira mais favorável à proteção e preservação dos recursos hídricos e ecossistemas conexos.

Princípio 7 - Poluidor-pagador, usuário-pagador e internalização de custos ambientais externos.
Fatores ambientais devem ser incluídos na avaliação e preço dos recursos de água e de seus serviços, incluindo:

O princípio do "poluidor-pagador", aqueles que causam poluição da água e degradação do ecossistema devem enfrentar os custos de controle, prevenção e mitigação e/ou remediação, restauração e compensação por qualquer dano causado à saúde humana ou ao meio ambiente;

O princípio de "quem usa paga", aqueles que usam recursos hídricos e seus serviços no comércio ou na indústria devem pagar preços ou taxas com base no ciclo de vida completo dos custos de provisão de recursos de água e serviços ecossistêmicos, incluindo seu uso e a disposição final de qualquer resíduo; os encargos também devem incidir sobre o uso doméstico de serviços de água, a fim de refletir os custos da prestação desses serviços, incluindo o custo ambiental, embora medidas apropriadas de proteção social devam ser usadas para garantir que aqueles que não possam pagar os custos não sejam privados de serviços adequados de abastecimento de água e saneamento, e

Permanência das obrigações, obrigações legais de restaurar as condições ecológicas dos recursos de água e seus serviços ambientais são vinculativas para qualquer usuário do recurso e qualquer proprietário do local onde o recurso está localizado, e a responsabilidade não termina com a transferência de uso ou do título para outros (obrigação *propter rem*).

Princípio 8 - Justiça da água e boa gestão da água.

Consistente com a função própria de um Judiciário independente em termos de respeito e cumprimento do Estado de Direito, e garantindo a transparência, responsabilidade e integridade na gestão, a existência de boas leis de água e sua efetiva implementação e cumprimento são essenciais para a proteção, conservação e uso sustentável dos recursos hídricos e dos ecossistemas conexos.

Princípio 9 - Justiça da água e integração ambiental.

As considerações ambientais e ecossistêmicas devem ser integradas à aplicação e cumprimento da lei de águas. Na resolução de casos de água ou relativos à água, os juízes devem estar atentos à conexão essencial e inseparável que a água tem com o meio ambiente e os usos da terra, e deve evitar resolvê-los isoladamente ou como uma questão puramente setorial, ligada exclusivamente à água.

Princípio 10 - Justiça processual da água.

Os juízes devem se esforçar para alcançar o devido processo na justiça hídrica, garantindo que indivíduos e grupos tenham acesso adequado e acessível a informações sobre recursos e serviços hídricos administrados por autoridades públicas, a oportunidade de participar de maneira significativa dos processos de tomada de decisão em casos de água e o acesso efetivo a procedimentos administrativos e judiciais, e ao remédio e à reparação.

II - Nós reconhecemos a importância de garantir que o direito de águas e o Direito Ambiental ocupem um lugar de destaque nos currículos acadêmicos, treinamentos e estudos jurídicos de todos os níveis, principalmente entre juízes e outros comprometidos com o processo judicial.

III - Acreditamos firmemente que há uma necessidade urgente de fortalecer as capacidades de juízes, advogados e todos aqueles que desempenham um papel crítico, nos níveis internacional, regional, nacional e subnacional, no processo de desenvolvimento, implementação e cumprimento do direito de águas e ambiental, especialmente através do processo judicial.

IV - Incentivamos a colaboração entre os membros do Poder Judiciário e outros comprometidos com o processo judicial entre e através de jurisdições, essencial para alcançar melhoras significativas na implementação e cumprimento das leis de águas e do Direito Ambiental.

V - Reconhecemos a necessidade das leis de águas para: (a) progredir, conforme sejam regularmente revisadas, aprimoradas e atualizadas, a fim de proteger, conservar e usar de maneira sustentável os recursos de água e os ecossistemas conexos, com base no conhecimento científico mais recente e considerações éticas e (b) não retroceder, permitindo ou reivindicando ações, cujo efeito é a redução da proteção legal dos recursos de água e dos ecossistemas relacionados.

VI - Solicitamos ao Instituto Mundial de Justiça para o Meio Ambiente que aprove esta Declaração.

Quarta parte – A paisagem: um desafio na teoria jurídica do direito ambiental

O direito está em constante evolução e sujeito a desafios complexos em campos muito diversos. Um deles é constituído pelas dificuldades da dogmática jurídica para definir normativamente bens que se apresentam como necessitados de tutela.

Em seguida, propomos examinar a noção de "paisagem", que apareceu como um objeto de proteção jurídica dentro do direito ambiental nos últimos anos.

I Razões de sua relevância legal. Vulnerabilidade da paisagem

A paisagem passou despercebida pela ciência do direito, até começar a sofrer sérias alterações que trouxeram à tona a necessidade de sua proteção.[390]

A atividade humana interfere constantemente na paisagem: a extensão descontrolada da urbanização, a expansão da publicidade nos ambientes urbano e rural, as infraestruturas de transporte (rotas, rodovias, pontes etc.), a simplificação das paisagens agrícolas, a exploração selvagem do solo, o abandono nas explorações minerais, o turismo e toda a infraestrutura hoteleira.

A paisagem é extremamente vulnerável, pois está em um delicado equilíbrio ecológico, porque há uma multiplicidade de fatores de influência. Por exemplo, a intrusão produzida na paisagem pelo conjunto de linhas formadas pelo volume dos edifícios torres e de obras de infraestrutura comunitária, que constituem a forma normal de desenvolvimento urbano nos últimos tempos, origina uma súbita quebra do equilíbrio natural e de sua harmonia estética. A paisagem se torna agressiva e desarmônica.

---

[390] BENJAMIN, Antonio Herman (Org.). *Paisagem, natureza e direito*. Homenaje al Profesor Alexandre Kiss. São Paulo: Instituto O Direito por um Planeta Verde, 2005. v. 1.

A lesão na paisagem ocorre com uma alteração substancial.

Dessa maneira, os observadores subsequentes não poderão vê-la da mesma maneira, exceto pelas fotos que tenham sido tiradas.

II   Os primeiros enfoques regulatórios

A paisagem foi regulada sob diferentes perspectivas, apresentadas a seguir.

1   Relações de vizinhança

A primeira abordagem foi no campo das relações entre vizinhos vinculadas à propriedade lindeira. Um dos proprietários realiza construções que tornam a propriedade vizinha feia ou que diminuem seu valor de venda. Esta é a visão dos códigos do século XIX.

O Código Civil argentino (arts. 2.658 a 2.660) regulava a visão da paisagem de uma casa afetada pela parede divisória. A esse respeito, estabelecia que aquele que aprecia a luz através de janelas abertas em sua parede não tem o direito de impedir que uma parede seja erguida no solo vizinho que as fecha e as priva da luz; que não se pode ter vistas da propriedade vizinha através de janelas, a menos que haja uma distância de três metros. Nesses casos, a paisagem é regulada a partir de uma visão antropocêntrica e de domínio. Tem relevância jurídica na medida em que a propriedade é afetada e se reconhece uma ação ao detentor do direito subjetivo.

2   Preservação do patrimônio urbanístico histórico-cultural

Com razão já se disse:

> A história e a cultura que um povo vai formando em seu desenvolvimento são testemunhadas de maneira tangível por meio de suas obras de arte ou literárias, construções e edifícios, entre outros. Esses objetos vão moldando a identidade de uma Nação e é o que permitirá às gerações futuras, ao fazer contato com essas raízes, manter a tradição na construção do país que as terá como protagonista. Daí que a Constituição imponha às autoridades esse dever de amparar o resultado daquilo que constitui os marcos que marcam a própria personalidade e o patrimônio cultural da Argentina. O fomento da cultura em suas variadas expressões, a

preservação dos museus e dos lugares históricos são exemplos do que é a proteção nessa disposição constitucional.[391]

Nesta visão, mais ampla que a anterior, começa-se a proteger o elemento histórico e cultural da paisagem desde uma perspectiva urbanística.

O bem jurídico tutelado é coletivo, é a "concepção urbanística", diferentemente do caso anterior, em que o tutelado é o domínio privado.

É uma restrição ao domínio, e não uma expressão de seu esplendor, como era no caso anterior.

III Definições jurídicas de paisagem

1 Aproximações gerais

É importante fazer um breve resumo das diferentes abordagens ligadas à noção de paisagem e sua variação de acordo com as mudanças culturais.

Michel Prieur[392] ensina que "a paisagem é um componente do meio ambiente" e "constitui parte do patrimônio coletivo, independentemente de seu valor e localização". Paisagem é "qualquer parte do território, assim percebida pela população, cujo caráter resulta da ação e interação de fatores naturais e/ou humanos" (art. 1, inc. a) da Convenção Europeia da Paisagem, Florença, Itália, 20.10.2000, que entrou em vigor em 1º.3.2004 pela ratificação de dez Estados signatários). Também foi dito:

> é a porção de espaço na superfície da Terra apreendida visualmente. Em um sentido mais preciso, parte da superfície terrestre que em sua imagem externa e na ação conjunta dos fenômenos que a constituem apresenta caracteres homogêneos e uma certa unidade espacial básica. A paisagem é resultado da combinação dinâmica de elementos físico-químicos, biológicos e antrópicos que, em mútua dependência, geram um conjunto único e dissolúvel em perpétua evolução.[393]

Outros autores, por outro lado, enfatizaram outros aspectos do meio ambiente, uma vez que a paisagem teria uma importância menor.

---

[391] DROMI, Roberto; MENEM, Eduardo. *La Constitución reformada*. Comentada, interpretada y concordada. [s.l.]: Ciudad Argentina, 1994. p. 140.
[392] PRIEUR, Michel. *Convención Europea del Paisaje*. Dissertação no Primeiro Congresso Internacional de Direito Ambiental, El Calafate, Santa Cruz, 22 e 23.4.2004.
[393] GIUDICE, Fernando Juan del. *Guía Ambiental de la Argentina*. [s.l.]: [s.n.], [s.d.].

Ramón Martín Mateo[394] diz que "de nada vale que nos preocupemos com as belezas de nossas cidades, se não vamos sobreviver como espécie para desfrutá-las".

Dessas aproximações se podem extrair alguns elementos:

– é um bem coletivo;
– não é monetizável;
– não é exatamente localizável.

Aprofundaremos essas questões a seguir..

2 Bem natural e cultural

A paisagem é, ao mesmo tempo, natural e cultural.[395]

Tradicionalmente, a proteção ambiental se vinculou aos recursos naturais. Para estender essa proteção, identificaram-se bens culturais, que se distinguem por sua natureza intangível. Enquanto os recursos naturais pertencem ao mundo físico e, portanto, são palpáveis, tangíveis, por outro lado, os bens culturais fazem parte do mundo simbólico.

A noção de "paisagem" não se enquadra nessa distinção, porque é, ao mesmo tempo, natural e cultural, física e simbólica. Em uma paisagem urbana, como um monumento histórico, encontramos claramente um aspecto físico e outro simbólico. Numa paisagem rural, existe uma faceta física e também uma cultural, constituída pela maneira como a comunidade a aprecia. Esse modo é um problema de interpretação, uma vez que a coisa "em si" varia de acordo com as interpretações, com as diferentes leituras que cada indivíduo ou comunidade faz delas. Por

---

[394] MARTÍN MATEO, Ramón. *Tratado de Derecho Ambiental*. Madrid: Trivium, 1997. v. III. p. 504-505, entende por paisagem natural "um conjunto estável de componentes naturais socialmente percebidos como relevantes e juridicamente tutelado". Segundo a doutrina exposta por este autor, três são as características próprias da paisagem: estabilidade, na medida em que a paisagem é estável, pelo menos por um período; visualização, visto que a paisagem é algo que se percebe pela vista, embora também possa ser agradavelmente detectada por outros sentidos, e utilidade, no sentido de constituir um recurso natural, fornecido pela natureza, embora seja escasso e proporcione satisfação àqueles que o percebem.

[395] PRIEUR, Michel. La noción de patrimonio común, em J. A. 1998-IV-1014, afirma que "a paisagem é a ilustração perfeita da união em torno de um patrimônio natural e cultural. Daí que a noção de patrimônio comum apareça como transambiental, isto é, aplicável a quase todos os elementos do meio ambiente, sejam eles naturais ou culturais". PEÑA CHACÓN, Mario. *La tutela jurídica del paisaje*. Disponível em: https://huespedes.cica.es/gimadus/12-13/TUTELA PAISAJE.htm.

esse motivo, essa paisagem rural terá um significado religioso para alguns; para outros, estará ligada às suas tradições ou costumes.

3   É um subsistema ambiental de natureza relacional

Tradicionalmente, pensa-se em termos de "parte" de uma totalidade e com essa categoria se encara a noção de paisagem. O que acontece é que esses são conceitos estáticos, e o cenário é dinâmico, em constante mudança, não é uma parte que pode ser isolada, mas totalmente integrada ao ambiente e absolutamente relacional.

A paisagem é formada por um complexo mosaico de unidades físicas entrelaçadas em uma unidade relacional mais complexa.

Portanto, é um subsistema dentro do sistema ambiental. Nesse subsistema, é possível identificar, para melhor compreensão, os aspectos físicos e os relacionados aos sujeitos que observam a paisagem. São eles que recebem diretamente os efeitos das obras e, portanto, os que sofrem as consequências e, de certa forma, criam "a paisagem" através de sua interpretação.

Ambos os aspectos mudam constantemente: os laços físicos recebem influências de todos os tipos e mudam internamente seus relacionamentos; o elemento subjetivo também muda, na medida dos sujeitos atuais, passados e futuros que o observam.

4   Paisagem, meio ambiente e biodiversidade

A paisagem é um componente do meio ambiente. Por esse motivo, compartilha todas as características que a lei atribui ao bem de maneira geral e todos os critérios de proteção.

Fundamentalmente, o que está em jogo é a biodiversidade natural e sua beleza.

5   Delimitação da paisagem: dificuldades espaço-temporais

As categorias legais baseiam-se no espaço e no tempo como limites, que têm suas raízes na delimitação da pólis romana e permanecem até hoje, embora com grandes desafios derivados do uso da internet.

A paisagem não se encaixa nas categorias de lugar e é relutante em relação aos limites. Onde a paisagem começa e termina?

Também se encaixa pouco nos limites de tempo: é a mesma no presente como era no passado? A paisagem está claramente mudando constantemente, como bem demonstraram os pintores impressionistas.

6 Paisagem e patrimônio

A esse respeito, em nossa doutrina, Mario F. Valls[396] diz:

> O termo patrimônio não se usa, em matéria ambiental, com a acepção clássica do Direito Civil que o considera o conjunto de bens de uma pessoa, senão com a tradicional, de origem latina, sendo o conjunto de bens herdados dos pais, em sentido lato. O termo usual em inglês seria *heritage* e em francês, *patrimoine*, idiomas nos quais se pode consultar uma abundante doutrina sobre o assunto.

A Convenção Internacional sobre o Patrimônio Cultural e Natural Mundial de Paris, de 16.11.1972,[397] inclui no patrimônio cultural as obras arquitetônicas e de escultura monumental e pictóricas e as estruturas arqueológicas, inscrições, inscrições rupestres de alto valor para a arte, a história ou a ciência (art. 1º).[398]

---

[396] VALLS, Mario F. Nuevos criterios para la protección del patrimonio arqueológico y paleontológico en la nueva ley 25.743. *Revista Electrónica Argentina elDial.com*, maio 2004. Suplemento de Derecho Ambiental.

[397] Lei nº 21.836/78, Convenção de Proteção do Patrimônio Mundial, Cultural e Natural, iniciativa da Unesco.

[398] PEREIRO DE GRIGARAVICIUS, María Delia. *Daño ambiental en el medio ambiente urbano. Una nueva función económica del siglo XXI*. Buenos Aires: La Ley, 2001. p. 166, afirma que quando falamos sobre essas questões, dentro do conceito de meio ambiente devem ser incorporados os conceitos de urbanismo, espaços rurais e patrimônio natural e cultural (histórico-artístico), bem como o conceito de ecologia urbana. FINK, Daniel Roberto. *Meio Ambiente Cultural*: Regime Jurídico de Responsabilidade Civil. *In*: LEITE, José Rubens Morato; DANTAS, Marcelo Buzaglo. *Aspectos Processuais do Direito Ambiental*. 1. ed. Rio de Janeiro: Forense Universitária, 2003, afirma que o meio cultural inclui valores históricos, arqueológicos, estéticos, artísticos, turísticos e paisagísticos, pela importância intelectual e referencial para o ser humano, passando, tanto do ponto de vista jurídico como doutrinário, a integrar o conceito geral de meio ambiente. MOREIRA MARCHESAN, Ana María. O entrono dos bens culturais e a identidade das cidades: da proteção aos aspectos materiais e imateriais do patrimônio cultural urbano. *In*: *PNMA 30 anos de Política Nacional de Meio Ambiente*. São Paulo: Instituto O Direito por um Planeta Verde, 2011. v. 1. p. 3-24 destaca que meio ambiente é sinônimo de área envolta que circunda o patrimônio cultural protegido ou tutelado, formando uma paisagem que pode ser composta por elementos naturais e artificiais, bens imóveis e móveis, podendo ser tanto urbana quanto rural, contando todos os elementos que compõem o espaço físico previamente delimitado. Além desses elementos materiais, destaca que vêm ganhando importância os chamados aspectos anímicos ou a "alma do lugar", constituídos pelas práticas sociais ou espirituais passadas ou presentes, costumes, saberes, usos ou atividades tradicionais, entre outros aspectos do patrimônio

7 Dimensão subjetiva e objetiva: concepção social da paisagem

Existe um interesse crescente na dimensão subjetiva da paisagem fundada na participação dos indivíduos nos processos evolutivos.[399]

Tradicionalmente, a paisagem era vista como uma imagem objetiva a preservar, uma curiosidade natural.

A paisagem cultural e natural tinha uma concepção elitista.

A concepção social da paisagem ostenta um fundamento ético e valorativo, é um juízo de valor.

Há uma rejeição da política intervencionista na criação da paisagem, para abrir caminho para a interação do indivíduo com o território, pregando uma permanente "democratização" da paisagem.

A paisagem é um elemento fundamental na qualidade de vida e na criação da identidade individual e comunitária.

8 Conclusões

Dos ensinamentos expostos podem ser extraídas algumas conclusões sobre o tema.

Em primeiro lugar, a relevância jurídica da paisagem está dada por sua degradação, real ou potencial, que priva os cidadãos de seu gozo.

Essa constatação obriga a qualificá-la como bem jurídico protegido com algumas características.

É um bem coletivo, na medida em que não é suscetível de apropriação individual. Essa subsunção substitui as abordagens anteriores baseadas em visões antropocêntricas e dominiais, que a colocavam dentro do direito das relações de vizinhança ou do direito urbanístico. Não é que esses âmbitos tenham desaparecido, mas é necessário adotar essa perspectiva, que, por outro lado, é a que surge do direito vigente. Na medida de seu caráter coletivo, está localizada na esfera social, não admite exclusões ou divisões baseadas em direitos

---

cultural intangível (imaterial). É relevante observar que a República argentina aprovou pela Lei nº 26.118/2006 o Acordo Internacional para a Salvaguarda do Patrimônio Cultural Imaterial. Para aprofundar o tema da defesa do patrimônio cultural, SOZZO, Gonzalo. El derecho fundamental al patrimonio cultural en estado gaseoso (La narrativa de los casos jurisprudenciales como solvente). *Revista de Derecho Ambiental*, Buenos Aires, n. 10, abr./jun. 2007. p. 49.

[399] PRIORE, Ricardo. La convention européenne du paysaje ou de l'evolution de la conception juridique relative au paisaje en Droit Comparé et en Droit International. *Revue Européenne de Droit De L'enrivonnment*, 3 dez. 2000. p. 282.

subjetivos. Da mesma forma, são aplicáveis os instrumentos do direito processual constitucional como o amparo e a ampla legitimação ativa que prevê a norma constitucional, que habilita ao defensor da nação, às organizações não governamentais e aos afetados.

O bem coletivo é uma subespécie do ambiente, com a qual está amplamente integrado e compartilha seus caracteres. Nesse sentido, é um bem não monetizável, ou seja, seu dano não pode ser ressarcido com o pagamento de uma indenização substitutiva, mas, pelo contrário, se admite em primeiro lugar a prevenção, depois a recomposição das coisas ao estado anterior e, somente na ausência dessas possibilidades, a indenização procede.

A definição do bem passou por transformações que permitem sua caracterização de maneira subjetiva e social. Isso significa que a paisagem é definida pela maneira como os sujeitos que a apreciam podem observá-la. Dessa maneira, supera-se uma concepção elitista e foca-se nos interesses da comunidade: começam a ter relevância as identidades culturais, os valores coletivos, a memória histórica. Em suma, a definição da paisagem está claramente vinculada a uma avaliação com critérios jurídicos.

IV Jurisprudência

1 Valores estéticos de um parque. Omissão de proteção estatal

Em um caso ocorrido na província de Buenos Aires, foi discutido o problema das obras de urbanização que afetavam os valores paisagísticos e estéticos de uma região.[400]

Uma organização não governamental denominada Sociedad de Fomento Cariló interpôs um recurso de amparo contra o município de Pinamar com base no fato de que sua inatividade na regulamentação das leis colocava em risco a paisagem.

Foi invocado que, como "consequência da falta de regulamentação, seguia-se um progresso na modificação da paisagem: os níveis originais das ruas foram alterados – a menos de um metro –, areia fora extraída das dunas; houve destruição de árvores saudáveis e envelhecidas, entre outras". Se esse processo continuasse, "em alguns anos haveria uma

---

[400] 20023287, SCJBA, 29-5-2002, "Sociedad de Fomento Cariló c/Municipalidad de Pinamar", J. A. 2002-IV-417. Disponível em: https://juba.scba.gov.ar/VerTextoCompleto.aspx?idFallo=81668.

transformação de tal magnitude que desapareceria o perfil da paisagem que – Cariló – hoje reluz com orgulho merecido".

Duas leis relevantes foram aprovadas na Província de Buenos Aires: a Lei nº 11.723 sobre conservação e proteção do meio ambiente e a Lei nº 12.099, que declara de interesse provincial a paisagem protegida e o desenvolvimento ecoturístico do Parque Cariló.

O juiz de primeira instância ordenou que o Estado regulasse ambas as normas em um prazo não superior a sessenta dias corridos a partir da data da sentença. Quando da apelação, a Câmara reverteu a decisão. Chegando o caso à Suprema Corte da província, a demanda foi posta. Nos fundamentos (Dr. Negri), lê-se:

> Nessas condições, os riscos de uma alteração irreversível da paisagem que denunciam os demandantes parecem certos e constituem uma queixa concreta que sustenta a procedência da ação. [...]
> Não se deve esquecer que sempre, diante da situação de risco em que a expansão edilícia e urbanística indiscriminada e descontrolada coloca a paisagem da região (aquela que a lei declarara de interesse provincial e para cuja proteção os vizinhos agrupados na Sociedade de Fomento reivindicam por si só e pelas gerações vindouras), o que se está a tratar é antecipar a concretização do dano a essa paisagem, a sua deterioração ou devastação, mesmo que ocorra em parcelas ou pequenas áreas dessa unidade paisagística a proteger. Por isso, requer-se do órgão administrativo a pronta regulamentação do procedimento de avaliação do impacto ambiental, como mecanismo ou técnica preventiva dirigida a evitar que o dano temido que preanuncia o risco (e que não escapa à projeção imaginária do tribunal apelado) se torne real. [...]
> Consequentemente, ordena-se ao município de Pinamar, a seus departamentos Executivo e Deliberativo, que com medidas concretas deem imediato cumprimento ao disposto na Lei 12.099, adotando, a partir da data de notificação da presente, todos os mecanismos, procedimentos e precauções necessárias para que a vigência de tais normas não seja deslocada pela aplicação de critérios anteriores à sua edição, que ponham ou possam colocar em risco a paisagem protegida da localidade do Parque Cariló.

2 Construção de uma quadra de bola que enfeia a vizinhança

Em um caso,[401] uma quadra de "tênis na parede" (*pelota frontón*) foi construída, clandestinamente, e mais tarde aprovada pelo município. O

---

[401] JCiv. de La Plata, Dr. Gerardo A. Echeverría del 20-12-85, confirmado pela sala I da C1ªCCom. Com data de 5-6-86; "Sarti c/Ravagnan", J. A. 1986-IV-139, com o comentário de GHERSI, Carlos A., Los frutos de la reforma de 1968. La afectación del entorno y el paisaje (art.

vizinho entrou com uma ação pedindo que a construção fosse declarada ilegal, que o campo em questão fosse demolido e que as coisas fossem devolvidas ao seu estado original como reparação *in natura*. O juiz disse que a construção era ilegal porque, além de violar a lei municipal correspondente,

> o frontão irrompe na micropaisagem gerando uma nota dissonante. [...] É um volume inarticulado, cego, monótono, de grande peso, desequilibrado com o ambiente circundante, afetando a paisagem da área e introduzindo certa degradação no sentido arquitetônico urbanístico, afetando a soma plástica do conjunto de edificações existentes e o meio natural.

A Câmara, por sua vez, disse:

> construção de um muro adjacente, de maneira não regulada, que projeta uma sombra sobre a propriedade vizinha, ostenta perfis próprios de dano certo e não apenas eventual ou hipotético, já que não apenas é certo o dano atual ou presente já realizado, mas também o dano futuro que há de realizar-se – como seria na espécie o que o autor, sem dúvida, sofreria se quisesse usar especificamente esse lado sudoeste até o limite de sua herança, talvez expandindo a casa ou afetando o que agora é um jardim para outro destino, pois um dano não deixa de ser certo se é efetivo, por mais que suas consequências sejam projetadas adiante no tempo.

3 Construção de uma torre que afeta a imagem de um monumento histórico

Em outro caso,[402] foi movida uma ação contra a municipalidade de Rosário e/ou quem fora o responsável:

> tendendo à proteção dos interesses difusos que se viam afetados se – como havia sido noticiado em jornal – o ente público concedesse a licença de edificação para a construção de uma torre de 39 andares próxima ao Monumento à Bandeira. O fato é confirmado quando menos de um mês após o ajuizamento da demanda, o município concede a licença para a construção da obra em questão, enquadrando-a como

---

2618, Cód. Civ.). La labor judicial, como acto valorativo de cultura. Disponível em: http://laleyonline.com.ar/ Cita Online: 2/35167.

[402] CAFFERATTA, Néstor A. En defensa del paisaje, em J. A. 2002-IV-417. Ver também: El monumento nacional a la bandera y la protección del ambiente. En torno a la defensa del patrimonio histórico-cultural, em J. A. 2004-III, fasc. nº 1. Disponível em: http://laleyonline.com.ar/ Cita Online: 20041740.

um empreendimento listado no Anexo II, com o Standard Nº 1, da Lei 11.717 da Província de Santa Fe, em cuja situação se exime de apresentar o Formulário de Apresentação e a Declaração Ambiental para que, observando o procedimento técnico administrativo de Avaliação do Estudo de Impacto Ambiental, seja avaliado, identificado, previsto e interpretado os impactos ambientais que o empreendimento ou projeto produziria se executado.

O Monumento à Bandeira tem um grande valor escultural e simbólico.

A Câmara de Recursos Civis e Comerciais de Rosário, em 31.3.2004, revogou o pronunciamento de primeira instância, anulou a permissão de edificação e ordenou à municipalidade de Rosário que fizesse um estudo de impacto ambiental.

4 Obras que afetam a memória histórico-cultural

Em outro caso,[403] foi dito:

> a memória histórica e cultural não pode se tornar uma noção intangível e requer salvaguardar o que é segurável, quando historicamente possível, como no presente caso. Os símbolos culturais de uma época histórica devem ser protegidos. Esses recursos históricos são expressos em bens ou coisas, cujo valor é precisamente o de ser portador de um tempo histórico que representa a cultura da época. Está fora de questão que o edifício tenha um enorme valor histórico e a decisão de promover a refuncionalização deveria ter garantido isso. O recurso natural que a Finca Rivera Indarte 70 expressa deve estar à disposição das gerações atuais e futuras e, na medida em que exista uma ameaça de que esse valor seja subtraído, removido ou diminuído, o ato poderá prejudicar ou prejudicará um direito constitucional: a preservação do patrimônio cultural da província de Córdoba e de seus habitantes.

5 O muro que impede de ver o mar

Nesse caso,[404] o Estado, por meio da empresa Obras Sanitárias Sociedade do Estado Mar del Plata (OSSE), iniciou a construção de um

---

[403] C5ªCCom. de Córdoba, in re, "Vaggione, Rafael c/Superior Gobierno de la Provincia de Córdoba s/Amparo", E. D. del 7-10-94, Nº 8598. Disponível em: http://laleyonline.com.ar/ Cita Online: AR/JUR/1015/1994.
[404] CGar.Pen. de Mar del Plata, sala I, "Sociedad de Fomento Barrio Félix Camet e outros", L. L. B. A. 2000-991, com nota de Augusto M. Morello; ESAIN, José, El desarrollo sostenible

cerco perimetral de aproximadamente dois metros de altura dentro da Estação de Tratamento de Efluentes Cloacais. O muro de concreto armado estava localizado paralelamente à Rota 11, ou seja, a rota balneária que corre junto ao mar e liga Mar del Plata a Santa Clara del Mar. Por ser concreto, evita, durante a distância que ocupa, que o transeunte possa ver o mar, tanto para quem anda como para quem a percorre de carro. Diante desse fato, a Sociedad de Fomento Barrio Parque Camet, um vereador e alguns moradores locais entraram com uma ação de amparo, pois entendiam que a paisagem urbana fora atacada com essa construção, privando os moradores do bairro e os transeuntes e turistas da vista para o mar, de que todos os habitantes desfrutavam ao viajar na rota interbalneária ou porque eram moradores de um bairro adjunto à costa. Os autores enfatizaram o conceito de qualidade de vida e as expressões "nível de vida" e "agressão à paisagem".

O Tribunal entendeu que havia uma ação arbitrária da administração:

> importando tal ação questionada – traduzida na construção de um antiestético muro de proteção que abarcará 800 metros de comprimento –, um ataque à paisagem urbana, uma iniciativa prematura, imprópria e inadequada à harmonia natural, que neste setor costeiro compõe a estrutura da vida, e uma obstrução visual ao entorno marítimo, o que implica uma violação do direito, consagrado constitucionalmente, à proteção do meio ambiente (art. 41, Const. Nac.), que se baseia no direito a uma adequada qualidade de vida (art. 33, Const. Nac.) e cujo reconhecimento, em última análise, diz respeito a algo tão evidente quanto essencial: que o ser humano seja reconhecido como tal.

Observou:

> nesse marco do direito à condição humana, o direito de todos a ter um ambiente de vida humano, saudável e ecologicamente equilibrado não apenas importa proibições (por exemplo, impedir contaminações ou o aproveitamento irracional de recursos naturais), mas também obrigações positivas por parte do Estado, tais como a de proteger a paisagem, desenvolver reservas naturais, parques etc.

---

aplicado a un problema de vista paisajística de un ecosistema natural, em L. L. B. A. 2000-1169. Disponível em: http://laleyonline.com.ar/ Cita Online: AR/JUR/941/1999.

Ele afirmou que, no caso, houve uma agressão concreta:

> na medida em que afeta a uma das principais vias de acesso à cidade, a seu setor costeiro, de interesse natural, paisagístico e turístico, importando uma restrição do direito à preservação do meio ambiente, isto é, um prejuízo ao direito ou interesse que toda pessoa tem, como vizinho ou como coletividade, a que não se alterem de modo prejudicial suas condições naturais de vida, em direção a uma melhor "qualidade de vida". "O muro aparece como um obstáculo visual temporário, de acordo com a velocidade e a direção do movimento dos pedestres e transeuntes, e esse momento estimado em que parte do visual é perdido não significa necessariamente um prejuízo".

Acrescenta:

> que o impacto que a construção do muro tem na paisagem é particularmente significativo. A massa de concreto, além das distinções em relação à sua altura, já demonstra sua presença por si só em sua primeira etapa de construção e, embora, conforme o caso, se perca de vista a silhueta da cidade, e o entorno marítimo em um breve trajeto, mesmo que você queira ver a própria paisagem, não se pode perder a contemplação, em vez disso, do muro.

6 Obra que diminui o valor da propriedade por afetar a vista do rio

Em outro caso,[405] referente a uma construção autorizada pelo município que afetava a paisagem do lugar e diminuía a vista do rio, a Corte entendeu que a referida obra implicava um dano ilegítimo ao autor da ação (vizinho lindeiro), incluindo a diminuição do valor venal da propriedade.

7 Rede de eletricidade que afeta a paisagem da montanha

Em outro caso,[406] uma medida foi promovida contra a Entidade Nacional Reguladora de Eletricidade (ENRE), pelo proprietário de um

---

[405] Juíz no âmbito Civil e Comercial, Gerardo A. Echeverría, e decisão confirmatória da C1ªCCom., sala I, 5-6-86, in re "Sarti", L. L. 1987-B-597. Disponível em: http://laleyonline.com.ar/ Cita Online: 2/35167.

[406] CFed. de Bahía Blanca, sala II, 17-3-99, "Breti, Miguel A. e outros c/Ente Nacional de Regulação da Electricidade", J. A. 1999-III-247. Disponível em: http://laleyonline.com.ar/ Cita Online: 992520.

dos campos em que as obras seriam baseadas e por vários moradores vizinhos que se consideravam afetados por um eletroduto que no sul de Buenos Aires atravessava várias partes que compõem a Sierra de la Ventana. Afirmaram que o assentamento da linha de alta tensão alterava e lesionava a paisagem e as belezas turísticas da região, gerando perigos potenciais que ameaçavam o "monumento natural" que é essa sugestiva região. Alegaram que as torres e os cabos prejudicariam os atrativos a muitos turistas. Mais do que se opor à obra em si, buscava-se, no percurso de vinte e um quilômetros, uma mudança na rota, porque a linha passava pelos picos e encostas da cordilheira.

Em primeira instância, o juiz federal encarregado do órgão nº 1 de Bahía Blanca negou o amparo, que foi objeto de apelação por três diferentes legitimados: 1) o proprietário do imóvel (Don Benjamín S.A.); 2) o fiscal federal e 3) a deduzida pelos "residentes locais", que somente foi concedida pela Câmara ante a queixa apresentada por eles por recurso negado. No que ora interessa, a Câmara, em seus argumentos, reconhece a existência de um amparo coletivo e a necessidade de tutelar a paisagem, como um bem de incidência coletiva.

8 Da jurisprudência de Oaxaca de Juárez, México. Denegação de um pedido de autorização para construir um restaurante de *fast food* em um centro cultural histórico

No Amparo nº 6/2003,[407] de caráter contencioso-administrativo, consistente na Revisão Principal nº 325/2003, o Primeiro Tribunal Colegiado do Décimo Terceiro Circuito – Oaxaca de Juárez, Oaxaca –, em 4.2.2004, emitiu uma decisão relevante em matéria de defesa do patrimônio histórico e cultural da Cidade de Juárez, com um significado que vai além da tutela da paisagem.

Vamos sintetizar isso.

Por demanda apresentada perante o Escritório de Correspondência Comum aos Juizados Distritais no Estado de Oaxaca, com sede em sua capital, Juárez de Oaxaca, que por sua vez correspondeu ao Juizado do Oitavo Distrito, eles solicitaram o amparo e a proteção da Justiça Federal contra atos do honorável Congresso do Estado de Oaxaca, Governador

---

[407] Disponível em: https://w3.cjf.gob.mx/sevie_page/Consulta_Siserep/Muestra_Archivo. asp?pArchivo=285.-13-TC01-MX-47800-10155-1835921-200510261318%20NV. DOC&pZip=285.-13-TC01-MX-47800-10155-1835921-200510261318%20NV.ZIP.

do Estado de Oaxaca, H. Prefeitura de Oaxaca, Presidente Municipal do Município de Oaxaca de Juárez, Oaxaca, Comissão do Patrimônio Histórico e Cultural da Prefeitura do Município de Oaxaca de Juárez, Oaxaca, Secretário Municipal da Prefeitura de Oaxaca de Juárez, Oaxaca, Diretor-Geral do Centro Histórico do Município de Oaxaca de Juárez, Oaxaca, Diretor de Obras e Serviços Públicos da mesma Prefeitura, Diretor-Geral de Planejamento e Segurança desta Prefeitura, Diretor de Licenças da Direção-Geral do Centro Histórico da Prefeitura, Coordenador-Geral de Administração Urbana e Serviços Municipais da Prefeitura, Coordenador Jurídico-Geral e de Governo Municipal de Oaxaca de Juárez, Oaxaca, e Chefe da Unidade de Licenciamento da Direção Geral do Centro Histórico.

Os autores consideraram violadas as garantias individuais contidas nos arts. 1º, 5º, 8º, 14, 16, 17, 124 e 133 da Constituição Política dos Estados Unidos Mexicanos, que consistiam em: 1. A Lei de Desenvolvimento Urbano para o Estado de Oaxaca, a seguir "Lei do Desenvolvimento". 2. Lei Orgânica Municipal do Estado de Oaxaca, "Lei Municipal". 3. O chamado "Plano de Conservação do Centro Histórico da Cidade de Oaxaca de Juárez, Oaxaca", emitido pela Prefeitura. 4. O Regulamento Geral de Aplicação, a seguir "Regulamento do Centro Histórico". 5. A resolução de 12.12.2002, assinada pelo C. Diretor Geral do Centro Histórico do Município de Oaxaca de Juárez, por meio da qual é emitida uma "opinião" endereçada ao reclamante, de acordo com a resolução tomada pelo Cabildo ao qual se nega o uso de terreno para o estabelecimento de restaurante, no imóvel localizado no Portal Benito Juárez, colônia do Centro, no município de Oaxaca de Juárez, Oaxaca. 6. A resolução tomada pelo Cabildo da Prefeitura Municipal de Oaxaca de Juárez, Oaxaca, negando o uso do solo para o estabelecimento do restaurante no prédio localizado no Portal Benito Juárez, colônia do Centro. 7. A resolução da Comissão do Patrimônio Histórico e Cultural da Prefeitura Municipal, que serviu como antecedente imediato da resolução em crise. 8. A resolução, emitida pela Direção-Geral de Planejamento e Segurança da Prefeitura, por meio da qual se decide que o pedido de licença feito pelo reclamante é inadmissível. 9. A resolução emitida pela Direção-Geral do Centro Histórico da Prefeitura, de improcedência da solicitação de licença.

Em síntese, a determinação que deriva materialmente das resoluções indicadas acima, consistente em negar aos reclamantes a licença de construção para adaptação e decoração do imóvel de seu interesse, licença que deveria ser expedida sempre que se apresentasse correta e legalmente a petição, porque cumpridos os requisitos estabelecidos por lei e por ter sido processado corretamente o procedimento administrativo que indica as resoluções de referência, foi proferida em detrimento dos queixosos. A implícita proibição contida nas resoluções questionadas, emitida em detrimento dos reclamantes, consistiu em impedir-lhes de levar a cabo diferentes obras de adaptação e decoração do imóvel localizado no Portal Benito Juárez, colônia do Centro, bem como usá-lo corretamente para a operação e exploração de um negócio de restaurante e cafeteria, sem venda de bebidas alcoólicas, ao amparo do nome comercial.

Portanto, de acordo com o Tribunal:

> Pelo exposto, extrai-se que a parte reclamante realizou o trâmite de autorização de uso de solo e licença de construção para o estabelecimento de um restaurante, especificamente da cadeia [...] para o qual procuraram a vários órgãos do governo municipal, que emitiram sua opinião sobre a viabilidade ou não da referida solicitação, as mesmas que uma vez emitidas foram valoradas no momento da emissão da resolução aqui contestada, com relação à procedência do pedido feito aos responsáveis expedir as autorizações correspondentes.

Por sua vez, como expresso pelo juizado de instância inferior: trata-se, a resolução contestada nesse processo judicial, de uma decisão que fora adotada em sede administrativa definitiva, devidamente notificada.

O Tribunal nega provimento ao juízo de amparo movido contra as autoridades especificadas toda vez que considera que aquele é improcedente em conta de atos administrativos regidos por Lei Federal de Procedimento Administrativo, quando previamente não se esgota o recurso de revisão previsto no art. 83 deste ordenamento.

Entende o Tribunal Colegiado que esse juízo de amparo é improcedente com relação aos atos consistentes na inconstitucionalidade dos arts. 24, fração I, 37, fração II, inc. "d" e fração V, inc. "a" e 43 da Lei de Desenvolvimento Urbano do Estado de Oaxaca e 34, frações I e XXI, da Lei Orgânica Municipal deste Ente Federado; o parecer de 22.7.2002, emitido pela Diretoria-Geral de Planejamento e Segurança da Prefeitura Municipal; a resolução de 30.7.2002, emitida pela Diretoria-Geral do Centro Histórico da Prefeitura Municipal e a resolução de 6.12.2002, emitida pela Comissão de Patrimônio Histórico e Cultural da Prefeitura Municipal, em razão de que se atualiza a causa de improcedência de que esses atos, por si só, não afetam a esfera jurídica das reclamantes (art. 73, fração V, da Lei de Amparo).

Acontece que o "Plano de Conservação do Centro Histórico", na tabela de compatibilidade de usos e destinos do solo correspondente no ponto 2.6, relativo aos estabelecimentos de serviços de alimentação, indica a proibição desse tipo ou natureza quando sua área excede a 500 m², por encontrar-se na hipótese da área C.2 do Regulamento e, no caso em apreço, a peticionária em seus planos apresentados neste caso específico tem sua área projetada de 1.219,31 m², o que impossibilita o uso do solo no local pretendido.

Que, nesse sentido, o Regulamento Geral de Aplicação do Plano Parcial de Conservação do Centro Histórico (Plano de Conservação), nºs 58, 59, 60, Título Quatro, Capítulo Único, estabelece o conceito de patrimônio cultural e os elementos conceituais que os conformam, destacando-se "a função simbólica do conjunto Zócalo-Alameda-Catedral, pertencentes ao Centro Histórico da Capital, em cujo entorno gira a sociedade de Oaxaca e é a base de sua identidade social, cultural e histórica". Por esse motivo, foi dito na sentença "que a Comissão" antes indicada "coloca à consideração do H. Cabildo" o projeto de parecer, que não permite a autorização do uso do solo, tal qual solicitado, para o estabelecimento de um restaurante de *fast food*, pertencente a uma franquia comercial. A autoridade responsável do Cabildo fundamentou sua recusa em autorizar o uso solicitado pelos reclamantes nos arts. 115 da Constituição Federal, 113 da Constituição do Estado de Oaxaca, bem como nos arts. 29, 58, 59 e 60 do Plano de Conservação do Centro Histórico, entre outras normas regulatórias, que os reclamantes rotularam de inconstitucionais neste julgamento de amparo.

Também se sustentou, no item 5 da resolução de 12.12.2002 do Diretor-Geral do Centro Histórico, que as características do estabelecimento promovido não coincidiam com as previstas no Regulamento do Plano Parcial de Conservação do Centro Histórico, nºs 58, 59 e 60 do Título Quatro e, pelo contrário, a permissibilidade desse estabelecimento derrubaria o espírito do regulamento reiterado e a função simbólica do conjunto Zócalo-Alameda-Catedral pertencentes ao Centro Histórico da capital, em torno do qual a sociedade de Oaxaca gira e é a base de sua identidade social, cultural e histórica; e a fim de que não se perca sua identidade e se preservem as raízes e a identidade de Oaxaca de Juárez.

A parte reclamante tentou refutar os argumentos apresentados acima, alegando, entre outras razões, que, embora seja verdade que os municípios têm o poder de emitir planos de desenvolvimento urbano, esses planos de desenvolvimento devem ser entendidos de um ponto de vista exclusivamente administrativo, que em circunstância alguma devem impedir o exercício da propriedade privada como garantia individual. A queixa consiste, então, segundo exposto pela parte autora, em que a faculdade administrativa dos municípios não lhes confere poderes para impor limites à propriedade privada, mas apenas para intervir executivamente na aplicação da lei. O Plano de Conservação, com esta postura, viola o art. 16 da Constituição, pois provém do exercício equivocado de poderes estabelecidos no art. 115 da Constituição.

Além disso, a queixosa afirmou que existe um restaurante da mesma marca em frente ao Arco do Triunfo em Paris ou nas proximidades do Kremlin, em Moscou. É um lugar para o qual os turistas costumam ir quando querem ou quando a comida típica de algum lugar não é de sua preferência. E não é por isso que o restaurante afeta qualquer tipo de cultura ou tradição. No caso específico, o projeto de adaptação arquitetônica foi cuidadosamente estudado e fundamentado, a fim de melhorar a aparência do imóvel em que se pretende construir, de acordo com a época e o estilo do edifício no qual se o instalará.

As demarcações não serão tradicionais, mas serão sinais comerciais muito discretos e que não serão discordantes com o meio ambiente. O Instituto Nacional de Arqueologia e História deu aprovação positiva ao projeto proposto, no âmbito de sua competência, que é exclusiva da Federação. A recorrente afirmou que o restaurante estabelecido no imóvel da Avenida Benito Juárez é um restaurante consistente com o Plano de Conservação, porque, do ponto de vista turístico, é um polo de crescimento, pois não é contrário às tradições do povo de Oaxaca e porque as adaptações do local e seus assinalamentos melhorariam o entorno arquitetônico e a imagem urbana, também assinalando que uma interpretação harmônica do Regulamento do Centro Histórico, à luz do Plano de Conservação, significava incentivar as atividades turísticas na praça, mantendo a função do Centro Histórico como um Centro da Cidade dinâmico e animado, com uma diversidade de atividades comerciais, turísticas, culturais, recreativas e sociais.

Enfatizou que os restaurantes estão localizados nas capitais mais importantes do mundo, com uma presença muito importante de natureza turística nos monumentos ou edifícios mais típicos de muitas capitais, edificações que em muitos casos superam por muitos séculos a antiguidade da catedral da própria cidade de Oaxaca de Juárez. Para citar exemplos, existe um restaurante da mesma marca exatamente em frente à entrada principal do Panteão de Roma, ou outro em frente à Arena de Verona. Além disso, afirmou que a Autoridade Municipal exerceu poderes discricionários quando, na realidade, se tratava de poderes regulados, em virtude dos quais, assim que o governado certifique ter cumprido as premissas da lei, deveriam ser cumpridos os atos em seu favor.

Em resumo, de acordo com o ponto de vista da autora, é exigido o amparo e a proteção do sistema de justiça federal, de modo que se condenem as autoridades responsáveis a devolver às reclamantes o gozo da garantia individual, restituição que no presente caso não pode ser outra senão agir da maneira que "eles se abstiveram indevidamente e injustamente de fazê-lo, forçando-os a emitir a licença de construção", bem como forçá-los a entregar o título ou certificado correspondente, que protege o direito das reclamantes de executar as obras de reparo no edifício Portal Benito Juárez. A proibição de que as reclamantes usem o imóvel de sua propriedade de maneira lícita, de acordo com a posição da autora, sem que isso seja justificado pelo interesse público predominante, é considerada uma violação dos arts. 1º e 5º da Constituição Política dos Estados Unidos Mexicanos.

Os reclamantes optaram por realizar uma atividade que consiste em reparar o imóvel localizado no centro da cidade, com o único objetivo de alocá-lo para uso comercial que seja perfeitamente permitido pelos regulamentos aplicáveis, e que tanto as autoridades do Instituto Nacional de Antropologia e História, como as próprias autoridades da Prefeitura, reconheceram como viável e permitida. As resoluções emitidas também violam a garantia da autoridade competente, protegida pela primeira parte do art. 16 da Constituição Geral da República.

Em outro aspecto, reclama que a restrição do domínio, relacionada à superfície de 500 metros, a atinja devido à sua localização em uso comercial exclusivo, pois corresponde à propriedade de interesse dos reclamantes, enquanto existem atividades de natureza comparável àquelas as quais a municipalidade deu tratamento desigual, gerando, através disso, privilégios ou limitações indevidos, que vão contra o espírito do art. 5º da Constituição. É que, se dentro da área do imóvel em questão, se pretendesse realizar atividades comerciais, as instalações autorizadas não poderiam exceder quinhentos metros, pois essa é a área máxima permitida, agora, se o uso do solo concedido fosse comercial misto, como comércio com escritório, comércio com habitação, comércio com bancos, comércio com equipamentos, comércio com serviços turísticos, então não haveria nenhuma restrição. A questão é: por que, se as propriedades estão na mesma área de aplicação do regulamento e se o negócio a ser desenvolvido é exatamente o mesmo, a legislação concede tratamento privilegiado a uma propriedade em relação à outra, sendo que o caráter do comercial misto é muito subjetivo e é concedido ao proprietário da propriedade pela municipalidade de maneira absolutamente unilateral? Do mesmo modo, direitos adquiridos foram invocados pela queixosa, argumentando que a aplicação do regulamento em detrimento dos direitos adquiridos e de situações específicas lícitas, existentes antes da sua entrada em vigor, próprias do imóvel da requerente, constitui a aplicação retroativa de lei em seu prejuízo, violando o art. 14, primeiro parágrafo, da Constituição.

Como foi visto na transcrição anterior, a determinação de negar a licença de uso do solo se baseia em duas razões fundamentais: a) porque a superfície projetada pelo requerente, para a qual está solicitando a licença de uso do solo, excede a área de quinhentos metros quadrados, conflitante com o disposto no art. 29 do Regulamento do Plano de Conservação do Centro Histórico e o ponto 2.6 da tabela de compatibilidade de usos e destinos do solo; b) porque as características do referido negócio não coincidem com as estabelecidas no Plano de Conservação, especificamente com o conceito de patrimônio cultural e os elementos conceituais que o conformam, às que se referem os arts. 58 a 60 do referido regulamento e que, ao se autorizar a respectiva licença, se alteraria o seu espírito e a função simbólica do conjunto Zócalo-Alameda-Catedral, definição dos objetivos de ordenamento dos assentamentos humanos no território do município (Portaria Territorial).

No acórdão se disse que, ao resultar parcialmente fundados os conceitos de violação que os autores do amparo reivindicam, mas insuficientes para conceder a proteção constitucional solicitada, o apropriado é negar às reclamantes o amparo e a proteção da justiça federal que solicitam. Com base no exposto, resolve-se negar o juízo de amparo em relação aos atos reivindicados.

Como fundamento legal da decisão, é citado o art. 27, §3º, da Constituição Política dos Estados Unidos Mexicanos, que estabelece o direito da nação de impor à propriedade privada as modalidades ditadas pelo interesse público, bem como de regular, em benefício social, o uso de elementos naturais capazes de apropriação, a fim de fazer uma distribuição equitativa da riqueza pública, cuidar da conservação, alcançar o desenvolvimento equilibrado do país e a melhoria da população rural e urbana. Em consequência serão ditadas as medidas necessárias para ordenar os assentamentos humanos, regular a conservação, a melhoria e o crescimento de centros populacionais, para preservar e restaurar o equilíbrio ecológico, para evitar a destruição de elementos naturais e os danos que a propriedade possa sofrer em prejuízo da sociedade.

Referem-se, ainda, em ampliação, os arts. 31 (planos urbanos municipais) e 35 (zoneamento, planos ou programas de desenvolvimento urbano), dos quais se adverte que o exercício do direito de propriedade, posse ou qualquer outro direito derivado da obtenção de bens imóveis localizados em centros populacionais, qualquer que seja seu regime jurídico, deve estar sujeito às previsões, às reservas, aos usos e aos destinos determinados pelas autoridades autônomas nos planos ou programas de desenvolvimento urbano aplicáveis. Além disso, os arts. 32 e 33 da Lei de Desenvolvimento Urbano do Estado de Oaxaca. Também é citado o art. 37 da normativa relativa aos chamados Planos Parciais de Aplicação. O Plano de Conservação do Centro Histórico de Oaxaca, em especial, arts. 58, 59, 60, os objetivos para a conservação, gerais e particulares, conceitos gerais da proposta, que implica regular a imagem urbana e o crescimento dos usos comerciais e mistos na zona central. Da mesma forma, a regulamentação dos usos do solo, como fator determinante para a melhoria da imagem urbana no Centro Histórico.

9 Demolição de uma casa histórica no bairro de Flores

Uma decisão doutrinariamente relevante de nossa doutrina judicial é a do caso "Defensoría del Pueblo de la Ciudad de Buenos Aires c/GCBA e outos s/Otras demandas contra la autoridad administrativa", Câmara do Contencioso Administrativo e Tributário da Cidade de Buenos Aires, sala II, de 14.8.2008,[408] na qual se dizia que o patrimônio histórico-artístico de um povo não é apenas a soma de restos gloriosos de épocas passadas; constitui um símbolo da continuidade da civilização em um território e o próprio conceito de que tiveram vida outras pessoas em outras civilizações.

Em primeira instância (Juzgado del Fuero/Tribunal de Jurisdição nº 2, de 27.11.2006), lembrou-se que se considera patrimônio histórico o conjunto de valores e bens que se encontram intimamente relacionados com sua história, suas tradições e idiossincrasias e que são elementos integrantes da identidade regional. A conceituação de "bem cultural" refere-se não apenas a manifestações da arte em geral, mas a "toda forma de vida de um povo" (Unesco, II Conferência Geral, México, 1982). "O patrimônio cultural conforma a geografia construída que coabita com cada membro da comunidade, está presente em cada rincão, pertence a todo e cada um dos membros dessa comunidade".

Da mesma forma, o juiz acrescentou que toda medida de tutela de valores patrimoniais culturais

---

[408] Disponível em: http://cdh.defensoria.org.ar/wp-content/uploads/sites/10/2018/01/casa-Mill--n-fallo.pdf.

tende a melhorar a qualidade de vida na medida em que permite a sobrevivência de traços e valores, enfim, aglutinantes de uma determinada sociedade (Uslengui-Gatti, *La tutela del patrimonio cultural y las cláusulas abiertas en la reforma de la Constitución Nacional*, en LL Actualidad del 26-4-94).

A relevância particular da Casa Millän foi dada por três circunstâncias: 1) porque era a construção mais antiga do bairro de Flores; 2) porque sua estrutura era original; 3) porque havia pertencido a um dos cofundadores do que fora o povoado de San José de Flores, que em 1882 havia traçado o plano cadastral dessas terras.

O fato é que o edifício mencionado foi demolido, causando danos irreparáveis ao patrimônio cultural da comunidade. Ao autor se legitimou para agir, em defesa dos direitos coletivos ligados à memória histórica e ao patrimônio cultural e órgão constitucionalmente habilitado para acionar por sua preservação e cuidado, pelo que se decidiu, em primeira instância, que a Defensoria da Cidade deveria ser a receptora natural das somas que resultam das indenizações que se fixaram, para aplicá-las em projetos de preservação do patrimônio histórico local.

10 Decisões de STJ provinciais

Finalmente, destacam-se, por seu conteúdo doutrinário, três decisões dos Tribunais Superiores de Justiça provinciais, nas quais se valoraram aspectos relacionados à tutela do patrimônio cultural, por um lado, e, por outro, a defesa da paisagem, em bens coletivos de extraordinário valor cênico ou panorâmico.

- *CJ de Salta, 25-7-2007, "Thomas, Horacio c/ Bocanera SA"*,[409] L. L. NOA 2007-892, L. L. Online.

A demanda de amparo visava à cessação da atividade de desmatamento e terraplenagem na área onde estão localizados os sítios arqueológicos do que se conhece por "Cidade Velha de Esteco", por parte de Bocanera S.A. nos cadastros 10.744 e 11.287, situados no departamento de Metán, a fim de evitar afetar o patrimônio cultural da Província de Salta.

---

[409] Disponível em: http://sistemasx01.justiciasalta.gov.ar:8080/juriscorte/servlet/com.juriscor.verdocumentos?9715.

Em uma nota, María Magdalena Gálvez e Elisabeth Safar comentam no *site* www.cij.gov.ar/d/doc- 2098.pdf[410] que Esteco era a cidade mais poderosa e mais rica do norte da Argentina. Segundo indícios atuais, em 13.9.1692, um forte terremoto, o mesmo que originou o culto ao Senhor e à Virgem do Milagre, destruiu a cidade de Esteco para sempre. Era uma cidade colonial muito importante, que teve duas localizações, até agora conhecidas, e o desaparecimento de ambas é cheio de mistérios.

A primeira foi fundada em 1556, nas proximidades da atual vila de El Vencido, na costa do rio Salado Norte (hoje Juramento), a cerca de 30 quilômetros da localidade de El Quebrachal, no departamento de Anta. O nome da cidade era Nuestra Señora de Talavera de Esteco, mas seus habitantes simplesmente a chamavam de Esteco, e os pesquisadores atuais a identificam como Esteco el Viejo.

A segunda, localizada entre as atuais Metán e El Galpon, foi chamada Nuestra Señora de Talavera de Madrid, ou Vila da Nueva Madri de las Juntas, mas se seguiu chamando-a por Esteco. A importância de Esteco deveu-se à sua localização estratégica, pois era uma passagem obrigatória para o tráfego comercial entre o Alto Peru e Santiago del Estero primeiro, e Buenos Aires depois, além de sua produção agrícola e pecuária.

Por fim, as autoras apontam:

> diante dos conhecidos danos ao meio ambiente, ao entorno ou ao habitat, são propostos, de um tempo para cá, com insistência, dois enfoques complementares: o dano à paisagem e o dano ao patrimônio cultural. A paisagem torna-se a expressão abreviada do que era frequentemente chamado de "valor paisagístico", ao lado dos valores históricos, arqueológicos, paleontológicos, científicos e ecológicos, estes últimos agora agrupados como patrimônio cultural. Com esta decisão, tratou-se de evitar obstruções ou destruições e alterações disruptivas na área onde as ruínas estão localizadas.

- STJ de Entre Ríos, Sala I no Penal, 23-6-95, "Moro, Carlos E. e outros c / Município do Paraná, L. L. 1997-A-59.[411]

O Tribunal Superior de Entre Ríos deu lugar a um amparo coletivo para a proteção do Parque Urquiza enquanto patrimônio histórico-cultural da cidade do Paraná, em aplicação da normativa

---

[410] Acesso em: 31 jun. 2020.
[411] Disponível em: http://laleyonline.com.ar/ Cita Online: AR/JUR/3416/1995.

nacional que acabava de ser incorporada à Constituição Nacional (STJ de Entre Ríos, Câmara Criminal, 23.6.95, "Moro, Carlos E. e outros c/ Município do Paraná") (L.L. 1997-A-59).[412]

- TSJ de Santa Cruz, "Lacustre del Sud SA c/ Conselho Agrário Provincial. Província de Santa Cruz s/ Ação contenciosa administrativa", arquivo L. 401/01 TSJ.[413]

O Tribunal Superior de Justiça da Província de Santa Cruz, por sentença de 15.5.2012, rejeitou a ação administrativa contenciosa movida pela Lacustre del Sud S.A., contra a Província de Santa Cruz, a fim de declarar a nulidade do ato administrativo, Acordo nº 066, de 6.9.2001, do Conselho Agrário Provincial, mediante o qual não se havia autorizado a realizar uma série de projetos que consistiam na construção de duas pousadas, um clube de campo e um empreendimento turístico em terras de sua propriedade, localizados na Península de Magallanes, Lago Argentino.

A mesma solução foi adotada, com a pretensão de nulidade deduzida pela autora, em feitos cumulados à presente causa, com relação às disposições 15/DPC/2001, 16/DPC/2001, 17/DPC/2001 e 18/DPC/2001, emanadas pela Direção Provincial de Cadastro, juntamente com as resoluções pelas quais se rechaçaram os recursos hierárquicos interpostos contra elas (expedientes administrativos nºs 7.207, 7.208, 7.209 e 7.210, que levaram os nºs 660/02, 661/02, 662/02 e 663/02, autos: "Lacustre del Sud SA c/ Província de Santa Cruz. Ministério da Economia e Obras Públicas"); por fim, rejeitou a inconstitucionalidade das leis nºs 2.492, 2.316, 2.355, 2.387, 2.425 e 2.442 e do Programa de Ordenamento de Usos, Parque e Reserva Península de Magallanes, que a demandante apresentou em subsídio, em ambos os expedientes, para o caso em que não fossem acolhidos os pleitos de nulidade.

---

[412] Comentário às decisões: MARANIELLO, Patricio A.; GARCÍA, María del C. Los vecinos legitimados para la defensa del ambiente. *In*: SABSAY, Daniel A. *Colección de Análisis Jurisprudencial*. Derecho Constitucional. Buenos Aires: La Ley, 2002. Para uma análise pormenorizada dos diferentes casos, consultar: GORDILLO, Agustín. *Tratado de Derecho Constitucional*. Buenos Aires: [s.n.], 2001. t. II. Cap. II, Derecho de Incidencia Colectiva, Ciencias de la Administración.

[413] Ambiente e justiça. Decisões relevantes dos Superiores Tribunais e Supremas Cortes de Justiça das províncias argentinas, Oficina de Justiça Ambiental, Corte Suprema de Justiça da Nação, PNUD, Junta Federal de Justiça, Lajouane, 2015, v. 1. p. 361. Disponível em: https://aju.jussantacruz.gob.ar/mostrar_fallo_completo.php?protocolo=TSS1009C.121.

TERCEIRA PARTE

A APLICAÇÃO DO DIREITO AMBIENTAL

CAPÍTULO 8

A APLICAÇÃO VOLUNTÁRIA

I   Introdução

Já assinalamos que uma das pretensões do paradigma ambiental sobre o direito é a busca de coerência entre os sistemas legal e ecológico, e que isso demanda uma regulação de cumprimento.

O objetivo deve ser criar uma cultura de cumprimento da lei mediante regras institucionais. A seguir, aprofundaremos a investigação nos aspectos vinculados à eficácia.

As políticas legislativas em matéria ambiental têm adotado o modelo tradicional, que consiste na promulgação de uma lei, seguida pela sanção da conduta infratora. A pesquisa jurídica, por sua vez, é coerente com essa perspectiva, uma vez que há um grande número de trabalhos acadêmicos baseados em responsabilidade criminal e civil, principalmente nas ações indenizatórias.

Portanto, toda estratégia que se baseie apenas em sanções está fadada ao fracasso. Em questões ambientais, é necessário desenvolver uma política legislativa mais sofisticada, que articule o cumprimento voluntário, o cumprimento forçado e a dissuasão.

II   A teoria da implementação

A teoria da implementação[414] se ocupa destes três aspectos integrados e com uma forte vocação pragmática.[415]

Examinaremos cada um deles.

---

[414] Um dos principais autores nesta matéria é BENJAMIN, Antonio. A implementação da legislação ambiental: o papel do Ministério Público. *In*: BENJAMIN, Antonio H. (Coord.). *Dano ambiental*: prevenção, reparação e repressão. São Paulo: Revista dos Tribunais, 1993. p. 360-377 (também publicado em *Revista de Derecho Ambiental*, Buenos Aires, nov. 2004.

1   O cumprimento voluntário (*compliance*)

O cumprimento voluntário verifica-se quando as condutas humanas se ajustam aos mandamentos, proibições ou permissões que a norma jurídica contém.

As possibilidades de que as pessoas respeitem a lei aumentam quando há coerência entre os incentivos econômicos ou culturais e a legislação aplicável em cada caso.

Os valores e incentivos econômicos promovidos pelo contexto institucional são decisivos para o cumprimento da lei. Se um indivíduo acredita nos valores que a lei respalda ou tem um interesse financeiro na regra a ser aplicada, ele a cumprirá voluntariamente.

É costume analisar um aspecto dos problemas e fazer uma lei, mas, geralmente, há uma negligência quanto aos outros incentivos existentes. Os acidentes de trânsito são um bom exemplo: pode-se começar pela sanção, pela aplicação de multas, pela responsabilidade civil e pelo seguro. Mas se o indivíduo que dirige tem incentivos para diminuir a velocidade, menos acidentes ocorrerão e haverá menos necessidade de recorrer à responsabilidade; por exemplo, a pontuação de acordo com violações de tráfego pode levar a um seguro mais caro ou à necessidade de fazer cursos e fazer exames mais contínuos. Se pensarmos no fabricante, podemos introduzir regulamentos sobre a velocidade dos veículos que são produzidos. Ao focar em litígios, podemos estabelecer uma escala financeira mais onerosa para o réu à medida que o julgamento avança, aumentando o incentivo para chegar a um acordo. Quanto mais amplo é o panorama de incentivos comportamentais, mais efetivo é o cumprimento.

Quando se estuda o direito do ponto de vista dos incentivos que o indivíduo recebe, surgem evidências de fortes contradições que enfraquecem o cumprimento da norma.

Essa análise comparativa entre a lei e seu contexto institucional é o que nos permite afirmar que, quanto maior a separação entre a lei, por um lado, e os incentivos econômicos e culturais, por outro, maior a distância que haverá entre o que é declarado pelo direito e a prática social.

---

p. 109). Do mesmo autor: Meio ambiente e Constituição: uma Primeira Abordagem. *In*: BENJAMIN, Antonio H. *10 anos da ECO-92*: O direito e o desenvolvimento sustentável. São Paulo: IMESP, 2002. p. 89-101; A proteção do meio ambiente nos países menos desenvolvidos: o caso da América Latina. *In*: *Uma vida dedicada ao direito*: homenagem a Carlos Henrique de Carvalho. São Paulo: Revista dos Tribunais, 1995. p. 429.

[415]   FARBER, Daniel. *Eco-pragmatism*. Chicago: The University of Chicago Press, 1999.

O que acontece com as normas ambientais é que elas introduzem um novo paradigma que descrevemos no Capítulo 1 e que vincula o sistema jurídico ao ecológico. Isso leva a importantes desajustes com os modelos econômicos e culturais, levando a uma crescente resistência quanto ao cumprimento.

Por esse motivo, a fase de aplicação é tão importante nessa matéria.[416]

Em grande parte, toda a teoria da implementação é um esforço para trazer coerência entre o mundo legal, por um lado, e o mundo cultural e econômico, por outro.

Por esse motivo, quando se quer fortalecer o cumprimento, executam-se programas educativos e se difunde informação para influenciar a consciência das pessoas, ou se criam marcas verdes, bônus ambientais e outros instrumentos que incidem sobre a ordem de preferências econômicas dos habitantes.

Iremos desenvolver alguns aspectos deste tema mais adiante.

2 Cumprimento forçado (*enforcement*)

Quando as condutas não se ajustam às normas surge o cumprimento forçado.

Trata-se de medidas tomadas após a violação da lei, através de sanções administrativas ou judiciais,[417] civis ou criminais, aplicadas a pessoas físicas ou jurídicas.[418] É evidente que os resultados coletivos derivados do cumprimento voluntário são superiores aos resultantes da aplicação da força, devido aos enormes custos exigidos por um sistema de sanções administrativas e judiciais. Uma lei sobre espécies ameaçadas de extinção ou sobre o aquecimento global não pode se

---

[416] HAWKINS, Keith. *Environment and Enforcement*: Regulation and the Social Definition of Pollution. Clarendon Press: Oxford, 1984. p. 126; STAUDINGER, Jeff. RCRA enforcement: problems and reforms. *In*: *Strategies for Environmental Enforcement*. Stanford: Stanford Environmental Law Society, 1995. p. 5.

[417] RODRIGUEZ, Marcelo Abelha. *Instituições de direito ambiental*. São Paulo: Max Limonad, 2002. p. 43; FERRAZ, Antônio Augusto Mello de Camargo; FERRAZ, Patrícia André de Camargo. Ministério Público e "enforcement" (mecanismos que estimulem e imponham o respeito às leis). *In*: *Livro de Teses do 11 Congresso Nacional do Ministério Público*. Goiânia, 1996. t. II. p. 1184. BRAÑES, Raúl. *Manual de Derecho Ambiental mexicano*. México: Fundación Mexicana para la Educación Ambiental, Fondo de Cultura Econômica, 2004.

[418] LECEY, Eladio. Responsabilidade penal da pessoa jurídica. Efetividade na realidade brasileira. *Anais das I Jornadas Luso-Brasileiras de Direito do Ambiente*, Instituto do Ambiente e do Ordenamento do Território, Lisboa, 2002. p. 29.

basear apenas em ações *ex post facto*, porque uma vez danificados esses bens são irrecuperáveis.

Por esse motivo, o *enforcement* é subsidiário ou complementar em relação à *compliance*, mas nunca a pode substituir nem é eficiente pensar em uma política baseada apenas no primeiro.

A execução forçada de decisões administrativas ou judiciais aplicáveis a bens coletivos apresenta elementos típicos que analisaremos mais adiante.

3 Dissuasão (*deterrence*)

Apesar do que foi dito, o sistema repressivo tem uma função importante porque, se não houvesse sanções, não haveria cumprimento.

Por exemplo, a aplicação efetiva de responsabilidades tem um alto valor simbólico pois são identificados comportamentos prejudiciais e bens protegidos, o que serve de exemplo para outros comportamentos subsequentes.

A dissuasão examina as sanções com um incentivo para condutas futuras, enquanto o cumprimento forçado se aplica a quem já violou a lei. Uma sentença judicial pode fixar uma conduta, mas, ao mesmo tempo, fornecer uma modalidade que permita prevenir futuras violações similares.

III O problema da ineficácia

A ineficácia é um problema de primeira ordem no direito ambiental[419] por dois tipos de razões: a primeira relacionada à legislação declarativa e a segunda relacionada aos bens coletivos.

---

[419] Em relação à lei argentina: LORENZETTI, Pablo. A diez años de la ley 25.675: sentencias, principios... ¿eficacia? *Revista de Derecho Ambiental*. Buenos Aires: Abeledo-Perrot, 2012. nº 31; CAFFERATTA, Néstor A. De la efectividad del Derecho Ambiental, em L. L. 2007-E-1308; WOLFF, Paul. ¿La irresponsabilidad organizada? Comentarios sobre la función simbólica del derecho ecológico, em E. D. 136-821; OJEDA MESTRE, Ramón. *El nuevo Derecho Ambiental*, disponível em Word, assinala que esta novíssima disciplina padece de raquitismo de eficiência. Do mesmo autor: *Las cien caras del derecho ambiental*. Disponível em: https://huespedes.cica.es/gimadus/12-13/Las%20cien%20caras%20del%20Derecho%20 Ambiental.htm.

1 A legislação declarativa

Surgiu um direito ambiental que se dirige às consciências, mas não às condutas. Esses tipos de normas resultam tranquilizadoras, declarativas, expõem o conflito, mas não o resolvem e não impactam nas decisões dos indivíduos.

Podemos identificar dois tipos de situações:

- *Leis sem alma:* estão despojadas dos instrumentos efetivos que lhes permitem ter vida concreta, apenas descrevendo símbolos.[420]
- *Leis ambiciosas:* propõem objetivos muito ambiciosos que não levam em consideração a existência de outros interesses ou outros bens ou limitações, o que faz com que não se cumpram.

A partir da Declaração do Rio 92, a questão ambiental ingressou na agenda dos acordos internacionais,[421] depois se transformou em normas constitucionais e, finalmente, em um número significativo de leis que regulam de maneira abundante diferentes temas ambientais.

Todo o corpo de disposições tem um problema: seu nível de aplicação é muito baixo, pois em não poucos casos são sancionadas em virtude de compromissos internacionais e não pensando em uma verdadeira implementação.

Várias razões explicam esse fenômeno.

Em primeiro lugar, a legislação ambiental reformula muitos dos sistemas jurídicos, reestruturando sua hierarquia interna, suas ordens de bens protegidos e até seus remédios para resguardar seus direitos. Um bom exemplo disso é a tutela inibitória que, desde o direito romano, se admitiu pacificamente para a proteção forte da propriedade, inibindo quem ingresse nela e excluindo terceiros contra qualquer ingerência. Quando os princípios de prevenção e precaução, que são formas de tutela inibitória, são aplicados ao meio ambiente, servem para impedir o estabelecimento de empresas, para interromper sua produção ou realizar sua transferência, o que gera conflitos de alta intensidade.

Em segundo lugar, essa recepção significa assumir uma série de custos importantes que recolocam a relação entre empresa e sociedade. Essa legislação especial obriga cidadãos, empresas e o Estado

---

[420] DWYER, John P. The pathology of symbolic legislation. *Ecology Law Quarterly*, v. 17, 1990. p. 316.
[421] KISS, Alexandre; SHELTON, Dinah. *Manual of European Environmental Law*. Cambridge: Grotius Publications Limited, 1993. p. 35; FREITAS, Vladimir Passos de. *Direito ambiental em evolução*. Curitiba: Juruá, 2007. v. 5.

a internalizar custos que eles historicamente não assumiam. Este fenômeno leva a "Estados fracos", à renúncia de direitos em busca de uma posição no "mercado legislativo global", apresentando-se como "centros de baixo custo para investidores".[422]

Como consequência, encontramos inúmeras leis, mas que carecem de mecanismos de implementação adequados.

Esse fenômeno se concretiza de diversas maneiras:

- o atraso na promulgação de leis que adaptam ou incorporam um direito em virtude de uma obrigação contraída ao firmar um tratado;
- a sanção de leis declarativas que só aparentemente desenvolvem o direito reconhecido em um tratado ou em uma norma constitucional, porque possuem declarações de objetivos, mas não instrumentos eficazes para torná-las uma realidade prática;
- o atraso na emissão de regulamentos que permitam a aplicação de uma lei, o que acontece com muita frequência. Um bom exemplo disso é o seguro ambiental, ou a definição de pressupostos mínimos na maioria das questões ambientais;
- a debilidade dos órgãos de implementação e controle, seja porque não têm orçamento ou porque são excessivamente controlados por uma autoridade central e sujeitos a políticas gerais;
- a enunciação de programas de proteção ambiental em todos os campos, mas sem contar com sistemas que mensurem os resultados;
- a fragmentação[423] de normas que obscurece a interpretação;
- a superposição de organismos de controle que geram problemas de competência;
- a falta de consenso prévio e de discussão aprofundada sobre os custos e opções reais disponíveis.[424]

---

[422] Ampliamos em Problemas actuales de la teoría de la empresa, em L. L. 1994- C-731; Reglas de solución de conflictos entre propiedad y medio ambiente, em L. L. 1998-A-1024.

[423] KISS, Alexandre; SHELTON, Dinah. *Manual of European Environmental Law*. Cambridge: Grotius Publications Limited, 1993. p. 35.

[424] MARTIN MATEO, Ramón. *Tratado de Derecho Ambiental*. Madrid: Trivium, 1991. v. I. p. 11; La mutación antrópica del clima terráqueo. Reconsideración de alternativas. *Revista de Derecho Ambiental*, Buenos Aires, nov. 2004. p. 147.

2 Bens coletivos

Tanto a legislação quanto as decisões administrativas ou judiciais que a implementam encontram grandes dificuldades relacionadas à natureza dos bens coletivos.

Em primeiro lugar, o pressuposto básico dos modelos legislativo, administrativo e judicial é a ação individual. Em questões ambientais, por outro lado, deve ser regulada a ação coletiva, cuja dimensão é absolutamente diferente, e o que é apropriado para os indivíduos geralmente não produz os mesmos resultados para os grupos. A poluição da água dos rios é um problema de ação coletiva e cumulativa e, portanto, muitas vezes é ineficaz emitir uma sentença que obriga uma pessoa ou empresa a não despejar seus líquidos, pois exige uma decisão capaz de influenciar todas as ações envolvidas.

Em segundo lugar, os bens não são monetizáveis e, portanto, o parâmetro tradicional de avaliação de danos é muito difícil de aplicar, bem como as análises e comparações de risco-benefício.

Terceiro, qualquer decisão deve contemplar não apenas a conduta, mas também o contexto cultural e econômico em que é aplicada. Por esse motivo, as estratégias legislativas devem ser acompanhadas de medidas educativas, informativas e de modificação dos incentivos econômicos.

Em seguida, estudaremos o cumprimento voluntário.

IV O cumprimento voluntário

O cumprimento voluntário da lei ambiental envolve dois aspectos: o desenho das instituições e os princípios da boa governança, que agem de maneira geral; e as características que devem ter os programas de objeto específico.

Vamos agora examinar o aspecto institucional, que é geral, para depois revisar os programas de conformidade, que são específicos.

1 Contexto institucional: confiança e custos de transação

A relação entre o cumprimento da lei e o desenvolvimento econômico foi destacada em vários estudos realizados nos últimos anos. Foi dito que o bom funcionamento do Estado de direito é a estrutura oculta do desenvolvimento[425] e que as instituições criam incentivos que influenciam de maneira relevante, tanto no campo econômico como no social.[426]

A relação entre as instituições e o meio ambiente também foi destacada, pois há uma desconexão entre os modelos legais e os ecológicos em relação a muitos aspectos, como a mudança climática, a diversidade biológica, o uso da terra ou da água.[427]

Nas culturas antigas, observava-se o universo para organizar a sociedade, como um espelho do que estava acontecendo no cosmos.

Inversamente, em nossos dias, o objetivo é adaptar o sistema ecológico ao humano.

A urgência mais óbvia do problema ambiental é a aproximação e integração de ambos os sistemas.

Esses dois aspectos tornam essencial a criação de um contexto institucional que promova o cumprimento da lei de maneira consistente com o sistema ecológico.

A chamada "cultura de cumprimento da lei" reflete uma infinidade de ações individuais que são orientadas nessa direção porque confiam no sistema. Construir essa confiança depende da estabilidade das instituições, dos incentivos que elas produzem e dos "princípios de boa governança".

Chesterton[428] sugeriu o tema quando mostrou o debate entre dois sujeitos sobre se é possível ou não confiar que o trem chegue no horário: o anarquista e o defensor da ordem. O cidadão atual é mais parecido com o último e acredita que há ordem, mesmo que um olhar mais atento só visse caos. No campo da sociologia, Luhmann[429] classifica as análises sobre confiança como de classe média, ou seja, uma espécie de estágio intermediário entre a doxa e a episteme, orientado para o funcionamento da sociedade.

Precisamente, a confiança é um mecanismo de redução da complexidade social, porque a existência de variáveis tão abstratas, distantes e complicadas só pode ser tratada com base na confiança.

---

[425] DE SOTO, Hernando. *Making Sustainable Development Work*: Governance, Finance, and Public-Private Cooperation, remarks at the Meridian International Center. Washington, DC, 18 out. 2001. Disponível em: http://www.state.gov/g/oes/rls/rm/ 6811.htm.

[426] Douglas North (*Instituciones, Institucional Change and Economic Perfomance*. Cambridge: Cambridge Univ. Press, 1990) assinala que os custos da informação são a chave dos custos da negociação, que se compõe dos custos de medir os atributos valiosos do que se está intercambiando e os custos de proteger e de fazer cumprir compulsivamente os acordos.

[427] Ver Capítulo 1.

[428] CHESTERTON, G. K. *The Man Who was Thursday*. [s.l.]: Penguin Books, 1908/1986.

[429] LUHMANN, Niklas. *Confianza*, Antrhopos. Espanha: Univ. Iberoamericana, 1996.

Do ponto de vista da teoria da ação humana, a presença do futuro em si implica a necessidade de planejar, mas, quando o indivíduo deve agir em contextos turbulentos e sofisticados, ele suporta uma carga excessiva que dificulta a previsão. Necessita reduzi-la com base na confiança.[430]

A desconfiança, socialmente difundida, acarreta altos custos de transação.[431] É mais sábio investir na construção da confiança que trabalhar em um cenário de desconfiança generalizada com sanções. Identificar as violações da lei é difícil, caro, e a repressão leva muito tempo, especialmente no campo ambiental, em que os problemas surgem de uma multiplicidade de ações espalhadas em diferentes lugares.

A confiança é o "lubrificante" das relações sociais, de modo que se ela existe diminui a necessidade de controle e os custos que isso envolve e, por outro lado, aumentam os índices de êxito na obtenção de resultados.[432]

A organização da sociedade baseada na incorporação de valores comuns que gerem comportamentos que não dependam apenas da racionalidade econômica é um aspecto fundamental da autorregulação.[433]

A integração do mundo ecológico e jurídico depende dos valores que são promovidos:

- Se as instituições criam incentivos para o desenvolvimento ilimitado não haverá muito cumprimento da lei ambiental.
- Se as regras funcionam criando um senso de obrigação de respeitar certos valores ambientais ou a rejeição de certos comportamentos que os afetam, então elas melhorarão as taxas de conformidade com a lei.

Quando a sociedade compartilha uma série de valores ambientais mínimos, a semente da lei pode ser semeada com a perspectiva de crescimento robusto.

---

[430] FUKUYAMA, Francis. *Confianza*. [s.l.]: Atlántida, 1996. p. 45.
[431] FUKUYAMA, Francis. *Confianza*. [s.l.]: Atlántida, 1996. p. 47.
[432] WILLIAMSON, Oliver. *Markets and Hierarchies*: Analysis and Antitrust Implications, New. [s.l.]: Free Press, 1975.
[433] A literatura sobre estes temas é amplíssima. Podem consultar-se diversos aspectos e perspectivas nos seguintes textos: ELLICKSON, Robert. Law and Economics Discovers Social Norms. *Journal of Legal Studies*, n. 27, p. 537-540, 1998; COLEMAN, James. *Foundations of social theory*. Cambridge: Harvard Univ. Press, 1990; SUNSTEIN, Cass. Social Norms and Social Roles. *Columbia Law Review*, p. 903-910, 1996; KAHNEMAN, Daniel. Maps of Bounded Rationality: A Perspective on Intuitive Judgment and Choice. *Nobel Prize Lecture*, 8 dez. 2003. Disponível em: http://nobelprize.org/economics/ laureates/2002/kahnemann-lecture.pdf.

2 Construção de capital social

Os objetivos regulatórios devem contemplar os efeitos da ação coletiva, que são substancialmente diferentes daqueles usados para a ação individual.[434] Se a norma legal apenas atende a efeitos individuais, ocorre a chamada "tragédia dos bens comuns".[435] Por outro lado, a criação de confiança, indicada no ponto anterior, baseia-se precisamente na regulação do comportamento do grupo.

Por esses motivos, é essencial atender à criação de incentivos à cooperação coletiva capazes de construir capital social.

O capital social surge porque existe um conjunto de regras de reciprocidade, ou seja, redes que coordenam ações que promovem a colaboração espontânea.[436]

A cooperação é facilitada quando as pessoas têm interação contínua. Assim, as falhas que o dilema do prisioneiro apresenta, no sentido de que cada parte se vê incentivada a obter um benefício particular que dá uma soma negativa para ambas, diminuem significativamente se se repete várias vezes, porque os agentes aprendem com a interação.[437]

Por esse motivo, é muito importante promover a interação contínua dos setores sociais em relação a um conflito ambiental. Isso permite que interesses, objetivos, capacidades, papéis sejam mais bem identificados e, em virtude disso, cada um dos atores é mais permeável a fazer sacrifícios parciais para alcançar um objetivo comum.

3 Princípios de boa governança

As instituições devem existir não apenas para gerar incentivos consistentes com a proteção ambiental, mas que sejam também eficazes.[438]

---

[434] Ampliamos em *Teoría de la decisión judicial*.
[435] Ver Capítulo 1.
[436] COLEMAN, James. *Foundations of social theory*. Cambridge: Harvard Univ. Press, 1990.
[437] OSTROM, Elinor. *Governing the commons*: the evolution of institutions for collective action, New York: Cambridge Univ. Press, 1990.
[438] ROSANVALLON, Pierre. *El buen gobierno*. Tradução de Horacio Pons. Buenos Aires: Manantial, [s.d.]. O autor argumenta que embora nossos regimes sejam democráticos, não somos governados democraticamente, e o centro de gravidade da demanda democrática mudou imperceptivelmente; já não é apenas entre representantes e representados, mas sim a relação entre governantes e governados. Para os cidadãos, a falta de democracia significa não ser ouvido, visto que as decisões são tomadas sem consulta, que os ministros não assumem as suas responsabilidades, que os dirigentes mentem impunemente, que o mundo político vive fechado sobre si mesmo e não presta contas suficientes, que o funcionamento administrativo permanece opaco.

A expressão "boa governança" (*good governance*) é um *standard* de governança que pode servir para examinar a eficácia das instituições.

Em geral, pode-se afirmar que, se forem abertas e flexíveis às mudanças que favoreçam a interação com o meio ambiente, serão mais eficazes do que se forem fechadas, autorreferentes e imunes ao contexto. Esse aspecto é fundamental para a questão ambiental, pois somente a inter-relação contínua entre instituições abertas e as demandas ambientais permitirá uma maior aproximação entre os dois sistemas.

A existência de regras claras, previsíveis e aplicadas de modo igualitário pelas instituições independentes é outro princípio de boa governança que traz a eficácia das normas. A proteção do meio ambiente gera pressões setoriais de alta intensidade que são sustentadas pela falta de clareza e buscam mudanças ou exceções. Em muitos casos, o processo de aplicação consiste mais em uma análise da lei do que na eficácia de seus resultados, devido à falta de precisão nesse sentido.

Clareza, previsibilidade e igualdade são pressupostos relevantes para a vigência das normas ambientais.

4 Regulamentação do mercado

Os princípios de boa governança são extremamente importantes na produção de um contexto institucional orientado ao cumprimento, complementado pela regulação do mercado.

O comportamento racional é projetado com base em um interesse que pode ser identificado e redirecionado para buscar coerência com a proteção do meio ambiente. Nesse sentido, existem inúmeros instrumentos que, direta ou indiretamente, atuam na ordem das preferências econômicas:[439]

- estudos de impacto ambiental;[440]
- estabelecimento de taxas de emissão;
- subsídios e créditos fiscais para atividades produtivas "verdes", condicionando o crédito ao cumprimento das normas ambientais;

---

[439] BARRY, C. Field. *Environmental economics*: an introduction. New York: McGraw-Hill, Inc., 1994. p. 185; RAPELA, Miguel Á. (Dir.); SCHÖLTZ, Gustavo J. (Coord.). *Innovación y propiedad intelectual en mejoramiento vegetal y biotecnología agrícola*. Estudio interdisciplinar y propuestas para la Argentina. Buenos Aires: Heliasta, 2006.

[440] MILARÉ, Édis; BENJAMIN, Antonio H. *Estudo prévio de impacto ambiental*. São Paulo: Revista dos Tribunais, 1993; ROSA MORENO, Juan. *Régimen Jurídico de la Evaluación de Impacto Ambiental*. Madrid: Trivium, 1993.

- auditoria ambiental;[441]
- sistemas tarifários impostos a emissões, efluentes e outras descargas para o meio ambiente;
- licenças permutáveis que permitem às empresas trocar direitos de emissão permitidos com outras empresas;
- rotulagem de produtos para que os consumidores saibam o impacto que causam no meio ambiente;
- proibição total ou parcial de produtos perigosos.

O desenho institucional da proteção ambiental deve basear-se em um conjunto harmonioso de regras que concedem direitos de propriedade específicos a serem negociados, outras que imputem responsabilidade quando os custos de negociação são excessivos e outras que estabelecem inalienabilidade.[442]

V Programas de conformidade

A legislação ambiental utiliza objetivos, valores, modelos, como "qualidade de vida", "uso racional e sustentável dos recursos", "qualidade ambiental", "conservação da diversidade biológica", "minimização de riscos", "uso ambientalmente adequado dos recursos ambientais".

As regras determinadas têm um alto custo de elaboração, mas sua aplicação é simples, enquanto que os conceitos indeterminados funcionam de maneira inversa, ou seja, baixo custo de elaboração, mas de grande complexidade na aplicação, dada a amplitude que apresentam.

Por esse motivo, a técnica legislativa é orientada a estabelecer objetivos gerais que são complementados por programas de conformidade pela administração ou pelos poderes judiciais.

Com relação a esses programas,[443] é apropriado apontar alguns requisitos.

---

[441] SALES, Rodrigo. *Auditoría ambiental*: Aspectos jurídicos. São Paulo: LTr, 2001.
[442] CALABRESI, Guido; MELAMED, A. D. Property Rules, Liability Rules and Inalienability Rules: One view of the Cathedral. *Harvard Law Review*, v. 85, 1972. p. 1080 e ss.
[443] É muito importante e esclarecedor o estudo comparativo; por exemplo, ver: IZA, Alejandro; ROVERE, Marta B. Gobernanza del agua en América del Sur: dimensión ambiental. *UICN Serie de Política y Derecho Ambiental*, n. 53, Gland, Suiza y Cambrigde, Reino Unido, UICN, Unión Internacional para la Conservación de la Naturaleza y de los Recursos Naturales, 2006.

1 Estabelecimento de objetivos intermediários e finais a serem alcançados

Um dos aspectos essenciais dos programas é que seu cumprimento seja possível e que os resultados possam ser mostrados. É inútil apontar objetivos que não contemplem os meios para realizá-los ou os recursos que os obrigados possuam. Isso não significa que a mudança de paradigma deva ser abandonada, mas sim que este não muda abruptamente. O fracasso de um programa é muito mais prejudicial, devido ao grau de frustração que gera, do que o cumprimento de um objetivo parcial concebido como uma etapa para alcançar o resultado final.

Por essas razões, é essencial aplicar o princípio da progressividade e estabelecer um objetivo final e estágios intermediários verificáveis.

2 Técnicas de "comando-controle"

Essa técnica jurídica consiste na descrição de determinado comportamento definido mediante *standards* (comando) e o controle periódico de seu cumprimento.

O comando pode vir de várias fontes: um tratado internacional, uma lei nacional, uma agência reguladora, uma autoridade não governamental que exerce poderes delegados, uma decisão judicial. A principal característica é o grau de definição que um "comando" exibe, por ser muito detalhado no aspecto técnico, é ajustável e verificável; por exemplo: quantidade de líquidos lançados no rio, procedimentos para obter uma licença.

As normas ambientais são usadas como metas de qualidade ambiental e para planejar o nível de emissões de elementos individuais que são aceitáveis.

3 Incentivos culturais

Um programa educativo visa modificar comportamentos e deve levar em consideração motivações irracionais e culturais, porque, como apontamos, esse é um aspecto muito relevante da ineficácia. Por esse motivo, um dos instrumentos mais importantes é a mudança de paradigmas culturais, criando "consciência ambiental".[444]

---

[444] PERCIVAL, Robert. Environmental law in the twenty-first century. *Virginia Environmental law journal*, v. 25, n. 1, 2007.

O comportamento irracional é reduzido se elementos de racionalidade são fornecidos, ou seja, espalhando a informação. Políticas de informação públicas, concentradas e acessíveis são essenciais, porque fazem as pessoas diminuírem seus medos e agirem com critérios de racionalidade.

A cultura é modificada com a educação e, portanto, os programas de disseminação e treinamento, focados na importância de microbens e riscos ambientais específicos, são muito úteis.

4 Medição de êxito

O desenho dos objetivos requer a medição do sucesso como complemento, a fim de superar etapas meramente declarativas. Isso pode ser feito concentrando-se nos meios, como o número de inspeções realizadas e sua comparação em diferentes períodos para examinar a capacidade de controle. Uma modalidade diferente consiste em mensurar os resultados, observando as tendências evolutivas do fenômeno regulado. A melhor maneira é usar as duas medidas de modo complementar, expondo os dados em bancos de dados unificados, acessíveis e submetidos ao controle público.

5 Identificação dos sujeitos obrigados pela regulação

Todo programa deve definir quem são os sujeitos obrigados e a carga que pesa sobre cada um deles, a fim de que seja proporcional a sua capacidade de influir no fenômeno.

Os melhores resultados são alcançados quando a identificação é mais precisa e mais diversificada é a concessão e, portanto, todos os sujeitos que, de uma forma ou de outra, podem influenciar participam da consecução de uma sinergia que produz um resultado sistêmico.

6 Identificação de papéis complementares

Um dos déficits mais óbvios dos programas é que eles se concentram na obrigação e desconsideram o contexto.

Uma empresa que é forçada a cumprir um programa encontrará mais incentivos se, ao solicitar um empréstimo, o banco exigir que cumpra requisitos ambientais, ou quando exportar, que deva mostrar conformidade com a lei, ou o seguro enviar seus inspetores para verificar se está levando a cabo o programa ou se sua política salarial incentiva o pessoal vinculado à consecução dos objetivos ambientais.

Nesse aspecto é importante a participação das diferentes redes existentes no mundo, com vasta experiência em implementação, que realizam estudos comparativos sobre múltiplos programas. É o caso da International Network for Environmental Compliance and Enforcement (Inece), que é uma rede de entidades governamentais e não governamentais que envolve mais de cento e cinquenta países.

7 Controle de conformidade a cargo de uma autoridade claramente identificada

É importante definir uma autoridade encarregada de monitorar a conformidade, que pode pertencer à administração pública ou judicial, e pode usar a participação de cidadãos e organizações não governamentais. O critério mais eficiente para adotar essas decisões diz respeito à capacidade de detectar não conformidade. Por exemplo, os cidadãos podem dar uma grande contribuição denunciando as ações de violação a um baixo custo e de maneira superior ao que uma autoridade central pode fazer. Em contrapartida, eles não têm a capacidade de agir de maneira integrada e, portanto, sua função é levar informações à autoridade designada para agir.

Também é relevante discriminar entre o cumprimento voluntário e forçado do programa. Por exemplo, para facilitar o cumprimento dos objetivos do protocolo de Kyoto, foi formado um grupo de vinte membros, que estão divididos em dois ramos: um para facilitar o cumprimento voluntário, dando conselhos, medidas etc.,[445] e um ramo de execução (*enforcement*) para os casos de não cumprimento.

O controle pode ser implementado pela autoridade reguladora ou delegado a organizações da sociedade civil e requer subprogramas específicos que determinem inspeções periódicas, compilação de estatísticas e tendências, negociações com os diversos atores para alcançar a aceitação do programa e ações legais complementares.

---

[445] MANGUIAT, María Socorro. An introduction to the Kyoto Protocol's Compliance Mechanism. *IUCN newsletter*, Bonn, 2006.

8 Definição precisa das competências para a aplicação das sanções

Um dos aspectos mais conflitantes é a definição de competências para a execução dos programas e a aplicação de sanções. O que geralmente acontece é que diferentes organismos e padrões se sobrepõem, gerando seu próprio conflito, neutralizando-se uns aos outros. Uma boa política na implementação é a definição clara das competências para evitar esses atrasos.

VI Conclusão

O ponto principal é que se necessita uma abordagem sistêmica para fortalecer a implementação.

É o que foi apontado na Declaração Mundial da União Internacional para a Conservação da Natureza (IUCN) sobre o Estado de Direito em Matéria Ambiental.[446]

> A implementação eficaz é essencial para alcançar o Estado de Direito em matéria ambiental. Os mecanismos para aumentar as garantias processuais e contribuir para o estabelecimento dos componentes substantivos e processuais do Estado de Direito em matéria ambiental nos níveis nacional, subnacional, regional e internacional incluem, entre outros, os seguintes:
> – Um sistema de monitoramento e prestação de contas que permita uma avaliação precisa do estado do ambiente e das pressões sobre ele;
> – o estabelecimento de medidas de supervisão e combate à corrupção, inclusive aquelas que abordem comportamentos antiéticos;
> – Sistemas de gestão ambiental com base legal, que tenham na devida conta o risco ambiental e a vulnerabilidade dos sistemas sociais e econômicos frente à deterioração ambiental;
> – Uma avaliação ambiental que incorpore uma abordagem multidimensional e policêntrica e leve em consideração a complexidade das relações socioecológicas;
> – As ferramentas de modelagem quantitativa e qualitativa baseadas nos melhores padrões científicos e éticos ambientais que possibilitem opções e estratégias sólidas diante de possíveis e diversos cenários futuros;
> – Uma gestão e governança ambiental cooperativa e adaptativa que envolva partes interessadas de diversas origens socioeconômicas e

---

[446] O Congresso Mundial de Direito Ambiental da UICN, reunido na cidade de Rio de Janeiro, de 26 a 29.4.2016.

culturais, incluindo comunidades locais, povos indígenas, mulheres, pobres e outros grupos marginalizados e vulneráveis;
– Mecanismos de coordenação como as redes regionais de observância, aplicação e cumprimento da lei, o intercâmbio de informações e cooperação em matéria judicial;
– A educação jurídica ambiental e a capacitação de todas as pessoas, especialmente mulheres, meninas e líderes tradicionais dos povos indígenas, com foco no intercâmbio de conhecimentos sobre as melhores práticas, levando em consideração aspectos legais e políticos; socioeconômico e religioso, e reconhecendo aqueles comuns em normas e standards internacionais;
– O uso de novas tecnologias e meios de comunicação para promover a educação em Direito Ambiental e acesso à informação, bem como ferramentas complementares que façam uso e respeitem os direitos e práticas consuetudinários;
– Sistemas de comunicação que permitam a produção e disseminação de diretrizes, listas de controle e ferramentas práticas e de assistência técnica e jurídica;
– O fortalecimento da sociedade civil, associações de Direito Ambiental e outros atores não estatais que contribuem para corrigir as deficiências nos sistemas de governança ambiental estatal;
– A abordagem dos delitos ambientais em relação a outros tipos de crimes, como a lavagem de dinheiro, corrupção e crime organizado;
– Possibilitar a resolução de conflitos de interesse público relacionados à conservação e proteção do meio ambiente e à defesa dos direitos das gerações futuras;
– Fortalecer a independência e a capacidade dos tribunais na aplicação e interpretação eficaz do Direito Ambiental e para atuar como garantes do Estado de Direito em matéria ambiental.

CAPÍTULO 9

O SISTEMA DE RESPONSABILIDADE CIVIL POR DANO AMBIENTAL

I   Introdução

No capítulo anterior, estudamos os mecanismos relacionados ao cumprimento voluntário das normas. Nos próximos dois capítulos, examinaremos o cumprimento forçado por meio da responsabilidade civil, que é a mais comum, embora também haja penalidades criminais.[447]

No direito argentino, tanto a prevenção como a recomposição e a reparação estão reguladas dentro do sistema de responsabilidade civil, o que explica seu tratamento integrado.[448]

---

[447] Nota da revisora: a independência das esferas de responsabilidade civil e criminal é reconhecida pelo STJ: "de acordo com a tradição do Direito brasileiro, imputar responsabilidade civil ao agente causador de degradação ambiental difere de fazê-lo administrativa ou penalmente. Logo, eventual absolvição no processo criminal ou perante a Administração Pública não influi, como regra, na responsabilização civil, tirantes as exceções em numerus clausus do sistema legal, como a inequívoca negativa do fato ilícito (não ocorrência de degradação ambiental. p. ex.) ou da autoria (direta ou indireta), nos termos do art. 935 do Código Civil" (STJ. REsp nº 1.198.727/MG. Rel. Min. Herman Benjamin, Segunda Turma. *DJe*, 9 maio 2013).

[448] A doutrina tem sustentado que "o único instrumento jurídico verdadeiramente eficaz para a defesa do meio ambiente é dado justamente pela responsabilidade civil, que, clássica ou não, é a única que conhecemos. Nem o sistema criminal nem o administrativo obtiveram precisamente os melhores resultados. Somente a atuação dos lesados perante a justiça cível tornou realidade o princípio 'quem polui paga', que só pode ser entendido como a contrapartida de que 'quem sofre dano ambiental é pago'" (LLAMAS POMBO, Eugenio. *Los problemas actuales de la responsabilidad civil*. Módulo de aprendizaje autodirigido. Plan de formación de la rama judicial. Colombia: Consejo Superior de la Judicatura, 2011. Título 1.10 – Responsabilidad medioambiental sin responsabilidad civil).

1 Novas fronteiras da responsabilidade civil

Começamos lembrando que a tese restritiva que concebia o direito de danos como uma dívida de responsabilidade foi superada, na qual o olhar estava focado no comportamento do sujeito causador do dano e em que as premissas mais estudadas eram a ação, a antijuridicidade e a culpa.

Pelo contrário, em nossos ordenamentos jurídicos prevalece a posição um tanto mais ampla que concebe a responsabilidade civil como um sistema que enfatiza o princípio da indenizabilidade da vítima, que ostenta um crédito por reparação.

O mecanismo reage contra danos injustos e o julgamento da responsabilidade consiste em determinar a maneira pela qual esse dano deve ser reparado.[449]

Nesse modelo, os conceitos de dano e causalidade adquirem preponderância; ao mesmo tempo em que as funções da responsabilidade civil são ampliadas, uma vez que o que realmente importa é evitar lesões injustificadas em vez de esperar que tais prejuízos ocorram apenas para só então ativar o mecanismo ressarcitório.

Esse esquema é transcendental em questões ambientais, pois, como antecipamos neste trabalho, existe uma precedência preventiva e precautória sobre a ressarcitória, o que resulta em um sistema polifuncional necessário de responsabilidade civil.

No direito clássico ou do século XIX, a função primordial – e, com exceção de algumas nuances, a única – do direito de danos fora a ressarcitória.

Essa ideia, resumida na premissa de indenizar pecuniariamente as consequências imediatas ou mediatas – dependendo do caso – que gere um evento danoso, inicialmente teve uma natureza claramente

---

[449] Ampliamos em LORENZETTI, Ricardo L. El sistema de responsabilidad civil: ¿una deuda de responsabilidad, un crédito a la indemnización o una relación jurídica?, em L. L. 1993-D-1140; Fundamento constitucional de la reparación de los daños, em L. L. Aniv. de la Constitución Nacional, número especial del Supl. de Derecho Constitucional, Sec. Doctrina, Buenos Aires, abr. 2003. p. 106-120; L. L. 2003-C-1184; La responsabilidad civil, em L. L. 2003-A-973 a 994, sec. doct.; Las nuevas fronteras de la responsabilidad por daños, em L. L. 1996-B-1107 a 1118, sec. doct.; LAMBERT FAIVRE, Ivonne. La evolución de la responsabilidad civil de una deuda de responsabilidad hacia un crédito de indemnización. *In*: ALTERINI, A.; LÓPEZ CABANA, R. *Derecho de daños (y otros estudios)*. Buenos Aires: La Ley, 1992. p. XIII.

sancionatória para o agressor e depois voltou-se para a ideia de reparação para a vítima de uma lesão injustamente sofrida.[450]

No entanto, com o passar do tempo e com o advento de certos tipos de danos substancialmente diversos e mais complexos e intrincados do que aqueles que a codificação do século XIX tinha em vista, foi necessário conceber outros tipos de soluções baseadas em diferentes princípios e paradigmas.

Ignorando as interessantes discussões doutrinárias e as descrições teóricas que mereceria a evolução histórica produzida neste campo, apuramos aqui que, atualmente, existe um consenso geral de que a responsabilidade civil entendida apenas como um mecanismo de ressarcimento de danos que já ocorreram é insuficiente. Pelo contrário, encoraja-se a introdução de técnicas que, a partir do direito de danos – com tudo o que isso implica –, dirijam-se especificamente a evitar danos prováveis ou previsíveis e também à sanção daqueles agentes que atuem exibindo comportamentos cuja gravidade mereça uma reação adicional.

Nesta linha, afirma-se:

> Em termos de responsabilidade em geral, operou-se uma profunda evolução relacionada às mudanças nos riscos. No século 19, estava ligado ao conceito de falta de previsão; na primeira metade do século XX, o que prevalece é a previsão de tipo universal, vinculando-se os riscos a estatísticas e probabilidades; é a partir da segunda metade do século XX, com o surgimento dos "mega-perigos tecnológicos" e do chamado "risco global", derivados, por exemplo, da energia atômica e, mais recentemente, da engenharia genética, que a prevenção já não mais basta, já que estamos diante de uma incerteza, dúvidas fundadas sobre o dano que se pode provocar.[451]

Em última análise, o assunto com o qual estamos lidando neste trabalho é construir um sistema de responsabilidade civil que se erija como um instrumento jurídico transcendental no caminho para a implementação do direito ambiental.[452]

---

[450] SAGARNA, Fernando. La responsabilidad civil en el último año del siglo XX. Síntesis de una evolución, en L. L. 2000-D-1000; *Responsabilidad civil. Doctrinas Esenciales*, t. I. p. 437.

[451] BERGEL, Salvador. *Las variedades transgénicas y el principio de precaución*. Comunicação no Seminário internacional Biotecnología y Sociedad, Cátedra de Bioética da Unesco, desenvolvido nos dias 16 e 17-11-99, Faculdade de Direito da UBA.

[452] Nota da revisora: Assim ensina a jurisprudência do STJ: "A natureza do direito ao meio ambiente ecologicamente equilibrado – fundamental e difusa – não confere ao empreendedor direito adquirido de, por meio do desenvolvimento de sua atividade, agredir a natureza,

2 Polifuncionalidade do sistema

Sob este título, abordaremos as respostas que o sistema de responsabilidade civil fornece ante a possibilidade ou probabilidade de ocorrência de um evento danoso.

São adotadas como referência legislativa para as reflexões que seguem as premissas contidas no Código Civil e Comercial da Argentina em vigor desde agosto de 2015.

Faz-se desta maneira, pois se trata de uma norma que inclui as grandes diretrizes que tanto a doutrina quanto a jurisprudência – nacionais e estrangeiras – forneceram sobre o assunto, bem como as fontes legais vigentes no direito comparado, de maneira que as interpretações e conclusões que do Código possam ser extraídas resultam razoavelmente extrapoladas para uma teoria geral de responsabilidade civil por danos ambientais aplicável em qualquer ordenamento jurídico.

Dessa maneira, então, o art. 1.708 do Código Civil e Comercial da Nação estabelece que "As disposições deste título são aplicáveis à prevenção de danos e a sua reparação".[453]

Ampliam-se os objetivos do direito da responsabilidade civil, agregando-se, juntamente com a face ressarcitória ou reparatória, a função preventiva.[454]

A tutela inibitória, neste quadro, posiciona-se como o eixo central do sistema e implica repensar uma das máximas fundantes que regem a matéria: "não há responsabilidade sem dano".

É que, se os instrumentos jurídicos do direito privado constitucionalizado devem, nesse campo, ser direcionados à prevenção de danos, concluiremos necessariamente pela desnecessidade da verificação concreta e certa da lesão como requisito de procedência daquelas funções da responsabilidade civil que diferem da especificamente ressarcitória.

Atualmente, então, e por esse motivo, parece mais preciso deslocar o conceito de "direito de danos" pelo conceito de "responsabilidade

---

ocasionando prejuízos de diversas ordens à presente e futura gerações" (REsp nº 1.172.553/PR. Rel. Min. Arnaldo Esteves Lima, Primeira Turma. *DJe*, 4 jun. 2014).

[453] Adicionalmente, o Anteprojeto de Reforma e Unificação dos Códigos Civil e Comercial argentinos, elaborado pela "Comissão para a elaboração do projeto de lei de reforma, atualização e unificação dos Códigos Civil e Comercial da Nação", criada pelo Decreto nº 191/2011, também incluía a função "punitiva" ou "sanção pecuniária dissuasiva", que foi suprimida no processo de sanção da norma.

[454] Nota da revisora: No Brasil, veja a jurisprudência consolidada na Súmula nº 629 do STJ: "Quanto ao dano ambiental, é admitida a condenação do réu à obrigação de fazer ou à de não fazer cumulada com a de indenizar" (Súmula nº 629, Primeira Seção, j. 12.12.2018. *DJe*, 17 dez. 2018).

civil"; não obstante, em algumas passagens deste texto os usamos como sinônimos para fins didáticos.

Na medida em que se trata de bens que têm um preço ou um valor que pode ser expresso em dinheiro, uma indenização é apropriada e, portanto, o ressarcimento é o mecanismo fundamental. No entanto, o sistema de responsabilidade civil também tutela a pessoa e os direitos de incidência coletiva.

Quando se trata da pessoa, há ressarcimento, mas também prevenção, e em muitos aspectos, como honra, privacidade, identidade, a última é muito mais eficaz.

Nos direitos de incidência coletiva, a prevenção é prioritária e precede a reparação, especialmente quando se trata de bens que não podem ser facilmente reparados.[455] Em resumo, no direito argentino, a responsabilidade civil, em geral, tem duas funções: preventiva e ressarcitória.

Em questões ambientais, também é necessário considerar o aspecto punitivo e a influência do princípio da precaução.

No direito argentino, a função punitiva é legalmente contemplada nas relações de consumo (art. 52 bis da Lei nº 24.240), mas é relevante considerar essa importante ferramenta de grande importância em muitos aspectos. Quanto ao princípio da precaução, geralmente é invocado em casos de responsabilidade civil, principalmente quando relacionados à saúde, alimentação ou em algumas situações específicas (art. 1094, CCeC).[456] Analisamos a seguir cada uma das funções que o sistema de responsabilidade civil fornece, com ênfase especial nas particularidades dos danos ambientais.

II   Função preventiva

1   Dever genérico de prevenir danos

A função preventiva é especialmente importante em termos de proteção de bens coletivos.

---

[455] Fundamentos do Anteprojeto de Reforma e Unificação dos Códigos Civil e Comercial argentino de 2012.

[456] LORENZETTI, Pablo. Consumo y ambiente. Diálogos microsistémicos. *Revista de Derecho Ambiental*, Buenos Aires, n. 39, 2014.

Especificamente no caso de danos ao meio ambiente, a Corte Suprema de Justiça da Nação Argentina referenciou, em um julgamento em que foi ordenada a recomposição de um rio:

> [...] a presente causa teria por objetivo exclusivo a tutela do bem coletivo. Nesse sentido, tem prioridade absoluta a prevenção de danos futuros, já que – segundo se alega – trata-se de atos continuados que seguirão produzindo contaminação. Em segundo lugar, deve perseguir-se a recomposição da poluição ambiental já causada de acordo com os mecanismos previstos na lei e, finalmente, em caso de danos irreversíveis, se tratará de ressarcimento.[457]

Sob esse prisma, a prioridade da função preventiva da responsabilidade civil baseia-se nas características muito especiais do bem ambiental coletivo, que já foram desenvolvidas nesta obra.

Na mesma linha, a Lei Geral do Ambiente argentina nº 25.675 consagra a plena aplicação dos princípios preventivo e precautório (art. 4º) e a prioridade da recomposição do dano ambiental, colocando o ressarcimento mediante indenização em uma posição subsidiária e apenas no caso em que a recomposição não seja tecnicamente viável (art. 28).

Por sua vez, o art. 1.710 do Código Civil e Comercial, localizado no capítulo dedicado à teoria geral da responsabilidade civil, estabelece o seguinte:

> *Dever de prevenção do dano.* Toda pessoa tem o dever, tanto quanto dela dependa, de: a) evitar causar um dano injustificado; b) adotar, de boa fé e de acordo com as circunstâncias, as medidas razoáveis para evitar que se produza um dano ou reduzir sua magnitude; se tais medidas evitam ou diminuem a magnitude de um dano do qual um terceiro seria responsável, tem o direito de ser reembolsado pelo terceiro dos gastos incorridos, conforme as regras do enriquecimento sem causa; c) não agravar o dano, se já tiver ocorrido.

Esse dever genérico traduz com precisão o princípio da prevenção no sistema de direito de danos e torna o comportamento consistente com a prevenção de danos obrigatório para todas as pessoas.

É claro que a frase "na medida em que depende" deve ser entendida como a exigibilidade de ações que se encontrem dentro do alcance ou da esfera de controle do sujeito, excluindo os comportamentos que

---

[457] CSJN, 20-6-2006, "Mendoza, Beatriz S. e outros c/Estado Nacional e outros", L. L. del 11-7-2006, L. L. 2006-D-281, D. J. 2006-2-706.

resultem de um cumprimento impossível ou que impliquem condutas irrazoáveis ou "heroicas".

Em relação ao primeiro dos incisos do art. 1.710 do Código Civil e Comercial, evidentemente estabelece uma obrigação de não fazer, de abstenção, de evitar danos que não tenham qualquer justificativa.

Consequentemente, qualquer pessoa física ou jurídica que enfrente uma ação que possa gerar um dano – ambiental no nosso caso – deve se abster de executar essa medida ou, pelo menos, tomar as precauções necessárias para que o dano não se produza.

O inc. "b" exige já uma conduta ativa do sujeito – uma obrigação a realizar – consistente na adoção de medidas concretas destinadas a evitar a consumação de um dano ou, se essa expectativa máxima não for possível, diminuir sua magnitude.

O conceito jurídico indeterminado de "boa-fé" é usado, inclusive, para exigir a adoção de medidas eficazes para evitar ou reduzir lesões, o que em termos de danos ambientais constitui uma máxima muito útil a aplicar.

Este inciso também introduz um parâmetro de equidade ao permitir que qualquer pessoa que tenha executado as medidas que finalmente impediram a consumação de um dano originado por responsabilidade de um terceiro possa exigir deste último a recuperação das despesas que tiver tido, conforme as regras do enriquecimento sem causa.

É uma premissa que, por um lado, visa promover esse tipo de tutela inibitória sem que o patrimônio do agente que a executou sofra prejuízo algum e, por outro lado, induzir os sujeitos realmente responsáveis pelos danos finalmente evitados a adotar mecanismos de proteção, ao mesmo tempo em que não sejam favorecidos patrimonialmente graças às ações de terceiros que executaram a conduta exigida pela norma.

Por sua vez, o último dos incisos do art. 1.710, ao impor o dever de não agravar o dano já produzido, também reflete uma ideia consolidada em matéria ambiental.

Se o bem coletivo está sendo desfavoravelmente afetado por um sujeito ou por um grupo, é lógico exigir que – até que seja viável a execução das medidas destinadas à recomposição – se suspendam todas as ações que, se continuadas, contribuiriam para agravar o prejuízo.

2 Ação preventiva

Depois de consagrar o "dever genérico de evitar", o Código Civil e Comercial da Argentina avança em uma série de dispositivos vinculados à implementação (arts. 1.711 a 1.713) que regulam o exercício e a tramitação da chamada "ação preventiva" que nasce em face de um ato ou omissão antijurídica que torne previsível a produção de um dano. Isso é interessante na órbita ambiental, já que geralmente se detectam nas legislações locais e internacionais boas declarações de direitos e princípios, que não contam com nenhum tipo de procedimento para torná-los efetivos em casos concretos.

Na busca de fortalecer o princípio geral de prevenção de danos, uma ação preventiva é então erigida, que pode ser classificada como uma hipótese de "prevenção específica", na qual é o Estado – através da produção normativa – que decide proibir uma atividade ou determinada ação para evitar um dano, já que não há incentivos prévios que gerem uma decisão voluntária ou racional dos indivíduos tendentes a investir em técnicas de prevenção de riscos, tal como ocorre nos casos de "prevenção geral".[458]

O art. 1.711 do Código Civil e Comercial pressupõe a previsibilidade da produção de danos, uma vez que estamos no campo da prevenção. Aqui, a principal diferença dessa variante, é claro, reside na função precautória que se poderia pregar no campo dos danos ambientais incertos.

A base de sustentação da prevenção é a mutualização dos riscos e, principalmente, trata-se de governar o risco e não o dano.[459]

A operatividade deste artigo também pressupõe a antijuridicidade na conduta que gera o risco que se está tentando prevenir.

Entende-se por cumprido o requisito da antijuridicidade com a simples violação do dever genérico de prevenção consagrado no art. 1.710.

O raciocínio é convincente porque, se o Código introduzir uma exigência expressa para evitar lesões, a simples omissão desse mandamento torna operativa a ação preventiva, mesmo que a atividade ou o projeto não viole nenhuma norma prevista pelo resto do ordenamento jurídico.[460]

---

[458] TOLOSA, Pamela. Función de prevención y la acción preventiva de daños en el nuevo proyecto de Código Civil y Comercial. *RCyS*, 2012-XII-14.

[459] SOZZO, Gonzalo. Arquitectura de la responsabilidad civil en el Proyecto de Código Civil y Comercial 2012 (pos-Derecho de Daños). *Revista de Derecho de Daños*, Santa Fé, n. 2012-3, RC D 1189/2014.

[460] Desenvolveremos no seguinte capítulo desta obra dedicado aos *Pressupostos da responsabilidade civil* o conceito de antijuridicidade.

Em outra ordem, não se requer a comprovação de nenhum fator de atribuição para a procedência da pretensão preventiva, já que a tutela inibitória dispensa totalmente esse pressuposto da responsabilidade civil.

O artigo a seguir, 1.712, legitima para iniciar ou promover a ação preventiva "aqueles que demonstrem um interesse razoável na prevenção de danos".

Essa reclamação poderá ser processada pelos indivíduos afetados, organizações não governamentais, o *defensor del pueblo*, o Ministério Público e os órgãos administrativos do Estado habilitados a fazê-lo.

No plano procedimental será possível canalizar essa ação por meio de ações judiciais de amparo, procedimentos sumaríssimos, medidas cautelares ou autossatisfativas, entre outros procedimentos urgentes que se têm observado em precedentes resolvidos pela jurisprudência.

Por fim, o Código expõe em seu art. 1.713:

> A sentença que admite a ação preventiva deve dispor, a pedido de uma parte ou de ofício, de forma definitiva ou provisória, obrigações de dar, fazer ou não fazer, segundo corresponda; deve ponderar os critérios de menor restrição possível e de meio mais idôneo para assegurar a eficácia na obtenção da finalidade.

Com base nisso, a resolução pode exigir do legitimado passivo ações ou abstenções concretas tendentes a evitar danos previsíveis. O magistrado tem o poder de adotar essas decisões a pedido de uma parte ou também oficiosamente.

A jurisprudência argentina adotou essas premissas ao assinalar, por exemplo:

> Esta seção revisada (Seção 2 do Capítulo 1 do Título V do CCCN) veio a legislar sobre uma questão nova, que no passado deu origem a numerosos debates, mas que, com esta regulação estariam encerrados pelo estabelecimento da possibilidade da chamada "tutela preventiva *ex officio*" (art. 1.713). [...] Nesta linha, o novo Código atribui e entende o papel do juiz em um sentido mais amplo e de acordo com os mandamentos constitucionais. Assim, impõe ao magistrado uma ação preventiva que visa a obter uma tutela judicial efetiva, com maior compromisso social que resulte na aplicação preventiva ou protetora do apotegma *alterum non lædere*.[461]

---

[461] JNFed.CCorr. nº 12, 18-9-2015, c. 298/2013, E. D. 264-365.

Em sentido semelhante, foi dito:

> além da qualificação legal que o autor deu a essa ação, deverá adequar-se, de ofício, a fim de evitar danos futuros e dada a situação perigosa a que me referirei abaixo, ao disposto nos artigos 1.710, 1.711, 1.712 e 1.713 do Código Civil e Comercial, normativa que regula a ação preventiva.[462]

Concluindo, observamos que a função preventiva desempenha um papel central no cenário de responsabilidade civil e fornece instrumentos decisivos no caminho para a preservação dos bens coletivos.[463]

III Função ressarcitória

1 Recomposição. Reparação de danos ambientais

Para aquelas hipóteses em que a função preventiva da responsabilidade civil chega tarde ou é ineficaz porque o dano já ocorreu, a função ressarcitória é ativada. Apesar de abordarmos no próximo capítulo deste trabalho os detalhes de cada uma das premissas de responsabilidade civil que geralmente são verificadas nessa função, fornecemos sob este título uma série de ideias sobre recomposição, quantificação e indenização de danos ao meio ambiente.

---

[462] CCCom. de San Isidro, 26-5-2016, "Fideicomiso Italia 426 Tigre c/Tot Fusta SRL s/Diligencias preliminares", c. 41.137, RC J 2886/16.

[463] Nota da revisora: Assim ensina o STJ: "As Áreas de Preservação Permanente formam o coração do regime jurídico ambiental-urbanístico brasileiro no quadro maior do desenvolvimento ecologicamente sustentável. Ao contrário do que se imagina, o atributo de zona non aedificandi também revela avultado desígnio de proteger a saúde, a segurança, o patrimônio e o bem-estar das pessoas contra riscos de toda a ordem, sobretudo no espaço urbano. Daí o equívoco (e, em seguida, o desdém) de ver as APPs como mecanismo voltado a escudar unicamente serviços ecológicos tão indispensáveis quanto etéreos para o leigo e distantes da consciência popular, como diversidade biológica, robustez do solo contra a erosão, qualidade e quantidade dos recursos hídricos, integridade da zona costeira em face da força destruidora das marés, e corredores de fauna e flora. 4. Consoante o Código Florestal (Lei 12.6512012), 'A intervenção ou a supressão de vegetação nativa em Área de Preservação Permanente somente ocorrerá nas hipóteses de utilidade pública, de interesse social ou de baixo impacto ambiental previstas nesta Lei' (art. 8º, caput, grifo acrescentado). O legislador, iure et de iure, presume valor e imprescindibilidade ambientais das APPs, presunção absoluta essa que se espalha para o prejuízo resultante de desrespeito à sua proteção (dano in re ipsa), daí a dispensabilidade de prova pericial. Logo, como regra geral, 'Descabida a supressão de vegetação em Área de Preservação Permanente – APP que não se enquadra nas hipóteses previstas no art. 8º do Código Florestal (utilidade pública, interesse social e baixo impacto ambiental)' (REsp 1.394.025/MS, Rel. Min. Eliana Calmon, Segunda Turma. DJe, 18/10/2013)" (REsp nº 1.782.692/PB. Rel. Min. Herman Benjamin, Segunda Turma, j. 13.8.2019. DJe, 5 nov. 2019).

Nesse campo, antes da indenização pelos danos, é necessário esgotar os mecanismos que visam à recomposição do bem coletivo lesionado.

Assim, a opção que os ordenamentos jurídicos geralmente concedem àqueles afetados para selecionar entre a reparação *in natura* e o dinheiro[464] é condicionada pela necessária prevalência da recomposição do meio ambiente sobre a compensação financeira por danos.

Portanto, sempre que faticamente possível, deverá exigir-se do causador do dano a remediação do bem coletivo afetado – ordenando-se, paralelamente, a indenização para aquelas perdas individuais ou "de rebote" comprovadas no caso – e, na eventualidade de a recomposição falhar, ter-se-á que ressarcir financeiramente também os danos coletivos.

Isto é assim, antes de tudo, porque o que os ordenamentos jurídicos locais pretendem, assim como os convênios internacionais, é conservar uma quantidade de bens ambientais que possam transmitir-se a gerações futuras e não, pelo contrário, favorecer o "pagamento por contaminar" por meio de condenações indenizatórias pecuniárias.[465]

Portanto, sempre que seja possível, preservar-se-á o meio ambiente.

Em segundo lugar, um problema relevante que a função ressarcitória apresenta em sua variante indenizatória é o da quantificação do dano ambiental coletivo, ao qual dedicamos o título a seguir.

2 Quantificação do dano ambiental coletivo

Sem prejuízo do fato de certas explicações terem sido tentadas sobre o assunto, não há regras claras que permitam determinar o tamanho ou a quantia de certos danos coletivos, a fim de convertê-los em um valor de indenização razoável, tal como está legislado geralmente para os danos individuais.

---

[464] No caso argentino, o art. 1.740 do Código Civil e Comercial destaca que "A vítima pode optar pela reparação específica, exceto se for parcial ou totalmente impossível, excessivamente onerosa ou abusiva, caso em que se a fixará em dinheiro".

[465] Assinala a doutrina que "Com ênfase, deve rechaçar-se a vigência de um direito genérico de causar dano e sim, o direito de não ser vítima. É inadmissível referir-se a um 'direito de acidentar-se pagando', como se invoca em conexão com o pagamento por empresas norte-americanas de taxas monetárias por poluir o meio ambiente, prejudicando as pessoas. Como bem critica Mosset Iturraspe, isso equivale a uma licença para matar pagando, desde que o custo seja menor do que o causado pela proibição de matar" (ZAVALA DE GONZÁLEZ, Matilde. *Resarcimiento de daños* – Presupuestos y funciones del Derecho de Daños. Buenos Aires: Hammurabi, 1999. p. 315. t. IV).

Quanto vale a extinção de uma espécie de pássaro ou elefante? Qual é o valor de afetar a paisagem devido à construção de um conjunto habitacional que altera significativamente o habitat? Que preço atribuímos à destruição de um imóvel pertencente ao patrimônio histórico da cidade que foi demolido para construir um edifício? Qual valor indenizatório deve ser pago como resultado do corte indiscriminado de milhares de hectares de florestas para, em seu lugar, plantar culturas transgênicas?

Além disso, a quantificação deve estar relacionada apenas ao valor atribuído a esses bens pelos habitantes do local ou também devem ser tidos em conta os cidadãos de toda a região afetada? Dentro do item de indenização, deve se compreender o montante do dano que se produz às gerações futuras? Como estimamos ou expressamos em dinheiro o valor que, em vários anos, pode ser atribuído a um bem ambiental ou cultural que foi degradado ou extinto pela geração atual?

Diferentemente dos bens individuais ou privados, em que opera um indicador significativo para a quantificação,[466] como poderia ser o preço atribuído pelo mercado, não temos, em matéria de bens coletivos, referências equivalentes, uma vez que os danos geralmente não são compensáveis mediante a aquisição de outros bens substitutos.[467]

Trata-se, ademais, de um bem não monetizável[468] que, de alguma forma, deve ser avaliado e apreciado em termos econômicos, a fim de estabelecer mecanismos de reparação em espécie justos e equitativos,

---

[466] Nota da revisora: Neste sentido ensina o STJ sobre o dano moral ambiental: "A concepção de dano moral ambiental emana da idéia de que se a lesão à honra de uma única pessoa é passível de reparação, como admite a ordem jurídica pátria (art. 5º, V, X, da Constituição Federal e arts. 12, caput, 186 e 927, caput, do Código Civil), a lesão à honra da coletividade, composta por pessoas indeterminadas que titularizam, de modo indivisível, o bem ambiental violado (art. 81, parágrafo único, I, do Código de Defesa do Consumidor), também deve sê-lo, máxime à vista de sua relevância social. [...] Para ensejar a responsabilização civil do causador do dano ambiental não se exige prova cabal da lesão ao meio ambiente, mas apenas de sua probabilidade ou da simples ameaça ao bem ambiental, máxime porque, nos termos do art. 5º, XXXV, da Constituição Federal, 'a lei não excluirá da apreciação do Poder Judiciário lesão ou ameaça a direito'. Outrossim, a proteção ao meio ambiente está assegurada constitucionalmente no art. 225 da Carta Magna, onde expressamente consta a incumbência do Poder Público na defesa e preservação do meio ambiente, verbis: [...]" (Recurso Especial nº 1.577.474/PR, Min. Assusete Magalhães, j. 27.3.2020).

[467] MARTÍN MATEO, Ramón. Valoración de los daños ambientales. *Revista de Derecho Ambiental*, dez. 2003. p. 52.

[468] LORENZETTI, Ricardo L. Reglas de solución de conflictos entre propiedad y medio ambiente, em L. L. 1998-A-1030, nº II-1.

proporcionais à magnitude dos danos causados à comunidade pela lesão ou prejuízo do patrimônio natural e/ou cultural.[469]

Uma das contribuições da economia ambiental para a economia clássica é verificada na área da mensuração de bens que não proveem do mercado, como os ambientais.

Nesse sentido, a avaliação é apenas um aspecto dos esforços para melhorar o manejo e a gestão dos recursos naturais. É por isso que, por exemplo, o Escritório da Convenção de Ramsar, em 1997, gerou um guia para os decisores e planejadores da avaliação econômica de zonas úmidas.

Em muitas ocasiões, os processos judiciais encontram problemas ao estimar danos ambientais devido à falta de normativa que os oriente, de metodologia e de critérios valorativos.[470]

Neste trabalho, recomenda-se uma análise à luz das regras da *sana crítica* (persuasão racional) – entendida como lógica da persuasão – que leva o juiz a refletir sobre seu pronunciamento de maneira que seja atemporalmente convincente; isto é, afastar a margem de reprovação que possa gerar não apenas na sociedade contemporânea, mas também em função das gerações futuras.[471]

Alguns parâmetros foram postos à consideração na avaliação do dano ambiental:

1) a magnitude, sua irreparabilidade, a afetação dos recursos naturais, a implicação direta ou indireta na saúde da população afetada, a degradação da biodiversidade e do ecossistema;
2) o período de tempo em que a atividade poluidora se desenvolveu;
3) as características do responsável;
4) a rentabilidade gerada pela atividade poluidora;
5) os custos de produção externalizados;
6) as características da comunidade afetada;

---

[469] JORDANO FRAGA, Jesús. El Derecho Ambiental del siglo XXI. *Revista de Derecho Ambiental*, Aranzadi, n. 1, p. 95-113, 2000. Disponível em: http://wwww.cica.es/aliens/gimadus/jjordano.html.

[470] MERLO FAELLA, Ricardo. *Valoración del daño ambiental*. Primeiro Encontro de Juízes: Desenvolvimento sustentável, Villa La Angostura, Neuquén, 25; 26 set. 2003.

[471] PERETTI, Enrique. *El juez ante la indemnización por daño ambiental*. Criterios de valoración, em "Primeiro Programa de Capacitação Jurídica Ambiental para Juízes de Cortes Supremas de Justiça e Tribunais Inferiores de Justiça Nacional", organizado pelo Ministério de Justiça da Nação, Secretaria do Ambiente e Desenvolvimento sustentável da Nação, e o Programa das Nações Unidas para o Meio Ambiente, Buenos Aires, 30 jun. 2005.

7) o caráter da vinculação econômica e cultural da sociedade com o recurso afetado;
8) as características da paisagem afetada;
9) a relação socioafetiva da comunidade com a área;
10) a previsibilidade técnico-científica dos efeitos da ação poluidora;
11) a ação dolosa ou culposa do agente;
12) a possibilidade tecnológica de evitar ou mitigar os efeitos poluentes.[472]

Um conceito interessante a ser adotado nesses procedimentos de quantificação é o do valor econômico total de um bem ambiental, que corresponderia ao valor presente do total de fluxos de bens e serviços fornecidos por esse ativo. Quando ocorrem danos ambientais, a quantidade ou a qualidade desse fluxo de bens e serviços diminui e, portanto, seu valor.

Essa redução gera uma lesão patrimonial que não é compensada apenas pela reparação dos danos ambientais produzidos – se isso fosse possível –, mas também requer a compensação das perdas causadas durante o período até que retorne à situação anterior ao dano, ou seja, uma indenização por danos e prejuízos. Não se deve apenas levar em conta o que fora perdido (dano emergente), mas também o que se deixou de lucrar (lucro cessante).

É que

> o ambiente possui atributos diferentes dos quais o valor econômico é derivado. A primeira grande divisão entre os componentes do valor econômico total separa o valor de uso do valor do não uso. O valor de uso deriva do fato de que as pessoas usam bens e serviços ambientais e, portanto, seu desaparecimento ou a mudança na quantidade, qualidade ou acessibilidade os afeta. O valor de uso pode ser direto, tanto consuntivo como não consuntivo (extração de peixes ou observação de aves); indireto (o plâncton que alimenta os peixes ou o trabalho da floresta

---

[472] PERETTI, Enrique. *El juez ante la indemnización por daño ambiental*. Criterios de valoración, em "Primeiro Programa de Capacitação Jurídica Ambiental para Juízes de Cortes Supremas de Justiça e Tribunais Inferiores de Justiça Nacional", organizado pelo Ministério de Justiça da Nação, Secretaria do Ambiente e Desenvolvimento sustentável da Nação, e o Programa das Nações Unidas para o Meio Ambiente, Buenos Aires, 30 jun. 2005. p. 11 e ss.

na manutenção de uma bacia hídrica) ou de opção, que representa a disposição para pagar por um uso futuro. [473]

Finalmente,

para obter o valor econômico total, geralmente se requer uma combinação de métodos e ferramentas que nos permitam calcular cada um de seus componentes. Os métodos de mercado (para bens ou serviços ambientais que possuem mercado, como são os usos extrativos) permitem obter valor de uso direto consuntivo simplesmente multiplicando o preço pela quantidade afetada pelo dano ambiental.[474]

Em outra ordem, uma estimativa de duas medidas alternativas é normalmente encontrada em estudos empíricos e discussões teóricas: a disposição de pagar (DP) e a compensação exigida (CE).

A primeira noção mostra o que a pessoa estaria disposta a dar para obter uma melhoria ou para evitar uma mudança que pioraria sua situação.

A segunda reflete o que seria necessário para aceitar uma mudança que tornaria sua situação pior ou desistir de uma que a melhorasse.

A pergunta que se formula em uma ou outra alternativa consiste em que quantidade de dinheiro uma pessoa pagaria para evitar gerar uma diminuição no seu bem-estar (variação equivalente) e quanto dinheiro a mesma pessoa requereria para permitir a alteração (variação compensatória).

Em resumo, vários métodos foram propostos para estabelecer o preço da natureza, o que poderia ser classificado em dois grandes grupos.

Por um lado, os métodos indiretos analisam o comportamento das pessoas, tentando inferir, a partir dessa observação, a valoração implícita que dá ao objeto em estudo, neste caso algumas características do meio ambiente.

Formam parte deste grupo, fundamentalmente, três métodos: 1) o dos custos evitados ou induzidos; 2) o do custo da viagem e 3) o do preço hedônico.

---

[473] DE MIGUEL, Carlos J. *Valoración económica de la degradación ambiental*. Simposio de jueces y fiscales de América Latina. Aplicación y cumplimiento de la normativa ambiental, Fundación Ambiente y Recursos Naturales (FARN), PNUMA, Instituto de Derecho por un Planeta Verde, Instituto del Banco Mundial, Buenos Aires, 23-24 set. 2003. p. 27.

[474] DE MIGUEL, Carlos J. *Valoración económica de la degradación ambiental*. Simposio de jueces y fiscales de América Latina. Aplicación y cumplimiento de la normativa ambiental, Fundación Ambiente y Recursos Naturales (FARN), PNUMA, Instituto de Derecho por un Planeta Verde, Instituto del Banco Mundial, Buenos Aires, 23-24 set. 2003. p. 27.

Por outro lado, os métodos diretos buscam que a pessoa revele diretamente essa valoração por meio de pesquisas, questionários, votações etc.

Em termos gerais, estamos nos referindo ao método de avaliação contingente, em suas várias modalidades.

Em resumo, deixamos aqui assentado que a quantificação do dano ambiental coletivo é um dos grandes desafios nessa área,[475] cujo desenvolvimento aprofundado excede o escopo desta obra.

IV Função punitiva ou sanção pecuniária dissuasiva

1 Finalidade e objetivos do instituto

Em tantíssimas ocasiões em que a prevenção não é suficiente, a indenização para reparação do dano que se impõe ao seu causador tampouco alcança atingir o objetivo principal do sistema, que é o de que esse comportamento não volte a se produzir no futuro.

Isso ocorre porque, por meio de um cálculo de "custo-benefício", resulta que geralmente é economicamente mais conveniente enfrentar

---

[475] *Nota da revisora:* Veja no sentido de aceitar o dano moral coletivo a jurisprudência do STJ: "Por fim, confirma-se a existência do 'dano moral coletivo' em razão de ofensa a direitos coletivos ou difusos de caráter extrapatrimonial – consumidor, ambiental, ordem urbanística, entre outros –, podendo-se afirmar que o caso em comento é de dano moral in re ipsa, ou seja, deriva do fato por si só. XXI - O dano moral coletivo, compreendido como o resultado de lesão à esfera extrapatrimonial de determinada comunidade, dá-se quando a conduta agride, de modo ilegal ou intolerável, os valores normativos fundamentais da sociedade em si considerada, a provocar repulsa e indignação na consciência coletiva (arts. 1º da Lei n. 7.347/1985, 6º, VI, do CDC e 944 do CC, bem como Enunciado n. 456 da V Jornada de Direito Civil). XXII - Entenda-se o dano moral coletivo como o de natureza transindividual que atinge classe específica ou não de pessoas. É passível de comprovação pela presença de prejuízo à imagem, a sentimento e à moral coletiva dos indivíduos como síntese das individualidades envolvidas, a partir de uma mesma relação jurídica-base. 'O dano extrapatrimonial coletivo prescinde da comprovação de dor, de sofrimento e de abalo psicológico, suscetíveis de apreciação na esfera do indivíduo, mas inaplicável aos interesses difusos e coletivos' (REsp n. 1.410.698/MG. Rel. Min. Humberto Martins, Segunda Turma. DJe, 30/6/2015). XXIII - O dano moral extrapatrimonial atinge direitos de personalidade do grupo ou coletividade como realidade massificada, que a cada dia reclama mais soluções jurídicas para sua proteção. Isso não importa exigir da coletividade "dor, repulsa, indignação tal qual fosse um indivíduo isolado, pois a avaliação que se faz é simplesmente objetiva, e não personalizada, tal qual no manuseio judicial da boa-fé objetiva. Na noção inclui-se tanto o dano moral coletivo indivisível (por ofensa a interesses difusos e coletivos de uma comunidade) como o divisível (por afronta a interesses individuais homogêneos)' (REsp n. 1.574.350/SC. Rel. Min. Herman Benjamin, Segunda Turma, j. 3/10/2017. DJe, 6/3/2019). Nesse sentido também o precedente desta Segunda Turma: REsp n. 1.057.274, Segunda Turma, Rel. Ministra Eliana Calmon, Dje 26/2/2010" (REsp nº 1.637.910/RN. Rel. Min. Francisco Falcão, Segunda Turma, j. 3.9.2019. *DJe*, 9 set. 2019).

os custos da reparação integral do dano em vez de adotar medidas preventivas de longo prazo destinadas a evitar danos irreversíveis.

Entendemos que a gênese da função punitiva da responsabilidade civil[476] parte dessa lógica.

Essa indenização agregada pela quantificação estrita da reparação integral expressa pelos "danos punitivos" ou "sanção pecuniária dissuasiva" contribui firmemente para que qualquer agente que se encontre ante a possibilidade de causar danos ambientais adote medidas eficazes dirigidas a internalizar os riscos de sua atividade.

O objetivo final não é tanto punir aqueles que os prejudicam, mas, pelo contrário, favorecer a introdução de tecnologias limpas nos processos de produção, incentivando, desse modo, as externalidades positivas que o mercado pode gerar.

Esse é o efeito "macro" ou "consequencialista"[477] que impregna a função punitiva da responsabilidade civil.

Supõe-se que, com o passar do tempo e a aplicação razoável dessas "sanções", chegará um momento em que a figura não será mais tão necessária, pois se terá criado uma conscientização sobre a conveniência de investir em mecanismos preventivos ou de tutela inibitória, ante a possibilidade de continuar pagando altos custos de indenização em face das graves lesões causadas pela atividade econômica.

Essa função de responsabilidade civil é, portanto, extremamente útil para a gestão de efeitos negativos sobre bens coletivos.

O Projeto de Reforma e Unificação dos Códigos Civil e Comercial da Argentina de 2012 assim entendeu ao consagrar, em seu art. 1.714, a seguinte fórmula:

> O juiz tem poderes para aplicar, a pedido de uma parte, para fins dissuasivos, uma sanção pecuniária àquele que atua com sério desprezo aos direitos de incidência coletiva. Podem peticionar os legitimados para defender ditos direitos. Seu montante se fixa prudentemente, levando em consideração as circunstâncias do caso, especialmente a gravidade da conduta da pessoa penalizada, sua repercussão social, os benefícios obtidos ou que podem ser obtidos, os efeitos dissuasivos da medida, o

---

[476] Trata-se de um instituto de indubitável origem anglo-saxônica (California Court of Appeals, Fourth District, 1981, 174 Cal. Rptr. 348, "Grimshaw vs. Ford Motor Company". Em matéria ambiental: "Exxon Shipping Co. *et al.* vs. Baker *et al.* 554, US;2008") que se apresenta como extremamente inédito para o nosso direito, a ponto de, no ordenamento jurídico argentino vigente, somente estar previsto no microssistema protetor de consumidores e usuários (art. 52 bis da Lei nº 24.240).

[477] LORENZETTI, Ricardo Luis. *Teoría de la decisión judicial*. Fundamentos de Derecho. Santa Fé: Rubinzal-Culzoni, 2006. Capítulo III de la Tercera Parte: *El análisis consecuencialista*.

patrimônio do ofensor e a possível existência de outras sanções penais ou administrativas. A sanção tem o destino que lhe atribua o juiz por resolução fundamentada.

Não obstante este texto não tenha sido finalmente incluído na sanção do Código Civil e Comercial, formulamos algumas considerações em torno de tais premissas, uma vez que a doutrina expressou a conveniência de promover uma função punitiva da responsabilidade civil extensiva a todos aqueles casos nos quais se gerem danos a bens coletivos.[478]

2 Pressupostos e requisitos de procedência

Através deste *"plus* indenizatório" que poderia ser imposto a pedido de uma parte para qualquer agente que produza danos ambientais, se lograria alcançar um dos objetivos perseguidos pela figura, que é a dissuasão de futuros comportamentos semelhantes que podem ser implementados pelo próprio sujeito ou por terceiros em casos semelhantes.

O principal pressuposto de procedência deste instrumento é a verificação de um sério menosprezo pelos bens comuns.

Em outras palavras, a função punitiva não reage à mera inobservância de uma norma legal ou à presença de fatores objetivos de atribuição, mas, pelo contrário, deverá se constatar um "fator subjetivo agravado" na conduta daquele que produziu o dano. Isso se traduz na presença de dolo, dolo eventual ou culpa grave.[479]

A quantificação da condenação para este item é legada à discricionariedade judicial, mas enquadrada nos parâmetros clássicos relacionados às circunstâncias do caso, à gravidade da conduta do ofensor, à sua repercussão social, aos benefícios que obteve ou poderia obter, aos efeitos dissuasivos da medida, ao patrimônio do ofensor, entre

---

[478] Na XXV Jornadas Nacionais de Direito Civil levadas a cabo em Bahía Blanca, Argentina, no ano de 2015, se concluiu, *de lege ferenda* e de maneira unânime, que "Seria conveniente uma regulação específica acerca da aplicação da sanção pecuniária dissuasiva, danos punitivos ou multa civil, em casos de danos produzidos a direitos de incidência coletiva em geral, transcendendo ou ampliando o já previsto no artigo 52 bis da Lei 24.240".

[479] Néstor Cafferatta assinala que a procedência desta sanção "pressupõe uma atitude dolosa ou culposa grave do lesante, uma conduta maliciosa, repugnante ou francamente antissocial, de má-fé (chamados 'ilícitos lucrativos')" (El Derecho Ambiental en el Proyecto de reformas. *In*: RIVERA, Julio César (Dir.); MEDINA, Graciela (Coord.). *Comentarios al Proyecto de Código Civil y Comercial de la Nación 2012*. Buenos Aires: Abeledo-Perrot, 2012).

outros. Outro tópico que interessa abordar neste título é o dedicado ao destino da indenização por *punitive damages*.

Há um debate sobre a possibilidade de direcionar a multa para:

1) o patrimônio da vítima/autor no processo;
2) um patrimônio especial destinado à proteção do bem coletivo;
3) distribuição por partes entre a vítima e algum patrimônio de afetação tendente à tutela do bem coletivo;
4) a livre decisão razoável do juiz no caso concreto.

No caso argentino, por um lado, a Lei nº 24.240 de Defesa de Consumidores e Usuários estabelece que a indenização por danos punitivos se direcionará ao patrimônio da vítima do prejuízo e autor no processo.

Pelo contrário, para os casos de lesão a bens coletivos, o Anteprojeto de Reforma e Unificação dos Códigos Civil e Comercial indicava que este item teria o destino designado pelo juiz por resolução fundamentada.

Pareceria aceitável, neste quadro, que o magistrado acabasse por decidir atribuir este item a algum patrimônio de afetação cujo objeto final consistisse na adoção de mecanismos que visem à proteção do bem coletivo afetado no caso particular.[480]

No entanto, também o juiz – no caso particular e apresentando razões válidas – ficaria habilitado em matéria ambiental a destinar uma parte da indenização por esse conceito ao autor do processo e outra a um patrimônio dedicado à proteção do bem coletivo.[481] Dita solução contribuiria a promover a aplicação deste instrumento, uma vez que dificilmente o autor em um processo judicial se veria impulsionado a peticionar um item de indenização cuja quantificação final não ingressasse em qualquer proporção em seu patrimônio.

Pelo contrário, poderia gerar algumas consequências prejudiciais, como o ônus dos custos.

No momento, como antecipamos, no direito argentino esta função não tem recepção normativa no campo ambiental, sem prejuízo do que se registra uma causa na qual uma sociedade anônima foi demandada para fazer cessar o dano ambiental que estava causando por descarte de

---

[480] No caso de danos ambientais, bem poderia destinar-se ao denominado Fundo de Compensação Ambiental (art. 34 da Lei nº 25.675).
[481] Compartilha esta posição Jorge Mario Galdós em seu artigo La sanción pecuniaria disuasiva ambiental. *Revista de Derecho Ambiental*, Buenos Aires, n. 31. Ed. especial dedicada a los 10 años de la Ley General del Ambiente. p. 85 e ss.

efluentes líquidos acima dos valores permitidos e também a remediar o bem coletivo.[482]

A sentença de primeira instância determinou a cessação das condutas lesivas, a recomposição do meio ambiente e também fixou uma condenação por dano punitivo, aplicando de forma análoga o art. 52 bis da Lei nº 24.240, a fim de sancionar as ações do réu ao longo de todo o processo.

A Câmara confirmou a decisão neste ponto, embora tenha reduzido o valor da indenização punitiva.

O fim pretendido pela resolução coincide com a filosofia que desenvolvemos sob este título.

A decisão de segunda instância diz:

> quando se condenada ao pagamento de uma reparação econômica na forma de danos punitivos a quem ocasionou um fato prejudicial, dita multa constituirá uma barreira para aqueles que tentem repetir essa conduta. A figura analisada poderia constituir uma solução para evitar o derramamento de substâncias poluentes em lagos e rios, para as indústrias que poluem o ar com as suas emanações gasosas, etc., visto que, se for fixado um montante elevado para a referida sanção, as empresas que observam esse fato poderiam analisar que lhes sairia mais barato adotar medidas antipoluição do que continuar afetando o meio ambiente. Por fim, pode-se destacar que esta figura jurídica constitui o complemento adequado ao princípio do poluidor-pagador.

No entanto, o que é questionado pelos réus nas instâncias superiores neste processo é o fundamento jurídico que se adota, na medida em que se alega que "não podemos perder de vista o fato de estarmos aplicando analogicamente a figura prevista no artigo 52 bis da Lei 24.240, e a referida norma, ao tarifar o montante da sanção, estabeleceu um limite de cinco milhões de pesos (remissão ao inciso *b* do artigo 47)".

Recorre-se à analogia para a transposição de um instituto particular, específico e de interpretação restritiva como é o dos danos punitivos.

Outros exemplos verificados na jurisprudência argentina propõem englobar a sanção pecuniária dissuasiva como uma variante da função preventiva.[483]

---

[482] CCCom. de Junín, 19-11-2015, "Décima, Julia Graciela e outros c/Produtos de Milho SA (Ingredientes Argentina SA) e outros s/Danos e prejuízos", L. L. del 21-12-2015. p. 7.

[483] "Tal intenção – avaliada de acordo com a regra interpretativa indicada no art. 2º do CCyC – ilustra a função dissuasória que tal multa exerce na atitude dos fornecedores, com vistas a

Finalmente, a partir da doutrina também foi propiciado que o instituto que analisamos seja diretamente aplicável através do diálogo de fontes a todos os casos em que o princípio do consumo sustentável é violado (arts. 8 bis e 52 bis da Lei de Defesa de Consumidores e Usuários e art. 1.094 do Código Civil e Comercial da Nação).[484]

Ratificamos, para encerrar este título, que a função punitiva se destaca como um instrumento de notável transcendência no caminho para a consecução dos objetivos do desenvolvimento sustentável, de modo que forma parte da teoria geral da responsabilidade civil.

V   Função precautória

1   Fundamentos

Estudamos o princípio da precaução em geral e agora examinaremos sua influência na responsabilidade civil.

A sua aplicação é muito útil para o enfrentamento do problema relacionado com danos graves ou irreversíveis em que não é possível encontrar certeza ou informação precisa sobre a ligação entre as causas e os efeitos verificados.[485]

Com base nessas ideias é que consideramos a precaução não só como um princípio norteador de política ambiental, mas também com uma importante influência na responsabilidade civil, abrindo o campo para uma nova função, dentro do gênero da tutela inibitória. Essa conclusão se justifica, ademais, pela natureza expansiva do microssistema de proteção ambiental.

Na lei argentina, o art. 4º da Lei Geral do Meio Ambiente nº 25.675 explica que os princípios que aí se estabelecem devem ser utilizados não apenas para a interpretação e aplicação da própria lei, mas também

---

que no futuro e tendo em conta as punições recebidas, recalculem os seus custos operacionais com maior ênfase em evitar os danos do que em tolerá-los, apostando que não recairão sobre eles, mas sim sobre os consumidores; em outras palavras, tenta-se desencorajar uma transferência injusta de custos, que para pior, passa dos poderosos – juridicamente e economicamente – aos mais fracos e vulneráveis, o consumidor. Como se pode ver, não deixa de ser, de certa forma, uma aplicação da função preventiva do Direito de Danos, hoje com expressa consagração legislativa (art. 1710, CCeC)" (CCCom. de Necochea, 20-10-2016, "M.,Elena c/Nación Seguros SA s/Daños y perjuicios por incumplimiento contractual", Rubinzal Online, RC J 6066/16).

[484] XXVI Jornadas Nacionales de Derecho Civil (La Plata, 2017): Conclusión 7.8 de la Comisión nº 6.

[485] LORENZETTI, Pablo. Tutela inhibitoria en materia ambiental: función preventiva y función precautoria de la responsabilidad civil. *Revista de Derecho de Daños*, n. 2, Santa Fé, 2016.

em relação a qualquer outra norma através da qual se execute a política ambiental.

Esta situação é reforçada pela previsão contida no art. 241 do Código Civil e Comercial da Nação, segundo o qual "Qualquer que seja a jurisdição em que se exerçam os direitos deve respeitar-se a normativa sobre pressupostos mínimos que resulte aplicável".

Um dos efeitos mais importantes que podem ser atribuídos a esse dispositivo é o reconhecimento do que a doutrina chamou de um "diálogo de coordenação e adaptação sistêmica"[486] entre o sistema especial e o geral.

Esse intercâmbio é de mão dupla, já que a influência nem sempre se apresenta do sistema – códigos de fundo – para o microssistema, mas também a legislação especial exporta seus institutos e princípios para a normativa geral para o efeito de modificar e oxigenar certos mecanismos.

É notório o caráter prevalente e invasivo do microssistema de proteção ambiental em relação aos demais ramos jurídicos, entre os quais incluímos o sistema de responsabilidade civil.[487]

Se toda norma vigente tem que ser interpretada e aplicada – no caso argentino – conforme os princípios do art. 4º da Lei nº 25.675 e, ainda, os direitos devem ser exercidos em consonância com as normas de pressupostos mínimos ambientais (art. 241 do CCeC) e também na observância das premissas derivadas do desenvolvimento sustentável (arts. 14 e 240 do CCeC), uma das funções que o sistema de responsabilidade civil deve necessariamente cumprir é a precautória.[488]

O principal requisito que aciona a precaução e que a diferencia da função preventiva é o relativo à "incerteza científica", que já foi explorado nesta obra.

---

[486] LIMA MARQUES, Cláudia. La defensa del consumidor en Brasil. Diálogo de fuentes. *In*: STIGLITZ, Gabriel; HERNÁNDEZ, Carlos (Dir.). *Tratado de derecho del consumidor*. Buenos Aires: La Ley, 2015. t. I. p. 150.

[487] Dispõe a doutrina que "As normas previstas pelo subsistema de Direito Ambiental devem ser respeitadas pelo resto do sistema. Entre as normas que o conformam e as normas ambientais deve haver coerência. As disposições normativas ambientais têm força expansiva" (MARIÑO LOPEZ, Andrés. *La obligación de informar al consumidor. El paradigma de la precaución*, em L. L. del 19-2-2013. p. 1). Em sentido similar, também na doutrina uruguaia, se há expressado a professora SZAFIR, Dora (Dir.). *Tratado jurisprudencial y doctrinario de Derecho del Consumidor*. Uruguay: La Ley, 2011. t. I. p. 55.

[488] Afirma-se que "já se começou a falar da função precautória do Direito de Danos, que passaria a sedimentar-se junto com a prevenção e a reparação, ou, em outras palavras: o Direito de Danos se «ambientalizaria»" (BESTANI, Adriana. Principio precautorio y nuevo Código Civil y Comercial común. *Revista de Derecho Ambiental*, Buenos Aires, n. 43).

Há controvérsia: a) quando em uma "comunidade científica" determinada; b) existem diferentes opiniões fundadas; c) acerca da existência ou não de um risco social ou ambiental ou ambos.[489]

É comum enfrentar casos, como a fumigação com agroquímicos ou os efeitos derivados das radiações não ionizantes de antenas de telefonia celular, em que toda uma comunidade científica se apresentará para garantir que tais atividades são seguras e, ao contrário, outro grupo de saberes e provas afirmem que esses procedimentos são totalmente nocivos tanto para os bens coletivos como para os individuais.

A verdade é que, nessas circunstâncias, a incerteza científica não pode levar à incerteza jurídica;[490] razão pela qual é necessário implementar mecanismos de proteção baseados na precaução, uma vez que a função preventiva será insuficiente ou inadequada.

2 Efeitos sobre o regime geral de responsabilidade civil

Se não houvesse uma função precautória da responsabilidade civil, grande parte das lesões ao meio ambiente ficariam desamparadas – ou pelo menos não teriam direito à proteção dada pelo direito de danos –, uma vez que não contariam com o requisito da "certeza" que ativa tanto a função preventiva como a ressarcitória.

A incerteza no campo ambiental geralmente recai sobre um dos pressupostos mais complexos do direito da responsabilidade civil: a relação de causalidade.

É que na maioria das vezes os danos estão verificados, e também é possível provar judicialmente a antijuridicidade e os fatores de atribuição objetivos. O problema surge quando se tenta determinar o vínculo entre as condutas antijurídicas e os efeitos que elas causam aos bens individuais ou coletivos.

É aqui que se deve tentar aplicar de modo razoável as premissas que decorrem do princípio da precaução, enquadrado dentro do instrumental que provê a responsabilidade civil.

Por outro lado, a essência dos danos que se pretende evitar tem que ostentar as características de gravidade e irreversibilidade. O que

---

[489] SOZZO, Gonzalo. La protección del consumidor a través del principio precautorio. *In*: STIGLITZ, Gabriel; HERNÁNDEZ, Carlos (Dir.). *Tratado de Derecho del Consumidor*. Buenos Aires: La Ley, 2015. t. III. p. 211.

[490] MOSSET ITURRASPE, Jorge; HUTCHINSON, Tomás; DONNA, Edgardo Alberto. *Daño ambiental*. Santa Fé: Rubinzal-Culzoni, 1999. t. I.

é relevante é que, no caso de acontecer o prejuízo, seja impossível ou muito difícil voltar ao estado ou condição anterior.

Por último, deverá haver também proporcionalidade entre o dano que se tenta evitar e o custo econômico-social das medidas a serem instituídas a esse respeito.

É por esta razão que as "ações precautórias" no caso de processos judiciais deverão ser adotadas de modo razoável (art. 3º do CCeC) e ponderando tanto os direitos individuais como os coletivos que se encontrem em conflito na disputa em particular (arts. 1º, 2º, 14 e 240 do CCeC).

Em suma, sustentamos que, em face da grande quantidade de riscos e danos cuja relação com o fato que os gera é incerta, a função precautória da responsabilidade civil operará, dentro da qual se modificarão e reinterpretarão cada uma das premissas sistêmicas na forma como estudaremos no próximo capítulo.

CAPÍTULO 10

PRESSUPOSTOS DA RESPONSABILIDADE CIVIL

I Introdução

Para que o sistema de responsabilidade civil seja operativo,[491] é imprescindível verificar seus requisitos ou pressupostos de procedência: dano, antijuridicidade, relação causal e fatores de atribuição.

As características particulares que ostentam os bens coletivos em geral e os ambientais em particular requerem uma necessária adaptação das premissas clássicas do direito de danos com o objetivo de se chegar a soluções mais efetivas.[492]

---

[491] Nota da revisora: Sobre direito brasileiro, veja a jurisprudência do STJ: "Segundo consolidada jurisprudência do STJ, nos termos do art. 14, §1º, da Lei 6.938/1981, a responsabilidade civil pelo dano ambiental tem natureza objetiva, solidária e ilimitada, lastreada na teoria do risco integral. Se ilimitada e não sujeita a prévia restrição, afasta-se por óbvio a incidência do art. 403 do Código Civil. Ao responsável pelo dano ambiental – irrelevante a titularidade do bem atingindo – incumbe não só recuperar e indenizar a degradação como também fazê-lo de acordo com termos, condições e compensações fixados em licença ou autorização administrativa para tanto. É de resultado (= restabelecimento do statu quo ante) e não de meio a obrigação de sanar lesão ao meio ambiente, qualidade implícita que se projeta no conteúdo de decisão judicial ou Termo de Ajustamento de Conduta – TAC. Sobre o tema, confira-se: 'o princípio que rege as condenações por lesões ao meio ambiente é o da máxima recuperação do dano, não incidindo nessa situação, nenhuma excludente de responsabilidade.' (AREsp 1.093.640/SP, Rel. Min. Francisco Falcão, Segunda Turma. DJe, 21/5/2018). No mais, incide a Súmula 7/STJ" (REsp nº 1.816.808/SP. Rel. Min. Herman Benjamin, Segunda Turma, j. 3.10.2019. *DJe*, 11 set. 2020).

[492] A doutrina já expressou que "O redimensionamento conceitual evolutivo contemporâneo sobre o dano erigiu-se em um quadro teórico de valioso ganho científico e isso se deve aos enormes, aos magníficos, esforços acadêmicos produzidos em escritórios ambientalistas e posteriormente consagrados em plexos normativos de inquestionável perfil inovador, dos quais a Lei do Meio Ambiente na Argentina é um exemplo que já há uma década impõe o necessário domínio de excelência técnica e avanço científico que não reduz seu alcance nos intramuros do ramo jurídico em questão, mas, em bem-vindo sinal renovado da indivisibilidade fundamental do Direito, transcende ao seu exterior, enriquecendo-o

Neste capítulo, analisaremos as revisões e modificações que o paradigma ambiental produz em cada um dos pressupostos do direito de danos e incluiremos, também, um título final dedicado à abordagem da responsabilidade civil do Estado.

II Dano

1 Conceito e tipologia

O primeiro dos pressupostos a estudar é o dano, pois é o eixo central em torno do qual gira o sistema preventivo, precautório, indenizatório e punitivo.

O dano ambiental apresenta características e especificidades que o diferenciam de qualquer tipo de dano que possam sofrer outros bens que o direito privado constitucionalizado também se encarrega de tutelar.[493]

Existem basicamente dois tipos de lesões: as causadas ao meio ambiente em si mesmo ou "dano ecológico puro" e as que ocorrem a bens individuais devido aos danos ao meio ambiente ou "dano de rebote" (dano por ricochete) ou *par ricochet*.

Na seção dedicada ao *dano ressarcível*, o Código Civil e Comercial argentino contém a seguinte definição em seu art. 1.737: "Há dano quando é lesado um direito ou um interesse não reprovado pelo ordenamento jurídico, que tenha por objeto a pessoa, o patrimônio, ou um direito de incidência coletiva".

Não é necessário que o bem lesado seja classificado como direito subjetivo, visto que também são protegidos os interesses lícitos, desde que verdadeiros e de magnitude ou relevância.

A chave é que estamos perante um interesse jurídico – individual ou coletivo – que é digno de tutela: o dano é a lesão a um interesse jurídico lícito.

A partir desse ponto de partida, então, todo o instrumental vinculado à responsabilidade civil consagrado na norma resulta diretamente aplicável quando da causação de danos ambientais coletivos.

O âmbito de ação objetivo da figura é amplo, assim como o conceito de ambiente que já fora explicitado neste trabalho.

---

com contribuições de profundidade indubitável" (CAUMONT, Arturo. Los aportes ius ambientalistas en la categorización del daño, en L. L. del 18-7-2013. p. 1).

[493] Para ampliar: LORENZETTI, Ricardo L. (Dir.); CATALANO, Mariana; GONZÁLEZ RODRÍGUEZ, Lorena (Coord.). *Derecho Ambiental y Daño*. Buenos Aires: La Ley, 2009.

Ou seja, não só haverá danos ambientais quando os recursos naturais forem danificados, senão que o conceito também abrange o patrimônio cultural, histórico e artístico, as questões urbanísticas e paisagísticas, entre outras.

Em suma, existe um duplo objeto de proteção: a) um imediato, que é a qualidade do meio ambiente, e b) um mediato, que é a saúde, o bem-estar ou a segurança dos habitantes, que se poderia resumir no conceito de qualidade de vida.

Dito isso, iremos nos referir à tipologia de direitos que podem ser afetados quando se trata de responsabilidade civil por danos em geral – e por danos ambientais em particular.

Já referimos nesta obra o que foi sustentado no caso "Halabi",[494] em que a Corte Suprema de Justiça da Nação Argentina menciona os vários tipos de direitos suscetíveis de tutela e os classifica em: 1) individuais; 2) de incidência coletiva cujo objeto sejam bens coletivos; 3) de incidência coletiva cujo objetivo são os interesses individuais homogêneos.

Assim, com proposta semelhante o Código Brasileiro de Defesa do Consumidor sancionado em 1990, que em seu art. 81, sob o título Da defesa do consumidor em juízo, estabeleceu e definiu as categorias de "direitos ou interesses difusos", "interesses ou direitos coletivos" e "interesses ou direitos individuais homogêneos".[495]

Outro antecedente importante e pioneiro neste ponto é o Código Modelo de Processos Coletivos para a América Latina, aprovado em outubro de 2004 na cidade de Caracas, Venezuela.

---

[494] CSJN, 24-2-2009, "Halabi, Ernesto c/PEN. Lei 25.873, Decreto 1563/2004 s/Amparo". O tribunal expressou-se em igual sentido em outras sentenças, tais como: 21-8-2013, "Padec c/Swiss Medical SA", L. L. del 23-9-2013; 18-8-2016, "Centro de Estudos para a Promoção da Igualdade e da Solidariedade e outros c/Ministério de Energia e Mineração s/Amparo coletivo", AR/JUR/52079/2016.

[495] Nota da revisora: Sobre a convivência das ações individuais e coletivas, algumas peculiaridades do direito brasileiro: "Nas ações coletivas que buscam a tutela de direitos individuais homogêneos, o substituído, titular do direito vindicado, a teor dos arts. 103, §2º, e 104 da Lei n. 8.078/90 – Código de Defesa do Consumidor – é induzido a permanecer inerte até o desfecho da demanda coletiva, quando avaliará a necessidade do ajuizamento da ação individual, pois, na lição do Ministro Teori Albino Zavascki, a ele será imposto '...um risco adicional: aos litisconsortes, o de sofrer os efeitos da sentença da improcedência da ação coletiva; e aos demandantes individuais, o risco de não se beneficiarem da sentença de procedência' (in Processo Coletivo – Tutela de direitos coletivos e tutela coletiva de direitos –, São Paulo, Revista dos Tribunais, 2006. p. 203)" (AgRg no REsp nº 1.364.690/AL. Rel. Min. Humberto Martins, Segunda Turma, j. 21.5.2015. DJe, 29 maio 2015).

Esta é a subdivisão recebida também pelo texto do Anteprojeto de Reforma e Unificação dos Códigos Civil e Comercial argentino de 2012, que em seu art. 14 reza:

> Neste Código se reconhecem: a) direitos individuais; b) direitos individuais, que podem ser exercidos mediante uma ação coletiva, se houver pluralidade de pessoas afetadas, com danos comuns, mas divisíveis ou diferenciados, gerados por causa comum, nos termos do Livro Terceiro, Título V, Capítulo 1; c) direitos de incidência coletiva, que são indivisíveis e de uso comum.

A letra do artigo consignada na redação definitiva do Código Civil e Comercial é a seguinte: "*Direitos individuais e de incidência coletiva.* Neste Código se reconhecem: a) direitos individuais; b) direitos de incidência coletiva".

Nesse quadro, o dano ambiental "em si mesmo" ou "ecológico puro" – ao qual dedicaremos grande parte das reflexões contidas neste texto – é produzido por afetar direitos de incidência coletiva que têm por objeto bens coletivos.

Trata-se de direitos supraindividuais e indivisíveis, como exemplo, a paisagem, uma espécie de pássaro, o ar de determinado ecossistema, um rio, um patrimônio cultural ou artístico etc.

O objeto da proteção é o bem coletivo em si mesmo[496] e nenhum dos legitimados ativos para sua proteção pode pregar direitos de propriedade ou de titularidade exclusiva. Não são divisíveis em partes nem excluem beneficiários, uma vez que são impessoais e indiferenciados.

Por outro lado, como consequência de danos a bens coletivos, é comum que direitos ou interesses individuais homogêneos também sejam afetados; que são essencialmente individuais e divisíveis, mas que apenas por conveniência e praticidade são tratados como coletivos. Esses bens são "acidentalmente" coletivos.[497]

---

[496] Destacando a importância dos bens coletivos ambientais em si mesmos, independentemente da utilidade que gerem para os seres humanos, a Corte Suprema de Justiça da Nação Argentina assinalou que "A regulação jurídica da água se baseou em um modelo antropocêntrico, que tem sido puramente dominial quando se leva em conta a utilidade privada que uma pessoa pode obter dela ou em função da utilidade pública identificada com o Estado; essa visão mudou: agora o paradigma jurídico que ordena a regulação da água é ecocêntrico, ou sistêmico, e não leva em conta apenas os interesses privados ou estatais, mas os de um mesmo sistema" (1-12-2017, "Provincia de La Pampa c/Provincia de Mendoza s/Uso de águas", Fallos: 340:1695).

[497] HITTERS, Juan Carlos. Alcance de la cosa juzgada en procesos colectivos, em L. L. 2005-F-751.

Em seguida, sustentaremos que o dano ambiental é bicéfalo ou bifronte[498] e, portanto, os prejuízos individuais e os coletivos são as "duas faces de uma mesma moeda".

Portanto, para os casos de lesões particularizadas, concorrerão a regular a situação todos e cada um dos dispositivos contidos na normativa ambiental que se adaptem à individualidade do dano e também os instrumentos previstos no direito comum que forem aplicáveis ao caso concreto.

Em outras palavras, não só julgamos aplicável o microssistema de proteção do meio ambiente para danos a bens coletivos, senão também para aqueles outros casos em que se afetem direitos individuais ou pluri-individuais homogêneos.[499]

2 Características específicas do dano ambiental

O dano legalmente compensável deve exigir certeza.[500]

Excepcionalmente, há casos em que, sendo aplicável o princípio da precaução e seus elementos, a responsabilidade adquire também uma função precautória. Nesses casos, evidentemente, não seria exigida a comprovação da eventual ocorrência de um risco ou dano certo.[501]

De outra ordem, o que deve ser testado em cada caso específico para que a modificação do ambiente configure tecnicamente um dano

---

[498] CATALANO, Mariana. La bifrontalidad del daño ambiental en la práctica. *RRCyS*, ano X, n. 8, ago. 2008. p. 53.

[499] Traz a jurisprudência que "o direito ambiental irradia seus princípios ao processo ambiental impróprio, isto é, reitero, aquele em que, como no caso, só pleiteia indenização por danos individuais, ainda que derivados ou produzidos 'de rebote' (*par ricochet*) pelo dano ambiental (Falbo, Aníbal, Derecho Ambiental. Proceso ambiental colectivo, individual y mixto. p. 175 y ss., Platense, 2009; Kemelmajer de Carlucci, Aída, Estado de la jurisprudencia nacional en el ámbito relativo al daño ambiental colectivo después de la sanción de la ley 25.675, ley general del ambiente (LGA), publicado em julho de 2006 pela Academia Nacional de Derecho)" (CCCCAdm. de la 1ª Nom. de Rio Cuarto, 1-9-2014, "Albera, Osvaldo O. e outro c/ Gastaldi Hnos. Saicyfi s/ Ordinario").

[500] Lê-se no art. 1.739 do Código Civil e Comercial argentino que "Para a procedência da indenização deve existir um prejuízo direto ou indireto, atual ou futuro, certo e subsistente".

[501] A jurisprudência a este respeito expõe, por exemplo, que "no caso de uma ação de *amparo* ambiental destinada a obter a cessação de uma atividade – fumigação de terras com agroquímicos a curta distância da casa dos autores – e tendo em vista a virtualidade que produz o 'princípio da precaução' na dinâmica do processo ambiental, não há de exigir-se, para a sua viabilidade, a acreditação de um dano concreto, devendo-se ponderar – em virtude da particular fisionomia da referida ação – se essa conduta representa uma situação de perigo iminente ou dano potencial à saúde dos autores, e se é –também potencialmente– lesiva ao meio ambiente" (SCJBA, 17-6-2015, "ASHPA. Amparo. Recurso de inaplicabilidad de ley", L. L. Online).

é que tenha as seguintes notas: a alteração é, por um lado, negativa e, por outro, relevante.[502]

Em relação ao primeiro dos requisitos, é claro que as intervenções que modifiquem positivamente os bens coletivos não acarretarão responsabilidade civil.

Ao contrário, o dano pressupõe uma conduta ou omissão que degrada ou reduz o volume de bens ambientais disponíveis em determinado cenário.

Em relação à segunda das premissas, poder-se-ia rotular de relevante qualquer ação que represente um prejuízo significativo inferido aos macro ou microbens, que por sua vez redunde em uma desorganização das leis da natureza.

Outro parâmetro a ser utilizado para avaliar essas situações é o conceito jurídico de "tolerância normal".[503]

Sob esse prisma, haveria um limite mínimo de aceitação de modificações negativas ao meio ambiente abaixo do qual não haveria dano, uma vez que seriam atividades cujo impacto é ínfimo e que contam com amparo e controle administrativo.

Esta circunstância tende a evitar a paralisação de qualquer tipo de atividade econômica através da busca do "risco zero", que implicaria uma aplicação desarrazoada do microssistema de proteção ambiental, segundo o qual qualquer modificação do bem coletivo seria relevante e, portanto, danosa.

Qualquer impacto que ultrapasse esse limite de "tolerância normal" será considerado relevante, em razão do qual será passível dos efeitos que o sistema de responsabilidade civil prevê para as atividades de risco e lesivas.

Em última análise, o requisito da relevância será analisado casuisticamente e na aplicação dos princípios protetivos dos bens coletivos.

Fica claro, após esta breve revisão, que o conceito técnico de dano ambiental não pode ser abordado com as ferramentas clássicas da responsabilidade civil, mas, ao contrário, o sistema deverá ser relido sob as premissas do paradigma ambiental.

---

[502] No direito argentino esses requisitos estão previstos no art. 27 da Lei Geral do Ambiente.
[503] Positivado no direito argentino no art. 1.973 do Código Civil e Comercial.

III Antijuridicidade

1 Ampliação das fronteiras da antijuridicidade

Para que um dano ambiental seja passível de prevenção, precaução, indenização ou sanção pecuniária dissuasiva dentro do sistema de responsabilidade civil, é necessário que resulte contrário a direito.

Exploraremos na sequência certas características da antijuridicidade como pressuposto da responsabilidade civil.

Abandonando o critério clássico da antijuridicidade subjetiva e formal segundo a qual, para que uma conduta ou omissão resulte ilícita, o sujeito deveria violar conscientemente uma norma jurídica expressamente tipificada, atualmente se entende que o pressuposto que estamos analisando é de caráter objetivo e material.

Não é imprescindível verificar a violação de uma conduta tipificada por uma normativa expressa – à maneira do direito penal – para que a ação lesiva seja qualificada de antijurídica, mas basta que seja contrária ao ordenamento jurídico considerado em sua integralidade.[504]

Nesse sentido, o art. 1.717 do Código Civil e Comercial argentino dispõe: "Qualquer ação ou omissão que cause dano a outrem é antijurídica se não for justificada".

Deste ponto de vista, se for verificado um dano que possui vínculo causal com a conduta geradora, opera uma espécie de presunção *iuris tantum* que, por sua vez, inverte o ônus da prova ao exigir que o agente prove que o dano não está coberto por alguma causa de justificação.

Vale aqui formular algum tipo de esclarecimento em relação às omissões de natureza antijurídica, em que obviamente deve haver um pressuposto de fato para que o sistema se torne operativo.

De uma perspectiva extremamente ampla, poderia ser considerada antijurídica qualquer omissão não apenas das leis ou deveres explícitos, mas também de costumes, dos princípios e valores gerais do direito – ambiental em nosso caso.

Ao contrário do que se afirma no parágrafo anterior – e mesmo sem abandonar o conceito de antijuridicidade "material" e "objetiva"

---

[504] A jurisprudência explica que "Trata-se de um conceito puramente objetivo na medida em que não é necessário levar em conta a voluntariedade do sujeito. Compreende não apenas o que é expressamente proibido por lei, mas também condutas cuja proibição decorre da consideração harmoniosa do sistema jurídico, inclusive o contrário à moral, aos bons costumes e à ordem pública. Em última análise, ilicitude não se confunde com ilegalidade e será antijurídica qualquer conduta que vulnere a regra *alterum non lædere*" (CCCom. de Azul, 17-11-2016, sala II, "E., M. I. e outro c/Apilar SA e outro s/Danos e prejuízos").

– nos casos de omissão, algum tipo de restrição deve ser estabelecido de forma a evitar o aniquilamento da liberdade pessoal do agente que se depara com a possibilidade de conduta omissa capaz de causar dano.[505]

Assim, o que se disse é que a omissão a que se refere o art. 1.717 do Código Civil e Comercial reenvia à inobservância do dever geral de prevenção de danos previsto no art. 1.710;[506] fazendo com que essa noção geral jogue com a teoria do abuso de direito (arts. 10 e 14) e o princípio da boa-fé (art. 9º).

Outra ressalva que vale a pena incluir nesta seção reside nos casos de responsabilidade contratual, nos quais sim a antijuridicidade consistirá na violação de uma norma expressa pactuada pelos particulares nas cláusulas do contrato que marcam as condutas devidas pelos contratantes.[507]

Deixando de lado as omissões e voltando à análise das condutas antijurídicas, afirmamos que não é mais necessário indagar sobre a intencionalidade do causante, tal como se realizava sob o prisma da antijuridicidade "subjetiva".

Ratificamos, também, que não se impõe a obrigação de comprovar a inobservância de uma norma jurídica expressamente tipificada para rotular de antijurídica uma atividade ou projeto.[508]

---

[505] "Quando não existe uma infração a uma norma legal que expressamente proíbe determinada conduta, deve construir-se o fato antijurídico a partir dos deveres impostos pelas diferentes normas do ordenamento jurídico, e se isso não for possível, não será viável a condenação por responsabilidade civil" (IBARLUCÍA, Emilio A. Antijuridicidad y responsabilidad civil. Fundamento constitucional, em L. L. del 28-12-2011. p. 1; L. L. 2012-A-561).

[506] PICASSO, Sebastián. La antijuridicidad en el Proyecto de Código, em L. L. del 30-8-2013. p. 1.

[507] A doutrina tem defendido neste ponto que "em matéria de responsabilidade contratual, prevalece uma exceção a este princípio, porque neste caso o dano decorrerá necessariamente do incumprimento de uma obrigação pré-existente, que especifica a conduta que o devedor é obrigado a executar. Esta diferença está expressamente consagrada no Código Civil e Comercial, pois os arts. 1716 e 1749 distinguem expressamente a violação do dever geral de não causar dano a outrem e o incumprimento de uma obrigação como as duas grandes fontes do dever de ressarcir" (CALVO COSTA, Carlos A.; CASTRO, Verónica A.; GONZÁLEZ, Victoria; GRAFEUILLE, Carolina E.; MAGLIO, María Claudia E.; MARINO, Abel E.; URBINA, Paola Alejandra; YUBA, Gabriela. Comentario al art. 1717 del Código Civil y Comercial de la Nación, em L. L. Online, Legislación Comentada Premium).

[508] Afirma-se que "basta a antijuridicidade material (o ato injusto), conforme explicam Federico De Lorenzo, Jorge Mosset Iturraspe e Isidoro H. Goldenberg, entre outros, em nossa doutrina, para que se cumpra ou configure este requisito do Direito de Danos. Em outras palavras, não é indispensável a antijuridicidade formal, a falta ou a violação de normas ambientais formais ou expressas para que se dê aplicação à Responsabilidade Civil" (CAFFERATTA, Néstor (Dir.); CAFFERATTA, Néstor; LORENZETTI, Pablo; RINALDI, Gustavo; ZONIS, Federico (Coautores). *Tratado Jurisprudencial y Doctrinario de Derecho Ambiental*. Buenos Aires: La Ley, 2012. t. I. p. 500).

Em matéria ambiental, é muito comum que os danos massivos sejam causados por comportamentos que, a princípio, não resultam violadores de qualquer norma específica já que não existe um catálogo preciso e exaustivo de regras que indiquem como atuar em cada caso particular com relação aos bens coletivos.

Isso se deve a diversos motivos, mas um dos principais se baseia na extrema dificuldade que o legislador experimenta em traduzir para o texto normativo a intrincada série de ações, omissões ou condutas que podem produzir danos ambientais. Principalmente quando em inúmeros casos os riscos a prevenir – anteriores à recomposição e/ou indenização dos danos já causados – advêm de comportamentos cujo nexo causal com o dano é incerto do ponto de vista científico; casos em que o princípio da precaução adquire importância.

É muito difícil, então, que todos os projetos ou atividades capazes de gerar danos ambientais sejam proibidos por uma lei específica.

É fundamental, neste ponto, o advento do conceito de antijuridicidade material e objetiva, pois se – ao contrário – ainda regesse o tema a concepção formal e subjetiva, grande parte dos danos aos bens coletivos não seria contemplada pelo sistema de responsabilidade civil, pelo fato de estarmos em presença de atos não contrários ao direito.

Nesta mudança de paradigma, certamente, teve um papel importante a hierarquização da máxima *alterum non lædere*, bem como o giro que o direito da responsabilidade civil deu ao deslocar o seu eixo da culpa para o dano, colocando a vítima no centro do sistema.[509]

Dessa forma, compreende-se o conceito de antijuridicidade como aquela conduta que viola a máxima do *alterum non lædere*.[510]

O simples fato de que a ação praticada por pessoa física ou jurídica viole esse dever de incolumidade que ostentam tanto as pessoas atuais como as futuras, como também os bens de incidência coletiva, a torna antijurídica.

Assim o explica o art. 1.716 do Código Civil e Comercial argentino: "A violação do dever de não prejudicar o outro, ou o incumprimento de uma obrigação, dá lugar à reparação do dano causado, conforme as disposições deste Código".

---

[509] LORENZETTI, Ricardo Luis (Dir.). *Corte Suprema de Justicia de la Nación*. Máximos precedentes. Responsabilidad civil. Parte general – La antijuridicidad, por Sebastián Picasso. Buenos Aires: La Ley, 2013. t. II, p. 209 e ss.

[510] Tem dito a doutrinal que "o fundamento atual da antijuridicidade gira em torno da existência de um dever geral de não lesar" (PICASSO, Sebastián. La antijuridicidad en el Proyecto de Código, em L. L. del 30-8-2013. p. 1).

Em relação a essas afirmações, o direito ambiental nos convida a repensar ou especificar quem é o "outro" ou o *alterum* a que se refere o princípio de não lesar.[511]

As gerações futuras, a natureza, os animais, as comunidades indígenas, os microbens ambientais e o patrimônio cultural, artístico e arquitetônico poderiam ser qualificados, certamente, como esses "novos outros" do princípio de não causar dano.

Caso um ordenamento jurídico atribua a tais entes o caráter de sujeitos de direito, isso repercutirá, de algum modo, na interpretação do conceito de antijuridicidade.

É que se afirmarmos – uma vez mais – que estamos na presença de uma noção "objetiva" e "material" e que sua operatividade está relacionada à violação do princípio geral de "não prejudicar o outro", o dano que ocorre a cada um desses novos "sujeitos" ampliará notavelmente os perfis da antijuridicidade do dano.

Não apenas os danos sofridos por pessoas físicas ou jurídicas serão contrários ao direito, mas também ocorrerão em ilicitude as ações ou omissões que afetem negativamente a esses "novos outros" que aporta a matéria ambiental.

2 Interpretação restritiva das causas de justificação

A noção de antijuridicidade objetiva e material impõe analisar certas hipóteses nas quais os ordenamentos jurídicos exoneram desse pressuposto da responsabilidade civil os danos que se considerem justificados.

As causas de justificação suprimem a antijuridicidade de certos atos que, em princípio, seriam ilícitos em sentido genérico,[512] e são: a legítima defesa, o estado de necessidade, o exercício regular de um direito, a assunção de riscos e o consentimento da vítima.[513]

Na área ambiental, a interpretação e aplicação de cada um desses institutos deve ser restritiva, uma vez que a "disponibilidade" ou

---

[511] DE LORENZO, Miguel Federico. El principio de no dañar al "otro", em L. L. del 1-9-2014. p. 1; L. L. 2014-E-1350.
[512] As causas de justificação foram definidas como aqueles "fatores axiológicos que excluem a antijuridicidade. Trata-se de razões excepcionais que legitimam o ato; põem em relevo que, apesar do mal inferido pelo agente, sua conduta é justa e que o ordenamento jurídico a autoriza e aprova" (ZAVALA DE GONZÁLEZ, Matilde. *Resarcimiento de daños* – Presupuestos y funciones del Derecho de Daños. Buenos Aires: Hammurabi, 1999. t. IV. p. 349).
[513] No caso argentino, esses institutos estão previstos nos arts. 1.718, 1.719 e 1.720 do Código Civil e Comercial.

"apropriabilidade" dos bens coletivos é sumamente reduzida, senão nula ou impossível de implementar.

As causas de justificação pressupõem que os direitos exercidos (exercício regular), ou os que legitimamente se defendem (legítima defesa) ou a respeito dos quais se tenta evitar um mal maior, iminente e grave (estado de necessidade), ou os direitos em relação aos quais é dado consentimento para serem alterados ou danificados (consentimento da parte lesada) ou em relação aos quais um risco é assumido (assunção de riscos), são disponíveis ou renunciáveis.

Pois bem, a tutela e o gozo de um ambiente saudável – como bem coletivo – é um direito fundamental.

Além disso, toda a normativa microssistêmica de proteção do meio ambiente se qualifica como de ordem pública e resulta indisponível para as partes.[514]

Com base nisso, nenhuma pessoa humana ou jurídica poderia fazer valer direitos exclusivos de propriedade com relação a esses bens coletivos e, portanto, dispor deles da mesma forma como o é permitido em relação às prerrogativas individuais ou privadas.[515] É por causa desses argumentos que a invocação de causas de justificação para a tutela ambiental não resultaria válida juridicamente da mesma forma que são habilitadas para os direitos individuais.[516] Por exemplo, uma empresa que polui o ar ou o solo não pode ficar isenta alegando que as pessoas que a denunciam assumiram o risco de sofrer danos porque construíram as suas casas nas proximidades de tal indústria quando esta já estava funcionando. A mesma situação ocorre com relação ao consentimento do lesado, pois a ninguém estaria facultado prestar conformidade com um dano ao bem coletivo ambiental, pois uma conduta individual não pode comprometer os direitos dos demais integrantes da classe ou grupo, ou mesmo das gerações futuras.

Em suma, assim como o direito ambiental amplia as fronteiras da antijuridicidade do dano, ao mesmo tempo reduz consideravelmente o âmbito de atuação das causas de justificação.

---

[514] Arts. 3º e ss. da Lei nº 25.675.
[515] No direito argentino, o art. 944 do Código Civil e Comercial permite a renúncia de direitos somente quando se trate de interesses privados.
[516] A Corte Suprema de Justiça da Nação Argentina formulou raciocínios similares, por exemplo, ao interpretar restritivamente a assunção de riscos quando se trata de um menor de idade que sofreu uma grave lesão enquanto praticava um esporte (20-11-2012, "B. S., J. G. c/Unión Cordobesa de Rugby outros s/Danos y prejuízos").

A última das considerações que interessa destacar sob este título diz respeito a uma das defesas mais comuns encontradas nos casos em que se discute a perpetração de dano ambiental.

Os réus geralmente alegam que não podem ser responsabilizados no caso de causar danos, uma vez que, por um lado, não se encontram violando nenhuma norma e, por outro, seus projetos contam com o aval estatal que os certifica. Invoca-se, sob esse raciocínio, que se a atividade conta com autoridade administrativa não há antijuridicidade e, portanto, não é possível imputar responsabilidade civil se o dano for causado.

A jurisprudência ambiental já havia se manifestado contra essa posição, ao entender que a autorização administrativa não elimina a antijuridicidade do ato que causa danos injustificados.[517]

No Código Civil e Comercial argentino encontramos uma norma que, estando enquadrada no marco da responsabilidade civil pelo fato de coisas e atividades de risco, dispõe o seguinte:

> Artigo 1.757: Toda pessoa responde pelo dano causado por risco ou vício das coisas ou das atividades que sejam arriscadas ou perigosas por sua natureza, pelos meios usados ou pelas circunstâncias de sua realização. A responsabilidade é objetiva. Não são eximentes a autorização administrativa para o uso da coisa ou a realização da atividade, nem o cumprimento das técnicas de prevenção.

Na mesma linha, as imissões são reguladas no parágrafo primeiro do art. 1.973:

> Os incômodos causados por fumaça, calor, odores, luminosidade, ruído, vibrações ou imissões similares pelo exercício de atividades em imóveis vizinhos, não devem exceder a normal tolerância tendo em conta as condições do local e mesmo que haja autorização administrativa para os mesmos.

Desta forma, as referidas regras afastam qualquer tipo de possibilidade de isenção de conduta antijurídica, baseada na autorização

---

[517] Entre outros: "Um ato lícito, benéfico para a comunidade, administrativamente permitido, pode importar um atentado ao direito de outrem, que impõe indenização: a responsabilidade pelas emissões é exclusivamente objetiva, nenhum papel desempenham a negligência ou a imperícia. A conclusão é a seguinte: a pessoa que assume o risco de uso excessivo do bem deverá responder pelas consequências nefastas de tal conduta. Não importa que não haja negligência ou o exercício antifuncional de seu direito" (Trib. Coleg. Resp. Extrac. nº 2 de Rosario, 11-10-2006, "Tsioulis, Mario c/Mercado de Ganado SA" Lexis 70035324).

administrativa para o funcionamento da atividade ou projeto que direta ou indiretamente cause dano ambiental.

Esses dispositivos invalidam qualquer tipo de estratégia defensiva que tente se amparar, por exemplo, na existência de aprovação do procedimento de avaliação de impacto ambiental pela autoridade competente.

O raciocínio é simples: a responsabilidade civil percorre caminhos diferentes do cumprimento das normas e regulamentos de caráter administrativo.

Nesta linha, se há dano ou possibilidade certa ou incerta de causar dano, este deve ser prevenido, recomposto ou indenizado, independentemente de a deterioração ter natureza "lícita" por contar com certificação ambiental aprovada.[518]

Concluímos este título ressaltando que também a teoria geral da antijuridicidade está permeada pelos grandes princípios e valores do Estado de direito ambiental, com o objetivo de lograr uma preservação mais eficiente dos bens coletivos.

IV Relação de casualidade

1 Noção e especificidades

O seguinte dos pressupostos da responsabilidade civil que abordaremos é o do nexo de causalidade, que deve se verificar entre uma ação ou omissão e o efeito danoso que pode gerar.

Devido às características específicas dos bens ambientais, as dificuldades em determinar o nexo de causalidade aumentam quando se trata de danos massivos ou coletivos.

É comum que se verifiquem fenômenos como a "concausa" ou a "pluricausalidade", nos quais existem diferentes condições que, *prima facie*, se apresentam como possíveis ou prováveis causas jurídicas do fato danoso.

---

[518] A Corte Suprema de Justiça da Nação Argentina tem um precedente único nestes temas proferido em 1887, em cujo julgamento foi alegado que "Os saladeristas de Barracas não podem, portanto, invocar essa permissão para reivindicar direitos adquiridos, não apenas porque ele foram concedidos sob a condição implícita de não prejudicarem os interesses gerais da comunidade, mas porque ninguém pode ter o direito adquirido de comprometer a saúde pública e de espalhar a morte e o luto na vizinhança com o uso que faça de sua propriedade, e especialmente com o exercício de uma profissão ou indústria" (14-5-1887, "Saladeristas Podestá, Bertam, Anderson, Ferrer e outros c/Provincia de Buenos Aires", Colección de Análisis Jurisprudencial. Derecho Constitucional, La Ley, Buenos Aires, 2005. p. 257).

Os danos massivos também tendem a aparecer como o produto de processos complexos, difusos e dilatados no tempo e no espaço.

Os efeitos das condutas que impactam negativamente o meio ambiente são prolongados, contínuos e progressivos.

Não é tão fácil nem tão clara a determinação do que é normal, natural e ordinário neste tipo de evento para a utilização direta da teoria da causalidade adequada.[519]

Fala-se de "causalidade circular" nesse tipo de eventos, em oposição à ideia de "causalidade linear", mais própria dos fenômenos clássicos ou individuais em que cada evento ou fato corresponde ao mesmo efeito.

Nos processos ambientais, as condições atuam no quadro de uma espécie de caos, desorganizando e reorganizando o sistema e cada uma de suas partes.[520] Por essa razão, pequenas causas podem gerar consequências muito grandes ou vice-versa; enquanto as mesmas condições podem produzir efeitos muito diferentes.

Danos a componentes específicos do ecossistema são comumente observados, os quais, mais cedo ou mais tarde, irão impactar em outros microbens em razão do caráter interdependente e interativo que esses fenômenos apresentam entre si.

A regularidade, a previsibilidade ou a experiência – pensadas como requisitos necessários para que a teoria da causalidade adequada funcione – se destacam por sua ausência em problemas, por exemplo, provenientes de radiações não ionizantes emitidas por antenas de telefone celular[521] ou do alcance das consequências nocivas que se propagam das fumigações com agroquímicos.

---

[519] Ao decidir sobre a responsabilidade no marco de um acidente de trânsito, a jurisprudência descreveu que "Se um observador imparcial tivesse assistido à cena descrita anteriormente (por um lado, uma pessoa que pretende entrar em um veículo estacionado ao lado da rua sem se certificar de que nenhum outro veículo se aproximava e, do outro, um ônibus que passa rápido muito próximo a uma ambulância estacionada em decorrência de uma emergência que está sendo tratada), facilmente teria concluído que estava enfrentando um infortúnio anunciado e tal é a noção de causalidade adequada, abrangente da ideia de previsibilidade, que reconhece nosso ordenamento jurídico (arts. 901 a 906 do Cód. Civ. e arts. 1726 e 1727 do Código Civil e Comercial da Nação)" (CNCiv., sala G, 2-11-2015, "R., J. A. M. c/C., C. L. e outro s/Danos e prejuízos").

[520] CAFFERATTA, Néstor A. Teoría general de la responsabilidad civil ambiental. In: LORENZETTI, Ricardo L. (Dir.); CATALANO, Mariana; GONZÁLEZ RODRÍGUEZ, Lorena (Coord.). Derecho Ambiental y Daño. Buenos Aires: La Ley, 2009. p. 59.

[521] BERROS, María Valeria. Entramado precautorio. Un aporte desde el derecho para la gestión de riesgos ambientales y relativos a la salud humana en Argentina. Disponível em: http://bibliotecavirtual.unl.edu.ar:8080/tesis/handle/11185/428.

Em ambos os exemplos, verifica-se uma forte controvérsia científica na jurisprudência sobre o nexo de causalidade entre os fatos concretos e os danos individuais ou coletivos denunciados.

Em outras hipóteses, o atual estado da tecnologia e conhecimentos científicos válidos e verificáveis não são suficientes para se chegar a um convencimento certo acerca do vínculo causal. Vamos pensar nos efeitos derivados das mudanças climáticas ou de produtos transgênicos ou de bifenilos policlorados (PCBs) ou de organismos geneticamente modificados.

Nessas situações, a experiência que o juiz pode ter tido em ocasiões anteriores para formar seu "livre convencimento" ao ponderar o vínculo causal não tem muita relevância, ou essas experiências anteriores em casos semelhantes não existem diretamente.

A complexidade denotada pelos fenômenos ambientais obriga a recorrer a sofisticadas construções científicas e técnicas para explorar a relação causal, uma vez que o "melhor conhecimento e compreensão" do magistrado pouco tem a contribuir se não for complementado por uma experiência pericial relevante.

É por isso que, nesta matéria, é comum que se decida com base em critérios probabilísticos, descartando a previsibilidade certa que pressupõe a aplicação da teoria da causalidade adequada.[522]

Poderia advertir-se casos de efeitos negativos sobre o meio ambiente em que o autor deva responder não apenas por consequências imediatas ou mediatas – ambas testadas sob critérios de previsibilidade ou regularidade –, senão também por resultados que se apresentem, em princípio, como meramente casuais ou incertos.

A título de exemplo, o art. 1.725, primeiro parágrafo, do Código Civil e Comercial estabelece que "Quanto maior for o dever de agir com prudência e com pleno conhecimento das coisas, maior é a diligência exigível do agente e a avaliação da previsibilidade das consequências".

No domínio ambiental, por se tratar da tutela de bens de uso comum, é possível exigir de qualquer pessoa uma atuação prudente, diligente e precautória, tendente a adotar todas as medidas possíveis para evitar danos antes de realizar qualquer atividade suscetível de modificar negativamente o entorno.

---

[522] A jurisprudência afirma que "nos casos em que está envolvido o meio ambiente, a relação de causa e efeito que o Direito apreende não é aquela, qualificada de científica, que exige 'certeza total', segurança absoluta. Nada disso, trata-se de uma possibilidade certa, de uma probabilidade em certo grau de razoabilidade, como o Direito entende a palavra" (STJ de Tierra del Fuego, Antártida e Islas del Atlántico Sur, 10-8-2006, "Estancias Violeta SRL c/ Techint SACI", L. L. Patagonia 2007 [abril], 914).

Logo, se tal procedimento não for realizado ou se for implementado de forma deficiente, será lógico pesar com maior força a responsabilidade do agente e ter por comprovado o nexo causal que nos casos tradicionais talvez estariam isentos do sistema preventivo ou ressarcitório.

Isso constitui uma consequência da função precautória da responsabilidade civil, que tem um impacto fenomenal em termos de relação causal.[523]

No caso dos fenômenos de pluricausalidade, é necessário transitar por uma análise holística e abrangente do nexo causal.

No precedente "Salas",[524] por exemplo, advertiu-se um problema de concausa ou pluralidade de causas entre as autorizações de desmatamento de matas nativas. Havia se outorgado uma grande quantidade de autorizações a diferentes indivíduos para desmatar e cortar florestas em quatro departamentos da província argentina de Salta. Uma vez que as autorizações foram analisadas individualmente, o impacto provavelmente não fora significativo e o nexo de causalidade com o dano coletivo alegado pelos autores poderia não ter sido demonstrado. É por isso que a Corte Suprema de Justiça da Nação decifra esta circunstância e ordena a realização de um procedimento que

> deverá concentrar-se na análise do impacto ambiental cumulativo da exploração e desmatamento indicados, sobre o clima, a paisagem e o meio ambiente em geral, bem como nas condições de vida dos habitantes. Deverá também propor uma solução que harmonize a proteção dos bens ambientais com o desenvolvimento em função dos custos e benefícios envolvidos. Nesse sentido, deverá identificar margens de probabilidades para as tendências indicadas, avaliar os benefícios relativos para as partes relevantes envolvidas e as gerações futuras.

É imprescindível por em prova esse tipo de explicações quando se trata de conflitos ambientais, a fim de assumir a difícil tarefa de

---

[523] Observa a jurisprudência que "o princípio da precaução visa servir de base legal para a adoção de medidas, mesmo quando o referido nexo de causalidade não esteja devidamente comprovado; isto é, quando a incerteza reina sobre uma atividade ou tecnologia quanto à nocividade de suas ações e ainda não haja um dano atribuível a ela. Portanto, é evidente que a razão de ser do princípio da precaução é atuar nos casos de incerteza onde não haja relação causal comprovada e, consequentemente, quando a arbitrariedade ou ilegalidade do ato não seja manifesta" (STJ de Rio Negro, 16-8-2005, "CO. DE. CI. da Provincia de Rio Negro", L. L. 2006-C-223, voto do Dr. Lutz).

[524] CSJN, "Salas, Dino e outros c/Provincia de Salta e Estado nacional", sents. de 29-12-2008, 26-3-2009 e 13-12-2011, entre outras ditadas pelo máximo tribunal nesse caso.

testar o nexo causal sob o prisma de noções sistêmicas, que permitam ponderar a pluralidade de condições que concorrem à produção de um evento lesivo.

2 Prova da relação causal

Outro ponto que modifica o paradigma ambiental em matéria de responsabilidade civil diz respeito à comprovação do nexo de causalidade, cujo ônus tradicionalmente recai sobre a vítima do dano.[525] Como exceção, admitem-se atribuições ou presunções de relação causal.

Os princípios e valores básicos do microssistema de proteção ambiental em muitas situações nos levarão a extrair presunções[526] de causalidade entre um fato e um dano coletivo, iluminando, assim, o ônus da prova deste requisito da responsabilidade civil que pesa sobre a vítima.

Para além das presunções, quando se trata de demonstrar o nexo de causalidade, será perfeitamente apropriado recorrer a todo tipo de instrumento probatório dirigido a decifrar os complexos processos com os quais se defrontará o autor em um julgamento.

O papel das investigações e dos laudos periciais é fundamental, visto que constituem o meio mais útil e de peso no processo de dotar os juízes de elementos técnicos úteis, sólidos e cientificamente respeitáveis para a tomada de decisão final.

Neste tipo de casos complexos em que o magistrado tem pouco conhecimento científico, a opinião dos peritos é determinante e praticamente definidora, uma vez que o juiz terá de apresentar razões devidamente fundamentadas e contundentes para a hipótese de exercer o seu direito de apartar-se da opinião de um *expert*.

Daí a necessidade de dotar o Judiciário de órgãos especializados em questões não tradicionais para a prática forense diária, tornando-se

---

[525] O art. 1.736 do Código Civil e Comercial argentino estabelece que "O ônus da prova da relação de causalidade é daquele que a alega, exceto quando a lei o impute ou presuma. O ônus da prova da causa alheia, ou da impossibilidade de cumprimento recais sobre quem a invoca".

[526] A doutrina sustenta que "é concebível falar em presunções de causalidade quando, não se conhecendo a causa exata do evento danoso, exista uma probabilidade razoável de que seja decorrente da conduta ou atividade do réu. Naturalmente, seria sempre uma presunção *iuris tantum*. Ele poderá provar que existiu outra causa determinante que era totalmente estranha a ele, ou que não lhe era objetivamente atribuível" (REGLERO CAMPOS, Fernando. El nexo causal. Las causas de exoneración de responsabilidad: culpa de la víctima y fuerza mayor. La concurrencia de culpas. *In*: REGLERO CAMPOS, Fernando (Coord.). *Lecciones de responsabilidad civil*. [s.l.]: Aranzadi, 2007. p. 101).

imprescindível transitar das perícias de ordem "profissional" a outras muito mais apropriadas à nossa disciplina, como são as de natureza "científica".

Por outro lado, funcionará também em matéria de relação de causalidade a teoria das cargas dinâmicas da prova.

Este é um instrumento extremamente útil para uma melhor preservação do bem coletivo ao exigir a fundamentação do nexo de causalidade a quem se encontre em melhores condições para provar que um projeto ou atividade será inofensivo – ou pelo menos tolerável – ao entorno natural ou cultural.

Geralmente, são os proponentes de ações com impacto ambiental que dispõem de todos os elementos necessários para determinar se tal atividade será prejudicial ou não.[527]

Ao contrário, para as vítimas de danos ambientais, na generalidade dos casos, é praticamente impossível acessar os meios de prova definidores no caso concreto.

A doutrina, a jurisprudência e os instrumentos internacionais têm ido além da noção de ônus probatórios dinâmicos, propondo diretamente e, em certos casos, a inversão do ônus da prova do nexo de causalidade quando se trata de dano ambiental.[528] Neste sentido, defendeu-se a possibilidade de transferir para o demandado a necessidade de provar que a sua atividade não tem qualquer vínculo com o dano (seria a comprovação de fato negativo) a fim de favorecer a posição processual da vítima do prejuízo ambiental e da coletividade toda que resulta titular do bem que se pretende proteger.[529]

---

[527] A jurisprudência afirma que "segundo a doutrina da carga dinâmica da prova, em caso de provável, possível ou que se possa presumir que o dano ambiental já foi causado por contaminação ou por qualquer outro motivo, deverá provar sua inexistência não só quem se encontre em melhores condições de fazê-lo, mas, e ao contrário do afirmado pela instância *a quo*, quem precisamente sustenta tão cega e conscienciosamente que tal contaminação não existe e, por fim, que não houve ou não ocorreu qualquer dano ambiental" (STJ de Jujuy, 23-2-2010, "Leaño, Julia Rebeca e outros c/Estado Provincial", L. L. NOA 2010 [junio], 422).

[528] O parágrafo 186 da *Encíclica Laudato Si'*, elaborada pelo Papa Francisco em maio de 2015, ensina que "Este princípio da precaução permite a proteção dos mais fracos, que têm poucos meios para se defender e apresentar provas irrefutáveis. Assim, inverte-se o ônus da prova, pois nestes casos deve ser feita uma demonstração objetiva e contundente que a atividade proposta não causará graves danos ao meio ambiente ou aos seus habitantes".

[529] MORATO LEITE, José Rubens; DE ARAUJO AYALA, Patrick. *Dano ambiental*. Dano individual a o coletivo extrapatrimonial. Teoria e prática. 6. ed. rev., atual. e ampl. São Paulo: Thomson Reuters-Revista dos Tribunais, 2014. p. 186.

Nesse ponto, o papel do princípio da precaução como fundamento para aliviar o ônus da prova que pesa sobre o autor desempenha um papel crucial, já que

> se nos referirmos a um hipotético fator individual sob suspeita, se requererá gerar no juiz uma menor convicção acerca de que este atenda às propriedades exigidas para ser considerado causa jurídica (segundo o critério aplicável ao caso). Em uma reconstrução adequada dos enunciados anteriores, parece claro que o elemento negativo que descarta como obstáculo (a "falta de certeza") não escusa de um elemento positivo (a qualidade de ameaça ou existência de perigo).[530]

Por outro lado, no que se refere à valoração da prova da relação causal, impõe-se a necessidade de formular aproximações sistêmicas, holísticas e não fragmentadas do material de condenação apresentado no caso.

Deverá partir-se daquela premissa que aconselha, em caso de dúvida na aplicação de uma norma ou na resolução de um caso, voltar-se à solução que for mais favorável aos bens coletivos. A noção de *in dubio pro ambiente* se erigirá como o norte a ser seguido pelos juízes que enfrentem casos duvidosos em que a relação causal escape aos parâmetros habituais do direito da responsabilidade civil.[531]

Concluímos que todos estes instrumentos processuais devem ser exercidos com firmeza, flexibilidade e amplitude, tendo sempre em vista o alcance de uma maior efetividade na proteção dos bens e direitos de incidência coletiva.

Tudo isso, naturalmente, num quadro de razoabilidade e respeito pelas garantias constitucionais ligadas ao devido processo e ao exercício do direito de defesa que ostenta qualquer sujeito a quem se reivindicam condutas de caráter preventivo, precautório e ressarcitório dentro do sistema de responsabilidade civil.

---

[530] ACCIARRI, Hugo. *La relación de causalidad y las funciones del Derecho de Daños*. Reparación, prevención, minimización de costos sociales. Buenos Aires: Abeledo-Perrot, 2009. p. 163.

[531] "Em caso de dúvida, todos os processos perante tribunais, órgãos administrativos e demais tomadores de decisão devem ser resolvidos de forma que favoreçam a proteção e a conservação do meio ambiente, dando preferência às alternativas menos nocivas" (Declaração Mundial da União Internacional para a Conservação da Natureza (UICN) sobre o Estado de Direito em Questões Ambientais, adotada no âmbito do Congresso Mundial de Direito Ambiental da UICN, Rio de Janeiro, Brasil, 26-29.4.2016).

V Fatores de atribuição

1 Conceito e peculiaridades

O último dos pressupostos da responsabilidade civil que estudamos neste capítulo é o dos fatores de atribuição.

Os danos ambientais ocorrem geralmente no marco dos casos de responsabilidade objetiva, em que a culpa do agente é irrelevante para efeito de atribuição da responsabilidade, devendo o gerador do dano provar a causa externa para se libertar.[532]

O clássico critério subjetivo de culpa para atribuir responsabilidade civil é insuficiente diante desses novos danos.

Assim, surgem na legislação outros tipos de fatores que não são de imputabilidade porque não constituem por si próprios um juízo valorativo do comportamento lesivo, situação que motiva a substituição do conceito de "fatores de imputação" pelo de "fatores de atribuição".

Os fatores subjetivos são dolo e culpa.

Claro está que pode haver danos ambientais derivados de negligência, inexperiência ou imprudência, dependendo da natureza da obrigação e das circunstâncias das pessoas, do tempo e do lugar.

Também é possível a verificação de condutas dolosas, que consistem em atos voluntários contrários a direito, praticados com conhecimento de causa e com a intenção de lesar bens coletivos ou direitos individuais.

No entanto, a verdade é que o espaço mais amplo na questão ambiental é ocupado por fatores de atribuição objetivos, que constituem um catálogo aberto e abrangem institutos como o risco criado,[533] a garantia, a equidade, o dever de segurança, entre outros.

No direito argentino, o art. 28 da Lei Geral do Meio Ambiente nº 25.675 dispõe que "quem causar dano ambiental será *objetivamente* responsável por seu restabelecimento ao estado anterior à sua produção".

---

[532] Art. 1.722 de CCyCN.
[533] Assinalou-se que "o critério objetivo da responsabilidade civil permitirá retroceder na cadeia causal para estabelecer a responsabilidade não sobre o ato que causa o dano, mas sobre o ato que gera o risco. É o risco criado que gera a responsabilidade, alheio à relação de causalidade que poderia existir entre esse risco e o dano que acabou ocorrendo" (BESTANI, Adriana. Principio precautorio y nuevo Código Civil y Comercial común. *Revista de Derecho Ambiental*, Buenos Aires, n. 43. Com citação de FIGUEROA YÁÑEZ, Gonzalo. El principio de precaución frente a los viejos conceptos de la responsabilidad civil. *In*: ROMEO CASABONA (Ed.). *Principio de precaución, biotecnología y derecho*. [s.l.]: [s.n.], [s.d.]. p. 301-318).

Entre as diferentes variantes que podem se apresentar na matéria, encontramos as seguintes premissas:

1) danos causados por coisas que são, por sua natureza, arriscadas ou perigosas;
2) danos causados pelo risco da atividade exercida mediante a utilização ou emprego de algo, que, não sendo perigoso ou arriscado por natureza, é potencializado por essa capacidade de causar danos pela conduta do responsável;
3) danos causados por atividades de risco, sem intervenção de coisas.

A última das hipóteses mencionadas no parágrafo anterior, positivada no direito argentino no art. 1.757 do Código Civil e Comercial, importa incorporar o risco empresarial vinculado ao lucro que resulta da atividade econômica geradora de perigo.

Uma atividade é de risco quando por sua própria natureza, pelos meios empregados ou pelas circunstâncias da sua execução, gera uma probabilidade significativa de risco ou perigo – no nosso caso – para os bens coletivos.

2 Interpretação restritiva das eximentes

Com base no exposto, em hipóteses de responsabilidade objetiva por dano ambiental, quem pretenda se eximir das consequências previstas pelo sistema deve comprovar a ruptura do nexo de causalidade.

No direito argentino, regula o art. 29 da Lei Geral do Meio Ambiente nº 25.675:

> A isenção de responsabilidade somente se produzirá mediante a comprovação de que, apesar de haver adotado todas as medidas destinadas a evitá-lo e sem a simultânea culpa concorrente do responsável, os danos se produziram por culpa exclusiva da vítima ou de um terceiro por quem não deve responder.

Em relação ao fato da própria vítima, é necessário diferenciar entre os danos individuais e os coletivos.

No primeiro caso, esta variante operará, embora a culpa exclusiva da vítima deva ser provada como pressuposto do dano, já que o mero "fato" da parte lesada não terá um potencial de ruptura do vínculo causal se não tiver havido negligência, imprudência ou inexperiência de sua parte.[534]

Pelo contrário, no contexto do dano ecológico puro ou dano ambiental em si, a interpretação desta causal será extremamente restritiva ou diretamente improcedente.

Isso porque, em primeiro lugar, o fato ou a culpa de um sujeito individual de nenhuma maneira podem comprometer os bens coletivos, que por definição são indisponíveis, de uso comum e impossíveis de divisão.

Não se escusará o gerador de danos coletivos produzidos por comportamentos imputáveis a sujeitos individuais.

Sob outro ponto de vista, seria muito difícil imaginar uma ação que gere o próprio dano e que, consequentemente, rompa o *iter* causal previsível dos próprios bens coletivos.

Seria praticamente impossível afirmar que um dano ambiental foi produzido "por culpa exclusiva" da natureza ou das gerações futuras ou de qualquer microbem ambiental.

No caso dos "terceiros pelos quais não se deve responder", o art. 1.731 do Código Civil e Comercial argentino dispõe que, para se eximir de responsabilidade, devem reunir-se as características do caso fortuito; portanto, será necessário provar os caracteres da imprevisibilidade e da inevitabilidade.

Aqui também será inevitável a prova não só do fato, mas também da culpa do terceiro pelo qual não se deve responder, pois tal inteligência é mais favorável à proteção dos bens ambientais.

Deverá tratar-se de uma conduta totalmente alheia, estranha e imprevisível em relação à atividade ou projeto em questão e que escape da esfera de controle do agente.

No que diz respeito ao caso fortuito ou de força maior, a aplicação do princípio da precaução a cada situação concreta desempenhará um papel importante.

---

[534] No microssistema de defesa dos consumidores, a questão em análise é interpretada de forma semelhante e com fundamentos concordantes com os que propomos, uma vez que "quando se trata de vítimas em situação de vulnerabilidade, verifica-se uma tendência de exigir, para que a exoneração prossiga, uma culpa qualificada do lesado, como forma de aumentar sua proteção. [...] É importante salientar que estas declarações do Tribunal geralmente se referem a 'usuários e consumidores', com o que a doutrina da decisão, segundo a qual apenas exonera o provedor a falta grave da vítima, não se limita unicamente ao âmbito do contrato de transporte, devendo ser alargada a todo o universo das relações de consumo" (PICASSO, Sebastián. La culpa de la víctima en las relaciones de consumo. Precisiones de la Corte Suprema, em L. L. del 2-6-2008. p. 4; L. L. 2008-C-562).

Sob esse prisma, muitos efeitos negativos sobre o meio ambiente que, em princípio, derivam de eventos cuja ligação com o dano é apresentada como incerta poderiam, entretanto, ser excluídos da noção de *casus*.[535]

No direito argentino, também será levado em conta o disposto no art. 1.733, "e", do Código Civil e Comercial, para o qual

> Mesmo que ocorra o caso fortuito ou a impossibilidade de cumprimento, o devedor é responsável nos seguintes casos [...]
> e) se o caso fortuito e, se for caso, a impossibilidade de cumprimento que dele resulta, constituam uma contingência própria do risco da coisa ou da atividade.

É, em certa medida, o que assinalamos há alguns parágrafos com referência ao fato de que, em muitas situações, as "coisas" ou "atividades" que direta ou indiretamente modificam o meio ambiente geram danos imprevisíveis ou incertos cuja ocorrência é derivada de uma "contingência própria do risco" ínsita na mesma conduta em análise e que, portanto, não poderá ser enquadrada no instituto do *casus* segundo o previsto no inc. "e" do art. 1.733.

3 Casos de responsabilidade solidária

Um último ponto de que tratamos neste título diz respeito à responsabilidade solidária nos casos de danos causados por uma pluralidade de responsáveis.

É muito comum que danos ambientais sejam gerados em decorrência de ações oriundas de grupos constituídos por pessoas físicas ou jurídicas, sendo complexa a individualização de quem colocou a condição suscetível de ser apontada como causa adequada do prejuízo.

O art. 31 da Lei Geral do Meio Ambiente argentina estabelece:

> se na causação do dano ambiental coletivo tiverem participado duas ou mais pessoas, ou não for possível a determinação precisa da extensão do

---

[535] Concluiu-se que "'quando se pode explicar a relação causal adequada', a atribuição de responsabilidades funciona; quando o risco pode ser calculado, funcionam a prevenção e o paradigma da segurança; quando não há conhecimento, é preciso 'continuar pesquisando' e 'acompanhar os produtos' do mercado; quando há uma 'possibilidade de risco', é necessário agir de forma cautelosa" (SOZZO, Cósimo Gonzalo. La protección del consumidor a través del principio precautorio. *In*: STIGLITZ, Gabriel; HERNÁNDEZ, Carlos (Dir.). *Tratado de Derecho del Consumidor*. Buenos Aires: La Ley, 2015. t. III. p. 197).

dano aportado por cada pessoa responsável, todos serão solidariamente responsáveis pela reparação à sociedade, sem prejuízo, em cada caso, do direito de regresso entre si, para o que o juiz interveniente poderá determinar o grau de responsabilidade de cada pessoa responsável.

Essa atribuição de responsabilidade solidária a todos os integrantes do grupo tende a tutelar ao máximo a integridade do bem coletivo ambiental, oferecendo-se uma ampliação dos legitimados passivos.

O Código Civil e Comercial argentino também contém algumas soluções que resultam hábeis para a resolução deste tipo de conflito.

Assim, o art. 1.761 determina que "se o dano provém de membro não identificado de determinado grupo, respondem solidariamente todos os seus integrantes, exceto aquele que demonstre que não contribuiu para a sua produção".

Esta norma se ocupa de um pressuposto de causalidade alternativa[536] em que o dano deriva de uma ou mais condutas individuais orquestradas por um grupo de sujeitos – que não realizam uma atividade perigosa em conjunto –; apenas que não é possível a identificação precisa daquele que causou juridicamente o dano.

A vítima, neste caso, não está em condições de identificar qual (ou quais) dos integrantes do grupo produziu (ou produziram) a lesão, em razão do que lhe bastará comprovar que a autoria provém de qualquer um dos integrantes desse grupo, independentemente de sua identificação concreta.[537]

A responsabilidade se atribui recorrendo-se a indícios associados à probabilidade de que um ou vários dos membros do grupo seja o causador do dano, aplicando uma espécie de presunção de causalidade baseada na equidade.[538]

Por outro lado, o art. 1.762 determina que "se um grupo realiza uma atividade perigosa para terceiros, todos os seus integrantes respondem solidariamente pelo dano causado por um ou mais de seus membros. Só se libera quem demonstre não integrar o grupo".

---

[536] TANZI, Silvia; CASAZZA, María Soledad. Responsabilidad colectiva, anónima y por la actividad peligrosa de un grupo en el Código Civil y Comercial, em L. L. del 29-1-2015. p. 1.

[537] FRÚGOLI, Martín. Responsabilidad colectiva. *In*: MÁRQUEZ, José Fernando (Dir.). *Responsabilidad civil en el Código Civil y Comercial*. Buenos Aires: Zavalía, 2015. t. II. p. 152.

[538] REYNA, Carlos Alejandro. Daños causados por una pluralidad de personas. *Revista de Derecho de Daños*, Santa Fé, n. 2, 2015. Unificación de la responsabilidad contractual y extracontractual. p. 292.

A atribuição de responsabilidade civil neste caso também é objetiva e decorre da atividade de risco desenvolvida por um conjunto de sujeitos.

Neste caso, ao contrário do que sucede com a hipótese prevista no art. 1.761, é irrelevante a identificação do responsável para efeitos de eximir o resto dos integrantes do grupo da obrigação de indenizar.

Será necessário para quem pretender se libertar a demonstração de que tal sujeito não fazia parte do grupo, ou a ocorrência de qualquer dos pressupostos passíveis de romper o nexo causal em hipótese de fatores objetivos de atribuição.

São disposições que tendem fortemente a proteger tanto as vítimas de danos individuais como os bens ou direitos de incidência coletiva que possam ser negativamente afetados. Assim é, pois, ao aplicar as regras das obrigações solidárias ou concorrentes, conforme o caso, opera-se uma atribuição de responsabilidade entre todos os membros do polo passivo e, com isso, garante-se que na frente externa o ressarcimento seja integral.

Diante da vítima individual ou coletiva, o agente não poderá alegar o rompimento do nexo de causalidade se fizer parte do grupo que causou o dano.

Em vez disso, deverá se esforçar para mostrar que não contribuiu para a produção do dano ou que não formava parte do grupo.

Nessa inteligência, o maior esforço probatório no caso concreto recairá sobre o acusado de causar o prejuízo e não sobre a vítima individual ou coletiva.

O objetivo destas normas é evitar a injustiça que implicará a imposição de exigentes cargas probatórias a sujeitos passivos de danos, cujo mecanismo de produção se apresenta extremamente intrincado.

IV Responsabilidade civil do Estado por dano ambiental

São inúmeras as atividades realizadas direta ou indiretamente pelos diversos entes do Estado e que são capazes de causar danos aos bens coletivos.

Alguns dos seguintes exemplos foram enunciados: exploração, administração e manutenção de portos; infraestrutura ferroviária; transporte aéreo comercial de passageiros; fornecimento de água potável e esgoto; serviços turísticos; serviços e produtos bancários; construção de casas; atividade nuclear; soluções de satélite; geração, distribuição e fornecimento de energia elétrica; agrotecnologia; seguros; serviços de bolsa de valores; gestão e administração de fundos comuns de investimento; exploração de fontes carboníferas; produção e comercialização de hidrocarbonetos etc.[539]

No campo legal, discute-se acerca de se a regulação dos danos que essas atividades podem gerar deve ser feita pelo sistema de responsabilidade civil ou, pelo contrário, se trata de questões exclusivas da normativa de direito administrativo.

A Comissão encarregada de redigir o Anteprojeto de Reformas e Unificação dos Códigos Civil e Comercial da Nação argentinos em 2012 incluiu no referido texto normas que estabeleciam os grandes eixos da responsabilidade do Estado sob a órbita do sistema de direito privado.

Assim, o art. 1.764 do Anteprojeto assinalava que o Estado responde, objetivamente, pelos danos causados no exercício irregular de suas funções, sem que seja necessária a identificação do autor. Essa norma regulava a responsabilidade objetiva e direta do Estado em hipóteses de atividade ilícita. Por outro lado, o art. 1.766 destacava que o Estado também responde, objetivamente, pelos danos derivados de seus atos lícitos que sacrificam interesses dos particulares com desigual distribuição dos encargos públicos.

A Comissão aderiu à corrente doutrinária que entende que a regulação da responsabilidade do Estado deve estar contida no sistema de direito privado. Esta proposta foi posteriormente modificada no processo de sanção do Código Civil e Comercial, prevendo-se, assim, a proibição de aplicar o digesto aos casos de responsabilidade do Estado – nem direta nem indiretamente (art. 1.764) – e remetendo às normas e princípios do direito administrativo nacional ou local, conforme o caso (art. 1.765).[540]

Nessa linha, a responsabilidade do Estado é enquadrada como objeto de estudo exclusivo do direito administrativo.

Sem prejuízo desta legislação, permanece o debate no direito comparado se o Estado deve ser tratado como mais um na relação substancial que se estabelece a partir do dano, ou se, pelo contrário, deve ser excluído das normas de responsabilidade civil comum pelo

---

[539] CHAMATROPULOS, Demetrio Alejandro. La responsabilidad del Estado y el Derecho del Consumidor. *Revista de Derecho de Daños*, Santa Fé, n. 1, 2015. Responsabilidad del Estado – II. RC D 825/2017.

[540] Destacou-se que "A razão alegada para justificar a alteração do Anteprojeto de Lei da Comissão é a doutrina instituída pela mais alta instância nacional na causa "Barreto, Alberto D. e outros c / Prov. de Buenos Aires e outros" (BURGOS, Débora. La responsabilidad del Estado y sus funcionarios, antes y después del Código Civil y Comercial de la Nación. *Revista de Derecho de Daños*, n. 1, Santa Fé, 2017. Responsabilidad objetiva – I. RC D 1790/2017).

fato de gerir interesses públicos.[541] Isso porque a legislação de natureza administrativa costuma ser mais limitada ou restritiva em relação à prevenção, precaução, recomposição e ressarcimento de danos do que as premissas contidas nos sistemas de responsabilidade civil de direito privado constitucionalizado.

Tudo isso coloca um problema difícil de resolver.

Um dos mecanismos propostos pela doutrina é a aplicação analógica.[542] Como o regime de responsabilidade civil tem base constitucional, as fronteiras são derrubadas naqueles casos em que é necessário dar prioridade às vítimas de danos individuais ou coletivos, independentemente de quem sejam os autores dos prejuízos. Como ponto de partida, então, não poderiam admitir-se limitações que derivem para o desconhecimento dos princípios constitucionais e convencionais de não causar dano, reparação integral, tutela do ambiente como direito fundamental e proteção das gerações futuras entendidas como verdadeiro sujeito de direito. Pois

> nestes tempos, não é muito correto sustentar que se deva estabelecer um regime especial, protetor do Estado, quando o dano derive, presumivelmente, de sua conduta. O que deve determinar o regime aplicável não é o caráter do sujeito que comete o dano, mas os bens em jogo, os interesses violados.[543]

Portanto, ante as possíveis lacunas oferecidas pelo subsistema de responsabilidade estatal, se poderia acudir, por analogia, à normativa do direito de danos contida nos códigos substantivos. Por meio desse método, encontrar-se-ão noções imprescindíveis relativas às funções da responsabilidade civil, os pressupostos, os danos ressarcíveis e até questões de caráter processual que necessariamente concorrerão para testar se o acionamento do Estado ante a ocorrência de um dano se ajusta ou não ao direito.

---

[541] BURGOS, Débora. La responsabilidad del Estado y sus funcionarios, antes y después del Código Civil y Comercial de la Nación. *Revista de Derecho de Daños*, n. 1, Santa Fé, 2017. Responsabilidad objetiva – I. RC D 1790/2017.

[542] CASSAGNE, Juan Carlos. El fundamento constitucional de la responsabilidad de Estado y su regulación por el Código Civil o por leyes administrativas, em L. L. supl. Const. 2014 (mayo). p. 3; L. L. 2014-C-885.

[543] MÁRQUEZ, José Fernando; RAMOS, María Florencia. La supresión por el Poder Ejecutivo Nacional de la disciplina de la responsabilidad del Estado y del funcionario en el marco del Derecho Privado. ¿Constituye una opción ajustada a Derecho? *Revista de Derecho de Daños*, n. 3, Santa Fé, 2012. Proyecto de Código Civil y Comercial. RC D 1185/2014.

Para a hipótese de efeitos negativos sobre o meio ambiente, serão aplicáveis no caso argentino também aquelas regras, valores e princípios provenientes do microssistema regido pela Lei nº 25.675, o qual ostenta um indubitável caráter expansivo e invasivo que decorre, fundamentalmente, do disposto no art. 4º de tal norma.

Qualquer conteúdo jurídico de que se possa inferir algum tipo de incidência no que se refere a bens coletivos será, necessariamente, relido sob o prisma ambiental; procedimento que, desde já, não escapa ao direito de danos.

A esse respeito, é imprescindível levar em consideração o grau de pré-requisito ou pré-condição para o gozo dos demais direitos fundamentais atribuídos ao meio ambiente pela maioria das constituições da região, assim como o sistema interamericano de direitos humanos.[544]

Neste quadro, observa-se cada vez mais a utilização, no direito administrativo, das ferramentas do direito privado, sendo a questão ambiental um exemplo claro desta tendência.[545]

Diante de um caso em que se atribua responsabilidade ao Estado por dano ambiental e as normas administrativas resultem *prima facie* insuficientes ou inconvenientes para resolver a questão de acordo com o princípio protetivo da vítima tanto coletiva como individual, não haverá obstáculo para recorrer-se ao regime geral de responsabilidade civil, via analogia.

Outro instrumento hábil para implementar esse tipo de raciocínio é a diretriz geral de interpretação relacionada ao conceito de "diálogo das fontes".[546] As leis especiais não podem ignorar-se entre si tampouco excluir as regras do sistema geral, tanto quanto forem compatíveis com o conflito específico que se tente resolver. Encontrar-se-ão, tanto no direito privado codificado, como no subsistema ambiental descodificado, instrumentos fundamentais para a abordagem da problemática dos

---

[544] A Corte Interamericana de Direitos Humanos expressou que "Desta relação de interdependência e indivisibilidade entre os direitos humanos, o meio ambiente e o desenvolvimento sustentável, surgem múltiplos pontos de conexão através dos quais, como expressou o perito independente, 'todos os direitos humanos são vulneráveis à degradação ambiental, no sentido de que o pleno gozo de todos os direitos humanos depende de um ambiente propício'" (parágrafo 54 da Opinião Consultiva nº 23/17 de 15.11.2017 sobre Meio Ambiente e Direitos Humanos).

[545] BUTELER, Alfonso. Responsabilidad del Estado. ¿Derecho Público o Privado?, em L. L. del 16-6-2016. p. 1.

[546] Observou-se que "para as hipóteses em que aplicável a lei de responsabilidade do Estado por presunção de atividade ilegítima, deve-se proceder à análise da sua constitucionalidade a partir dos critérios de interpretação fundados no diálogo das fontes e da constitucionalização do Direito Civil" (GALDÓS, Jorge M. La responsabilidad del Estado en la ley 26.944 por el daño causado por las cosas de su propiedad, en RCyS 2014-XII-20).

bens coletivos, os quais não estão previstos, normalmente, na normativa específica da responsabilidade estatal se pretendêssemos utilizá-la de forma exclusiva e autossuficiente.

Sob o esquema argumentativo mencionado, pode-se concluir que mesmo na hipótese de falta de certeza científica não se justifica a falta de ação – ou intervenção deficiente – por parte do Estado com o objetivo de proteger, adequadamente, o meio ambiente ou a saúde.[547]

No atual estágio de evolução do direito ambiental, faz-se necessária a adoção de técnicas precautórias, tal como – do mesmo modo em inumeráveis vezes também obrou a jurisprudência argentina e da região – foi expressado, de forma contundente, pela Corte Interamericana de Direitos Humanos:

> Os Estados devem atuar de acordo com o princípio da precaução, com o objetivo de proteger o direito à vida e à integridade pessoal, nos casos em que existam indícios plausíveis de que uma atividade poderia causar danos graves e irreversíveis ao meio ambiente, mesmo na ausência de certeza científica. Portanto, os Estados devem atuar com a devida cautela para prevenir o possível dano.[548]

Assim, é possível reivindicar ao Estado condutas de caráter inibitório visando a impedir lesões aos bens coletivos, as quais, normalmente, se canalizam por meio de processos de autorizações, inspeções, supervisões ou sanções.

É claro que a função precautória da responsabilidade em relação à atuação da administração pública deve ser interpretada de forma restritiva e verificando estritamente a presença dos requisitos de procedência: suspeita de um risco grave e irreversível, falta de certeza científica e necessidade de medidas urgentes para impedir a sua realização.

A inobservância do princípio que proíbe o dano a outrem acionará também o sistema de responsabilidade civil estatal, desde que não se verifique, no caso, alguma causa de justificação.

Nesse sentido, prevê a doutrina:

> a constatação de um ato antijurídico por parte do funcionário público que causa um dano perde em relevância dado que o que prevalece como

---

[547] RAMOS MARTÍNEZ, María Florencia. Principio precautorio y responsabilidad del Estado. *RCyS* 2012-VIII-157.
[548] Parágrafo 180 da Opinião Consultiva nº 23/17 de 15.11.2017 sobre Meio Ambiente e Direitos Humanos.

justificativa da configuração de sua responsabilidade, e consequente atribuição ao Estado, não é a antijuridicidade em si mesma, mas a causação de um dano. É este último que impregna de antijuridicidade o ato em questão que convoca a Responsabilidade do Estado [...]. A primazia da prevenção e da reparação precautória do dano deslocou a exigência da antijuridicidade da atuação do Estado nesses casos ou do funcionário público em particular. Toda atividade ou ato que produza ou possa produzir um dano torna-se antijurídica. Seja ela produzida mediante a edição de normas jurídicas atinentes aos referidos casos, seja pela falta de aplicação das mesmas no âmbito administrativo de atuação das referidas regras de direito.[549]

Isso é importante em matéria ambiental já que grande parte dos danos a bens coletivos, conforme antecipamos, não decorre de violações a normativas expressas, nem estão tipificadas as condutas eventualmente prejudiciais.

Noutra ordem, para atribuir responsabilidade ao Estado nos casos de atividade lícita, recorreu-se ao conceito de igualdade na distribuição dos encargos públicos, enquanto que no caso de ação ilegítima opera-se a "falta do serviço".

Esta última noção pressupõe uma atividade estatal implementada de forma deficiente, irregular, inadequada ou incorreta. A Corte Suprema de Justiça da Nação Argentina a definiu como:

> uma violação ou anormalidade frente às obrigações do serviço regular, envolve uma apreciação em concreto que leva em conta a natureza da atividade, os meios de que dispõe o serviço, o vínculo que une a vítima com o serviço e o grau de previsibilidade do dano. Dito de outra maneira, não se trata de um julgamento sobre a conduta dos agentes, mas sim sobre a prestação do serviço e, portanto, a responsabilidade envolvida não é subjetiva, mas objetiva.[550]

Por vezes, a falta do serviço será muito difícil de ser provada pela vítima, pois terá de demonstrar que no caso concreto o Estado falhou no exercício das suas funções e que, com isso, violou normativa expressa que o obrigava a agir de tal ou qual modo.

É necessário refletir se, para os casos de dano ambiental nos quais não se constate cabalmente a falta do serviço, resultariam procedentes

---

[549] CAUMONT, Arturo; MIRANDE, Santiago. Acerca de la responsabilidad civil del Estado en Uruguay. Necesidad de un abordaje iusprivatista fundado en la evolución del Derecho de Daños. *RCyS*, 2016-X-5.

[550] CSJN, 6-3-2007, "Mosca, Hugo A. c/Provincia de Buenos Aires y otros", L. L. Online 35010557.

outros fatores de atribuição objetivos, como a obrigação de garantia[551] ou o risco criado.[552]

Fornecemos essas premissas apenas para reflexão, pois seu aprofundamento ultrapassaria os limites desta análise.

É claro que todos esses preceitos, no quadro de um razoável diálogo de fontes, deverão ser compatibilizados e harmonizados com os parâmetros que regem a atividade pública em cada caso particular.

Algumas linhas merecem agora consignar-se sobre aqueles casos em que poderia exigir-se do Estado que responda por determinadas omissões suscetíveis de causar danos a bens coletivos.

Este tema está ligado ao não cumprimento – ou implementação deficiente – do exercício do poder de polícia que se espera para o controle e prevenção de – no nosso caso – danos ambientais.

Grande número de eventos lesivos aos bens coletivos produz-se em concomitância com a falta de controle dos órgãos estaduais sobre as atividades privadas.

A este respeito, a posição seguida pela Corte Suprema de Justiça da Nação Argentina no caso "Mosca" é a seguinte:

> a mera existência de um poder de polícia que corresponda ao Estado nacional ou provincial não é suficiente para lhe atribuir responsabilidade em um evento em que nenhum de seus órgãos ou agências participou, toda vez que não pareça razoável pretender que sua responsabilidade

---

[551] A Corte Interamericana de Direitos Humanos sustenta que "O caráter *erga omnes* das obrigações convencionais de garantia a cargo dos Estados não implica uma responsabilidade ilimitada dos mesmos frente a qualquer ato ou fato de particulares; pois, mesmo que um ato, omissão ou fato de um particular tenha como consequência jurídica a violação de certos direitos humanos de outro particular, ele não é automaticamente imputável ao Estado, sendo preciso ater-se às circunstâncias particulares do caso e ao cumprimento de tais obrigações de garantia. No âmbito da proteção ambiental, a responsabilidade internacional do Estado derivada da conduta de terceiros pode resultar da falta de regulação, supervisão ou fiscalização das atividades desses terceiros que causem danos ao meio ambiente" (parágrafo 119 do Parecer Consultivo nº 23/17 de 15.11.2017 sobre Meio Ambiente e Direitos Humanos).

[552] A doutrina avalia como incorreto excluir o fator "risco criado" como fundamento para atribuir responsabilidade ao Estado, perguntando-se: "Por que, se se proclama com veemência que o Estado responde objetivamente, só se admite a falta do serviço e se nega a responsabilidade pelo risco, de mesma natureza?", e exemplifica: "os casos em que um automóvel policial ou ambulância pública atropela um pedestre, este não poderá suscitar a natureza arriscada do automóvel, devido à sua afetação à função pública, tendo, ao contrário, que provar que o dano foi produto de um desempenho irregular, configurativo da falta do serviço" (MÁRQUEZ, José Fernando; RAMOS, María Florencia. La supresión por el Poder Ejecutivo Nacional de la disciplina de la responsabilidad del Estado y del funcionario en el marco del Derecho Privado. ¿Constituye una opción ajustada a Derecho? *Revista de Derecho de Daños*, n. 3, Santa Fé, 2012. Proyecto de Código Civil y Comercial. RC D 1185/2014).

geral de prevenir delitos poderia envolvê-lo a tal ponto nas consequências danosas que eles produzam devido a fatos estranhos à sua intervenção direta [...]. A determinação da responsabilidade civil do Estado por omissão de ordens jurídicas indeterminadas deve ser objecto de um juízo estrito, baseado na ponderação dos bens jurídicos protegidos e nas consequências generalizáveis da decisão a tomar.[553]

Nessa linha, seria arriscado atribuir responsabilidade ao Estado em todos os casos em que se omita a implantação de ações preventivas.

Tal inteligência colocaria a administração pública em posição de ter que observar uma série de obrigações impossíveis de serem cumpridas e que, ademais, exigiriam a alocação de uma série de recursos – não apenas econômicos – com os quais não se conta de fato.

A Corte Interamericana de Direitos Humanos afirmou sobre este assunto:

> As obrigações positivas do Estado devem ser interpretadas de maneira que não seja imposto às autoridades um ônus impossível ou desproporcional. Para que surja esta obrigação positiva, deve estabelecer-se que: (i) no momento dos eventos, as autoridades sabiam ou deveriam ter sabido da existência de uma situação de risco real e imediato para a vida de um determinado indivíduo ou grupo de indivíduos, e não tomaram as medidas necessárias no âmbito de seus poderes que razoavelmente se poderia esperar para prevenir ou evitar este risco, e (ii) que existe uma relação de causalidade entre o dano à vida ou integridade e o dano significativo causado ao meio ambiente.[554]

Além disso, seria gerada uma espécie de subsídio ou isenção disfarçada de responsabilidade para os sujeitos privados que diretamente produzem danos ambientais e para os quais se exige a adoção de condutas preventivas e de precaução. São os causantes diretos dos prejuízos que devem assumir, de modo particular, as despesas que sejam pertinentes, o que implica a internalização dos custos das suas próprias atividades. Caso contrário, seria fomentada uma espécie de transferência dos custos e passivos ambientais causados por pessoas físicas ou jurídicas para toda a sociedade, já que nem é preciso dizer que os gastos que recaem sobre o Estado neste tipo de procedimentos

---

[553] CSJN, 6-3-2007, "Mosca, Hugo A. c/Provincia de Buenos Aires e outros", L. L. Online, 35010557.
[554] Parágrafo 120 da Opinião Consultiva nº 23/17 de 15.11.2017 sobre Meio Ambiente e Direitos Humanos.

são em grande parte pagos com fundos aportados pelos cidadãos com o pagamento de seus impostos.

Desta forma, sustentamos que para imputar responsabilidade por omissão aos diferentes órgãos do Estado, deveríamos estar diante de situações nas quais se possa, razoavelmente, exigir condutas ou ações concretas que não tenham sido observadas no caso particular.

Para encerrar este título, ratificamos que, no que se refere ao direito da responsabilidade civil, é necessário enfocar a vítima do dano – seja ela individual ou coletiva –, independentemente da qualidade do sujeito causador da lesão.[555] Neste quadro, a teoria geral contida no Código Civil e Comercial transcende os muros da referida norma e impacta com as suas regras e princípios nos restantes casos em que se verifica a possibilidade ou probabilidade de perpetração de um dano.

Em conclusão, é sob esse paradigma geral que nos propomos a avaliar os pressupostos em que o Estado atua como agente ativo na produção de danos ambientais; raciocínio que necessariamente levará a reformular ou reinterpretar alguns pressupostos básicos da lei especial.

---

[555] Destaca a doutrina que "o estudo da Responsabilidade Civil do Estado é suscetível de ser analisado, de forma crítica, por uma perspectiva diferente da contida, historicamente, na Doutrina Ius Publicista, que, fundamentalmente por sua natural e esperada perspectiva doutrinária, não tem levado em consideração, em seus estudos, os conteúdos científicos proporcionados pelo Direito de Danos e sua evolução teórica conceitual, que determinou mudanças paradigmáticas em sede de convocação de responsabilidade por meio de uma tendência progressiva e irrefreável de deslocar o foco da esfera do infrator para a esfera de vítima" (CAUMONT, Arturo; MIRANDE, Santiago. Acerca de la responsabilidad civil del Estado en Uruguay. Necesidad de un abordaje iusprivatista fundado en la evolución del Derecho de Daños. *RCyS*, 2016-X-5).

CAPÍTULO 11

O PROCESSO COLETIVO AMBIENTAL

I Conflito e processo

É comum que os conflitos coletivos sejam processados por meio de uma multiplicidade de diferentes ações em um ou mais tribunais, em diferentes jurisdições nacionais ou transnacionais, causando inúmeros inconvenientes.[556]

Por isso, é necessário distinguir entre o conflito e os processos, o que dá origem a cinco diferentes pressupostos:

- *Pluralidade de processos individuais decididos por um tribunal*: neste caso, trata-se de vários casos resolvidos sucessivamente por um único tribunal. Para resolver o problema do ruído na cidade de Delhi, o Tribunal indiano também utilizou vários casos sucessivos.

Nessas hipóteses, há uma sentença inicial em que se decidem os grandes lineamentos e, a seguir, outras sucessivas em que são tratados aspectos específicos. Do ponto de vista processual, os casos são diversos, mas todos ligados pela existência de um litígio coletivo.

- *Pluralidade de processos individuais decididos por vários tribunais*: neste caso, envolve vários processos apresentados a diferentes

---

[556] Nota da revisora: Veja no Brasil o tema do litisconsórcio: "É pacífica a jurisprudência desta Corte Superior no sentido de que, mesmo na existência de múltiplos agentes poluidores, não existe obrigatoriedade na formação do litisconsórcio, uma vez que a responsabilidade entre eles é solidária pela reparação integral do dano ambiental (possibilidade se demandar de qualquer um deles, isoladamente ou em conjunto, pelo todo)" (REsp nº 880.160/RJ. Rel. Min. Mauro Campbell Marques, Segunda Turma. *DJe*, 27 maio 2010). "No dano ambiental e urbanístico, o litisconsórcio é facultativo, ou seja, qualquer dos agentes pode ser demandado, isolada ou conjuntamente" (AgRg no AREsp nº 541.229/RJ. Rel. Min. Og Fernandes, Segunda Turma. *DJe*, 2 dez. 2014).

tribunais e jurisdições. Uma primeira opção é que cada ação e cada decisão sejam autônomas, mas, considerando que se referem ao mesmo conflito, as consequências podem ser muito gravosas. É possível que haja julgamentos contraditórios, no sentido de que um afirme a existência de poluição causada por um agente e outro a negue. Também é possível que sejam proferidas sentenças que não sejam contraditórias, mas diferentes, porque, embora todas afirmem a existência de responsabilidade, pode ser que umas admitam um tipo de prevenção e outros uma modalidade diferente, ou reconheçam diferentes tipos de danos. O mesmo fenômeno pode ocorrer durante as execuções porque um juiz poderia ordenar o fechamento de uma empresa e outro conceder um amparo (conceder a segurança, no direito brasileiro) para impedi-lo. Por todas essas razões, é conveniente concentrar o processo dentro das possibilidades disponíveis aos juízes. Também é importante que o tribunal, se tiver competência para tanto, instrua os juízos de primeira instância, como fez a Corte da Índia, em relação à suspensão das medidas de fechamento. Na realidade, é desejável que os tribunais superiores tenham competência para ordenar esses processos, a fim de garantir o serviço da justiça.

– *Processo coletivo que origina processos individuais*: nestes casos, há um processo coletivo a partir do qual surgem outras disputas por bens individuais que têm uma conexão. Uma reclamação apresentada a um tribunal pode ser muito ampla e referir-se a uma pluralidade de processos que excedem as possibilidades de administração do caso. Foi o que aconteceu com o caso do "Riachuelo" (Argentina), em que se decidiu separar os conflitos individuais dos coletivos. Assim, um caso produz vários por derivação.

– *Processo coletivo fracionado*: neste caso, um processo sobre um bem coletivo é dividido em diferentes partes, mas sempre relacionadas ao objeto comum. Uma demanda pode envolver aspectos muito amplos que o obrigam a ser dividido. É o que fez o Tribunal da Índia com a contaminação do rio Ganges, quando separou a questão dos curtumes de Calcutá da de um município, a fim de obter resultados mais definitivos.

– *Processo único coletivo*: por fim, é possível que haja um único processo coletivo sobre um bem e nenhum outro caso seja derivado ou dividido porque não é necessário. Foi o que aconteceu no caso de "La Oroya", no Peru, onde houve um processo, o bem era coletivo e uma decisão única foi adotada.

II   Processos policêntricos

O conflito coletivo dá origem a um processo policêntrico.[557]

Os centros de interesse que se formam em um processo dessa natureza não são dois, mas podem ser vários. Em outras palavras, da bipolaridade clássica no processo passamos à multipolaridade nas duas hipóteses que estudamos:

A) Quando se trata de bens coletivos, como é o caso do meio ambiente, o autor que apresenta uma ação coletiva atua como legitimado extraordinário para a tutela de um bem do qual não é o titular. Por esse motivo, não são úteis as categorias de lesados ou prejudicado, pois não são eles ou seus bens os que são objeto de proteção em um processo sobre um bem coletivo. Muitas vezes, os autores também contribuíram para danificar o bem, porque quando consomem ou jogam resíduos em um rio, as pessoas danificam. Se fossem utilizadas as categorias do direito civil clássico, os autores seriam condenados. Os demandados também podem ser prejudicados se morarem na área contaminada, podendo reconvir contra os autores.

A resolução adotada atinge diversos centros de interesse que podem participar do processo. Por exemplo, a decisão de transferir os curtumes adotada pela Corte Suprema da Índia poderia interessar os empresários, trabalhadores, habitantes da cidade onde foram instalados, os que vivem na cidade próxima onde a transferência foi ordenada, o governo nacional e o governo provincial.

B) Nas ações referentes a interesses individuais homogêneos, há muitos centros de interesse na parte autora, pois embora a causa seja comum, a medida do interesse de cada ação é

---

[557] FISS, Owen. *El derecho como razón pública*. Madrid: Marcial Pons, 2007. p. 59-60, sinala que essa expressão foi usada nos cursos do Professor Lon Fuller na Universidade de Harvard, introduzida durante os anos 1950. Com base em uma ideia de Michael Polanyi, Fuller sustentava que os tribunais não podem executar tarefas "policêntricas", embora ele não ofereça nenhuma definição clara e direta do que entende por policentricidade. Parece referir-se a um tipo de disputa ou problema que tem vários centros, da mesma forma que uma teia de aranha. A resolução de um conflito policêntrico teria necessariamente repercussões amplas e infinitas, o que torna esse tipo de disputa inapropriado para julgamento.

diferente, o que pode influenciar no caso de uma transação ou no curso do processo. Por outro lado, os réus também podem ser muito diferentes quanto à participação causal que tiveram no evento que causou o dano, podendo haver litígios entre eles. Finalmente, os terceiros, direta ou indiretamente interessados, podem querer participar do processo como amigos da Corte ou como prejudicados.

Essa multipolaridade influencia a relação jurídico-processual.

No polo ativo da relação, pode ocorrer que atuem um representante do interesse público (defensor geral, *defensor del pueblo* etc.), vários que invoquem interesses coletivos (organizações não governamentais) e grupos de pessoas que o façam como prejudicados. Cada um deles pode ajuizar uma ação com réus diferentes, com objetos que não coincidem e reivindicações divergentes. Por mais que a legislação preveja um regime preferencial, por exemplo, dando prioridade ao primeiro que se apresente, ou algum sistema de exclusão de quem não comparece ante um chamado público, permanecem as dificuldades derivadas da massividade. É comum as partes se perguntarem por que alguns autores têm preferência sobre outros, ou o motivo pelo qual apenas alguns sejam processados, e por isso atuarão como terceiros ou pedirão que se os cite como tais. O uso de remédios procedimentais clássicos, como a transferência da reivindicação individualmente de um para outro, seria interminável.

É por isso que é útil implementar audiências públicas que possam ter diferentes objetos:

– *Audiências informativas:* muitas vezes as partes não fornecem todas as informações, dificultando as decisões do tribunal. As audiências com convocação de todas as partes para ouvir suas posições, medidas de propósito informativo são muito úteis para ampliar a base sobre a qual as decisões devem ser tomadas. Nestes casos, o tribunal deve assumir uma posição muito ativa para obter informações.

– *Audiências de constituição da relação processual*: o segundo passo é estabelecer a relação processual de maneira que se possa desenvolver a lide. As audiências permitem ordenar com mais clareza quem são os autores e os réus. Este aspecto é muito importante, dada a já mencionada natureza policêntrica dos processos coletivos.

– *Audiências ordenatórias do processo*: como mostramos no início, o tribunal deve traçar uma estratégia para administrar esses processos, pois, caso contrário, o resultado almejado pode ser totalmente frustrado. Por este motivo, é relevante a audiência "ordenatória", que visa definir alguns parâmetros para a tramitação do processo.

Uma primeira decisão deve ser dirigida a dividir as pretensões a fim de evitar confusões e, nesse sentido, pode-se separar o que se refere à prevenção e à recomposição, por um lado, e o que se refere à reparação, por outro, pelos motivos que mais adiante explicaremos. Uma segunda fase é ordenar a prova. No procedimento ordinário, as discussões sobre as fontes e meios de prova geram impugnações de todo tipo que, transferidas para um processo coletivo, o tornariam interminável. A convocação às partes para que acordem procedimentos probatórios e uma ativa participação de ofício do tribunal são estratégias necessárias para facilitar a eficácia.

III A legitimação

1 A noção de "afetado"

A definição de afetado depende do bem jurídico protegido:[558]

---

[558] VALLEFIN, Carlos A. *La legitimación en las acciones de interés público*. Buenos Aires: LexisNexis, 2006; SBDAR, Claudia. Legitimados para promover la tutela jurisdiccional de los derechos que protegen al ambiente. *In*: CAFFERATTA, Néstor A. (Dir.). *Summa Ambiental*. Buenos Aires: Abeledo-Perrot, 2011. t. II. p. 1055; da mesma autora: *Protección jurisdiccional de derechos de incidencia colectiva*. Proceso colectivo ambiental cit. p. 1089; ARAZI, Roland, El "afectado" como legitimado activo en las acciones colectivas, em L. L. 2013-B-1003; MORELLO, Augusto M.; CAFFERATTA, Néstor A. *Visión procesal de cuestiones ambientales*. Santa Fé: Rubinzal-Culzoni, 2004. p. 169-85, sustentam que é suficiente provar um interesse mínimo razoável e suficiente com figuras similares do direito anglo-saxão para se tornar um defensor dos direitos de incidência coletiva. O art. 1712 do Código Civil e Comercial da Nação legitima aqueles que demonstram um razoável interesse na prevenção a agir para reivindicar uma ação preventiva. Lembramos que as ações típicas em defesa dos direitos de defesa coletiva relacionados ao bem coletivo do meio ambiente têm por objetivo prevenir e recompor danos ambientais coletivos, ou coibir atividades que gerem danos ambientais coletivos. A doutrina processual tem estudado a natureza especial do processo ambiental coletivo. DE LOS SANTOS, Mabel Alicia, Los principios del proceso colectivo ambiental, em J. A. 2017-II, fasc. 2. p. 1. Da mesma autora: Algunas pautas para la regulación normativa de los procesos colectivos, em J. A. 2005-IV-1269; ARAZI, Roland. El Derecho Procesal Ambiental. *Revista de Derecho de Daños*, Santa Fé, n. 3, 2008. p. 83; PEYRANO, Jorge W. Comentarios procesales sobre la ley 25.675. *Cuestiones actuales de Derecho Ambiental, El Derecho*, Buenos Aires, 2007. p. 121; Peculiaridades de la excepción de defecto legal en un proceso colectivo ambiental. *In*: *Problemas y soluciones procesales*. Rosario: Juris, 2008. p. 297; Particularidades de la valoración de los medidas probatorios introducidos en procesos colectivos. *In*: *Problemas y soluciones procesales*. Rosario: Juris, 2008. p. 373; *idem*, em L. L.

2006-F-416; Sucedáneos posibles de la deseada fuerza expansiva subjetiva de las sentencias que deberían ser dictada en el marco de los procesos colectivos. *Revista de Derecho Procesal* Santa Fé, n. 2, 2011, Procesos colectivos. p. 275; Las resoluciones judiciales diferentes (anticipatorias, determinativas, exhortativas e inhibitorias), em L. L. 2011-F-1167; Inserción de las cargas dinámicas en los procesos colectivos. *Revista de Derecho Procesal*, Número Extraordinario, 2012, Procesos colectivos, Santa Fé. p. 249; Margilánea acerca de los procesos colectivos. *Herramientas procesales*, Nova Tesis, 2013. p. 153; Sucedáneos posibles de la deseada fuerza expansiva subjetiva de las sentencias que deberían ser dictadas en el marco de procesos colectivos. *Herramientas procesales*, Nova Tesis, 2013. p. 163; La flexibilización de la congruencia, em L. L. del 5-9-2013. p. 1; Inserción de las cargas probatorias dinámicas en los procesos colectivos. *Herramientas procesales*, Nova Tesis, 2013. p. 171; Las resoluciones judiciales diferentes (anticipatorias, determinativas, docentes, exhortativas e inhibitorias. *Herramientas procesales*, Nova Tesis, 2013. p. 153; El proceso civil es un castillo en ruinas, em L. L. 2014-F-1232; Vías procesales para el principio precautorio, em L. L. 2014-C-1123; Aspectos procesales del funcionamiento del principio precautorio en materia ambiental. *In*: BERIZONCE; PASSUTI (Coord.). *Tutela judicial del ambiente*. Santa Fé: Rubinzal-Culzoni, 2015. p. 283; VERBIC, Francisco. *Conflicto colectivo y legitimación colectiva*. Una aproximación al fenómeno y a su desarrollo jurisprudencial en la PBA. Buenos Aires: LexisNexis, nº 12, diciembre 2006; *Procesos colectivos*. Buenos Aires: Astrea, 2007; Límites a la flexibilización de la congruencia en la sentencia colectiva. *Revista de Derecho Ambiental*, Buenos Aires, n. 17. p. 111; ¿Por qué es necesario regular los procesos colectivos? *In*: *Aportes para una justicia más transparente*. Santa Fé: Rubinzal-Culzoni, 2009. p. 78; El rol del juez en las acciones de clase. p. 237; BERIZONCE, Roberto O. La tutela anticipatoria en los procesos colectivos. A propósito del Código Modelo de Procesos Colectivos para Iberoamérica, em J. A. 2005-IV-1392; *El proceso civil en transformación* La Plata: Platense, 2008; *Tutelas procesales diferenciadas*. Santa Fé: Rubinzal-Culzoni, 2009; Los conflictos de interés público. *Revista de Derecho Procesal*, Santa Fé, n. 2, 2011. p. 75-76; Los procesos colectivos: Argentina y Brasil, Cathedra, 2012; La jurisdicción protectora de acompañamiento. *Revista de Derecho Procesal*, n. 2014- 2, Jurisdicción y competencia – I. Santa Fé: Rubinzal-Culzoni; MORELLO, Augusto M. El proceso colectivo. *In*: *Defensa de los consumidores de productos y servicios*. Buenos Aires: La Rocca, 1994; Las nuevas dimensiones del proceso civil, espacios ganados y trayectorias, em J. A. 1994-IV-843; El desafío de nuestro tiempo desde la perspectiva de la protección del medio ambiente. *RJPBA*, Santa Fé, 1995. p. 521; Los daños al ambiente y el Derecho Procesal, em J. A. 1997-I-281; *Estudios de Derecho Procesal*. Nuevas demandas. Nuevas respuestas. La Plata: Platense, 1998. p. 1-2; La legitimación para la tutela de los intereses colectivos o difusos y otros presupuestos afines, pero diferenciados, em E. D. 119-593; *La tutela de los intereses difusos en el Derecho argentino*. La Plata: Platense, 1999; La tutela de los intereses difusos en la Cámara Federal de Bahía Blanca, em J. A. 1999-III-249; Los procesos colectivos. El Anteproyecto para Iberoamérica de los colegas brasileños de 2002, em E. D. del 3-7-2003. p. 1; El afectado en el amparo, em D. J. 2003-3-299; Las causas ambientales y su complejidad, em D. J. 2004-2-1103; La legitimación en la tutela de los derechos subjetivos homogéneos, em D. J. 2004-1-183; MORELLO, Augusto M.; CAFFERATTA, Néstor A., Nuevas fronteras de la litigación colectiva. *In*: *La justicia frente a la realidad*. Santa Fé: Rubinzal-Culzoni, 2002, Cap. 10. p. 169; La justicia frente a la realidad. Santa Fé: Rubinzal-Culzoni, 2002; Procesos colectivos en la Ley General del Ambiente 25.675, em D. J. 2-1265; Estrategias en el Derecho Ambiental, em J. A. 2008-II-364; Los procesos colectivos ambientales, en Acceso al Derecho Procesal Civil, t. I, Cap. 22. p. 403; FALCÓN, Enrique, Los fenómenos ecológicos y el Derecho Procesal. Revista Jurídica de Buenos Aires, 1989, I. p. 141; Una definición de los procesos colectivos. *Revista de Derecho Procesal*, n. 2011-2, Procesos colectivos. Santa Fé: Rubinzal-Culzoni. p. 17; Algunas cuestiones sobre el proceso colectivo, em L. L. del 7-7-2009; Representación adecuada y actuación. *Revista de Derecho Procesal*, Número Extraordinario, Procesos colectivos. Santa Fé: Rubinzal-Culzoni. p. 147; GIANNINI, Leandro J., Legitimación en las acciones de clase, em L. L. 2006-E-916; La representatividad adecuada en las pretensiones colectivas, en *Procesos colectivos*. Santa Fé: Rubinzal-Culzoni. p. 179; *La tutela*

- se for um bem individual, é o titular da propriedade;
- se se trata de interesses individuais homogêneos, os titulares acionam. Porém, quando há ações populares ou ações de classe, pode ocorrer que se outorgue legitimidade ao primeiro a agir, ou a quem represente a classe, com o que se desdobram a titularidade e a legitimação. Quem age pode obter uma sentença que condene à reparação, mas os titulares são aqueles que têm o direito de apresentar-se, invocando a referida sentença coletiva, para receber o dinheiro que lhes corresponda;
- quando estamos na presença de bens coletivos, o afetado não é o titular do bem, pois eles são, como dissemos, indivisíveis. Nestes casos, a pessoa afetada é uma pessoa extraordinariamente legitimada, que não deve demonstrar a titularidade do bem, mas sim a origem da sua legitimação. Qualquer pessoa que tenha um interesse razoável e suficiente na defesa desses interesses coletivos está autorizada a defender o bem coletivo. A "razoabilidade" deve ser examinada em relação

---

colectiva de derechos individuales homogéneos. La Plata: Platense, 2007; Los procesos colectivos y la tutela de los derechos individuales homogéneos. Los problemas que suscita la noción de "derechos de incidencia colectiva", em L. L. 2008-A-97; Los procesos colectivos en la Ley General Ambiental. Propuestas de reforma, em *Aportes para una justicia más transparente*. Santa Fé: Rubinzal-Culzoni, 2009. p. 105; BIANCHI, Alberto B. *Las acciones de clase*. Ábaco, Fundación de Derecho Constitucional José Manuel de Estrada, 2001; Legitimados para promover la tutela jurisdiccional de los derechos que protegen al ambiente, em Articulación de las competencias ambientales en la Nación y en las provincias del NOA, Edunt, 2008. p. 215; SBDAR, Claudia, Legitimación para promover la tutela jurisdiccional de los derechos que protegen al ambiente. *Revista de Derecho Ambiental*, n. 9, LexisNexis/Instituto El Derecho por un Planeta Verde, enero/marzo 2007. p. 1; Revisión judicial de los instrumentos de gestión y política ambiental. Su análisis desde la jurisprudencia de la CSJN, em L. L. 2009-F-1146; Proceso colectivo ambiental, em L. L. 2009-A-922; Tutela efectiva del ambiente, em L. L. 2009-A-1043; Protección jurisdiccional de derechos de incidencia colectiva. Proceso colectivo ambiental. *Revista de Derecho Ambiental*, n. 20. Buenos Aires: Abeledo-Perrot. p. 1; Legitimación procesal para reclamar el cese de la actividad dañosa y recomposición del daño ambiental. *Revista de Derecho Ambiental*, n. 14. Buenos Aires: Abeledo-Perrot. p. 42; Protección jurisdiccional de derechos de incidencia colectiva. Proceso colectivo ambiental. *Revista de Derecho Ambiental*, n. 20. Buenos Aires: Abeledo-Perrot. p. 1; Juicio de amparo colectivo. Buenos Aires: Hammurabi, 2013; Constitución, Nación, Derecho Ambiental y sociedad, em Derecho Ambiental. Dimensión social. Santa Fé: Rubinzal-Culzoni, 2015. p. 83; Procesos colectivos y políticas públicas, em L. L. 2016-B-775; Tribunales especializados para la tutela efectiva del ambiente, em L. L. del 18-3-2017. p. 1; GIANNINI, Leandro; VERBIC, Francisco (Dir.). *Los procesos colectivos y acciones de clase en el Derecho Público argentino*. Santa Fé: Rubinzal-Culzoni, 2017.

à certeza do dano,[559] que estabelece um limite e permite dar uma organização processual às reivindicações.[560]

Pode acontecer que uma ação cause danos ao meio ambiente e às pessoas, e nesses casos podem ocorrer as seguintes situações:

- a parte lesada reclama uma indenização por danos pessoais ou patrimoniais e possui legitimidade para o fazer;
- o lesado agrega à referida ação a pretensão de prejuízo pela lesão ao bem coletivo, invocando a legitimação em caráter de afetado;
- se a acumulação for feita perante um tribunal que tenha competência para ambos é viável, mas não o será se não tiver essa competência, como aconteceu no caso "Mendoza", julgado pela Corte Suprema da Argentina.

A classificação anterior permite esclarecer os debates gerados por esta figura. Em grande medida, surgem porque o "afetado" é identificado com a pessoa lesada por direito próprio ou com uma cotitularidade que compartilha com outras pessoas. Conforme explicamos, depende das situações, mas, quando se trata do bem coletivo, não existe um direito próprio, mas uma legitimação para atuar em defesa do bem.

A Corte Suprema tem afirmado repetidamente que deve haver uma causa ou polêmica que possibilite a intervenção do Judiciário. E para isso, devem dar-se três fatores de ordem pública: a) interesse concreto, imediato e substancial; b) ato ou omissão ilegítimos; c) dano diferenciado, suscetível de tratamento judicial. Note-se que não se marca como requisito a exclusividade do dano, mas sim sua diferenciação, o que significa que quem invoca a legitimação deve indicar um motivo distinto do mero interesse no cumprimento da lei. Do contrário, caímos na ação popular ou nas instâncias de mera denúncia, ou participação cidadã indiferenciada com base no mero interesse da legalidade objetiva.

---

[559] Conf.: KEMELMAJER DE CARLUCCI, Aída. La responsabilidad civil por el daño ambiental. *Separata de Anales del Cincuentenario*, Academia Nacional de Derecho y Ciencias Sociales de Córdoba, Córdoba, 1991. p. 178-185; PARELLADA, Carlos A. Los principios de responsabilidad civil por daño ambiental en Argentina. *In*: *Responsabilidad por daños al medio ambiente*. Universidad de Externado de Colombia, 2000. p. 243.

[560] Por exemplo, se houvesse um dano a uma parte da Floresta Amazônica, qualquer pessoa do mundo poderia se sentir afetada, e poderiam ocorrer milhares de julgamentos em diferentes jurisdições ao redor do planeta, o que impossibilitaria a organização processual da tutela.

2 Legitimação pública: o *defensor del pueblo* e os promotores

O *defensor del pueblo/ombudsman* nasceu na Suécia, incorporando-se na sua Constituição em 1809 e expandindo-se para diversos países com tradição democrática consolidada (Finlândia, Dinamarca, Nova Zelândia, Áustria, Espanha, Holanda, França, Canadá, Alemanha, Austrália etc.). Na América Latina, seu desenvolvimento é incipiente (entre eles se destacam México e Brasil). Na Argentina, é admitido na Constituição Nacional e nas leis da Nação e das províncias.

Nesse caso, a legitimação consiste no reconhecimento para agir em nome próprio, mas em defesa de direito alheio.

Em muitos países, o protagonismo está a cargo dos promotores (*fiscales*).[561] O Ministério Público está legitimado para atuar na medida em que a legislação especificamente lhe confere esse papel.[562] Há países em que a atuação ministerial se refere exclusivamente à vertente penal, enquanto em outros é muito mais extensa.

Essas figuras são extremamente importantes para a defesa do bem coletivo.

3 A sociedade civil: associações

A sociedade civil tem um papel cada vez maior na defesa do meio ambiente, o que aumenta à medida que o Estado retrocede. Existem associações que defendem o meio ambiente em geral e outras muito

---

[561] Nota da revisora: Veja no Brasil, inclusive com a isenção de custas: "A regra contida no art. 18 da Lei 7.347/85 ('Nas ações de que trata esta lei, não haverá adiantamento de custas, emolumentos, honorários periciais e qualquer outras despesas') incide, exclusivamente, em relação à parte autora da ação civil pública. Nesse sentido, os seguintes precedentes: REsp nº 786.550/RS, 1ª Turma, Rel. Min. Teori Albino Zavascki, DJ de 5.12.2005. p. 257; REsp nº 193.815/SP, 2ª Turma, Rel. Min. Castro Meira, DJ de 19.9.2005. p.240; REsp nº 551.418/PR, 1ª Turma, Rel. Min. Francisco Falcão, DJ de 22.3.2004. p. 239; REsp nº 508.478/PR, 1ª Turma, Rel. Min. José Delgado, DJ de 15.3.2004. p. 161" (REsp nº 570.194/RS. Rel. Min. Denise Arruda, Primeira Turma, j. 4.10.2007. *DJ*, 12 nov. 2007. p. 155).

[562] Nota da revisora: No Brasil, a competência do Ministério Público é de origem constitucional e consolidada na jurisprudência do STJ. Há ainda o Ministério Público Federal e Estadual, veja como exemplo: "Em ação proposta pelo Ministério Público Federal, órgão da União, somente a Justiça Federal está constitucionalmente habilitada a proferir sentença que vincule tal órgão, ainda que seja sentença negando a sua legitimação ativa" (CC 40.534/RJ, Rel. Min. Teori Albino Zavaski, DJU de 17.5.04; AgRg no CC 107.638/SP. Rel. Min. Castro Meira, Primeira Seção, j. 28/3/2012. *DJe*, 20/4/2012)" (AgInt no REsp nº 1.515.682/SP. Rel. Min. Francisco Falcão, Segunda Turma, j. 21.9.2017. *DJe*, 4 out. 2017).

mais específicas; existem algumas de jurisdição internacional e outras de âmbito local.

Por essas razões, a legitimação depende do objeto reconhecido para atuar juridicamente. Para tanto, devem ser especificados os objetivos, como foi registrado, e a representação jurídica.

Nesse contexto, que espaço têm eventuais uniões ocasionais e conselhos profissionais?

Em relação aos primeiros, que respondem a determinado estímulo negativo externo (como exemplo, um grupo de vizinhos que se apresentam, juntos, para questionar uma contribuição de melhorias para pavimentar uma via de acesso ao bairro em que residem, ou o mesmo com um grupo de motoristas que pretendem se opor ao aumento da tarifa de pedágio), o obstáculo é dado pela falta de elementos organizacionais mínimos. Então, será mais conveniente para um dos afetados agir em nome desse grupo.

No que diz respeito às associações profissionais, apesar de alguns antecedentes parcialmente favoráveis, o concreto é que o Tribunal tem adotado uma posição restritiva. Isso ocorreu principalmente no caso "Conselho dos Fonoaudiólogos de Entre Ríos c/ Estado Nacional" (26.8.2003).[563]

4 A noção de bem coletivo com relação à legitimação e competência

Para explicar esta questão, é conveniente desenvolver o caso "Mendoza", julgado pela Corte Suprema.[564]

---

[563] CSN Julgados: 326:2998.
[564] Sent. de 20-6-2006 em "Mendoza, Beatriz Silvia e outros c/Estado Nacional e outros s/Danos y prejuízos (danos derivados da contaminação ambiental do Rio Matanza-Riachuelo)" (Fallos: 326:2316). Voltamos a este caso ao tratar dos aspectos relativos ao cumprimento forçado da sentença. Para ampliar estudos dos alcances e conteúdo deste julgado consultar: MORELLO, Augusto M., Aperturas y contenciones de la Corte Suprema de Justicia de la Nación, em J. A. 2006-III-304; SABSAY, Daniel, La Corte Suprema de Justicia de la Nación y la sustentabilidad de la Cuenca Matanza Riachuelo, em L. L. 2006- D-280; Caminos de la Corte. Derecho Ambiental. Una nueva etapa en la defensa de los bienes judiciales ambientales, em L. L. 2007-B-1026; PIGRETTI, Eduardo A., Aciertos y desaciertos del fallo que anotamos (caso "Mendoza"), em E. D. del 20- 11-2006; CAMPS, Carlos, Derecho Procesal Ambiental: nuevas pautas de la Corte Suprema de Justicia de la Nación. *Revista de Derecho Ambiental*, n. 7. Buenos Aires: Abeledo-Perrot. p. 201; GIL DOMÍNGUEZ, Andrés, El caso "Mendoza": hacia la construcción pretoriana de una teoría de los derechos de incidencia colectiva, em L. L. 2006-E-40; VALLS, Mario F., Sigue la causa M.1569.XL, "Mendoza, Beatriz Silvia y otros c/Estado Nacional y otros s/Daños y perjuicios (derivados de la contaminación ambiental del Río Matanza-Riachuelo)", em www.eldial.com. Suplemento Derecho Ambiental, 2006;

A parte autora da ação é constituída por um grupo de moradores da região da bacia do Riachuelo-Matanza. Segundo o relato dos autores, a bacia do rio Matanza-Riachuelo tem uma população de 3.000.000 habitantes, e cobre parte da Capital Federal e onze partidos da Província de Buenos Aires. Eles indicam que, do ponto de vista ambiental, as áreas mais críticas da bacia são a portuária do Riachuelo e aquela altamente industrializada ao longo do rio, desde sua foz até os arredores de Villa Diamante e Fiorito. Detalham as diferentes sessões em que se o pode dividir e assinalam que aquela que identificam – de acordo com diversos estudos efetuados – como Sessão II, e que nasce da foz dos arroios Cañuelas e Chacón, é receptora de importantes efluentes industriais com tratamento inadequado ou inexistente. Indicam que a partir daí sua qualidade cai drasticamente, acabando por se transformar, na altura do arroio Santa Catalina, em um curso d'água

---

ESAÍN, José y GARCÍA MINELLA, Gabriela, Proceso y ambiente: mucho más que [...] Corte a la contaminación. *Revista de Derecho Ambiental*, n. 7. Buenos Aires: Abeledo-Perrot; CAFFERATTA, Néstor A., El tiempo de las Cortes Verdes, em L. L. 2007-B-423; ZAMBRANO, Pedro, El derecho de defensa en los juicios ambientales, em L. L. 2006-F-634; RODRÍGUEZ, Carlos, La defensa de los bienes públicos ambientales por la Corte Suprema de Justicia de la Nación, em D. J. 2006-2-703; BARBIERI, Gala, El activismo judicial tuvo que enfrentar, una vez más a la disfuncionalidad administrativa, em L. L. 2006-E-318; DEVIA, Leila; NOCEDA, Paula y SIBILEAU, Agnès, Algunas reflexiones en torno al caso "Matanza-Riachuelo", em L. L. 2006-E-355; CATALANO, Mariana, Anexo jurisprudencial a cargo. p. 268, em Teoría del Derecho Ambiental, La Ley, abril de 2008; BIBILONI, Homero, Una sentencia ambiental de política judicial vista a partir de sus múltiples impactos y enseñanzas que deja, em Derecho Ambiental en evolución, Juruá, 2007, 5. p. 173; Ambiente y política. Una visión integradora para gestiones viables, RAP, 2008. Causa "Mendoza", fallo del 8-7-2008, "Mendoza, Beatriz Silvia y otros c/Estado Nacional y otros s/Daños y perjuicios (daños derivados de la contaminación ambiental del Río Matanza-Riachuelo)", M.1569.XL., competencia originaria; CSJN, SD del 8-7-2008, Fallos: 331:1622, L. L. del 23-7-2008. p. 7, fallo 112.665, con nota de DRUCAROFF AGUIAR, Alejandro, La responsabilidad civil de los funcionarios públicos en la jurisprudencia de la CSJN; TETTAMANTI DE RAMELLA, Adriana, Una sentencia que trasciende la cuestión ambiental. p. 9; RODRÍGUEZ, Carlos A., La prevención de la contaminación del Riachuelo: la sentencia definitiva. p. 10. Veja-se também: L. L. del 20-8-2008, os comentários de SOLÁ, Juan V., La Corte Suprema y el Riachuelo. p. 7; CATALANO, Mariana, El fallo "Mendoza". p. 11. Ainda: CAFFERATTA, Néstor A., Sentencia colectiva ambiental en el caso "Riachuelo", em J. A. 2008-III-288; *Revista de Derecho Ambiental, justicia ambiental*, o "leading case" "Mendoza" (Cuenca Matanza-Riachuelo), sob a coordenação de Mariana Catalano, com artigos de Alejandro Andrada, Carlos Camps, Aníbal Falbo, Daniel Lago, Aldo Rodríguez Salas, José Esain e Andrés Nápoli, octubre/diciembre del 2008, nº 16. E o número especial de J. A. 2008-IV, Caso "Mendoza" perfiles y proyecciones, com trabalhos de Homero Bibiloni, Lydia Calegari de Grosso, Carlos Camps, Emilio Faggi, Mariana García Torres, Mariano Novelli, Leonardo Pastorino, Carlos Rodríguez, Mario Valls e Augusto M. Morello. Para ampliar, em relação à execução de sentença, consultar o minucioso trabalho de investigação de ZONIS, Federico; VELLO, Mariana y RINALDI, Gustavo, La ejecución de la sentencia "Mendoza" (caso del Riachuelo), em J. S. 2009-IV, Número Especial, Novedades en Derecho Ambiental. p. 85; PÉREZ DE LOS COBOS HERNÁNDEZ, Elisa. *La incorporación de la variable ambiental al derecho de aguas argentino*. Atelier, 2016.

que, segundo denunciam, "se assemelha a um fluído de esgoto em condições anaeróbicas". Eles apontam que, entre as fontes de poluição do rio, se destacam as indústrias, que na maioria das vezes despejam no rio e no solo os líquidos que utilizam, sem tratamento, junto com resíduos sólidos tóxicos e perigosos. As empresas que realizam essas atividades, segundo afirmam, evidenciam uma estagnação tecnológica e uma situação ambiental deficiente.

Afirmam que o rio na sua parte média está fortemente poluído, e na sua parte baixa e zona portuária está mais altamente poluído, pois contém um elevado teor de metais pesados e compostos orgânicos, com forte presença de hidrocarbonetos totais e pesticidas "organoclorados".

Soma-se a tudo isso a inexistência de rede de esgoto e o consequente lançamento no rio dos respectivos resíduos, bem como resíduos de toda espécie de lixões inadequados.

Responsabilizam o Estado nacional quanto à situação denunciada em relação a uma via navegável e interjurisdicional (que abrange parte da Capital Federal e onze partidos da Província de Buenos Aires), a respeito da qual este possui poderes de regulação e controle, em virtude do disposto no art. 75, incs. 10 e 13 da Constituição Nacional.

Atribuem à Província de Buenos Aires a responsabilidade por ter o domínio originário sobre os recursos naturais existentes em seu território, de acordo com o disposto nos arts. 121 e 124 da Lei Fundamental.

Também responsabilizam a Cidade Autônoma de Buenos Aires na qualidade de corribeirinha do Riachuelo, que constitui, na área de sua jurisdição, um bem de seu domínio público e, além disso, por estar obrigada a utilizar equitativa e razoavelmente suas águas e o resto dos recursos naturais do rio, seu leito e subsolo, sem causar nenhum dano significativo aos demais corribeirinhos, por ter sua jurisdição sobre todas as formações insulares ribeirinhas de sua costa, com os alcances permitidos pelo Tratado do Rio da Prata, e porque lhe corresponde preservar a flora e a fauna de seu ecossistema, como reserva natural, conforme estabelece o art. 8º da Constituição local.

Dirigem sua pretensão conjuntamente contra todos esses codemandados, por não terem cumprido as disposições ambientais em vigor, tendo em vista que desviaram recursos específicos – um empréstimo concedido pelo Banco Interamericano de Desenvolvimento, por meio do Decreto nº 145/98, para o "Programa de Gestão Ambiental e de Manejo da Bacia Hidrográfica Matanza-Riachuelo" – para fins alheios à solução do problema ambiental denunciado e por não exercer as suas competências de controle e implementar políticas preventivas idôneas a este respeito.

Indicam também que processam empresas vizinhas por despejarem resíduos perigosos diretamente no rio, por não construírem estações de tratamento, por não adotarem novas tecnologias e por não minimizarem os riscos de sua atividade produtiva.

De acordo com o julgamento do Tribunal, é apropriado discriminar:

– "A primeira reclamação refere-se ao ressarcimento por danos a bens individuais, cujos legitimados ativos são as pessoas que reclamam indenização pelos danos a pessoas e bens sofridos em consequência indireta da agressão ao meio ambiente".

– "A segunda reivindicação visa a defender o bem de incidência coletiva, configurado pelo meio ambiente. Nesse caso, os autores reivindicam, na qualidade de legitimados extraordinários (Const. Nacionais, arts. 41, 43 e 30 da Lei 25.675) para a tutela de um bem coletivo, o qual, por sua natureza jurídica, é de uso comum, indivisível e está protegido de uma forma que não está ao alcance das partes, uma vez que primeiro corresponde à prevenção, depois à recomposição e, na falta de qualquer possibilidade, dar-se-á lugar à indenização (art. 28, lei citada)".

Uma vez feita a separação das pretensões, declara que a primeira é inadmissível, porque não é da competência do Tribunal:

No presente caso e tal como foi apresentada a demanda, a acumulação de pretensões tentada é inadmissível nesta jurisdição originária da Corte Suprema, pois a adequada ponderação da natureza e objeto respectivos demonstra que nem todas elas correspondem à competência originária prevista no artigo 117 da Constituição Nacional. Não corresponde à jurisdição original[565] e não é federal em razão da matéria.[566]

---

[565] Nas causas B.2303.XL, "Barreto, Alberto Damián e outra c/Buenos Aires, Provincia de e outro s/Danos e prejuízos"; C.4500.XLI, "Contreras, Carlos Walter c/Buenos Aires, Provincia de s/Danos e prejuízos", e "Zulema Galfetti de Chalbaud e Hijos Sociedad de Hecho c/Santa Fe, Provincia de s/Danos e prejuízos", de 21-3, de 18-4 e de 9-5-2006, respectivamente, esta Corte teve a oportunidade de definir um novo contorno do conceito de causa civil – com o objetivo de determinar a competência originária deste tribunal em razão da distinta vizinhança ou condição de estrangeiro – limitando-o aos litígios regidos exclusivamente por normas e princípios de direito privado, tanto no que concerne à relação jurídica em causa como no exame da concorrência de cada um dos pressupostos da responsabilidade patrimonial ventilada e, no caso, na determinação e avaliação do dano indenizável.

[566] Diz a Corte: "Com efeito, por um lado, em assuntos dessa natureza deve descartar-se a presença de uma questão que corresponda à competência federal em razão da matéria (conf. causa V.930.XLI. 'Verga, Ángela e outros c/TAGSA SA e outros s/Danos e prejuízos', sent. do dia da data)".

Nesse sentido, é feita uma clara diferenciação entre o bem individual e o coletivo.

Quanto à competência em relação ao bem coletivo, é feita uma distinção entre:

- Bem coletivo. *Competência federal*: para que resulte procedente, requer-se que haja uma afetação ao bem coletivo interjurisdicional. Diz o Tribunal:

    O artigo 7º da Lei 25.675 prevê jurisdição federal quando se trata de degradação ou contaminação de recursos ambientais interjurisdicionais, hipótese que se verifica na *sub lite* na medida em que, por um lado, mais de uma jurisdição estadual está envolvida; e no sentido de que, por outro lado, duas das reivindicações promovidas têm em vista esse pressuposto atributivo da competência – a degradação ou contaminação de recursos ambientais – ao perseguir a recomposição e o ressarcimento do dano de incidência coletiva, que é o único regulado e alcançado por este estatuto especial (art. 27, lei citada; caso C.1732.XL, 'Confederação Geral do Trabalho (CGT, Conselho Diretivo CGT, Santiago del Estero Regional c/ Tucumán, Província de e outros (Estado nacional) s/Amparo', sent. de 20-09-2005).

- *Bem coletivo. Competência federal. Jurisdição originária da Corte Suprema:* se além da contaminação interjurisdicional, suceda que um dos réus tenha foro especial, procede-se à jurisdição originária do Tribunal.

    Nas condições expressas, o caráter federal da matéria e a necessidade de conciliar o privilégio à jurisdição federal que corresponde ao Estado nacional, com a condição de aforada a esta jurisdição originária por parte do Estado provincial, a única solução que satisfaz essas prerrogativas jurisdicional é declarar a competência originária do tribunal que dispõe o artigo 117 da Constituição Nacional.

A SENTENÇA

Primeira parte – Características da sentença coletiva

Em casos individuais, a decisão judicial declara o direito e ordena sua satisfação, o que é relativamente simples porque atende aos critérios desenvolvidos ao longo de muitos anos de tradição jurídica. Para os fins deste estudo, não interessa que haja uma formulação genérica, como ocorre, por exemplo, com o direito à água ou à alimentação, mas sim o fato de que a solução da controvérsia não ultrapassa a repercussão que tem para as partes. Isso sem prejuízo de que possa se constituir em um precedente de valor exemplar para outros, mas a sentença não acarreta obrigações jurídicas para terceiros.

Por outro lado, nos litígios coletivos, a sentença tem valor não só para as partes, mas também para terceiros, com o que se pode dizer que os seus efeitos ultrapassam as partes numa dimensão que pode ser variável e referir-se a um grupo de dez, cem, mil, um milhão de pessoas ou uma população inteira.

Nesse aspecto, é necessário fazer uma distinção:

- *Sentença de efeitos gerais*: quando uma lei é declarada inconstitucional, existem efeitos gerais no sentido de que uma norma destinada a regular uma série de situações jurídicas é invalidada. Porém, em um sistema de controle difuso e casuístico da constitucionalidade, esses efeitos se limitam ao caso, e os demais sujeitos não são atingidos pela sentença, que só vale como precedente; em outro julgamento, esses terceiros atingidos por uma lei declarada inconstitucional podem invocar o precedente. Num sistema de controle concentrado e abstrato da constitucionalidade, a sentença invalida a lei para todos os cidadãos, mas para isso não é necessário um processo coletivo.

- *Sentença de efeitos coletivos*: neste caso, a decisão judicial estende-se a todos os sujeitos afetados pelos elementos comuns do caso (interesses individuais homogêneos), ou a todos aqueles que pretendam acionar em relação a um bem coletivo.

O aspecto mais relevante da sentença coletiva é que, por ter efeitos normativos erga omnes, obriga o juiz a pensar como legislador ou um administrador governamental.

Essa característica levanta vários problemas que estudaremos neste capítulo:

- *A sentença coletiva:* qual é o fundamento para obrigar sujeitos individuais que não participaram do processo? Que tipo de decisões processuais (*remedies*) um juiz pode adotar quando deve resolver um caso sobre um bem coletivo?
- *A implementação:* como fazer para que as sentenças deste tipo não sejam apenas declaratórias? Como se pode alcançar efetividade tendo-se em conta que a capacidade institucional do Poder Judiciário é limitada?
- *A divisão de poderes:* até que ponto o ativismo judicial em decisões gerais é constitucionalmente defensável em um sistema de divisão de poderes?

I A sentença sobre interesses individuais homogêneos

Em casos ambientais, litígios envolvendo interesses individuais homogêneos são comuns. Normalmente não se trata do "meio ambiente" como bem coletivo, mas das repercussões sobre os direitos subjetivos. Por exemplo, quando a poluição causa danos a grandes grupos de pessoas, ou uma catástrofe destrói casas, ou uma alteração da paisagem impede os vizinhos de aproveitá-la. Por essa razão se o denominou "efeito rebote", já que o prejuízo ao bem coletivo transborda para a esfera privada.

Nestes casos existe uma causa comum e uma multiplicidade de danos, razão pela qual é necessário examinar os efeitos que produz a sentença.

Neste campo, devem-se distinguir duas situações que podem surgir:

- Um processo em que se edite uma sentença com efeitos que se estendem a sujeitos que dele não participaram.
- Vários processos que deem origem à possibilidade de sentenças contraditórias.

Vamos estudar as duas possibilidades separadamente.

1 Efeitos expansivos da sentença

A questão dos efeitos expansivos da sentença[567] pode variar de acordo com a decisão adotada pelo legislador em cada país conforme as experiências existentes, o contexto institucional e o comportamento dos cidadãos. Em outras palavras, não há uma avaliação *a priori* da maior adequação de um ou de outro sistema.

Várias opções possíveis podem ser apontadas.

a) Sentença favorável à ação

Se a ação coletiva terminar com resolução favorável, a eficácia desta é para todos os integrantes do setor coletivo.

A lei consagrou a *res judicata secundum eventum litis*, ou seja, o pronunciamento judicial projeta seus efeitos sobre todos aqueles que, mesmo não tendo intervindo no processo, beneficiam-se da decisão.

b) Sentença que rejeita a demanda

Se a pretensão for denegada por falta de fundamento, o juiz deve indicar, muito especialmente, os motivos que o levaram a tomar tal decisão.

---

[567] CASSAGNE, Juan C. Derechos de incidencia colectiva. Los efectos "erga omnes" de la sentencia. Problemas de reconocimiento de la acción colectiva, em L. L. 2009-B-649; GARCÍA PULLÉS, Fernando R. Las sentencias que declaran la inconstitucionalidad de las leyes que vulneran los derechos de incidencia colectiva. ¿El fin del paradigma de los límites subjetivos de la cosa juzgada? ¿El nacimiento de los procesos de clase?, em L. L. 2009-B-189; DANERI CONTE GRAND, Emilio. Alcance de las sentencias dictadas en las causas promovidas por el defensor del pueblo y las asociaciones de consumidores (Legitimación. Encuadre constitucional. "Class action"), em *Estudio de Derecho Administrativo IV*, Dike, Foro de Cuyo, 2000, p. 207; GOZAÍNI, Osvaldo. Sobre sentencias constitucionales y la extensión "erga omnes", em L. L. 2007-D-1242; LIEBMAN, Enrico Tullio. *Eficacia y autoridad de la sentencia y otros estudios sobre la cosa juzgada (con adiciones al Derecho brasileño)*. Tradução de Santiago Sentís Melendo. Buenos Aires: Ediar, 1946; MORELLO, Augusto M. La expansión subjetiva de los contratos y sentencias. A propósito de los APE y los contratos colectivos, em E. D. del 17-3-2005.

Os efeitos são gerais, apesar de que se pode reapresentar a causa com novos fatos.

c) Sentença que rejeita a demanda por falta de provas

Quando a ação coletiva é rejeitada por falta de provas, a decisão só vale para as partes.[568] Assim, qualquer outra pessoa pode reformular o pedido.

d) Coisa julgada em matéria ambiental

Nos termos do art. 33 da Lei nº 25.675, a sentença fará coisa julgada e terá efeitos *erga omnes*, a menos que a ação seja julgada improcedente, ainda que parcialmente, por motivos probatórios.[569] A exceção procede exclusivamente quando o indeferimento da ação por dano ambiental coletivo se dá por questões probatórias – uma prova que não foi produzida por desconhecimento da parte autora ou por sua negligência – pressupondo-se que qualquer integrante do grupo que não interviesse diretamente no processo e que tivesse as provas conclusivas para a decisão do caso, não seria atingido pelos efeitos da sentença e poderia promover uma nova ação.[570]

Sem prejuízo da utilidade dos efeitos expansivos que acabamos de descrever, é necessário preservar a vontade de cada uma das pessoas do setor. A demanda compartilhada e seu trâmite coletivo não podem, portanto, subjugar a autonomia da vontade de quem não deseja ser afetado pela sentença que delas decorre. O contrário implicaria um retrocesso na teoria das liberdades individuais (art. 19, CN) e estabeleceria uma nova modalidade de ditadura das maiorias.

---

[568] Nota da revisora: Neste sentido, a Lei da Ação Civil Pública e o Código de Defesa do Consumidor. Veja ainda a Súmula nº 618 do STJ: "A inversão do ônus da prova aplica-se às ações de degradação ambiental" (Súmula nº 618, Corte Especial, j. 24.10.2018. *DJe*, 30 out. 2018).

[569] Nota da revisora: Assim também os arts. 103 e seguintes do Código de Defesa do Consumidor (Lei nº 8.078/1990) e o art. 16 da Lei da Ação Civil Pública (Lei nº 7.347/1985), com a redação dada pela Lei nº 9.494/1997, segundo os quais a sentença na ação civil pública fará coisa julgada *erga omnes*, nos limites da competência territorial do órgão prolator. O Supremo Tribunal Federal afetou pelo Tema nº 1.075 a análise de constitucionalidade do art. 16 da Lei de Ação Civil Pública, que limita a coisa julgada *erga omnes*, própria do processo civil coletivo, à competência territorial do órgão prolator.

[570] PERETTI, Enrique. La sentencia ambiental. Su eficácia. *Revista de Derecho Público*, Santa Fé, n. 2, 2009, Derecho Ambiental – II. p. 321; LORENZETTI, Pablo. Particularidades de la sentencia ambiental: posibilidad de fallar "extra" y "ultra petita" y cosa juzgada "erga omnes", em J. A. 2010-IV, fasc. nº 12, p. 67.

Nesse sentido, numerosos regulamentos de direito comparado fornecem mecanismos para evitar que alguém seja afetado em seus direitos sem a concorrência de sua vontade.

Trata-se de um recorte – ao caráter vinculativo da decisão final – *subjetivo*, pois não depende do desfecho favorável do litígio (*one way preclusion* ou coisa julgada *secundum eventum litis*), mas da perspectiva pessoal do sujeito potencialmente imerso no grupo que promove a ação. Por algum motivo substancial (que o leva a não compartilhar a decisão de litigar) ou prática (conveniência) esse sujeito não quer se relacionar com a situação coletiva, e deve ser respeitado.

Basicamente, os sistemas se ramificam em duas linhas:

– *Opt in*, caso em que a coisa julgada produza efeito apenas em relação aos membros que expressamente concordaram em ser incluídos no grupo ou autorizaram uma associação dedicada à defesa do bem em questão para representar seus interesses em juízo por meio de um documento assinado.

– *Opt out*, que permite a exclusão tanto da tramitação do processo como dos efeitos da sentença, aos sujeitos que assim o manifestam, de forma expressa e indiscutível, e em prazo determinado. Normalmente esse mecanismo ocorre na etapa de certificação, embora também existam regras que admitem o exercício da opção até certo momento antes da prolação da sentença.

Em ambos os casos, o conhecimento da ação é crucial, já que, é claro, ninguém pode se excluir de um evento que ignora. No sistema de *opt-in*, tal anotação é produzida principalmente por meio de notificação, mas, no *opt-out*, prevalecem os mecanismos de publicidade (na mídia jornalística local, por editais no *Diário Oficial* ou publicação estatal similar etc.).

2 Múltiplos processos e litispendência

Como apontamos no início, é comum que cada conflito gere múltiplos processos coletivos que se sobrepõem entre si em diferentes jurisdições, ou ações individuais que coincidem com as coletivas. Em geral, o problema da litispendência tem sido motivo de preocupação na doutrina, de regulamentação em alguns países e de decisões jurisprudenciais em outros.[571]

---

[571] Nota da revisora: Veja no Brasil: "Somente se estabelece a litispendência quando há, entre as demandas, identidade de partes, causas de pedir e pedidos (Art. 337, §§2º e 3º, do CPC/15). O Tribunal a quo entendeu que as ações são diferentes, tanto em relação à causa de pedir

O Código Modelo de Processos Coletivos para a Ibero-América estabelece (art. 30) que "O primeiro processo coletivo produz litispendência em relação aos posteriores em que se façam valer pretensões sobre o mesmo bem jurídico, ainda quando sejam diferentes os legitimados ativos ou as causas de pedir". A seguir (art. 31) estabelece uma regra para as relações entre a ação coletiva e as ações individuais:

> A ação coletiva não gera litispendência em relação às ações individuais, mas os efeitos da coisa julgada coletiva (art. 33) não beneficiarão aos autores nos processos individuais, caso não seja requerida a suspensão do processo individual no prazo de 30 (trinta) dias, a partir do conhecimento efetivo do processo coletivo [...]. *Parágrafo único*. Caberá ao réu informar, no processo de ação individual, a existência de ação coletiva com o mesmo fundamento, sob pena de que, caso não o faça, o autor individual se beneficiará da coisa julgada coletiva ainda que a ação individual seja rejeitada.

Nos Estados Unidos, a "Regra 23, b" permite a certificação de classe quando o exercício de ações individuais pode criar um risco de julgamentos inconsistentes ou contraditórios. Por outro lado, o *Judicial Panel on Multidistrict Litigation* tem a autoridade de transferir casos federais relacionados a um único juiz, a fim de evitar sentenças contraditórias.

O Supremo Tribunal Federal do Brasil reconhece que deve ser estimulado o surgimento de um "macroprocesso", evitando-se a proliferação de casos individuais, justamente pelo risco de contradição.

Na Argentina, na ausência de normas processuais precisas, a Corte Suprema fixou alguns critérios no chamado caso "Riachuelo", a que nos referimos na parte casuística. O plano a ser executado, e cujo controle de execução foi inicialmente delegado ao juiz federal de Quilmes, abrangia uma região bastante ampla e um regime especial, mediante o qual os recursos que se interpunham ante esse tribunal eram elevados diretamente à Corte, com a finalidade de evitar atrasos (*Sentenças*: 331:1622), e de especial regime recursivo, que se desenhou para ser aplicado nas causas que se apresentavam ao se pôr em exercício a intervenção ordenada (considerandos 20 a 22). No entanto, certas

---

quanto ao pedido, o que não foi integralmente contestado no Recurso Especial, provocando a incidência da Súmula 283 do Supremo Tribunal Federal, que dispõe: 'É inadmissível o recurso extraordinário, quando a decisão recorrida assenta em mais de um fundamento suficiente e o recurso não abrange todos eles'" (REsp nº 1.559.396/MG. Rel. Min. Herman Benjamin, Segunda Turma, j. 22.11.2016. *DJe*, 19 dez. 2016).

divergências interpretativas veem sendo suscitadas entre tribunais de diferentes naturezas, foros e graus quanto ao correto alcance das regras estabelecidas.

Isso levantou o seguinte problema: o espaço geográfico para a execução do plano cobria muitas jurisdições federais e provinciais. Em virtude disso, era lógico que pudessem ser ajuizadas nos tribunais provinciais e federais ações que incluíssem aspectos relacionados ao plano e dificultassem sua execução.

Por este motivo, a Corte estabeleceu uma regra geral pela qual atribuiu competência ao juiz delegado em tudo o que se relacionasse com a execução do plano.

Em seguida, surgiu outro problema: em uma jurisdição diferente se denuncia um fato de natureza criminal, no qual se acusam funcionários e advogados em relação à vigilância de empresas que despejavam líquidos poluentes no rio, parte da bacia. O juiz federal de Quilmes pede a intervenção da Corte com o objetivo de que se pronuncie sobre a competência para conhecer da matéria.

A questão era difícil, porque se tratava de matéria penal, em que devia ser respeitado o direito do réu de ser julgado pelo juiz natural, ou seja, o de sua jurisdição, e pela necessidade de dupla instância, que não se daria no caso de intervir o juiz delegado na execução, porque as apelações iam diretamente para a Corte Suprema.

Em 11.6.2009, a Corte decidiu que o juiz delegado não era competente. No entanto, alguns juízes esclareceram que seria competente em dois casos: a) crimes ambientais: afetando o solo, a água ou o ar do território da bacia cujo saneamento foi ordenado; b) os crimes em que a materialidade dos fatos consistiu em revolta, desobediência ou resistência às ordens do tribunal delegado.

Na sentença de 10.11.2009, o Tribunal avançou em outra precisão. Em sua resolução anterior, havia dito que as controvérsias relacionadas à execução do plano deveriam tramitar na Justiça Federal de Quilmes e, se tivessem sido instauradas em outra instância, a litispendência deveria ser declarada e remetido o processo ao tal tribunal. Isso com o objetivo de concentrar todas as causas e agilizar o processo de execução.

As disputas referidas eram aquelas que tinham por objeto a execução do plano sobre o mesmo bem coletivo, ainda que os autores ou réus fossem diferentes. Neste julgamento o Tribunal esclareceu que a litispendência (que significa transferir o processo para o juízo responsável pela execução) alcançará inclusive questões que, apesar de introduzidas – por via de pretensões acessórias, cautelares, medidas informativas ou probatórias de caráter preliminar, ou sob qualquer outro *nomen juris* – em processos que, por seu objeto principal, são excluídos da propositura ante o juizado de Quilmes, exibem um conteúdo que está – expressa ou virtualmente – dentro dos mandamentos impostos à autoridade de bacia na citada sentença de 8 de julho, e cuja execução foi confiada ao juizado indicado. Nestes casos, a causa continuará tramitando perante o tribunal competente (federal ou provincial), com a única exclusão da reclamação ou medida que guarde conexão com os termos indicados no caso "Mendoza" e que, portanto, interfere na jurisdição federal de natureza originária delegada por esta Corte ao Juízo de Quilmes, para execução da sentença de 8 de julho de 2008.

Essa litispendência não atinge aqueles casos em que se discute o efeito que o dano ao bem coletivo tem sobre cada um dos indivíduos.

Esta segunda classe de questões em que a proteção de um bem coletivo não é reivindicada e em que a Corte se declarou incompetente desde sua primeira intervenção em 'Mendoza' na resolução de 20 de junho de 2006 (Acórdãos: 329:2316) é, precisamente, a que está excluída da declaração de litispendência proferida na sentença de 8 de julho de 2008 e, portanto, de seu assentamento ante o Juizado Federal de Quilmes, devendo tramitar perante o tribunal – provincial ou federal – competente de acordo com as normas gerais estabelecidas nas leis, com o escopo estabelecido em várias normas jurisprudenciais estabelecidas pela Corte para distinguir as competências federal e provincial em matérias de natureza ambiental.

Quanto à norma anterior, a Corte reserva a possibilidade de produzir um ordenamento de uma multiplicidade de casos individuais, caso seja considerado conveniente.

Que todos os conflitos de competência vinculadas ao plano serão resolvidos diretamente pela Corte, ainda quando não tenham um Superior Tribunal comum.

II   A sentença sobre bens coletivos

A sentença pode ter efeitos sobre bens coletivos que são indivisíveis, como exemplo, quando se discute a contaminação de um rio, a integridade da paisagem ou a água potável de uma região.

Esse pressuposto difere muito do anterior porque coloca o juiz na posição de regulador de um bem que possui dimensões públicas e apresenta múltiplos aspectos que requerem sentenças "atípicas".

Segunda parte – Sentenças atípicas

I Distinção entre sentença declaratória e sentença de execução

Neste tipo de caso, deve ser feita uma distinção entre a decisão e a execução.

Nos casos que analisamos, não há uma única sentença, mas várias, que configuram um processo adaptativo de aproximação à solução definitiva. Por exemplo: condena-se à execução de um plano de limpeza de um rio, mas logo várias decisões devem ser tomadas sobre aspectos específicos do plano e sua implementação até que uma definição razoável seja alcançada (decisão "Mendoza", CSJN argentina).

Por esta razão, o tribunal deve distinguir entre as sentenças apresentadas a seguir.

1 Sentença declaratória

Sentenças declaratórias são importantes. São sentenças vinculativas de um tribunal que definem a relação jurídica entre as partes e seus direitos. Embora a sentença declaratória não preveja execução alguma, afirma-se a opinião autorizada da Corte quanto à natureza exata da questão jurídica, sem requerer nenhuma conduta adicional.

As sentenças declaratórias são consideradas uma forma de justiça preventiva, pois, ao informar as partes sobre seus direitos, as ajudam a evitar violações de leis específicas ou de cláusulas contratuais. A principal característica de uma sentença declaratória, que a distingue de outros juízos, é o fato de que, por meio de seu ato de deferimento, os tribunais podem determinar, quanto aos direitos legais em disputa, se um recurso adicional poderia ser reclamado.[572]

---

[572] BORCHARD, Edwin. Federal Declaratory Judgments Act. *Virginia L. Rev.*, v. 21, n. 35, 1934.

A lei e a prática de sentenças declaratórias em geral se desenvolveram na Inglaterra a partir de 1883, e nos Estados Unidos a partir de 1919.[573]

Os casos resolvidos nos Estados Unidos desde a aprovação formal dos estatutos declaratórios exemplificam uma gama extraordinária e variada de recursos judiciais em situações de fato. À luz dos mesmos desenvolvimentos no Reino Unido e no continente europeu, uma vasta experiência também está disponível para profissionais e tribunais. Como foi apontado por alguns autores, na proteção dos diversos interesses legais normalmente não protegidos, na determinação das questões em seu início, na resolução de litígios sem o requisito da infração, na eliminação da incerteza e das relações jurídicas e na administração de um recurso mais suave ante um remédio mais drástico, a sentença declaratória provou sua utilidade como instrumento de justiça preventiva e como valioso exemplo de terapêutica judicial.

Em suma, as sentenças declaratórias são uma ferramenta importante para as partes ou indivíduos que buscam uma decisão judicial nos estágios iniciais de uma disputa, minimizando assim a incerteza.

Quando há incerteza quanto às obrigações legais ou direitos associados a um possível transcurso de ação futura, o recurso declaratório oferece um meio imediato de resolver tal incerteza antes que alguma conduta seja adotada. Os julgamentos declaratórios referem-se ao conflito inicial, uma vez que decorrem da relação processual, e muitas vezes dão origem a uma "ruptura" ou a uma "mudança de concepção". Por exemplo, declarar que a poluição do ar em Nova Delhi é relevante é o primeiro passo para a mudança de uma situação preexistente e consolidada.[574] Da mesma forma, a Suprema Corte dos Estados Unidos estabeleceu que a noção de "gases de efeito estufa" deveria ser entendida dentro da definição de "poluente do ar" considerada pela Lei do Ar Limpo daquele país.[575]

Da mesma forma, uma declaração de princípios e uma condenação geral são características dessas sentenças, que produzem alto impacto midiático e social, dada a importância do bem afetado.

---

[573] O projeto de lei de sentenças declaratórias ingressou no Senado dos Estados Unidos em 7.1.1919, seguindo o modelo de regulamento da Suprema Corte do Reino Unido, 1883.

[574] "M. C. Mehta vs. Union of India", 1987 SCR (1) 819.

[575] "Massachusetts v. Environmental Protection Agency", 549 US 497 (2007). Vale ressaltar que a decisão neste caso não foi declaratória *per se*. A questão era a denegação do pedido de regulamentação. Embora a Corte tenha deixado claro que certas justificativas não poderiam ser usadas para não se fazer uma regra, tal regra não foi ordenada.

2 Sentença de execução

Assim que um tribunal declara a constitucionalidade ou não de uma lei, os cidadãos se perguntam: o que vem a seguir?

Surge um processo complexo com outras etapas judiciais e novos recursos. Isso produz uma linha tênue entre o ativismo judicial e a separação de poderes. Depois de tomada uma decisão, a sentença deve ser executada, o que geralmente envolve numerosas etapas judiciais nas quais ocorrem diferentes discussões e especificações. A primeira sentença fornece um marco geral e as seguintes o executam. Embora a primeira decisão tenha feito coisa julgada, as seguintes são provisórias, uma vez que as medidas ordenadas são geralmente temporárias e de adaptação e, portanto, podem ser anuladas por medida posterior.

Na sentença que declara o direito e condena, o juiz tem um amplo espectro de opções que estudaremos a seguir.

II Exortações

A sentença exortativa[576] contém uma declaração sobre a vigência de um valor ou princípio constitucional cuja implementação corresponde a outros poderes, e uma "exortação" para que o faça efetivo. Não se consagra uma obrigação jurídica determinada, mas sim indeterminada e de valor político. Não existe um direito de exigir o cumprimento, e seu objetivo é chamar a atenção, fortalecendo o debate sobre um tema.

Esse procedimento é usualmente acessório de uma condenação relativa à controvérsia.

O campo específico de aplicação está relacionado a dois tipos de situações:

- A decisão proferida tem efeito entre as partes, mas poderia ser uma solução geral para uma série de casos semelhantes, o que justifica uma exortação ao Congresso para legislar ou ao Executivo para que implemente uma política pública.
- O juiz observa um aspecto da controvérsia que tem implicação institucional, mas que não foi devidamente levantado, e por isso chama a atenção do Congresso ou do Poder Executivo para sua relevância.

---

[576] EGUIGUREN PRAELI, Francisco José. Las sentencias interpretativas o manipulativas y su utilización por el tribunal constitucional peruano. *In*: *Aspectos del Derecho Procesal Constitucional*, 2009, p. 263, Idemsa; SAGÜÉS, Pedro N. *Compendio de Derecho Procesal Constitucional*. Buenos Aires: Astrea, 2009. p. 86; Las sentencias exhortativas (apelativas o con aviso) y su recepción en Argentina, em L. L. 2005-F-1461.

Em ambos os casos, a sentença exortativa é uma solução adequada.

Nos demais casos, a sentença contém um mandamento ou uma proibição, tema que, nos processos sobre bens coletivos, apresenta inúmeras peculiaridades que analisaremos a seguir.

III Mandamentos de inovar e de não inovar

A norma legal pode conter uma permissão, um mandamento ou uma proibição.

Quando o juiz recebe uma reclamação judicial, pode ordenar, cautelarmente, que o conflito não se altere durante a tramitação do processo. O juiz encontra-se com uma situação que imobiliza, por precaução, até que se resolva. É um ato conservatório do que as partes fizeram, não intervém nem modifica, apenas congela o que foi feito na expectativa de que se continuará fazendo algo negativo.

A situação fica imobilizada porque, se seguir seu curso normal, é previsível que o dano ocorra ou se agrave.

O problema com o mandamento de não inovar é que ele pode consolidar situações fatuais injustas ou mesmo se mostrar inútil em alguns casos.

Um dos casos é aquele em que existe uma parte forte que "ganha" posições de fato perante o litígio e se vê altamente beneficiada com o congelamento ordenado pelo juiz, visto que gozará do fato obtido ao longo do processo. A sentença será desvirtuada pelo contexto situacional criado por uma das partes.

Outra das premissas é a de bens que não permitem espera. Nos conflitos ambientais, a espera "consome" o bem jurídico protegido, de tal forma que manter a situação é falhar quando já não há mais interesse por extinção natural e injusta do conflito. Foram estes motivos que nos fizeram pensar em mecanismos de solução complementares, como a medida inovadora.

A inovação é uma modificação sobre o objeto do litígio adotada pelo juiz antes da decisão final. Trata-se de dizer: "aguardemos a decisão final, mas mudando a situação de fato injusta".

O desenvolvimento desta faculdade pode ter incluso autonomia funcional e não estar vinculado ao mandado de segurança ou à medida cautelar. Pode ser concebido como uma ordem judicial proferida dentro do processo, ou mesmo no final em proteção de terceiros, como veremos adiante.

No direito anglo-saxão, adquiriu autonomia sob o nome de *injunction*, que é uma espécie de ordem de fazer.

Na Argentina e no Brasil, tanto no amparo como no *mandado de segurança*, é reconhecida a possibilidade de que o juiz ordene a modificação de uma situação de fato. Diz-se que é uma garantia direta em espécie, valendo-se ainda da força pública para o seu efetivo cumprimento.

Trata-se de uma ação que confere ao titular do direito uma prestação *in natura*. Esta ação consegue não somente uma suspensão limiar do ato impugnado, mas também a expedição de um mandado com execução específica, destinado a deixar sem efeito o procedimento ilegal da administração.

Seus elementos são os seguintes:

- É uma ordem judicial que impõe uma obrigação de fazer, à qual se aplicam as regras substantivas sobre a matéria existentes na legislação civil. Essa obrigação pode existir previamente em decorrência de alguma fonte obrigacional ou ser criada pelo juiz no caso concreto.
- É preventiva ou precautória: tem por finalidade evitar que o contexto desnaturalize a realização do direito, ou seja, busca evitar a consolidação de uma situação irreparável.
- No aspecto processual, pode ser proferida como medida cautelar substancial, antes do processo; em uma ação de amparo autônoma, ou no final do processo em sentença definitiva, para prevenir situações fáticas lesivas para terceiros.
- O incumprimento dá lugar à execução por outro. O juiz pode adotar todas as medidas cabíveis para a tutela específica das obrigações de fazer ou não fazer. Pode impor astreintes e determinar medidas para a obtenção do resultado prático equivalente ao cumprimento da obrigação.

IV Mandados dirigidos à administração

O mandado de não inovar ou inovar pode ser dirigido à administração pública nacional ou estadual. Nestes casos, o tribunal declara o direito, dita a condenação e ordena a execução a outro poder do Estado, mas pode o fazer segundo dois tipos de modelos.

No primeiro caso, respeita-se a discricionariedade própria da administração na definição dos meios mais adequados a aplicar no caso.

No segundo, o Poder Judiciário avança e os define por si mesmo.
Pode haver alguma confusão dependendo da linguagem usada para nomear esses modelos, porque em diferentes idiomas e tradições jurídicas se usam procedimento ou resultados com significados diferentes. O que é importante é o grau de progresso no que diz respeito à discricionariedade da administração.

A seguir, mostraremos exemplos de ambas as opções.

1 Ordem orientada para um resultado substantivo

Neste caso, o tribunal reconhece a discricionariedade da administração e ordena-lhe o cumprimento de um objetivo, sem lhe dizer como, uma vez que os meios estão fora da decisão judicial. Por exemplo, manda fazer um plano de limpeza de um rio (caso "Riachuelo"), implantar uma solução emergencial para atender à saúde das pessoas que sofrem contaminação (caso "La Oroya"), expedir um regulamento sobre emissões de gases (caso "Massachusetts"), que se investigue a situação denunciada (realizar estudos epidemiológicos ou sobre as fontes de contaminação).

A decisão judicial respeita uma fronteira constitucional e não avança na definição dos procedimentos. Isso não significa que a declaração seja genérica, mas que pode definir objetivos intermediários a serem cumpridos por etapas ou prioridades. Por exemplo, no plano de atenção médica, priorizar crianças e gestantes (caso "La Oroya").

A ordem pode ter um prazo de execução e estabelecer um regime de apresentação de informes ante o tribunal. Isso torna possível impulsionar a execução quando morosa, encurtar ou estender prazos, aplicar sanções e assim por diante.

O tribunal pode assumir o papel de controle do cumprimento, por conta própria ou delegando-a a outro tribunal.

2 Ordem orientada à forma como se executa

Nesse caso, o tribunal avança muito mais do que no anterior, pois define não só o objetivo, mas também os meios, reduzindo a discricionariedade do Estado a alguns aspectos técnicos menores. Por exemplo, a Corte da Índia não apenas ordenou a elaboração de um plano de limpeza do rio Ganges, mas definiu como deveria ser feito, providenciou a transferência dos curtumes, engajou-se na discussão sobre a criação de um centro de tratamento comum de efluentes, o local e seu custo. O tribunal não se limitou a ordenar a realização de um plano de educação ambiental, mas definiu como os planos deveriam ser elaborados, definindo conteúdos e frequências. No caso das emissões em Delhi, foi além da ordem geral e ordenou a implantação do GNV.

V Mandados dirigidos ao Congresso

Como já dissemos na definição de sentenças exortativas, o tribunal pode emitir resoluções que tenham mandamentos dirigidos ao Congresso para legislar sobre um determinado assunto, com a fixação de um prazo razoável. Este procedimento é genérico, mas é muito importante porque em muitas situações há necessidade de regular de forma geral e com um debate sobre o assunto que extrapola totalmente as possibilidades do processo judicial.

Uma vez que o Congresso receba a ordem, ele pode legislar ou não, e neste último caso, o tribunal decidirá se adota uma decisão substitutiva.

Nesse caso, o tribunal enfrenta o problema de suprir uma decisão que deve ser adotada pelo Congresso, o que, normalmente, não está em suas atribuições. Para que isso seja possível, deve dar-se a hipótese de uma pretensão relativa à operatividade de um direito fundamental.

Esta pretensão requer:
- A existência do direito em alguma fonte normativa, como exemplo, em um tratado internacional.
- Uma falta de regulação legal dentro de um prazo razoável.
- O titular do direito fundamental tem o direito a que, decorrido um prazo razoável, o juiz adote as medidas necessárias que o legislador não tenha tomado para atingir aquele objetivo de implementação.

VI Problemas de implementação de sentenças atípicas

É importante considerar alguns problemas práticos que um tribunal deve enfrentar em relação a esse tipo de recurso judicial complexo.

São eles: sua concepção para o futuro, sua flexibilidade, a natureza policêntrica do processo e a relevância do tempo.

1 O problema do tempo na execução

A primeira questão a considerar é a natureza prospectiva dos recursos judiciais.

A sentença judicial é, normalmente, uma avaliação do passado, uma análise retrospectiva, pois o juiz deve avaliar os fatos e dizer o que aconteceu, qual a solução justa para um conflito já ocorrido.

Por outro lado, quando se trata da prevenção de um dano ambiental, ou da recomposição de um bem coletivo danificado, a análise se concentra no futuro.

São necessárias informações sobre o futuro, a determinação de quais partes estão em melhor posição para prevenir e restaurar o bem e outras obrigações legais.

É inevitável um período prolongado na execução, pois se trata de modificar situações que envolvem instituições, comportamentos, regras, culturas, e sua concretização é demorada. Existem processos de cinco anos e outros de vinte com várias etapas intermediárias. Portanto, o juiz deve fazer uma análise voltada para as consequências futuras de sua decisão.

A decisão deve ser necessariamente flexível.

Esse tipo de decisão "prospectiva" levanta problemas relativos à falta de precisão quanto à possibilidade de evitar o dano futuro e, portanto, requer-se flexibilidade. Uma resolução rígida está fadada a perder sua eficácia quando as circunstâncias mudam, o que geralmente é o caso na arena ambiental. Portanto, as condições exigidas pelo ecossistema em questão devem ser levadas em conta para adaptar as decisões, ao invés de se fingir que o inverso ocorre. As decisões judiciais são baseadas em dados existentes no momento de sua adoção, mas as condições podem mudar no futuro. O mesmo se aplica à medida tomada.

A flexibilidade significa que as decisões devem ser adaptadas às novas circunstâncias. A experimentação ou o ensaio significam que a decisão produz certos efeitos – se as circunstâncias mudam ou não – que muitas vezes são desconhecidos.

A flexibilidade também requer certo nível de experimentação.

Quando uma medida é ordenada e sua aplicação é limitada a um campo específico, suas consequências são observadas e, então, se corretas, são estendidas a outros casos; caso contrário, elas são modificadas. É comum observar um teste e modelar os efeitos e resultados, e, se os resultados não ocorrerem, o sistema é corrigido para obter soluções de compromisso.

A passagem do tempo suscita outros tipos de problemas nos tribunais colegiados, pois poderiam mudar os juízes que o integram ou suas ideias e, consequentemente, as maiorias. Então, pode dar-se a situação em que um tribunal dite uma sentença e, após alguns anos, sua implementação seja paralisada ou deixe de ser executada. Por isso, é tão importante que a sentença declaratória tenha caráter de coisa julgada nos aspectos substantivos.

No caso dos procedimentos policêntricos, as noções de "autor" e "réu" não estão direta e imediatamente relacionadas com o significado que esses termos têm na atribuição clássica do direito civil ou penal. Os procedimentos dessa natureza podem ter várias partes interessadas, em vez de apenas duas. Em outras palavras, ocorre uma mudança de paradigma, de um esquema bipolar com apenas duas partes para um esquema com vários interessados, o que deve ser considerado na implementação da sentença.

Por exemplo, a decisão pode ser do interesse de empresários, trabalhadores, cidadãos locais e de diferentes níveis da administração. Os procedimentos devem sempre centrar-se na proteção do bem coletivo e na atribuição dos direitos daqueles que estão em melhor posição para executar, informar, prevenir, restaurar e reparar.

Com o passar do tempo, as decisões judiciais tornam-se gestão administrativa, e a fronteira entre as duas torna-se confusa, minando a separação de poderes e o conceito de uma justiça baseada meramente nas cortes.

Problemas de gestão típicos do executivo são até atribuídos aos tribunais, como aconteceu no caso mencionado da Corte Suprema da Índia. Nas causas de contaminação do ar "Mehta *v.* União da Índia", a Corte da Índia não se limitou a ordenar a elaboração de um plano com um objetivo, mas definiu como deveria ser feito. Dispôs sobre a realocação de indústrias e outras questões administrativas. O tribunal não se limitou a ordenar a elaboração do plano de educação ambiental, mas estabeleceu a forma como o referido plano deveria ser elaborado, a definição de seu conteúdo e o cronograma de execução.[577] Em casos como este, os juízes não estão em condições de gerir a administração porque não dispõem de tempo, informação, recursos e meios para fazê-lo, o que pode levar à adoção de decisões equivocadas e pobres.

---

[577] "M. C. Mehta And Anr vs. Union Of India & Ors", on 20 December, 1986. Citas equivalentes: 1987 AIR 1086, 1987 SCR (1) 819.

O último ponto, mas não menos importante, é o das expectativas sociais que os recursos complexos produzem. Quando os juízes se envolvem em um conflito, muitas vezes aumentam as expectativas sociais de sua participação em todos os outros casos, o que por si só é impossível. Pode ser viável realizar um procedimento coletivo, mas se vários procedimentos coletivos fossem iniciados após alguns meses, a infraestrutura de um tribunal ficaria sobrecarregada.

Por essas razões, vale destacar que é aconselhável que os tribunais tenham a sensatez de limitar os procedimentos e deixar que os demais poderes do Estado cumpram seu papel.

2 Garantias de implementação. Criação de uma microinstitucionalidade

Como já referimos, com o passar do tempo, identifica-se a decisão judicial com a gestão administrativa, e os limites tornam-se difusos, com prejuízo para a divisão de poderes e a imagem do serviço de justiça. Pode até acontecer que problemas de gestão, que são peculiares ao Poder Executivo, acabem sendo imputados à Justiça, como aconteceu nos casos da Corte da Índia.

Os juízes não estão em condições de gerir, porque não dispõem de tempo nem de informações, recursos ou meios, o que pode levar a decisões equivocadas.

Quando se intervém em um conflito, a expectativa social de que se o fará em todos normalmente aumenta, o que é impossível. Pode ser viável a realização de um processo coletivo, mas depois de alguns meses, quando vários são acrescentados, a infraestrutura do tribunal satura.

Por essas razões, é aconselhável que o tribunal tenha a sensatez de pôr um limite ao processo e deixar que os demais poderes cumpram o seu papel. Uma das mais duras críticas ao ativismo da Corte da Índia é que ele impediu a formação de uma burocracia profissional na administração, porque tudo passou pelo tribunal e ninguém tomava decisões autônomas por temor de sanção.

O juiz deve respeitar os limites constitucionais da divisão de funções entre os diferentes poderes e não pode avançar.

Isso significa que a sentença pode conter uma formulação que diga: "o rio deve ser limpo" e ordens para apresentar um plano; "é preciso acabar com a emissão de gases poluentes dos automóveis" e ordenar que se tomem medidas. Não diz qual é o conteúdo do plano ou quais são as medidas, o que está no campo de reserva da Administração.

Os juízes que cruzaram esta fronteira o fizeram porque estavam convencidos de que a Administração não iria cumprir o que foi ordenado. Mas se o problema é controlar, o tribunal pode fazê-lo sem se intrometer nos detalhes, ordenando a apresentação de relatórios periódicos.

A outra razão invocada é que não há garantia de que a Administração esteja em posição de aplicar as medidas corretas. Tampouco há garantias de que os juízes estejam em melhores condições do que a Administração para o desempenho dessas tarefas, não só porque – como dissemos – não têm meios, mas também porque pode haver opiniões muito divergentes no âmbito da autonomia judicial.

Para resolver o problema das garantias de implementação, uma "estrutura microinstitucional" pode ser desenhada.

Na sentença proferida pela Corte Suprema argentina no caso "Riachuelo", foram definidos objetivos, descritas etapas segundo as diferentes fontes de contaminação e os prazos para cumprir. Foi nomeado um responsável pela execução do plano, que é um setor da Administração. Também foram nomeados os responsáveis pelo controle de cumprimento, que eram organizações não governamentais que participaram do processo e um controle da transparência financeira do plano, que é um ente público de auditoria.

Deste modo se criou uma instituição vocacionada para o cumprimento do objetivo, que atua de forma autônoma, embora sob a supervisão distante do tribunal. Este mecanismo permite que os diversos centros de interesse interajam de forma rápida, flexível e dinâmica. A quantidade de informação disponível aumenta com a contribuição de vários grupos, os processos de tomada de decisão são aprimorados à medida que há uma fase de debate prévio e aumenta o controle social sobre o ritmo de execução e seu significado.

3   Ordens de organização da implementação

Um aspecto muito importante é a organização da implementação de uma sentença referente a um bem coletivo. É necessário que o juiz tenha esse aspecto em mente, embora nem sempre seja feito de forma explícita. Caso se decida fazê-lo, é importante o uso das faculdades de superintendência de que se disponha e outras providências, como as mencionadas a seguir:

    a) *Delegação da execução:* o tribunal pode expedir medidas para ordenar a execução da sentença, por considerar que esta etapa excede suas possibilidades. No caso "Massachusetts", ordenou-se a uma agência de proteção ambiental a regulação da emissão de gás; no caso "Riachuelo" delegou-se a um juiz federal.

b) *Divisão da execução por etapas*: quando o objeto do litígio é muito amplo e a sentença abrange situações diversas, a execução pode ser dividida em etapas ou seções. No primeiro caso, pode-se dividir em diferentes períodos temporais que facilitam o controle progressivo. No segundo, a separação se dá por temas, como fez o Tribunal da Índia, ao tratar da situação de um município, de um grupo de curtumes, e assim sucessivamente.

c) *Aplicação de sanções ao funcionário público*: quando se delega na administração a execução de determinada ordem, o tribunal pode estabelecer vários tipos de medidas para assegurar o cumprimento. Se se aplicam sobre o patrimônio público, costumam ser ineficazes porque não há um responsável claro e acaba recaindo sobre um fundo público, ou seja, todos os cidadãos. O incentivo pode ser muito diverso quando o funcionário é solidariamente obrigado e se aplicam multas civis sobre o seu patrimônio – astreintes – ou se o responsabiliza criminalmente pelo descumprimento de uma ordem judicial nos termos do art. 239 do Código Penal argentino da seguinte forma: "Será reprimido com prisão de quinze dias a um ano aquele que resistir ou desobedecer a um funcionário público no exercício legítimo de suas funções ou à pessoa que lhe preste assistência a pedido daquele ou em virtude de uma obrigação legal".

É que a emissão de uma sentença judicial envolve o poder de executá-la.

Terceira parte – O problema constitucional

Pode-se apontar que no Ocidente existe uma tradição, consolidada ao longo de muitos anos, no sentido de que a divisão de funções dos poderes faz com que cada um tenha seu âmbito de atuação.

Uma de suas consequências é que o Poder Judiciário não pode julgar o que faz a administração, no exercício das matérias que lhe foram constitucional e legalmente conferidas. Por sua vez, a delimitação do que cabe a cada esfera funciona como um sistema de controles recíprocos, conhecido como "freios e contrapesos" (*checks and balances*).

Nos últimos tempos, nota-se uma mudança importante neste sentido e quase todos os Tribunais vêm ampliando a noção de justiciabilidade das decisões do Poder Executivo, embora em graus muito diversos.

A primeira vantagem exibida pelo ativismo em questões de interesse público (*public interest litigation*) é que ele pode trazer "visibilidade" aos problemas coletivos, os expõe. E isso é importante quando é necessário chamar a atenção para situações de descaso ou descumprimento de deveres do Estado em relação ao meio ambiente.

A segunda vantagem é permitir maior eficácia na aplicação da lei. Isso é particularmente relevante em sistemas legais onde há proliferado o direito declarativo, mas não há uma decisão concreta de implementação.

A terceira vantagem é que permite avançar no desenvolvimento progressivo dos direitos fundamentais. Com todas as suas imperfeições, o ativismo em casos pontuais e excepcionais de interesse público é sempre um grau de avanço na consolidação do Estado de direito.

Existem posições contrárias ao ativismo.

Em primeiro lugar, os juízes não têm capacidade suficiente em temas científicos, nem a informação, nem os recursos para tomar decisões sobre procedimentos próprios da administração. Por exemplo, é muito difícil para um magistrado definir qual é o sistema que melhor permite a redução dos gases emitidos pelos veículos, ou onde é o local onde os curtumes deveriam ser instalados (casos da Suprema Corte da Índia).

Em segundo lugar, o Judiciário tem recursos limitados. Mesmo supondo que ele intervenha com sucesso em um caso onde avance sobre a administração, o mesmo não acontecerá com o segundo, menos com o terceiro, e com os próximos que chegarem ao tribunal, ele não poderá agir diretamente. Deverá montar um gabinete de especialistas e, finalmente, reproduzir a burocracia administrativa para substituí-la. As críticas feitas à administração serão transferidas para o Poder Judiciário que a substitui, e este verá seu prestígio diminuído pelo desempenho de tarefas para as quais não está preparado.

Em terceiro lugar, a avocação permanente do Poder Judiciário em matérias que não lhe dizem respeito substancialmente pode levar a uma deformação que é o "populismo judicial", ou seja, proferir sentenças de grandes declarações que atraem a atenção do público, mas não se preocupem com o impacto real.

Uma forma de evitar estes perigos consiste, para nós, em ter uma intervenção orientada para o resultado substantivo, mas deixando para a administração a forma como será alcançado, como já indicamos.

Uma democracia constitucional implica afirmar que rege o princípio da decisão majoritária com o limite dos direitos fundamentais.

CAPÍTULO 13

ANEXO
DECISÕES RELEVANTES EM DIREITO COMPARADO

Existem inúmeros casos interessantes no direito comparado que podem ser lidos nas bases de dados. Neste anexo, selecionamos algumas sentenças que estabeleceram inovações importantes para o estudo das mudanças que estão ocorrendo no direito ambiental.

1   Índia

A poluição produzida pelo transporte

Corte Suprema, "Metha *v.* Union of India"

Para entender adequadamente o processo político e judicial que ocorreu na Índia, é necessário lembrar que o país sofreu um desastre ambiental na cidade de Bhopal, em 1984, quando uma nuvem tóxica proveniente de uma fábrica de pesticidas da Union Carbide provocou milhares de mortes e ferimentos à população. Isso criou uma forte consciência pública sobre os efeitos que a contaminação do ar pode causar, uma atividade legislativa por parte do Congresso voltada para a regulação ambiental (*Environment Protection Act* de 1986), a criação do Ministério do Meio Ambiente e Florestas e o surgimento de diversos órgãos governamentais com capacidade de estabelecer normas.

O Poder Judiciário, que até então havia mantido uma postura de não intervenção em assuntos ambientais e de respeito aos limites de competência, também começou a reagir.

A história do presente caso começou com uma série de estudos que determinaram que na cidade de Delhi havia uma forte poluição de ar que produzia dez mil mortes anuais.

Em 1985, M. C. Metha, um advogado ambientalista, ajuizou uma ação perante o Tribunal para obrigar o Estado a adotar medidas para reduzir a poluição do ar produzida pelos veículos de transporte em Delhi e Nova Delhi. Inicialmente, o Tribunal ordenou a formação de comissões para coletar informações e especificar os fatos.

Em 1986, ele ordenou que o governo apresentasse uma declaração sobre as medidas tomadas para resolver o problema. Em 1990, o Tribunal reconheceu que os veículos mais pesados, como caminhões e ônibus, eram os principais responsáveis pela poluição do ar. Em 1991, estabeleceu a necessidade de uma ação estratégica, com a criação de um comitê que deveria apresentar um relatório das medidas adotadas. Em 1996, ordenaram-se medidas obrigatórias para converter a tecnologia de veículos governamentais na cidade de Delhi. Esta medida implicava que a administração ditasse normas regulatórias, implementasse processos de certificação e controle e, acima de tudo, modificasse completamente o sistema de abastecimento de combustível baseado em óleo diesel, com a construção de novos postos de GNV, e a incorporação desta tecnologia em toda a frota de transporte público. Em 1998, o Tribunal, avançando em seu ativismo, ordenou diretamente a conversão de toda a frota de ônibus de Delhi, devendo passar de um sistema movido à diesel a um sistema que utilizaria o gás comprimido.

O processo foi longo e, em 2001, depois de dezessete anos, o Estado finalmente instituiu um comitê independente para apurar os efeitos da poluição de veículos, que recomendou as decisões que deveriam ser tomadas. Mas o debate sobre o tipo de tecnologias mais eficazes continuou. Em abril de 2002, o Tribunal proferiu novo despacho reafirmando a necessidade de realização da conversão, rejeitando todas as críticas sobre a ineficácia ou inutilidade da mudança, e ordenou que toda a frota de ônibus fosse modificada, e que multas fossem aplicadas a todos aqueles que – após o prazo – não houvessem cumprido a ordem.

O debate que se produziu abarcou todos os argumentos possíveis: o Tribunal foi acusado de não respeitar a divisão de poderes e de intrometer-se em assuntos administrativos; a gravidade da situação foi colocada em dúvida; negou-se a relação causal entre as emissões e mortes; a utilidade da mudança foi questionada; dizia-se que a transformação em GNV não era a solução; que isso prejudicaria o serviço público que os cidadãos passariam a receber; que o déficit na balança de pagamentos do país aumentaria com o aumento das importações de gás; que se criaria maior dependência de energia; que isso causaria perigos para a população na construção de gasodutos e exposição a crises de transporte em caso de falta de energia. Mesmo quando o Tribunal ordenou o cumprimento da ordem e fixou datas precisas, foi preciso adiá-las porque se argumentou que não havia gás suficiente, com o que o tribunal impôs penalidades diárias pelo cumprimento, e 1.500 ônibus com motor a diesel foram retirados.

De maneira geral, a decisão foi lida como um avanço na proteção do meio ambiente e voltada para o benefício da população. A Corte afirmou, na sentença de 4.5.2002, que todas as ordens expedidas desde 1986 têm um único propósito: proteger a saúde da população de Delhi.

Os críticos apontam que ocorreu um excesso, transformando "questões da vida" em "questões de direito", acrescentando à "poluição ambiental" um tipo de "poluição constitucional". O Tribunal é criticado não apenas por ter assumido funções de legislador, mas também por assumir funções do Executivo. A primeira crítica ocorreu quando o Tribunal interpretou os textos jurídicos de forma bastante flexível, criando novos pressupostos de responsabilidade. A segunda, e mais controversa, surgiu quando o Tribunal ordenou atividades específicas para a decisão executiva, como a mudança do tipo de combustível. Ao avançar no esboço de um tipo de transporte público para a população, entrou em um campo em que os juízes têm muito pouca formação e informação para decidir. Com efeito, os debates sobre se o combustível diesel ou o GNV é melhor, sobre os gasodutos e sobre o tipo de transporte ultrapassam em muito as informações e os recursos de que os magistrados dispõem para se pronunciar. Alguns debates fizeram com que fosse necessário tocar em temas da agenda nacional e internacional, pois o Tribunal ordenou que os veículos cumprissem as normas europeias Euro-I e Euro-II e proibiu o registro de veículos a diesel que não as cumprissem, o que abriu um debate sobre o grau de integração das legislações nacionais com as internacionais.

A ordem para mover os curtumes

Suprema Corte, "Metha *v.* Union of India"

Uma das decisões mais comentadas da Suprema Corte da Índia foi a ordem de realocação de aproximadamente quinhentos e cinquenta curtumes da área de Calcutá. Na realidade, a petição recebida pelo Tribunal referia-se à contaminação do rio Ganges, e o tribunal foi selecionando setores, concentrando-se nos curtumes e em alguns municípios. Esta foi uma decisão estratégica dos juízes que pode ser criticada na medida em que não se tomam medidas sobre o restante e tampouco há um plano geral, mas, por outro lado, foi um modo de dar exemplos que se transferem aos demais. Tratou-se de um longo processo no qual foram necessárias numerosas decisões que resumimos em seguida.

M. C. Metha solicitou à Suprema Corte que se ordenasse a proibição de despejar efluentes no rio Ganges até que se instalassem sistemas de tratamento adequados.

O autor invocou que a água é o elemento mais importante da natureza e da civilização humana, desde tempos imemoriais – às margens do rio fica a cidade de Varanasi, uma das mais antigas do mundo, e que ele era considerado um elemento purificador. O reclamante mencionou que havia efluentes industriais, esgotos líquidos que eram continuamente lançados no rio, e que a situação estava próxima de uma catástrofe que os obrigava a adotar medidas para salvaguardar a limpeza do rio.

Quando a ação foi ajuizada, uma audiência preliminar (*preliminary hearing*) foi realizada e o Tribunal notificou a petição através da mídia pública e diversos jornais de grande circulação na área, convocando todos os industriais a comparecerem para suas defesas. Muitos empresários e governos municipais compareceram ao Tribunal, explicando as medidas que haviam adotado. Quando o caso foi levado ao Tribunal, este dirigiu a ação, em primeiro lugar, contra os 89 curtumes de Jajmau, uma área próxima a Kanpur, para que fossem os primeiros a comparecer. Vários se apresentaram de forma individual ou agrupada.

Logo após citar as normas jurídicas que protegem o meio ambiente no direito nacional, a Corte afirmou que havia chegado o momento da história em que devemos reformular nossas ações em todo o mundo para ter um cuidado prudente com as consequências ambientais. Os juízes disseram que isso exigia a aceitação da responsabilidade dos cidadãos, comunidades, empresas, instituições de todos os níveis. O Tribunal invocou a *Water (Prevention and Control of Pollution) Act* de 1974, que proibia o uso de todo agente que pudesse contaminar a água. Também foram descritas as funções de controle a serem exercidas pelo órgão competente criado por lei, e foi citado o *Environment Protect Act* de 1986, que autorizava a adoção de medidas que incluíam fechamento, proibição ou regulamentação de qualquer tipo de indústria.

A apresentação feita pelos 89 curtumes não suscitou muita discussão sobre o fato de estarem despejando efluentes e que isso causou danos consideráveis ao rio. Eles formaram uma associação para manter institutos e laboratórios para investigar os diferentes elementos que foram lançados e assim desenvolver programas para seu tratamento. O Tribunal citou o plano fiscal para tratar do tratamento de efluentes industriais de curtumes, no qual se afirmava que são grandes consumidores de água que depois era despejada no rio com alto grau de contaminação. As principais fontes de contaminação do Ganges foram os fluídos de esgoto urbano, água para uso familiar, fertilizantes usados no campo e líquidos para uso industrial. O tribunal destacou a importância do rio Ganges e que era trágico que um rio que é um símbolo de purificação estivesse poluído. Afirmou que os esforços do Congresso e do Executivo não foram efetivos e que era necessária uma participação ativa da população que vivia nas margens do rio. Os juízes afirmaram, repetidamente, que os curtumes não tomavam medidas razoáveis e que todos deviam cumprir os requisitos mínimos.

O Tribunal determinou que os curtumes que não cumprissem as etapas mínimas exigidas para o tratamento primário dos efluentes lançados no rio deveriam ser fechados. Os juízes disseram estar cientes de que isso poderia trazer desemprego, mas a vida, a saúde e a ecologia são mais importantes para a população.

O Tribunal também convocou os municípios e proferiu uma decisão, em 12.1.1988, a respeito de um dos mais importantes, Kanpur. Logo após solicitar relatórios sobre as fontes de contaminação que vinham daquela cidade, foi ordenada uma série de medidas.

O Tribunal afirmou que não havia dúvidas de que o município executou um plano de ação para melhorar a rede de esgotos, mas as obras foram muito lentas, e foi necessário definir alguns objetivos intermediários a serem cumpridos enquanto o resultado não fosse alcançado. O Tribunal estabeleceu um prazo para o município separar o lixo e construir banheiros públicos para os pobres. Tendo sido alegado perante o Tribunal que existiam decisões judiciais de instâncias inferiores que suspendiam as medidas do Estado, ficou estabelecido que os Tribunais deveriam tratar imediatamente os diferentes pedidos a fim de os coordenar. Os Tribunais não deveriam adotar medidas para proteger ações criminosas contra a poluição, portanto, a instalação de novas indústrias devia ser evitada, a menos que ficasse demonstrado que elas possuíam sistemas de tratamento adequados.

Finalmente, uma medida muito comentada foi a de que o Governo desse aulas, ao menos por uma hora por semana, relativas à proteção ambiental. Assim, foram elaborados programas educativos: "manter a cidade limpa", "manter os povoados limpos", em todas as cidades e povoados, ao menos uma semana no ano, durante a qual todo o pessoal administrativo e judicial deveria colaborar de forma voluntária.

A petição inicial contra os curtumes foi ampliada durante o processo de execução e a decisão foi tomada em cerca de 550 estabelecimentos localizados em Tangra, Tiljala, Topsia e Pagla Danta, perto de Calcuta. O processo foi muito complexo, já que se pediu um prazo de três anos, a Corte deu três meses, e se prorrogaram os prazos em diversas localidades. O Tribunal sugeriu medidas como a construção de um sistema comum para o tratamento de resíduos para todos os estabelecimentos localizados na área de Calcutá.

Algumas empresas assinaram convênios e outras resistiram. Foi proposta a compra de terras, e em várias oportunidades o Tribunal convocou os funcionários para que fizessem relatórios. Em abril de 1995, o Tribunal afirmou que concordava com o plano de construção de um efluente comum para 540 estabelecimentos que deveriam ser transferidos. Um terreno muito importante teve que ser adquirido para criar um novo "Centro" onde seriam instaladas as indústrias de couro e afins. O Tribunal controlou o processo durante vários anos, adotando medidas específicas para que o complexo fosse construído e financiado; observando que as empresas e o governo não teriam sido cooperativos com a implementação do plano. Enfrentaram-se inúmeras dificuldades, a exemplo do não pagamento do preço do terreno onde seria instalado o novo complexo: em 15.5.1995, o Tribunal constatou que haviam depositado apenas 3,25% do preço.

Também foi discutida a possibilidade de um sistema comum de tratamento de efluentes para um grupo de estabelecimentos e se eles deveriam ficar onde estavam ou se deveriam ser transferidos. No caso dos curtumes de Calcutá, o Tribunal disse que não tinha dúvidas de que eles deveriam ser realocados. Afirmou que o Governo tinha adquirido o terreno para o novo complexo, que tinha oferecido um preço razoável para a instalação dos curtumes e planos de realocação, que vários curtumes continuavam a despejar resíduos no rio, que existiam opiniões sobre a impossibilidade de construir um tratamento comum de efluentes na área onde estão instalados, que os estabelecimentos infringiram a lei ao poluir as águas, que a aplicação do princípio da precaução implica que a ausência de certeza científica não deve impedir a adoção de medidas, que o ônus da prova pesa sobre as empresas, que o princípio do "poluidor-pagador" as obriga a arcar com os custos. Em função disso, ordenou que os curtumes que operavam em Tangra, Tiljala, Topsia e Pagla Danga, áreas próximas à cidade de Calcutá e que eram aproximadamente quinhentos e cinquenta, fossem transferidos para o complexo da indústria do couro. Aqueles que não o fizessem perderiam a autorização para funcionar. Da mesma forma, os obrigou a pagar vinte e cinco por cento do preço do terreno antes de 28.2.1997, sob advertências de fechamento. A medida deveria ser notificada pela mídia. Para facilitar a transferência, o Governo teve que organizar uma agência especial para resolver todos os problemas. Os terrenos deixados pelas empresas teriam de ser utilizados para fins "verdes". Todos os curtumes que não seguissem essas indicações teriam que encerrar suas atividades em 30.9.1997.

Para o cumprimento dessas ordens, foram aplicadas multas que tiveram que ser depositadas em um "Fundo de Proteção Ambiental" destinado à reconstrução da área danificada. Também foram tomadas medidas para os trabalhadores, garantindo a continuidade do seu emprego nas mesmas condições da empresa transferida; o período que a transferência exigiu e durante o qual o trabalho não foi feito, teve de ser pago; o trabalhador que aceitou a transferência teve que ser indenizado com um bônus especial; um período de contrato deveria ser assegurado.

Para tratar de inúmeras questões especiais, foi criado um *green bench* (banco verde) que funcionava no Tribunal de Calcutá.

A personalidade do rio Ganges

Corte Suprema de Uttarkhand, 20.3.2017, "Mohd Salim *v.* State of Uttarkhand e outros" (nº 126/2014)

A ação é movida a pedido de um residente da cidade sagrada de Haridwar, em Uttarakhand, estado do norte da Índia, questionando a falha dos governos de Uttar Pradesch e Uttarakhand na constituição do Conselho de Administração do Rio Ganges, conforme previsto na seção 80 da Lei de Reorganização de Uttar Pradesch, 2000. O Alto Tribunal de Justiça do estado de Uttarakhand declarou que os rios Ganges e Yamuna – ambos considerados sagrados por milhões de hindus – e seus afluentes, são "seres vivos" com direitos iguais aos das pessoas, tendo um significado particular para os hindus. Cita casos que indicam que um ídolo hindu pode ser mantido como uma entidade jurídica.

O Tribunal, na sua decisão, reconhece o *status* de pessoa jurídica para estes rios. Nomeia-se o Diretor Namani Ganges, o Secretário de Estado Chefe e o Advogado-Geral do Estado de Uttarakhand como pessoas designadas para a preservação desses rios.

Ambos os rios Yamuna, um rio no norte da Índia, que corre entre outras cidades, passando por Nova Delhi, e o Ganges, o rio mais sagrado do hinduísmo, sofrem com altos níveis de poluição.

No caso do Ganges, ao passar pela cidade sagrada de Benarés, um dos centros do hinduísmo, o nível de bactérias fecais é muito alto. O Ganges é um destino de peregrinação para milhões de pessoas a cada ano para lavar seus pecados e se libertar do ciclo de reencarnações em que se baseia a religião hindu.

2 Holanda

O dever de mitigar as mudanças climáticas

Tribunal de Haia (Rechtbank Den Haag), sentença de 24.6.2015, "Urgenda Foundation *v*. The State of Netherlands (Ministry of Infrastructure and the Environment")

A Fundação Urgenda – um grupo ambientalista holandês – e 900 cidadãos holandeses processaram o governo por considerar que ele não estava fazendo esforços suficientes para combater as mudanças climáticas.

O Tribunal de Haia ordenou que o estado holandês limitasse as emissões de GEE (gases de efeito estufa) em 25% abaixo dos níveis de 1990 até 2020, concluindo que o compromisso existente do governo de reduzir as emissões é insuficiente para cumprir com a contribuição justa do estado para o objetivo da ONU de manter o aumento da temperatura global em dois graus Celsius em relação às condições pré-industriais.

O tribunal concluiu que o Estado tem o dever de tomar medidas de mitigação das alterações climáticas devido à "gravidade das consequências das alterações climáticas e ao grande risco de ocorrência das alterações climáticas".

Para chegar a esta conclusão, o tribunal citou (sem aplicar diretamente) o art. 21 da Constituição holandesa; metas de redução de emissões da UE; princípios da Convenção Europeia dos Direitos Humanos; o princípio de "não lesão" do direito internacional; a doutrina da negligência perigosa; o princípio da equidade, o princípio da precaução e o princípio da sustentabilidade incorporados na Convenção-Quadro das Nações Unidas sobre Mudança do Clima, e o princípio de um alto nível de proteção, o princípio da precaução e o princípio da prevenção incorporado na Política Climática Europeia.

O Tribunal não especificou como o governo deveria cumprir o mandado de redução de emissão de GEE, mas ofereceu várias sugestões, incluindo comércio de emissões ou medidas fiscais. Esta é a primeira decisão de qualquer tribunal do mundo a ordenar aos estados que limitem as emissões de gases de efeito estufa por razões outras que não as determinadas pela lei.

Destaca-se na decisão a invocação do direito internacional ambiental do meio ambiente e da jurisprudência internacional (especialmente o Tribunal Europeu de Direitos Humanos).

O aquecimento da atmosfera está causando o derretimento das geleiras, o que pode resultar na elevação do nível do mar, o que por sua vez significará o desaparecimento de alguns Estados insulares (Tuvalu ou Fiji). Por outro lado, causará tempestades de furacões com maior frequência. O efeito estufa será responsável pela expansão do deserto (a seca).

Esses fenômenos com temperaturas extremas afetarão seriamente as pessoas, que terão aumento de doenças e mortes devido ao calor ou frio excessivo, além de nutrição insuficiente ou escassa e pouco variada.

O Grupo Intergovernamental de Especialistas em Mudanças Climáticas (IPCC) afirma que se houver um aumento da temperatura global de 2°C, isso pode representar riscos muito graves para os humanos e para o planeta, de forma irreversível.

Por essa razão, de acordo com o IPCC, é necessário que os países desenvolvidos, incluindo a Holanda, reduzam suas emissões entre 25-40% em relação aos níveis de 1990. No entanto, os esforços de redução dos gases de efeito estufa levados a cabo pela Holanda significariam, no melhor dos casos, uma redução até 2020 de 17% em comparação com os níveis de emissão de 1990, o que é claramente insuficiente. O tribunal conclui que é urgente implementar medidas de mitigação das alterações climáticas.

Urgenda argumentou que a ação do Estado holandês de não reduzir as emissões de gases de efeito estufa (GEEs) necessárias para atingir os objetivos estabelecidos nos instrumentos internacionais, em particular o Protocolo de Quioto, é ilegal por diversos motivos.

Também violam princípios do direito ambiental internacional, como o princípio de não causar danos ambientais (*"no harm" principle*), o princípio da precaução e o princípio das responsabilidades comuns, porém diferenciadas.

O princípio de não causar danos ambientais transfronteiriços (*sic utere tuo ut alienum non lædas*) estabelece a obrigação geral de cada Estado de assegurar que as atividades realizadas sob sua jurisdição ou controle não causem danos ao meio ambiente de outros Estados ou áreas além dos limites de sua jurisdição nacional.

Previsto como princípio 15 da Declaração da Assembleia das Nações Unidas sobre Meio Ambiente e Desenvolvimento do Rio de Janeiro de 1992, o princípio da precaução tem especial significado, em virtude do qual: "quando houver perigo de dano grave ou irreversível, a falta de certeza científica absoluta não deverá ser usada como razão para postergar a adoção de medidas eficazes em função dos custos para impedir a degradação do meio ambiente".

Por sua vez, o princípio das responsabilidades comuns, mas diferenciadas, encontra-se na Convenção-Quadro das Nações Unidas sobre Mudança Climática (art. 3º). Além disso, o instrumento que implementa a Convenção, o Protocolo de Quioto de 1997, estabelece obrigações quantificáveis para reduzir as emissões de gases de efeito estufa apenas com relação aos países desenvolvidos.

Urgenda também considera que a Holanda violou os arts. 2º e 8º da Convenção Europeia dos Direitos Humanos (DD. HH.) correspondentes aos direitos à vida e à proteção do domicílio, da vida familiar e privada, respectivamente.

O tribunal adota como argumento fundamental a condenação do Estado nacional por não ter cumprido suficientemente seu dever de proteção (*duty of care*) em relação às pessoas e ao meio ambiente, conforme a legislação holandesa.

Ressalta-se que o tribunal em sua decisão considerou que a ONG estava ativamente legitimada para atuar no recurso, por se tratar de associações com plena capacidade jurídica e que tem um interesse legítimo porque tem como razão de ser a proteção de interesse coletivos ou gerais, neste caso, o combate às mudanças climáticas.

Também invoca em sua sentença o princípio do desenvolvimento. Nesse sentido, afirmou-se que esta associação não defende apenas o direito da população atual, mas também das futuras gerações a terem recursos naturais e um ambiente saudável e seguro (par. 4.8).

Por outro lado, o dever de proteção do Estado (*duty of care*) encontra-se na Constituição holandesa, mas de forma mais clara e precisa no Código Civil holandês.

No entanto, a parte autora também invocou os preceitos do Tratado de Funcionamento da UE (em particular, o art. 191) que regulamenta o meio ambiente, os acordos internacionais sobre as alterações climáticas e o princípio consuetudinário de não causar danos ambientais ("*no-harm*" *principle*) para afirmar a existência de um dever de proteção do Estado.

O tribunal negou que os acordos e normas internacionais, bem como os preceitos contidos no TFUE, tenham força vinculante para os particulares, motivo pelo qual não podem ser invocados por estes contra o Estado (parágrafos 4.42-4.44). Acrescentou que não cabe afirmar, como fez Urgenda em sua petição, que possa ser vítima da violação dos direitos fundamentais contidos nos arts. 2º (direito à vida) e 8º (proteção do domicílio, da família e da vida privada) contidos no Convenção Europeia de Direitos Humanos.

Além disso, como o Tribunal Europeu dos Direitos Humanos (DD. HH.) Já afirmou em vários precedentes jurisprudenciais, a deterioração ambiental grave não pode, por si só, ser objeto de proteção pela Convenção na medida em que não está ligada a um dos direitos subjetivos nela contidos.

No entanto, o tribunal holandês considera os regulamentos europeus e internacionais sobre as alterações climáticas muito úteis, bem como a jurisprudência da TEDH como parâmetros interpretativos para estabelecer as normas para o dever de proteção, a margem de apreciação ou o grau de discrição à disposição do Estado holandês, bem como a proteção mínima que deve garantir (parágrafos 4.46 e seguintes).

Por isso, tendo em conta a gravidade do problema, como já referido, o Estado deve cumprir com seu dever de proteção, adotando ações rápidas e enérgicas em matéria de mitigação ou redução dos gases de efeito estufa.

O Estado é responsável pelo controle efetivo dos níveis de emissão holandeses e não pode se esconder atrás de argumentos que apelam ao custo das ações destinadas a reduzi-lo porque, como já foi dito, não agir ou atrasar as ações necessárias ao longo do tempo será mais custoso (pars. 4.67 e seg.).

Diante da desculpa de que ainda não há evidências científicas vinculando a ação humana ao aquecimento global, o tribunal invoca o princípio da precaução, presente nos acordos internacionais sobre mudanças climáticas (pars. 4.67 e 4.76).

A falta de ação do Estado holandês também não pode ser escondida pelo argumento de que as medidas de redução de um pequeno país como a Holanda terão pouco impacto na mitigação das mudanças climáticas, cuja solução dependeria dos esforços de todos os Estados.

Na opinião do tribunal holandês, qualquer redução nas emissões contribui para a prevenção do perigo das alterações climáticas (parágrafos 4.79 e seg.). Além disso, a maior ou menor contribuição da Holanda para as alterações climáticas não altera, na opinião do Tribunal, a existência do dever de proteção (par. 4.79).

Segundo a Corte, determinar se o Estado está fazendo o suficiente para mitigar o aquecimento global dependerá de verificar se o Estado se comporta de forma negligente, para o que há que determinar a margem de apreciação de que dispõe para cumprir com o dever de proteção. Nesse sentido, o Tribunal também alerta que com a presente sentença não pretende entrar na esfera política e que seu exame se limita a tentar oferecer proteção jurídica. Por este motivo, deve ser respeitada a margem de apreciação que o Estado possa ter para efetuar as respetivas reduções pertinentes.

No entanto, o Estado não tem margem ilimitada, pois deve cumprir um mínimo.

Ao se considerar o IPCC, os acordos sobre mudanças climáticas e o princípio das responsabilidades comuns, porém diferenciadas, essa margem deve necessariamente estar entre 25-40%, sendo 25% o mínimo exigido. Contudo, com a previsão de redução dos gases de efeito estufa da Holanda para 2020 sendo de apenas 17%, a ação do Estado ultrapassa sua margem de apreciação.

Para o Tribunal, em suma, existe um nexo causal suficiente entre as emissões holandesas de gases de efeito estufa e os efeitos que as mudanças climáticas estão produzindo e irão produzir (parágrafo 4.90), afirmando que o Estado agiu com negligência ao não fazer todo o possível para atingir a meta de redução de pelo menos 25%.

3 Reino Unido

A ordem ao Estado para a elaboração de novos planos de qualidade do ar

Corte Suprema do Reino Unido[578]

Em "ClientEarth", a Corte Suprema do Reino Unido, em parecer redigido por Lord Carnwath, estabeleceu:

> ordem obrigatória para a Secretaria de Estado preparar novos planos de qualidade do ar nos termos do artigo 23, de acordo com um calendário definido, que se conclui com a apresentação de um relatório sobre os planos revisados à Comissão com prazo até 31 de dezembro de 2015.

---

[578] "R (on the application of ClientEarth) vs. Secretary of State for the Environment Food and Rural Affairs" [2015] UKSC 28. Disponível em: https://www.supremecourt.uk/cases/docs/uksc-2012-0179-judgment.pdf.

O caso foi iniciado pela apresentação feita pela parte autora em relação à contínua falha do Estado, desde 2010, na adoção de medidas que garantissem a redução, em determinadas áreas, dos limites dos níveis de dióxido de nitrogênio estabelecidos pela legislação europeia, nos termos da Diretiva 2008/50/CE.

4 Canadá

As questões relacionadas à atuação do Estado na implementação de medidas de mitigação dos efeitos das mudanças climáticas não são justiciáveis

Corte Federal de Toronto[579]

A demandante, *Friends of the Earth*, é uma organização canadense sem fins lucrativos, que visa proteger o meio ambiente em nível nacional e global. São 3.500 membros canadenses e faz parte de uma federação internacional com representação de 70 países.

Suas apresentações ao Tribunal (três no total) foram motivadas pelo suposto descumprimento por parte das autoridades competentes do Estado, de determinadas obrigações derivadas da Lei de Aplicação do Protocolo de Quioto. Os três pedidos estavam intimamente relacionados e se ordenou que os escutassem consecutivamente porque estavam sujeitos a apenas uma decisão.

Basicamente, as solicitações estavam vinculadas à falta de elaboração de um plano de ação por parte do ministro do Meio Ambiente e à falta de adequação e publicação dos regulamentos que garantissem o cumprimento das referidas obrigações. Foi alegado que o texto da lei era claro e vinculativo e que os demandados se recusaram a cumprir as obrigações impostas pelo Parlamento.

Os acusados alegaram que os deveres estatutários que eram objeto destes pedidos não estavam sujeitos à revisão judicial. Em particular, eles argumentaram que a Lei de Implementação do Protocolo de Quioto criou um sistema de responsabilidade parlamentar que o Tribunal não poderia e não deveria avaliar. Em suma, eles alegaram que a responsabilidade pelo não cumprimento das obrigações do Canadá sob o Protocolo de Quioto cabia ao Parlamento e não poderia ser avaliada pelos tribunais.

---

[579] 2008 FC 1183. Disponível em: http://reports.fja-cmf.gc.ca/eng/2009/2008fc1-183.html.

O Tribunal entendeu que as questões levantadas estavam relacionadas com a interpretação de várias disposições da Lei de Aplicação do Protocolo de Quioto, a fim de determinar se as responsabilidades impostas aos funcionários demandados eram justiciáveis.

Nesse sentido, a decisão final afirmou:

> o Tribunal não tem qualquer papel a desempenhar na revisão da razoabilidade da resposta do governo aos compromissos assumidos pelo Canadá que estão vinculados à Lei de Implementação do Protocolo de Quioto. Embora possa haver um papel limitado para o Tribunal na aplicação dos elementos claramente obrigatórios da Lei, como aqueles que exigem a preparação e publicação de Planos de Mudanças Climáticas, declarações e relatórios, esses não são assuntos que foram levantados.

Consequentemente, estes três pedidos foram rejeitados. A importância deste caso é que, até agora, todos os tribunais canadenses decidiram que a política de mudança climática não é "justiciável" e que a avaliação de desempenho nessas questões cabe ao Parlamento e não aos tribunais.

5 Paquistão

A criação de uma Comissão de Mudanças Climáticas e o monitoramento da implementação dos planos previstos nos Tribunais

Corte Superior de Lahore[580]

O autor, que é agricultor e cidadão do Paquistão, compareceu perante o Tribunal invocando seu interesse público, para contestar a falta de ação, demora e falta de seriedade por parte do Governo Federal e do Governo de Punjab para enfrentar os desafios e as fragilidades das políticas públicas associadas às mudanças climáticas. Ele afirmou que, apesar da existência de uma Política Nacional sobre Mudanças Climáticas de 2012 e do Marco de Implementação da Política de Mudanças Climáticas (2014-2030), não houve, até aquele momento, avanços na matéria.

---

[580] W. P. nº 25.501/2015. Disponível em https://www.informea.org/sites/default/files/court decisions/Asghar%20Leghari_0.pdf.

Ele também argumentou que a falta de ações do Ministério das Mudanças Climáticas e de outros ministérios e secretarias ao não implementar o Marco ofendeu seus direitos fundamentais, em particular os previstos nos arts. 9º e 14 da Constituição, além dos princípios constitucionais de justiça social e econômica e princípios ambientais internacionais, como desenvolvimento sustentável, precaução e equidade intergeracional.

O Tribunal declarou:

> a mudança climática é um desafio definitivo de nosso tempo e levou a alterações dramáticas no sistema climático de nosso planeta. Para o Paquistão, essas variações climáticas resultaram principalmente em inundações e secas severas, que levantaram sérias preocupações em relação à água e segurança alimentar.

Quanto ao plano jurídico e constitucional do Paquistão, ele supõe que se trata de um apelo à proteção dos direitos fundamentais dos cidadãos do Paquistão, em particular dos setores vulneráveis e fracos da sociedade que não podem recorrer ao Tribunal.

A Corte elencou uma série de direitos fundamentais, como o direito à vida (art. 9º), que inclui o direito a um meio ambiente saudável e limpo e o direito à dignidade humana (art. 14), juntamente com os princípios constitucionais de democracia, igualdade, princípios ambientais internacionais de desenvolvimento sustentável, o princípio da precaução, avaliação de impacto ambiental, equidade inter e intrageracional e a doutrina da confiança pública e, portanto, apoiaram a exigência de que a atual jurisprudência ambiental seja concebida de forma a responder às necessidades suscitadas pela urgência das consequências das alterações climáticas.

Duas decisões foram tomadas no caso.

A primeira é de 4.9.2015. Nela, o Tribunal afirmou que a demora do Estado na implementação do Marco violou os direitos fundamentais dos cidadãos. Em seu veredito, ele ordenou a criação de uma Comissão de Mudança Climática com representantes dos principais ministérios, ONGs e especialistas técnicos para auxiliar o Tribunal, fazer relatórios provisórios, monitorar o progresso e cumprir as diretrizes. Por outro lado, em sua decisão de 14 de setembro, estabeleceu como objetivo mais importante a implementação das recomendações contidas na Política Nacional sobre Mudanças Climáticas do Paquistão "a fim de garantir que as mudanças climáticas sejam integradas aos setores econômicos e socialmente vulnerável da economia e guiar o Paquistão para um desenvolvimento climático resiliente".

Por esta razão, o Tribunal nomeou cada um dos funcionários indicados para tais fins pelas autoridades competentes na matéria, como um "ponto focal" nos assuntos relacionados às mudanças climáticas, bem como os membros da Comissão de Mudanças Climáticas e manteve a jurisdição para ouvir os relatórios dos representantes sobre o andamento do processo de implementação.

A importância deste caso reside no fato de se constituir em decisão judicial proferida por ocasião de ação intentada por pessoa singular invocando interesse público e porque, além disso, demonstrou – como fez o caso "Urgenda" – que os Tribunais podem ordenar a um governo que adote medidas sobre mudanças climáticas com base nos direitos fundamentais.

Corte Interamericana de Direitos Humanos

Os Estados têm a obrigação de cooperar, de boa-fé, para a proteção contra danos ao meio ambiente

Opinião Consultiva OC nº 23/17[581] (15.11.2017) solicitada pela República da Colômbia

A pedido da Colômbia, a Corte Interamericana de Direitos Humanos se pronunciou por meio do mecanismo de Opinião Consultiva (OC nº 23/17) sobre o efeito das obrigações derivadas do direito ambiental em relação às obrigações de respeito e garantia dos direitos humanos.

Em 14.3.2016, a República da Colômbia, com base no art. 64.11 da Convenção Americana, arts. 70.1 e 70.22 do Regulamento, apresentou uma solicitação de opinião consultiva sobre as obrigações dos Estados em relação ao meio ambiente no âmbito da proteção e garantia dos direitos à vida e à integridade física (para que o Tribunal determine "de que forma deve ser interpretado o Pacto de São José quando existe o risco de que a construção e o uso das novas grandes obras de infraestrutura afetem gravemente o meio ambiente marinho da Região do Grande Caribe e, consequentemente, o habitat humano essencial para o pleno gozo e exercício dos direitos dos habitantes das costas e/ou ilhas de um Estado parte do Pacto, à luz das normas ambientais consagradas nos

---

[581] Disponível em: http://www.corteidh.or.cr/docs/opiniones/seriea_23_esp.pdf.

tratados e no Direito Internacional consuetudinário aplicável entre os respectivos Estados").

O Estado requerente pede que o Tribunal determine "como deve ser interpretado o Pacto de São José em relação a outros tratados em matéria ambiental que buscam proteger áreas específicas, como a Convenção para a Proteção e Desenvolvimento do Meio Marinho na Região do Grande Caribe", com relação à construção de grandes obras de infraestrutura nos Estados-Partes e "as respectivas obrigações internacionais em matéria de prevenção, precaução, mitigação de danos e de cooperação entre os Estados que podem ser afetados".

Assim, a Corte Interamericana interpretou e integrou os princípios, direitos e obrigações do Direito Internacional de Proteção Ambiental junto com as obrigações assumidas pelos Estados-Partes da Convenção Americana.

Em 15.11.2017, a Corte Interamericana de Direitos Humanos emitiu o Parecer consultivo (OC nº 23/17) em resposta à consulta do Estado da Colômbia sobre as obrigações estatais em relação ao meio ambiente, no âmbito da proteção e garantia dos direitos à vida e integridade pessoal, consagrados nos arts. 4 e 5 da Convenção Americana, em relação aos arts. 1.1 e 2 do mesmo tratado. A opinião consultiva teve como objetivo responder às seguintes questões:

- De acordo com o disposto no art. 1.1 do Pacto de São José, deveria considerar-se que uma pessoa, mesmo não estando no território de um Estado-Parte, esteja sujeita à jurisdição desse Estado no caso específico que, cumulativamente, se cumpram as quatro condições listadas a seguir?

    1) Que a pessoa resida ou esteja em área delimitada e protegida por regime convencional de proteção do meio ambiente do qual o referido Estado é parte.

    2) Que este regime convencional preveja uma área de jurisdição funcional, por exemplo, o previsto na Convenção para a Proteção e Desenvolvimento do Meio Marinho na Região do Grande Caribe.

    3) Que, nesta área de jurisdição funcional, os Estados-Partes tenham a obrigação de prevenir, reduzir e controlar a poluição por meio de uma série de obrigações gerais e/ou específicas.

    4) Que, em consequência de um dano ao meio ambiente ou de risco de dano ambiental na área protegida pelo acordo

em questão, seja imputável a um Estado-Parte no acordo e no Pacto de São José, os direitos humanos da pessoa em questão que foram violados ou que se encontrem ameaçados.

- As medidas e comportamentos, que por ação e/ou omissão de um dos Estados-Partes, cujos efeitos são suscetíveis de causar graves danos ao meio ambiente marinho – que constitui tanto o quadro da vida como uma fonte indispensável para o sustento da vida dos habitantes do litoral e ilhas de outro Estado-Parte – são compatíveis com as obrigações formuladas nos arts. 4.1 e 5.1, lidas em relação ao art. 1.1 do Pacto de São José?
- Devemos interpretar, e em que medida, as normas que estabelecem a obrigação de respeitar e garantir os direitos e liberdades previstos nos arts. 4.1 e 5.1 do Pacto, no sentido de que essas normas dão origem à obrigação dos Estados-Membros do Pacto de que devem respeitar as normas emanadas do direito internacional do meio ambiente e que buscam prevenir os danos ambientais suscetíveis de limitar ou impedir o gozo efetivo do direito à vida e à integridade pessoal e que uma das formas de cumprir essa obrigação é por meio da realização de estudos de impacto ambiental em uma área protegida pelo direito internacional e da cooperação com os Estados afetados?
- Se for aplicável, quais parâmetros gerais devem ser levados em consideração ao realizar estudos de impacto ambiental na Região do Grande Caribe e qual deve ser seu conteúdo mínimo?

Na opinião consultiva, este Tribunal reconheceu a existência de uma relação inegável entre a proteção do meio ambiente e a realização de outros direitos humanos, na medida em que a degradação ambiental afeta o gozo efetivo dos direitos humanos. Da mesma forma, ele destacou a relação interdependente e indivisível que existe entre os direitos humanos, o meio ambiente e o desenvolvimento sustentável, uma vez que o pleno gozo de todos os direitos humanos depende de um ambiente propício.

Devido a essa conexão estreita, constatou-se que atualmente (i) vários sistemas de proteção de direitos humanos reconhecem o direito a um meio ambiente saudável como um direito em si, embora não haja dúvida de que (ii) vários outros direitos humanos são vulneráveis à degradação do meio ambiente, o que acarreta uma série de obrigações ambientais dos Estados para cumprir suas obrigações de respeitar e garantir esses direitos.

No sistema interamericano de direitos humanos, o direito a um meio ambiente saudável está expressamente consagrado no art. 11 do Protocolo de São Salvador: toda pessoa tem direito a viver em um meio ambiente saudável e a contar com serviços públicos básicos. Os Estados-Partes promoverão proteção, preservação e melhoria do meio ambiente. Além disso, este direito também deve ser considerado incluído entre os direitos econômicos, sociais e culturais protegidos pelo art. 26 da Convenção Americana.

O direito humano a um meio ambiente saudável é um direito com conotações individuais e coletivas. Na sua dimensão coletiva, constitui um interesse universal, que se deve às gerações presentes e futuras; enquanto sua violação pode ter repercussões diretas ou indiretas nas pessoas, em virtude de sua dimensão individual e de sua vinculação com outros direitos, como o direito à saúde, à integridade pessoal ou à vida, entre outros.

A degradação do meio ambiente pode causar danos irreparáveis ao ser humano, razão pela qual um meio ambiente saudável é um direito fundamental para a existência da humanidade.

No entanto, o direito a um meio ambiente saudável como um direito autônomo é diferente do conteúdo ambiental que surge da proteção de outros direitos, como o direito à vida ou o direito à integridade pessoal.

Os direitos especialmente vinculados ao meio ambiente foram classificados em dois grupos: i) os direitos cujo gozo é particularmente vulnerável à degradação ambiental, também identificados como direitos substantivos (por exemplo: o direito à vida, à integridade pessoal, saúde ou propriedade), e ii) os direitos cujo exercício subsidia uma melhor formulação de políticas ambientais, também identificados como direitos de procedimento (direitos à liberdade de expressão e associação, à informação, à participação na tomada de decisões e a um recurso efetivo).

Neste parecer consultivo, o Tribunal se pronunciou sobre as obrigações substantivas e de procedimento dos Estados em matéria de proteção do meio ambiente que decorrem do dever de respeitar e garantir os direitos à vida e à integridade pessoal, uma vez que estes são os direitos sobre os quais a Colômbia consultou o Tribunal.

O Tribunal considerou que, para respeitar e garantir os direitos à vida e à integridade: os Estados têm a obrigação de prevenir danos ambientais significativos, dentro ou fora do seu território.

Com o propósito de cumprir a obrigação de prevenção, os Estados devem regular, fiscalizar e supervisionar as atividades sob sua jurisdição que possam causar danos significativos ao meio ambiente. Realizar estudos de impacto ambiental quando houver risco de danos significativos ao meio ambiente; estabelecer um plano de contingência, a fim de ter medidas e procedimentos de segurança que minimizem a possibilidade de acidentes ambientais graves, e mitigar os danos ambientais significativos que se tenham produzido, mesmo que tenham ocorrido apesar das ações preventivas do Estado.

Os Estados devem atuar de acordo com o princípio da precaução, a fim de proteger o direito à vida e à integridade pessoal, contra possíveis danos graves ou irreversíveis ao meio ambiente, mesmo na ausência de certeza científica.

Os Estados têm a obrigação de cooperar, de boa-fé, para a proteção contra os danos ao meio ambiente. Para cumprir a obrigação de cooperação, os Estados devem notificar os demais Estados potencialmente afetados quando tomarem conhecimento de que uma atividade planejada sob sua jurisdição pode gerar um risco de danos transfronteiriços significativos e em casos de emergências ambientais, bem como consultar e negociar, de boa-fé, com os Estados potencialmente afetados por danos transfronteiriços significativos.

Os Estados têm a obrigação de garantir o direito de acesso às informações relativas aos possíveis efeitos sobre o meio ambiente, consagrado no art. 13 do Convenção.

Os Estados têm a obrigação de garantir o direito à participação pública das pessoas sob sua jurisdição, consagrado no art. 23.1.a da Convenção, na tomada de decisões e nas políticas que possam afetar o meio ambiente.

Os Estados têm a obrigação de garantir o acesso à justiça, em relação às obrigações estatais de proteção do meio ambiente enunciadas anteriormente nesta opinião.

6 Quênia

Multa pela matança de elefantes

High Court of Kenya, 19.12.2016, *Criminal Appeal No 34 of 2016*[582]

O recorrente foi encontrado sem autorização em posse do troféu de vida selvagem, ou seja, quatro pedaços de presa de elefante em 17.7.2014 e foi processado perante o juiz de primeira instância, Nanyuki, pelo crime de posse de troféu de vida selvagem, em violação das disposições da Seção 92 da Lei de Conservação e Gestão da Vida Selvagem. O tribunal de primeira instância o considerou culpado e ele foi condenado a pagar uma multa de Ksh. 20 milhões e, em revelia, a cumprir 5 anos de prisão.

Recorrida a sentença, o apelante pediu a libertação por ter 71 anos e por se encontrar doente devido às condições desfavoráveis da prisão.

O Ministério Público pediu que o recurso fosse rejeitado. Isso porque a infração do recorrente foi contra a fauna silvestre, que tem o efeito de aniquilar a vida silvestre indígena, e também considerou que a sentença do tribunal de primeira instância foi branda.

O tribunal destacou que os elefantes são atualmente considerados as espécies mais ameaçadas do mundo. Por este motivo, considerou que a sentença do tribunal de primeira instância não pode ser criticada e negou provimento ao recurso do recorrente.

7 Tailândia

Ordem para reconstruir o riacho e reparar danos individuais

Corte Suprema de Justiça, 30.12.2015, nº 15.219/2558[583]

Os réus operavam uma fábrica de processamento de mineração de chumbo localizada perto da corrente superior do riacho Klity. Os réus descartaram a água e os produtos químicos usados nos processos de fabricação no riacho Klity, resultando na contaminação da água com chumbo. Os autores, integrantes de um grupo de povos indígenas que

---

[582] Disponível em: http://kenyalaw.org/caselaw/cases/view/129980/.
[583] Disponível em: https://www.informea.org/sites/default/files/court-decisions/Decision%2015219-2558.pdf.

vivem no córrego inferior, consumiram água do riacho e sofreram danos à saúde e perda da capacidade de trabalho.

O tribunal decidiu que os réus, a empresa e os administradores pagariam indenizações para cada requerente de aproximadamente 2.000.000 a 3.000.000 THB. E, uma vez que a reclamação foi baseada na previsão de responsabilidade objetiva nos termos da Lei Nacional de Melhoria e Conservação da Qualidade Ambiental BE 2535 (1992) que não regula uma prescrição, para este caso foi de 10 anos e a reclamação estava dentro do período.

Também por se tratar de integrantes de um grupo de povos indígenas, os reclamantes tinham o direito previsto na Constituição de usar, administrar e conservar o meio ambiente para exigir a restauração do riacho Kliti. Consequentemente, os acusados foram obrigados a fazer a restauração.

8 Áustria

Interesse público na infraestrutura *v.* interesse na mudança climática

Corte Suprema de Justiça, 2.2.2017, "Dritte Piste des Flughafens Wien Schwechat darf nicht gebaut werden"[584]

O *Bundesverwaltungsgericht*, o mais alto tribunal administrativo da Áustria, decidiu que os planos para uma terceira pista no aeroporto de Viena não podem ser realizados porque não eram compatíveis com a grande importância da Carta dos Direitos Fundamentais da UE, a Constituição austríaca, bem como a Constituição da Baixa Áustria, considerando a proteção do clima, bem como os compromissos internacionais e nacionais austríacos específicos a esse respeito.

Em particular, o tribunal decidiu que o interesse público em ser protegido das mudanças climáticas era mais importante do que o interesse público para este projeto de infraestrutura. Os três juízes determinaram que não havia questões fundamentais de direito em jogo no caso, que um recurso extraordinário apenas é permitido quando o recorrente demonstre a título preliminar que a decisão violou direitos

---

[584] W109 2000179-1/291E. Disponível em: https://www.ecolex.org/details/court-decision/dritte-piste-des-flughafens-wien-schwechat-darf-nicht-gebaut-werden-4d60ee0ab3c5-4368-b5ab-8fed7a4e5b80/?q=austria&type=court_decision&xdate_min=2014&xdate_max=2017.

fundamentais, que dada a confiança do tribunal sobre estes direitos fundamentais para chegar a sua decisão parece improvável.

9 Colômbia

Jovens clamam pelo seu futuro na Amazônia: o pacto intergeracional

Corte Suprema de Justiça, Sala de Cassação Civil, Acórdão STC 4360-2018, 5.4.2018, Rad.: 11001-22-03-000-2018-0 0319-01 (aprovado na sessão.4.2018)[585]

Em fevereiro de 2018, a Câmara de Cassação Civil especializada em Restituição de Terras do Tribunal Superior Judicial de Bogotá rejeitou a tutela dos direitos ao gozo de um ambiente saudável, da vida e da saúde de "um grupo de 25 meninos, meninas, adolescentes e jovens adultos entre 7 e 25 anos, que vivem em cidades que fazem parte da lista de cidades de maior risco devido às mudanças climáticas, com expectativa de vida de 78 anos em média, razão pela qual esperam desenvolver sua vida adulta entre 2041-2070 e a velhice a partir de 2071", contra a Presidência da República, Ministério do Meio Ambiente e Desenvolvimento Sustentável, Ministério da Agricultura e Desenvolvimento Rural, e Unidade Administrativa Especial de Parques Naturais e Nacionais e dos Governos do Amazonas, Caquetá, Guainía, Guaviare, Putumayo e Vaupés, devido ao aumento do desmatamento na Amazônia; o que eles sustentam viola seus direitos "supralegais" de desfrutar de um ambiente saudável, o direito à vida e à saúde. O Tribunal considerou que a tutela não era o mecanismo ideal para proteger este tipo de direitos coletivos. Diante dessa decisão, foi apresentada uma impugnação perante a Corte Suprema de Justiça da Colômbia invocando a proteção de seus direitos fundamentais, individuais e coletivos.

Os promotores invocam a proteção de direitos "supralegais", destacando aqueles a gozar de um ambiente saudável, de vida e de saúde, alegadamente violados pelos demandados. A sua ação é baseada no Acordo de Paris e na Lei nº 1.753/2015 (Plano de Desenvolvimento Nacional 2014-2018), pelos quais o governo adquiriu compromissos nacionais e internacionais para alcançar a redução dos GEEs (gases

---

[585] Disponível em: https://observatoriop10.cepal.org/es/jurisprudencia/sentencia-lacorte-suprema-justicia-colombia-stc-4360-2018;http://legal.legis.com.co/document?-obra=jurcol&document=jurcol_c947ae53aeb447bd91e8e9a315311ac5.

de efeito estufa) em um contexto das mudanças climáticas, entre as quais a obrigação de reduzir a taxa líquida de desmatamento a zero na Amazônia colombiana até 2020.

Informam que no Boletim de Alerta de Desmatamento Antecipado (AT-D) do primeiro semestre de 2017, elaborado em conjunto pelo Ministério do Meio Ambiente e Desenvolvimento Sustentável e Ideam, concluiu-se que a Amazônia é a região com maior AT-D do país, com um total de 66,2%. Além disso, na Estratégia Integral de Controle do Desmatamento e Gestão de Florestas na Colômbia, o referido ministério relatou que a Colômbia perdeu 178.567 hectares em 2016, ou seja, o desmatamento aumentou 44% em relação ao número relatado para 2015 e, desse número, 70.074 hectares correspondem à Amazônia. Denunciam como causas desse fenômeno a grilagem de terras (60-65%), as lavouras para uso ilícito (20-22%), a extração ilegal de depósitos minerais (7-8%), a infraestrutura, as lavouras agroindustriais e a extração ilegal de madeira.

Segundo eles, os demandados não adotam as medidas necessárias para fazer face a esta eventualidade e, para além disso, há graves implicações para os locais de suas residências, alterando as suas condições de vida, impedindo a possibilidade de usufruir de um ambiente saudável. Eles preveem fazer parte da geração futura que enfrentará os efeitos das mudanças climáticas no período de 2041-2070 e 2071-2100.

Os autores consideram que o atual problema do desmatamento apresentado no território amazônico colombiano, incluídos especificamente nos municípios de San Vicente del Caguán, Cartagena del Chairá, San José del Gauviare, Calamar, La Macarena, Puerto Leguizamo, Solano, Uribe, El Retorno, Puerto Guzmán, Porto Rico, Miraflores, Florencia e Vistahermosa, e a falta de medidas do governo nacional e de outras autoridades públicas para contestar esta situação violam as prerrogativas de vida e de saúde, bem como os direitos ambientais das futuras gerações.

A Suprema Corte de Justiça da Colômbia, em 5.4.2018, reverteu a sentença que rejeitava a proteção dos direitos fundamentais jusfundamentais e ordenou medidas adicionais. Encarregou a Presidência da República, o Ministério do Meio Ambiente e Desenvolvimento Sustentável e o Ministério da Agricultura e Desenvolvimento Rural de formular um plano de ação para conter o índice de desmatamento na Amazônia, e também construir um pacto intergeracional pela vida da Amazônia colombiana (Pivac); os municípios, de atualizarem seus planos de ordenamento do território e considerarem um plano de ação de redução zero para o desmatamento; a Corporação para o Desenvolvimento Sustentável do Sul da Amazônia e outros, de elaborarem um plano de ação para solucionar os problemas de desmatamento. Por fim, a todos os réus que aumentem as ações de mitigação do desmatamento.

Para o Tribunal, é claro que, neste caso, o perigo de desmatamento está em vigor nas áreas onde vivem os responsáveis e que sua intervenção para reduzir os riscos deve ser imediata.

A Corte Suprema fez uma compilação dos eventos que colocaram as mudanças climáticas na agenda internacional de políticos, chefes de Estado e do mundo em geral.

> Os ecossistemas estão expostos a situações muito extremas que impedem sua subsistência; isso acarreta no esgotamento dos recursos naturais, sejam eles renováveis ou não. Enfrentamos uma dificuldade crescente para obter os meios de subsistência indispensáveis para a população mundial e a contaminação e mutação do nosso meio ambiente devido à colonização irracional das florestas e à expansão das fronteiras urbanas, agrícolas, industriais e extrativistas que aumentam o desmatamento.

> A humanidade é a principal responsável por esse cenário, sua posição hegemônica planetária levou à adoção de um modelo antropocêntrico e egoísta, cujas características são prejudiciais à estabilidade ambiental: o crescimento demográfico excessivo; a adoção de um sistema de desenvolvimento vertiginoso pautado pelo consumismo e pelos sistemas político-econômicos vigentes; e a exploração excessiva dos recursos naturais.

Porém, gradativamente, a consciência da obrigação de mudar nossos comportamentos foi crescendo. Surgem movimentos a favor de uma nova ideologia de sociedade "ecocêntrica antrópica", que vai além da excessiva "homo-mensura", "autista", "antropocêntrica".

Por isso, explica que "desde o Poder Judiciário, o Estado Constitucional deve advogar pelo efetivo reconhecimento dos direitos" e aplicar medidas de proteção de direitos, "que mesmo quando em princípio parecem visar à proteção de interesses coletivos", "substancialmente, apontam para a defesa dos direitos essenciais da pessoa".

Disse o Tribunal:

> Como observado, o âmbito de proteção dos preceitos jurídicos fundamentais é cada pessoa, mas também "o outro". O "próximo", é a alteridade, sua essência, as outras pessoas que habitam o planeta, englobando também outras espécies animais e vegetais. [...] Mas também, inclui aos

sujeitos não nascidos que merecem desfrutar das mesmas condições ambientais vividas por nós. [...] Os direitos ambientais das gerações futuras baseiam-se no dever ético de solidariedade das espécies e no valor intrínseco da natureza.

"Temos a obrigação de considerar como os nossos trabalhos e condutas cotidianas afetam também a sociedade e a natureza", explicou o Tribunal Superior, colocando especial ênfase no fato de ser este comportamento que pode salvaguardar os direitos ambientais das gerações futuras.

A realidade anterior, de desmatamento e degradação ambiental, contrasta com "os princípios jurídicos ambientais da precaução, da equidade intergeracional e da solidariedade".

Entre as ações ordenadas, a Câmara de Cassação Civil dispõe a elaboração do Pacto Intergeracional pela Vida da Amazônia Colombiana – Pivac, em que são adotadas medidas para reduzir a zero o desmatamento e os gases de efeito estufa.

Também ordenou a todos os municípios da Amazônia colombiana que incorporassem componentes de preservação ambiental aos planos de ordenamento do território e à execução efetiva de medidas policiais, judiciais e administrativas pelas três corporações regionais autônomas com jurisdição no território amazônico: a Corporação para o Desenvolvimento Sustentável do Sul da Amazônia Corpoamazonia, a Corporação para o Desenvolvimento Sustentável do Norte e do Amazonas Oriental CDA e a Corporação para o Desenvolvimento Sustentável da Área Especial de Gestão La Macarena – Cormacarena.

A Corte Suprema constatou que o Estado colombiano não tem lidado de forma eficiente com o problema do desmatamento na Amazônia, apesar de ter firmado diversos compromissos internacionais e de existir no país regulamentação e jurisprudência suficientes sobre o assunto.

A Corte Suprema indica que as três corporações autônomas regionais com jurisdição no território amazônico não têm feito esforços para reduzir a área de concentração do desmatamento, que registra 47,23% do AT-D, de forma que as autoridades ambientais indicadas não estão cumprindo suas funções de avaliação, controle e monitoramento dos recursos naturais, nem de punição da violação das normas de proteção ambiental; o desmatamento ocorre em locais sob a proteção dos Parques Naturais Nacionais da Colômbia – PNN –, bem como em departamentos como Amazonas, Caquetá, Guaviare e Putumayo, nos quais as funções de proteção ambiental não são cumpridas; e que, por fim, os municípios da região amazônica, de acordo com o boletim AT-D, concentram altos níveis de desmatamento sem contrabalançar essa situação.

Tomando por base elementos de julgamento proferidos em inquéritos do Ideam e do próprio Ministério do Meio Ambiente e Desenvolvimento Sustentável, o Tribunal determinou o nexo de causalidade entre a violação dos direitos fundamentais dos demandantes da tutela e, em geral, das pessoas residentes no país, com as mudanças climáticas geradas pela redução progressiva da cobertura florestal, ocasionada pela expansão da fronteira agrícola, cultivo de drogas, mineração ilegal e extração ilegal de madeira das florestas da região. Mas, além disso, argumentou:

> Portanto, para proteger aquele ecossistema vital para o futuro global, tal como declarou o Tribunal Constitucional ao Rio Atrato, se reconhece à Amazônia colombiana como uma entidade, "sujeito de direitos", detentora da proteção, da conservação, manutenção e restauração a cargo do Estado e das entidades territoriais que o integram.

Em última instância, a Corte Suprema concluiu que o governo nacional e as autoridades locais e regionais não estão cumprindo adequadamente os compromissos assumidos para proteger a Amazônia.

Portanto, decidiu:

- Revogar a sentença de extinção de 12.2.2018, proferida pela Câmara Cível Especializada em Restituição de Terras do TSJ de Bogotá, no âmbito da proteção estabelecida por Andrea Lozano Barragán e outros.
- Ordenar à Presidência da República, ao Ministério do Meio Ambiente e do Desenvolvimento Sustentável e ao Ministério da Agricultura e Desenvolvimento Rural para que, em coordenação com os setores do Sistema Nacional de Meio Ambiente, e com a participação dos reclamantes, das comunidades afetadas e da população interessada em geral, nos quatro (4) meses seguintes à notificação da tutela, a formulação de um plano de ação de curto, médio e longo prazo que neutralize o índice de desmatamento na Amazônia, que faça frente aos efeitos das mudanças climáticas.
- Ordenar às autoridades citadas que formulem no prazo de 5 (cinco) meses, com a participação ativa dos responsáveis das comunidades afetadas, das organizações científicas ou

grupos de pesquisa ambiental, e da população interessada em geral, a construção de um pacto intergeracional pela vida da Amazônia colombiana – Pivac –, no qual se adotem medidas destinadas a reduzir a zero o desmatamento e as emissões de gases de efeito estufa, que devem ter estratégias de implementação nacionais, regionais e locais, de caráter preventivo, obrigatório, corretivo e pedagógico, voltadas para a adaptação às mudanças climáticas.

- Ordenar a todos os municípios da Amazônia colombiana que realizem, no prazo de 5 (cinco) meses, atualização e implementação dos planos de manejo fundiário, quando for o caso, devendo conter um plano de ação para a redução a zero do desmatamento em seu território, que incluirá estratégias mensuráveis preventivas, obrigatórias, corretivas e pedagógicas, visando à adaptação às mudanças climáticas.
- Ordenar à Corporação para o Desenvolvimento Sustentável do Sul da Amazônia – Corpoamazonia, à Corporação para o Desenvolvimento Sustentável do Norte e Oriente da Amazônia – CDA e à Corporação para o Desenvolvimento Sustentável da Área de Gestão Especial La Macarena – Cormacarena que realizem no prazo de 5 (cinco) meses, quanto à sua competência, plano de ação que neutralize, por meio de medidas policiais, judiciais ou administrativas, os problemas de desmatamento relatados pelo Ideam.

Adicionalmente, no âmbito de suas atribuições, as organizações rés deverão, nas 48 (quarenta e oito) horas após a notificação da tutela, ampliar as ações destinadas a mitigar o desmatamento e apresentar com urgência as denúncias e reclamações junto das respectivas entidades administrativas e judiciais.

Entre as ideias mais importantes desenvolvidas nesta decisão, merecem destaque:

> Os fatores mencionados geram diretamente o desmatamento na Amazônia, causando, a curto, médio e longo prazo, prejuízos iminentes e graves a crianças, adolescentes e adultos que vêm a esta ação e, em geral, a todos os habitantes do território nacional, tanto para as gerações presentes como futuras, visto que impulsiona descontroladamente a emissão de dióxido de carbono ($CO2$) na atmosfera, produzindo o efeito estufa [...]
> A realidade acima, contrastada com os princípios legais ambientais de (i) precaução; (ii) equidade intergeracional; e (iii) a solidariedade, alerta para as seguintes conclusões:

Em relação ao princípio da precaução: "[...] Quanto ao primeiro dos referidos princípios, não há dúvida de que existe perigo de dano, visto que, segundo o IDEAM, o aumento das emissões de GEE, causadas com o desmatamento da floresta amazônica, gerariam aumento de temperatura na Colômbia [...] Quanto à irreversibilidade dos danos, e à certeza científica, componentes adicionais do princípio da precaução são evidentes, pois os GEE lançados como resultado do desmatamento constituem 36% do setor florestal, tornando-se um fator de liberação descontrolada de CO2 [...]".

Quanto ao critério de equidade intergeracional, sua transgressão é óbvia, considerando a previsão de aumento da temperatura para o ano de 2041 de 1,6, e, em 2071, de até 2,14, sendo as gerações futuras, entre eles, os bebês que interpõem essa salvaguarda, as que serão diretamente afetadas, a não ser que as gerações atuais reduzam a taxa de desmatamento a zero. Sobre o reconhecimento da natureza como sujeito de direitos, e citando a tese defendida pelo Tribunal Constitucional, reproduziu: "[...] a justiça com a natureza deve ser aplicada para além do cenário humano e deve permitir que a natureza seja sujeito de direitos. É sob esse entendimento que o tribunal considera necessário dar um passo adiante na jurisprudência rumo à proteção constitucional de um de nossos mais importantes mananciais de biodiversidade: o rio Atrato. Esta interpretação encontra plena justificação no melhor interesse do meio ambiente, que foi amplamente desenvolvido pela jurisprudência constitucional e que é composta por numerosas cláusulas constitucionais que constituem o que foi denominado de 'Constituição Ecológica' ou 'Constituição Verde'. Este conjunto de dispositivos permite afirmar a importância do meio ambiente saudável e do vínculo de interdependência com o ser humano e o Estado". "Do exposto anteriormente, deriva um conjunto de obrigações de proteção e garantia do ambiente como papel do Estado, que é o primeiro responsável pela sua proteção, manutenção e conservação, as quais devem materializar-se através de políticas públicas ambientais responsáveis (governança sustentável), a emissão de documentos do Conpes, legislação sobre a matéria e Planos Nacionais de Desenvolvimento, entre outros [...] e [...] com objetivo de proteger este ecossistema vital para o futuro global, como declarou o tribunal constitucional ao rio Atrato, reconhecendo-se a Amazônia colombiana como uma entidade, 'sujeito de direitos', detentora da proteção, conservação, manutenção e restauração a cargo do Estado e das entidades territoriais que a compõem".

Direitos dos animais

Corte Suprema de Justiça da Colômbia, Sala de Cassação Civil, AHC 4806-2017, *Radicación No* 17.001-22-13-000-2017-00468-02, 26-7-2017[586]

O Alto Tribunal da Colômbia concedeu *habeas corpus*, ao solicitar-se a proteção de um urso de óculos[587] chamado "Chucho", ordenando sua libertação de um Zoológico de Barranquilla e sua reintegração, em 30 dias, em uma Reserva Natural de Río Blanco (Manizales), que ele habitou por mais de 22 anos.

Chucho viveu na reserva ambiental em Manizales junto com sua irmã que faleceu há 9 anos. Ainda filhotes, chegaram à reserva em decorrência de um plano de repovoamento do urso andino, que no caso deles não se concretizou por questões de consanguinidade.

Após a morte da fêmea, o urso ficou deprimido, começou a fugir, alimentar-se mal e apresentar deterioração física.

Para fundamentar sua decisão, adotou-se a tese dos animais como "seres sencientes" não humanos, o que tende a outorgar-lhes prerrogativas fundamentais, dignas de proteção imediata do Estado, com base em uma visão ecocêntrico-antrópica, dentro do quadro de uma "ordem pública ecológica nacional e internacional", e, portanto, declarados "sujeitos de direito".

"Os animais como seres sencientes são sujeitos de direitos não humanos" e como tal "têm prerrogativas como fauna protegida para salvaguardar em virtude da biodiversidade e do equilíbrio natural das espécies e, especialmente, da natureza selvagem".

Esclareceu-se que "não se trata de dar direitos a sujeitos não humanos sencientes, iguais aos dos humanos, equiparando-os como um todo, a acreditar que touros, papagaios, cães ou árvores, etc., terão seus próprios tribunais, mas reconhecer o correspondente, o justo e o conveniente para a sua espécie".

A decisão sustenta ainda que a concessão de direitos deve ser entendida como extensão dos princípios jurídicos das pessoas aos seres sencientes de forma proporcional e ampla, sem afetar as atividades agroindustriais, a alimentação humana e os avanços da medicina.

---

[586] Disponível em: https://corte-suprema-justicia.vlex.com.co/vid/692862597.
[587] Única nativa da América do Sul, espécie mamífera vulnerável, em vias de extinção, segundo a Convenção sobre o Comércio Internacional de Espécies Ameaçadas da Fauna Silvestre, aprovada pela Colômbia mediante a Lei nº 71-81.

"Trata-se de reconhecer e atribuir direitos e personalidade jurídica para determinar epistemológica, ética, política, cultural e juridicamente a destruição irracional de nosso planeta e de toda a natureza que vergonhosamente e tragicamente aflige a geração de nosso tempo".

Destaca também que o Chucho faz parte de uma espécie ameaçada, que cumpre uma função ecológica no meio ambiente porque é dispersor de sementes e regenerador de florestas e que, embora não possa ser reinserido na vida selvagem porque depende do homem para se alimentar, sua natureza e comportamento natural devem ser respeitados.

Daí a ordem para o urso voltar ao habitat natural a que está habituado, que tem meio quarteirão de área, na reserva florestal onde viveu.

Em conclusão, a Corte Suprema de Justiça da Colômbia determinou que os animais como "seres sencientes integrados a uma ordem pública ecológica" são titulares de direitos, estão isentos de deveres e que é o Estado que deve garantir e proteger seus direitos, como membros de um ecossistema em que cada espécie cumpre uma função insubstituível.

A ordem de saneamento de um rio

Conselho de Estado, julgamento de 28.3.2014, "A. P. Bacia hidrográfica do rio Bogotá", expte. A. P. 90.479[588]

Este caso tem sua origem em uma ação popular voltada para a limpeza do rio Bogotá. A decisão adotada, que dá origem à ação popular interposta por 8 autores, é de fundamental importância, uma vez que trata de estabelecer uma verdadeira política de descontaminação e saneamento básico, criando um marco institucional, alocando recursos e indicando uma série de ações visando a alcançar a recuperação dessa fonte hídrica para a região e o país.

O principal objetivo dos peticionários era administrar a bacia do rio Bogotá em um contexto sistêmico por meio da integração e combinação de elementos ambientais, sociais, econômicos e institucionais. Entre os direitos invocados para sua proteção, citaram: o direito de gozar de um meio ambiente saudável, à segurança e à saúde públicas;

---

[588] Parte demandante: 8 autores. Parte demandada: 72 réus. Apelantes: 52. C. E, Primeira Seção, Sentença A. P. 25.000-23-27-000-2001-90479-01. 28-3-2014, C. P. Marco Antonio Velilla Moreno, autor: Gustavo Moya e outros. Disponível em: http://www.ideam.gov.co/web/ocga/sentencia.

acesso a serviços públicos de aquedutos e esgotos, direito à segurança e prevenção de calamidades previsíveis; direito à segurança alimentar; uso adequado dos recursos naturais para garantir seu desenvolvimento sustentável, conservação, restauração ou reposição.

Para decidir sobre essas questões, a Corte abordou o problema analisando a situação da época. Assim, afirmou:

> O rio Bogotá se tornou o principal receptor de águas domésticas e industriais da região, por isso é um dos afluentes mais poluídos do continente. Não é exagero apontar que a bacia se encontra em situação de emergência social, ambiental e ecológica. [...] Os diversos lançamentos decorrentes de atividades industriais, agrícolas e residenciais, e para os quais contribuem importantes cargas poluentes, não têm tido resposta imediata e eficiente. Os parâmetros físico-químicos respondem pela contaminação e pela real deterioração da qualidade do recurso; a turbidez, os sólidos em suspensão, os metais pesados e o alto teor de matéria orgânica, que geram desoxigenação e odores desagradáveis, são exemplos disso. Em Bogotá se consome água potável que é despejada contaminada, não há programa ou política articulada de reaproveitamento, nem se percebe uma mudança na mentalidade do cidadão comum, pelo contrário, a indiferença social se aprofunda, comportamentos inadmissíveis em termos de desenvolvimento. Já se passaram mais de 100 anos desde o início do processo de discussão e análise das alternativas e estratégias para enfrentar o processo de contaminação do rio Bogotá, e até o momento não houve resultados definitivos para apresentar uma solução com enfoque sistêmico. A situação, reitera-se, continua catastrófica em termos ambientais. Não há certeza do que queremos, queremos crescimento econômico, queremos melhorar a qualidade de vida dos habitantes? A resposta a essas perguntas deve ser buscada dentro do conceito de cidade sustentável e da gestão dos recursos naturais. É urgente a adoção de medidas reais e significativas, através das quais se defina a implementação de planos, programas e projetos que garantam a melhoria ambiental da bacia hidrográfica a curto, médio e longo prazo. Trata-se de verdadeiras estratégias de saneamento da bacia, enquadradas em instrumentos normativos que permitem a sua permanência no tempo [...].

Com essa visão, os principais problemas foram identificados como (i) a inexistência de uma política única em relação à recuperação do rio Bogotá; (ii) a existência de dispersão de recursos e esforços em matéria de informação, planejamento, gestão, coordenação interinstitucional de projetos e recursos tecnológicos, financeiros e humanos, cuja harmonização é necessária em virtude de: a) sobreposição de atores poluidores, autoridades e competências; b) pouca integração interinstitucional e fragilidade da polícia ambiental; (iii) não cumprimento dos regulamentos ambientais aplicáveis.

A solução integral do caso inclui: (i) articulação e integração interinstitucional de instrumentos de gestão, planejamento e observação; (ii) integração de instrumentos financeiros, bem como de instrumentos técnicos e de acompanhamento comuns ao funcionamento regular e extraordinário do rio, e (iii) implementação de projetos comuns e específicos de acordo com os poderes constitucionais e legais dos diferentes atores envolvidos. Por fim, especifica-se a forma de implementar a solução, que inclui uma autoridade em bacia hidrográfica formada em princípio por um conselho estratégico de bacia, o qual se tornará uma gerência estratégica em de bacia por meio de um projeto de lei, que deverá ser apresentado pelo Ministério do Meio Ambiente. Esta autoridade é chamada a coordenar os diferentes aspectos relacionados com a complexidade ambiental da Bacia do Rio Bogotá, e tem como objetivo: (i) uma gestão integrada do referido hidrossistema que permita a unidade de gestão de recursos hídricos e a articulação com instrumentos de ordenamento do território, bem como (ii) melhoria contínua e sustentável da qualidade de vida dos habitantes.

A sentença ordena:

- a criação provisória do conselho estratégico de bacia, que passará a ser uma gerência estratégica de bacia por meio de projeto de lei, que deverá ser encaminhado pelo Ministério do Meio Ambiente;
- a coordenação a cargo da CAR com todos os projetos de adaptação hidráulica e recuperação ambiental do rio Bogotá; com o Plano de Gestão Ambiental da Secretaria Distrital do Meio Ambiente, o Plano Departamental de Águas – PDA do Governo de Cundinamarca, as Avaliações Hídricas ERA do Ideam e os demais instrumentos normativos para a gestão integral da bacia hidrográfica. O direito da água nasce da comunidade da água.

A CAR também é instruída a:

- atualizar imediatamente o Plano de Ordenação e Gestão da Bacia do Rio Bogotá e coordenar com os instrumentos de planejamento existentes;
- assessorar o Distrito Capital e os entes territoriais vinculados ao rio Bogotá, no atual processo de modificação dos Pots,

PBOT e EOT, bem como na sua articulação com o referido plano (a CAR tem a seu cargo o Fundo de Investimentos para a Adequação do Rio Bogotá – FIAB, instituído pelo Convênio nº 28 de 2005 e modificado pelo Convênio nº 15 de 19.6.2007, cujos investimentos devem ser contemplados no Pomca);

- requer-se ao Conselho Estratégico da Bacia Hidrográfica do Rio Bogotá (enquanto é criada a Gerência Estratégica da Bacia):
  - a consolidação de um Observatório Regional de Ambiental e de Desenvolvimento Sustentável do Rio Bogotá Obarbo, como um instrumento comum para alcançar uma direção e gestão integral a partir de uma visão comum da bacia. O Observatório Distrital de Bogotá já existia;
  - que constitua temporariamente o Fundo Comum de Cofinanciamento do Focof, até que seja editada a respectiva lei de criação (Integração de Recursos destinados ao Rio: FIAP + Focof);
  - que permita o registro, armazenamento, validação, modelagem, monitoramento, controle, avaliação e divulgação de todas as informações relacionadas à bacia do rio Bogotá.

Declara-se que o executor da estratégia será definido pelo Conselho Estratégico de Bacia, enquanto a Gerência Estratégica de Bacia é criada por lei.

O Ministério do Meio Ambiente está encarregado de:

- Coordenar e liderar a Implementação do Conselho Estratégico de Bacia, e constituir sua Secretaria Técnica; até a criação da Gerência Estratégica de Bacia, por meio do projeto de lei, que o mesmo ministério deve apresentar em até seis meses ao Congresso.
- Criar o Sistema Regional Comum de Informação Ambiental para tomar todas as decisões interinstitucionais para toda a bacia (projeto de lei a ser apresentado pelo Ministério do Meio Ambiente) de importância estratégica, áreas excluídas da Mineração, Passivos Ambientais Mineiros – PAM, pantanais e zonas-tampão de inundação.

Realizando um censo das pessoas e/ou empresas que desenvolvem atividades de curtimento industrial, a CAR é encarregada de atualizar imediatamente o Pomca (Plano de Ordenação e Gestão da Bacia do Rio Bogotá) e fazer a articulação com os instrumentos de planejamento existentes.

O distrito da capital e as entidades territoriais são ordenadas a: fortalecer o sistema de planejamento dos afluentes do rio Bogotá, ajustar os planos de manejo integrado de resíduos sólidos – PGIRS, ordenar ao distrito e à empresa de aquedutos que preparem em seis meses o plano para identificar e corrigir as ligações erradas do sistema sanitário ao sistema de águas pluviais da cidade, ordenar ao distrito e à empresa de aquedutos que preparem o plano de reabilitação das redes em seis meses.

Três (3) conselhos de bacia são constituídos: alta, média e baixa.

O governo nacional é imediatamente obrigado a realizar um estudo sobre a eficácia dos impostos, taxas, contribuições e outras taxas existentes para a proteção do ambiente.

Ordena-se, em nove meses, que se modifiquem os parâmetros dos instrumentos econômicos: taxas retributivas, compensatórias e de uso da água. Ampliação da Integração de Recursos Interinstitucionais para o desenvolvimento da Estratégia Interinstitucional em benefício do Rio (Fiap + Focof) (Projeto de Lei do Ministério do Meio Ambiente), atual PTAR, Salitre em escoamento e capacidade de tratamento.

Obras de engenharia, construção da PTAR de Canoas, 2ª estação de tratamento (secundária com desinfecção), construção da estação elevatória para geração de energia, construção cofinanciada em três anos do Parque Industrial Ecoeficiente para os curtumes Villapinzón e Chocontá com a finalidade de tratar águas residuais e assistência técnica para cumprir com os regulamentos de descarga.

Construção cofinanciada em três anos do Parque Industrial Ecoeficiente para os curtumes de San Benito com a finalidade de tratamento de efluentes e assistência técnica para cumprimento das normas de descarte. Operação e manutenção a partir de 2018 obtêm a concessão de energia.

10 Alemanha

Falta de relação causal nas mudanças climáticas

LG Essen, 15.12.2016 – 2 O 285/15, 15.12-2016, Landgericht Essen[589]

Em novembro de 2015, Saúl Luciano Lliuya, agricultor peruano de Huaraz, Peru, entrou com uma ação por danos em um tribunal

---

[589] Disponível em: http://www.justiz.nrw.de/nrwe/lgs/essen/lg_essen/j2016/2_O_285_15_Urteil_20161215.html.

alemão contra a RWE, a maior produtora de eletricidade da Alemanha. O processo de Lliuya alegou que a RWE, que conscientemente contribuiu para a mudança climática ao emitir volumes significativos de gases de efeito estufa (GEE), teve alguma responsabilidade no derretimento de geleiras nas montanhas perto de sua cidade de Huaraz, com uma população de 120.000 habitantes. Esse derretimento levou a uma séria ameaça: Palcacocha, um lago glacial localizado acima de Huaraz, experimentou um aumento volumétrico substancial desde 1975, processo que se acelerou desde 2003. Lliuya apresentou várias teorias jurídicas em apoio à sua reivindicação, incluindo uma que caracterizou as emissões da RWE como um incômodo e que Lliuya incorreu em custos compensáveis para mitigar. Reconhecendo que a RWE apenas contribuiu para as emissões responsáveis pelas mudanças climáticas e, portanto, pelo crescimento do lago, Lliuya pediu ao tribunal que ordenasse à RWE o reembolso de uma parte dos custos que ele e as autoridades de Huaraz incorreram para estabelecer proteções contra inundações. Essa parcela foi de 0,47% do custo total, o mesmo percentual da estimativa de Lliuya da contribuição anual da RWE para as emissões globais de gases de efeito estufa.

O tribunal indeferiu os pedidos de Lliuya de medidas cautelares e de reparação, bem como seu pedido de indenização. O tribunal observou que não poderia fornecer a Lliuya uma reparação efetiva (a situação de Lliuya não mudaria, disse o tribunal, mesmo se a RWE parasse de emitir), e que nenhuma "cadeia causal linear" poderia ser discernida entre os componentes complexos da relação causal entre emissões específicas de gases de efeito estufa e impactos específicos das mudanças climáticas.

11 Portugal

Ordem de elaboração de manual de procedimentos para licenças ambientais

Sentença do Tribunal Administrativo Supremo, 29.12.2015[590]

O Tribunal Administrativo Supremo de Portugal (TC) ordenou à Agência Portuguesa do Ambiente (APA) e à Comissão de Coordenação e Desenvolvimento Regional (CCDR) a elaboração de "um manual de

---

[590] Disponível em: http://www.tcontas.pt/pt/actos/rel_auditoria/2015/2s/audit-dgtcrel028-2015-2s.pdf.

procedimentos para a concessão de licenças ambientais" e a adoção de medidas de promoção à participação pública e compreensão dos processos de tomada de decisão, particularmente por meio da divulgação de todas as informações relevantes para esses processos.

O Tribunal observou que "a maioria das licenças no site oficial da APA nem sequer estavam sendo assinadas, o que constituía uma falta funcional de informação sobre a identificação da responsabilidade e, portanto, carece de uma característica fundamental para a concessão de uma licença".

Além disso, o Tribunal acrescentou que num processo anterior foi constatado que as licenças ambientais dos autos emitidos no sítio da APA "apresentam deficiências importantes e carecem de informações essenciais sobre as licenças de funcionamento". Por fim, o Tribunal acrescentou que "A Agência Ambiental não respondeu de forma alguma sobre a questão da publicidade para licenças ambientais, nem revelou os motivos de tal sigilo ou ofereceu uma solução para ele", e, portanto, decide voltar a indicar o pedido à APA para que elabore "documentos justificativos à emissão do licenciamento ambiental e sua renovação, contendo os fundamentos dos fatos e atos de direito e explicando, se for o caso, em que medida os resultados da participação pública foram levados em conta, sob pena de a licença ser nula".

De forma similar, o tribunal também recomenda a divulgação das decisões dos procedimentos de licenciamento ambiental às autoridades, indicando a necessidade de transparência das informações após a emissão das licenças ou sua renovação, bem como a atualização periódica das informações contidas no banco de dados de licenças ambientais.

12   Filipinas

Princípio de precaução ante o risco de liberar plantas biotecnológicas

Corte Suprema, 8.12.2015, "Serviço internacional para a adquisição de Agri-Biotech Applications, Inc. vs. Greenpeace Southeast Asia", nº ONU 209271[591]

---

[591] Disponível em: https://www.informea.org/sites/default/files/court-decisions/International%20Service%20for%20the%20Acquisition%20of%20AgriBiotech%20Applications%2C%20Inc.%20v.%20Greenpeace%20Southeast%20Asia.pdf.

Neste caso, os demandantes, um coletivo de ONGs ambientais integrante da sociedade civil e cientistas, questionaram a concessão de licenças de biossegurança e testes de campo de uma nova berinjela biotecnologicamente resistente a pragas. Os demandantes alegaram que os testes de campo da berinjela constituem uma violação de seu direito constitucional à saúde e ao meio ambiente equilibrado, porque o Certificado de Cumprimento Ambiental nº 1.151 não foi assegurado antes da implementação do projeto e porque não há estudos científicos revisados por pares que mostram que o gene Bt usado no organismo geneticamente modificado é seguro para o consumo humano e para o meio ambiente. Em consequência, os autores solicitaram a aplicação do princípio da precaução a este caso. Além disso, alegaram que o projeto de teste de campo não atendeu à consulta pública exigida nas Seções 26 e 27 do Código do Governo Local.

Diante do tribunal de primeira instância e do tribunal de apelação, os demandantes prevaleceram e os juízes aplicaram o princípio da precaução e emitiram um recurso de *kalikasan* (recurso legal específico dentro do regulamento filipino. *Kalikasan* é um dos termos usados para se referir à natureza) contra o acusado, isto é, as autoridades encarregadas de emitir as diferentes licenças, como o Escritório de Gestão Ambiental, a Autoridade de Fertilizantes e Pesticidas e o promotor de berinjelas de bioengenharia: a Universidade de Filipinas Los Baños, Serviço Internacional de Aquisição de Aplicações Agrobiotecnológicas.

Os réus apelaram da decisão alegando que haviam respeitado todas as medidas da legislação ambiental e que não havia evidências de que o gene Bt da berinjela pudesse causar qualquer dano ambiental ou prejudicar a vida, a saúde e a propriedade dos moradores vizinhos.

A Suprema Corte manteve as decisões da corte anterior e considerou que o risco de liberar plantas biotecnológicas em um país rico em biodiversidade como as Filipinas era muito alto, porque as consequências naturais e imprevistas da contaminação e da contaminação genética seriam desastrosas e irreversíveis. Ao mesmo tempo, a Suprema Corte concluiu que havia uma preponderância de evidências de que os OMGs podem ser uma ameaça aos ecossistemas e à saúde. Como resultado, a Corte apoiou a aplicação do princípio da precaução, confirmou as decisões judiciais anteriores e negou provimento ao recurso.

13 Bélgica

A reparação do dano ambiental não pode ser simbólica

Tribunal Constitucional, Bruxelas, em 7/2016, 21.1.2016

Em um processo criminal perante o Tribunal Criminal de Flandres Oriental, Divisão de Ghent (Bélgica) sobre práticas ilegais de caça, uma organização de proteção de aves (Vogelbescherming Vlaanderen) atua como parte civil com base na jurisprudência do Supremo Tribunal Belga (ver "Bélgica: PP e PSLV *v*. Gewestelijk Stedenbouwkundig Inspecteur e M vzw") e reclama 1.900 euros por danos materiais e morais. Esse Tribunal estabeleceu a jurisprudência segundo o fato de que é impossível conceder à organização de proteção de aves uma soma por cada ave morta, uma vez que não pertencem a ninguém. Na falta de dispositivo legal, o dano moral de uma ONG ambientalista, segundo o Tribunal, só é compensado simbolicamente com a atribuição de uma compensação de 1 euro.

A Organização de Proteção às Aves argumentou que, ao fazê-lo, foi discriminada em relação a outras pessoas físicas e jurídicas que têm direito ao recebimento de uma compensação integral por seus danos morais. O Tribunal submeteu esta questão constitucional ao Tribunal Constitucional para uma decisão preliminar.

O Tribunal Constitucional chega efetivamente à conclusão de que a disposição do Código Civil (art. 1382) relativa à responsabilidade por culpa está violando os arts. 10 e 11 da Constituição se for interpretada de tal forma que as ONGs ambientalistas só possam reivindicar um euro simbólico como indenização por danos morais.

O Tribunal argumenta que a desvantagem moral que pode sofrer uma ONG ambientalista em virtude da degradação do interesse coletivo em defesa do qual está encarregada é, em vários aspectos, especial. Em primeiro lugar, essa desvantagem não coincide com o dano ecológico causado, pois o dano ecológico constitui um dano à natureza, prejudicando assim toda a sociedade. Os danos referem-se a bens como vida selvagem, água e ar, que pertencem à categoria de *res nullius* ou *res communes*. Além disso, o dano aos componentes ambientais não apropriados em geral não pode ser estimado com precisão matemática, pois envolve perdas não econômicas. No âmbito da responsabilidade civil, os juízes devem avaliar o dano específico e podem basear-se na equidade se não houver outro meio para determiná-lo. A compensação deve refletir a realidade tanto quanto possível, mesmo em caso de dano moral. Deve ser possível ao juiz calcular o dano específico no caso de dano moral de uma ONG ambientalista. Deve levar em consideração os objetivos estatutários da ONG, a extensão de suas atividades, seus esforços para atingir seus objetivos e a gravidade dos danos ambientais em jogo. Limitar os danos não materiais a um euro simbólico não se justifica a este respeito. Isso prejudicaria desproporcionalmente os interesses das ONGs ambientais que desempenham um papel importante na garantia do direito constitucional à proteção de um meio ambiente saudável.

O Tribunal, então, está promovendo outra interpretação, e se conclui:

> o artigo 1.382 do Código Civil não viola os artigos 10 e 11 da Constituição, lidos ou não em conjunto com os artigos 23 e 27 da Constituição e o artigo 1º do Primeiro Protocolo Adicional da Convenção Europeia de Direitos Humanos. Convenção sobre Direitos Humanos na interpretação que não obsta conceder a uma pessoa jurídica que persiga um interesse coletivo, tal como a proteção do meio ambiente ou de componentes específicos do mesmo, a indenização por dano moral a esse interesse coletivo, que vai além da soma simbólica de um euro.

Essa interpretação, conforme a Constituição, vincula o juiz de referência e, de fato, também para os demais juízes que se encontrem com casos semelhantes.

A decisão deveria pôr fim às abordagens divergentes na jurisprudência. Alguns tribunais já concederam compensação total por danos morais a ONGs ambientais no passado (ver, por exemplo, infrações da Cites. Tribunal de Apelação de Ghent, 5.5/2015) (Contribuição: Prof. Dr. Luc Lavrysen, juiz do Tribunal Constitucional da Bélgica).

14 Suíça

O interesse público na restauração de uma floresta prevalece sobre o interesse financeiro

Primeiro Tribunal Administrativo do Tribunal Federal, Lausanne, 28.8.2015, "A. contra a Direção Geral do Meio Ambiente do Cantão de Vaud, Suíça", 1C_70/2015

A. é proprietário de duas parcelas de terreno localizadas em uma área arborizada. Uma das parcelas estava totalmente arborizada. Em 2010, um guarda florestal comunitário notou que A. construiu um caminho de acesso pela floresta não autorizado. Como resultado, um juiz de investigação condenou A. a uma multa condicional. Paralelamente ao procedimento penal, a Direção-Geral do Meio Ambiente do Cantão de Vaud ordenou a suspensão imediata das obras e a recuperação da zona arborizada.

O Tribunal Administrativo do Cantão de Vaud negou provimento ao recurso interposto por A. contra a decisão da Direção-Geral do Meio Ambiente do Cantão de Vaud. Decidiu que não era possível regularizar a estrada construída sem autorização e que a restauração da área florestal era uma medida possível.

A. recorreu desta última decisão ao Primeiro Tribunal Administrativo do Tribunal Federal, alegando que a medida de restauração seria desproporcional. O Tribunal negou provimento ao recurso, afirmando que as condições estritas para autorizar o desmatamento não foram cumpridas. Na verdade, de acordo com o art. 5º da Lei Florestal Federal, o desmatamento é proibido. Excepcionalmente, uma licença de compensação pode ser concedida após um equilíbrio abrangente dos interesses em jogo.

O Tribunal também considerou que a medida de recomposição respeita o princípio da proporcionalidade. Na verdade, segundo o Tribunal, a construção da estrada através da área florestal não pode ser considerada um desvio menor do princípio de proteção da floresta estabelecido pela legislação federal. O interesse público neste caso prevalece sobre os interesses financeiros do recorrente.

15 Nova Zelândia

O problema dos refugiados ambientais

Suprema Corte da Nova Zelândia, Wellington, 20.6.2015, "Teitiota *v.* Diretor Executivo do Ministério de Negócios, Inovação e Emprego" [2015] NZSC 107

Neste caso, o requerente solicitou acesso ao estatuto de refugiado e de pessoa protegida ao abrigo dos arts. 129º e 131º da Lei de Imigração de 2009. Ele justificou a sua reclamação dizendo que o seu país natal, Kiribati, enfrentava um aumento constante do nível de água como resultado das mudanças climáticas e que obrigaria o povo de Kiribati a abandonar suas ilhas, consequentemente, tornando-se refugiados ambientais. O Escritório de Refugiados e Proteção rejeitou ambas as solicitações de permanência do requerente.

O requerente recorreu da decisão do Gabinete de Refugiados e Proteção para o Tribunal Superior. Os juízes de 1ª instância reconheceram que as preocupações do requerente sobre o futuro de Kiribati eram justificadas. No entanto, considerou que o requerente não era um refugiado na acepção da Convenção sobre Refugiados nem uma pessoa protegida no sentido da Convenção Internacional sobre Direitos Civis e Políticos. O recorrente interpôs recurso para o Tribunal de Apelações, mas este seguiu a decisão do Tribunal Superior.

Finalmente, ele apelou da decisão do tribunal anterior para o Supremo Tribunal. Os juízes do Supremo Tribunal consideraram que o requerente não enfrentou nenhum dano grave na ilha de Kiribati e que não havia provas de que o governo de Kiribati falhou em proteger os seus cidadãos dos efeitos das alterações climáticas. Consequentemente, o recurso foi negado.

16 Costa Rica

Construção dentro de um parque nacional ameaçador de espécies protegidas

Corte Suprema de Justiça, Sala Constitucional, Caso "Padilla Gutiérrez, Clara Emilia e outros, todos na qualidade de vizinhos de locais próximos ao Parque Nacional Marinho 'Las Baulas de Guanacaste' *v.* Secretaria Técnica Nacional do Meio Ambiente (Setena)"

A Costa Rica possui uma das três áreas do mundo onde a tartaruga-de-couro (*Dermochelys Coriace*) nidifica e se reproduz, também classificada na categoria de espécies criticamente ameaçadas de extinção pela Lista Vermelha de Espécies Ameaçadas da União Mundial para a Natureza. O Parque Nacional Marino Las Baulas foi criado pelo Decreto Executivo nº 20518-Mirenem de 5.6.1991, e a Lei nº 7.524, entre outras coisas, alterou os limites originalmente estabelecidos no decreto; ambos com o fim de conservar e proteger a tartaruga-de-couro e seu habitat de nidificação. Portanto, o decreto afirma a importância de submeter Playa Grande, Playa Langosta e seus arredores a um regime especial de proteção, por serem estas as praias onde as tartarugas-de-couro fazem ninhos.

Da mesma forma, outras espécies de tartarugas também nidificam nesta mesma área, como a carpinteara (*Lepidochelys Olivacea*), a tartaruga-preta ou toras (*Chelonia Agassizi*) e a tartaruga-de-pente (*Eratmochelus Imbricata*), bem como espécies da fauna e flora ameaçadas de extinção, como manguezais, árvores guayacán, mogno e pochote;

animais como veados, congos e leões-do-mato; pássaros como garças, gaviões e gaviões-de-rosa e brancos; sáurios, como o jacaré e o crocodilo americano e boas.

Além disso, de acordo com a Convenção para o Comércio Internacional de Espécies da Flora e Fauna Ameaçadas de Extinção (Cites), a tartaruga-de-couro, a maior do mundo, está em risco de extinção. Além disso, a Convenção Relativa às Zonas Úmidas de Importância Internacional (Ramsar) inclui os manguezais, visto que são essenciais como habitats para aves aquáticas e áreas de reprodução para espécies florestais e marinhas.

Em 26.4.2007, os residentes de lugares próximos ao Parque Nacional Marinho Las Baulas de Guanacaste Clara Emilia Padilla Gutiérrez, Ernis Contreras Suárez, Lara Jaen Rosales, Mauricio Grijalba Villareal, Mercedes Jaen Rosales, Oscar Calvo, Zulma Jean Rosales entraram com recurso de amparo contra a Secretaria Técnica Nacional do Meio Ambiente (Setena). O grupo de vizinhos declara que: dentro do Parque Nacional Las Baulas e suas zonas de amortecimento, pretendem-se construir vários grandes complexos residenciais, cabanas e hotéis que não foram totalmente submetidos a uma avaliação de impacto ambiental por parte da Setena para estabelecer sua viabilidade, infringindo o art. 50 da Constituição Política, a fim de garantir um meio ambiente saudável e bem-estar; afirmam que a referida omissão pretende ser corrigida pela Setena através da avaliação ambiental da construção de cada casa que se pretende construir, o que não é suficiente porque se perde de vista toda a perspectiva dos efeitos conjuntos dos empreendimentos, e também que o complexo hoteleiro e de desenvolvimento urbano em geral deveria ser previamente avaliado, para estabelecer o impacto ambiental que iria produzir nos recursos naturais circundantes, especialmente os recursos hídricos e os efeitos na população:

> Não foi estabelecido o impacto na água para consumo humano, nem no esgoto, fauna e principalmente no recurso que protege o Parque e todo o seu ecossistema. Como afetarão as luzes, a presença humana, a presença de animais de estimação nos ninhos e recém-nascidos, o acesso desses novos vizinhos às praias de nidificação, os equipamentos náuticos, o ruído, a água com sabão, todos aspectos que não foram levados em consideração. Por fim, os recorrentes solicitam que se ordene "avaliar o projeto em conjunto e não de casa em casa".

Os autores informaram, tendo Tatiana Cruz Ramírez como Secretária-Geral da Setena que: a) certamente as tartarugas-de-couro estão em grave perigo de extinção e que a ampliação do parque foi esclarecida pelo parecer do Procurador-Geral na OJ-015-2004 de 10.2.2004, declarando que cobre até 125 metros no interior da maré alta comum; b) em virtude de anteriores recursos de amparo, a medida cautelar ordenada foi cumprida e, portanto, a avaliação de impacto ambiental dos projetos localizados no Parque Nacional Marinho Las Baulas de Guanacaste foi suspensa até que a Câmara Constitucional decida em contrário; c) quanto à zona de amortecimento, está sendo devidamente avaliada através dos procedimentos de avaliação de impacto ambiental desenvolvidos no local; d) a recorrente sustenta que a Setena se limita a analisar cada projeto individualmente, mas não a realizar uma avaliação conjunta do desenvolvimento regional. A Setena informa que tem competência suficiente para avaliar formulários, documentos e estudos por si mesma, mas não para realizar estudos substantivos, apenas para analisar os apresentados, cabendo às municipalidades e outras partes locais submeter à avaliação da Setena os instrumentos de avaliação ambiental-estratégica desenvolvida pelas instituições.

Em resposta ao primeiro relatório da Setena, a demandante Clara Emília Padilla afirmou que, embora aceitasse que as avaliações perto do Parque Nacional não tenham sido solicitadas individualmente, ela também acrescenta que não é verdade que a Setena não tenha competência para realizar tal trabalho mesmo de ofício, porque é claro que existem 200 casas na zona de amortecimento do parque, e bastaria afirmar que a avaliação global do projeto corresponde aos municípios.

Por outro lado, o Departamento de Bacias Hidrográficas do Instituto Costarriquenho de Aquedutos e Esgotos fez uma visita ao setor costeiro de Playa Grande e apresentou um relatório indicando que a existência de piscinas em muitas casas construídas "compromete de forma muito grave e preocupante o abastecimento das águas subterrâneas que atualmente são exploradas como a principal fonte de abastecimento" recomendando, entre outras considerações, o desenvolvimento de um estudo hidrogeológico de todo o aquífero de Playa Grande, indicando sua capacidade de armazenamento, seu estado atual de uso e sua capacidade potencial. Desta forma, deve ser determinada a sua vulnerabilidade à contaminação, concluindo-se que o município deve estabelecer uma moratória sobre o desenvolvimento da construção até que sejam obtidos os resultados do estudo indiciado e, por último, o recurso hídrico não autoriza construção no setor Playa Grande e nas suas redondezas. Além disso, os estudos apresentados pela Universidade da Costa Rica reforçam a necessidade de tomar medidas para proteger o recurso hídrico. Um engenheiro da Escola de Geologia da Universidade da Costa Rica concluiu que o mapa de vulnerabilidade intrínseca mostra que o setor mais vulnerável se encontra em Estero Tamarindo, Estero Ventanas, Playa Grande e Tamarindo. No mesmo sentido, a Área de Águas Subterrâneas Senara concluiu em seu relatório de 23.11.2006 que "atualmente, as licenças de perfuração de poços dos aquíferos Potrero, Brasilito, Playa Grande e Huacas-Tamarindo são restritas, devido aos estudos e avaliações técnicas que mostram problemas relacionados à contaminação".

Dada a complexidade do assunto e a necessidade de informação das várias partes, o juiz de instrução decidiu incluir audiências judiciais com o Ministro do Ambiente e Energia, os membros do Conselho Nacional de Áreas de Conservação, o Diretor Executivo do Sistema Nacional de Áreas de Conservação, o Diretor da Área de Conservação Tempisque, o administrador do Parque Nacional Marinho Las Baulas, o diretor do Departamento de Águas, todos do Ministério do Meio Ambiente e Energia; e também solicitou informações ao município de Santa Cruz Guanacaste, ao município de Nadayure e ao município de Hojancha; e, como mencionado anteriormente, o Instituto Costarriquenho de Aquedutos e Esgotos, o Departamento de Bacias Hidrográficas, o Secretário-Geral da Setena; e os relatórios do Diretor da Escola de Biologia Marinha da Universidade Nacional, Mestre em Ciências Marinhas e Costeiras; o Diretor da Faculdade de Biologia da Universidade da Costa Rica, os recorrentes e a Procuradoria-Geral da República. Vale ressaltar que a Procuradora-Geral da República informou que a gestão e o trato da questão cabem à Minae. Além disso, o administrador do Parque Nacional Marinho de Las Baulas, o Diretor da Área de Conservação Tempisque, o município de Santa Cruz Guanacaste e o Diretor do Departamento de Águas do Minae não apresentaram nenhum escrito ou documento a fim de submeter o relatório solicitado.

Por outro lado, as recomendações dos representantes acadêmicos das universidades indicam que "não se permita nenhum tipo de atividades produtivas, apenas aquelas voltadas para a conservação". As declarações do Ministro do Meio Ambiente e Energia, Secretário Executivo do Conselho Nacional de Unidades de Conservação (Conac) e Diretor Superior do Sistema Nacional de Unidades de Conservação, coordenado com o Diretor da Área de Conservação Tempisque, Administrador do Parque Marinho de Las Baulas, incluem que a população de tartarugas-de-couro foi reduzida (nos últimos 19 anos, das 1.719 marcadas, apenas 448 retornaram), e que o declínio é uma combinação de fatores; que o parque é um dos locais mais importantes para a sobrevivência da tartaruga-de-couro no mundo; que a faixa dos

500 metros é a zona de amortecimento de onde procedem as ações que influenciam imediatamente os recursos costeiros que o parque protege; que em 27.2.2003 foi criado o Programa de Reciclagem do Parque Nacional Marinho de Las Baulas para a coleta de resíduos sólidos; que há patrulhas noturnas para manter a proteção e o controle da área, principalmente a faixa de 75 metros que já possui edificações, e que o Departamento de Águas não recebeu nenhum pedido de concessão de água ou permissão de obra em canal de domínio público no parque.

O caso aponta para a grande importância do Parque Nacional Marinho Las Baulas por abrigar muitas espécies de animais e uma grande biodiversidade e riqueza natural única na Costa Rica. A proteção e conservação do meio ambiente são de extrema importância para a sobrevivência da flora e da fauna, por isso o cuidado com o parque é fundamental. Embora a Setena tenha concedido viabilidade ambiental para projetos localizados dentro do parque e sua zona-tampão de forma individual, uma análise de impacto abrangente é necessária, pois as construções produzem um efeito coletivo no ecossistema do parque. Autarquias locais, como as municipais, concederam licenças de construção sem a respectiva viabilidade ambiental. O caso, então, reflete uma solução que pode garantir o bem-estar ambiental, prevenir maiores danos ao ecossistema, conservar e proteger as espécies e a biodiversidade e, ao mesmo tempo, estabelecer um equilíbrio para o turismo e o desenvolvimento sustentável.

17 Jamaica

Acordos ambientais multilaterais

"DYC and Seafood and Ting *v*. NRCA"

Este caso é reconhecido como a primeira decisão judicial que estabelece a posição da implementação de acordos ambientais multilaterais na Comunidade do Caribe. Em 1999, a Jamaica, o maior fornecedor de caracóis do Caribe, procurou seguir os requisitos de licenciamento descritos pela Cites para as espécies do Apêndice II, especialmente à luz das considerações regulamentares do principal importador de caracóis (os Estados Unidos). Consequentemente, a Autoridade Nacional de Conservação de Recursos (NRCA) – autoridade administrativa da Jamaica no âmbito da Cites – procurou implementar os requisitos de licença e quota estabelecidos pela Divisão de Pesca do Ministério da Agricultura e avaliados pela Autoridade Científica de acordo com

Diretrizes da Cites, na atribuição de licenças de exportação para dois exportadores.

No entanto, a Corte de Apelação, em dois casos, decidiu que a agência agiu ilegalmente ao ratificar a decisão do Ministro da Agricultura de não conceder autorizações Cites aos réus por falta de regulação local.

A NRCA, portanto, não poderia impor cota aos dois exportadores. Como consequência do caso, sancionou-se a Lei das Espécies Ameaçadas de 2000 e os regulamentos correspondentes foram editados, como o Estabelecimento de Espécies em Perigo de Extinção (Proteção, Conservação e Regulação do Comércio), Regulamentos sobre Quotas Individuais de Exportação (*Conch, Strombus gigas*) (2000), que incorporaram os requisitos da Cites na legislação jamaicana.

18 El Salvador

Avaliação da qualidade da água

Corte Suprema de Justiça, Sala Constitucional, 30.1.2013, "Piche Osorio, Domitila Rosario *v.* Ministro e Vice-Ministra do Meio Ambiente e Recursos Naturais" (caso de petição e acesso à informação; sobre suposta violação de direitos constitucionais por contaminação ambiental na zona de Sitio del Niño), 608-2010

Em agosto de 2010, o Ministério do Meio Ambiente e Recursos Naturais (MARN) de El Salvador decretou o Estado de Emergência Ambiental no cantão Sitio del Niño, município de San Juan Opico, em La Libertad. O processo referente a este amparo foi promovido pela senhora Domitila Rosario Piche Osorio contra o Ministro e a Vice-Ministra do Meio Ambiente e Recursos Naturais (MARN), pela suposta violação de seus direitos fundamentais de petição e acesso à informação. As partes envolvidas incluem o autor, as autoridades rés e o procurador da Corte Suprema de Justiça.

A peticionária Sra. Piche Osorio adquiriu uma casa em Villa de Bordeaux, Ciudad de Versailles, localizada no município de San Juan Opico, departamento de La Libertad. O MARN declarou esta área afetada por contaminação por chumbo. Nos dias 16, 17, 23 e 27.9.2010, a senhora Piche Osorio solicitou ao ministro e à vice-ministra do MARN a certificação dos estudos técnicos realizados sobre os níveis de contaminação do projeto Ciudad Versailles. A demandante notificou que não havia recebido nenhuma resolução que atendesse a seus requisitos e que seu direito de "petição e resposta" havia sido violado, pelo que solicitou que sua demanda fosse admitida e proferida uma sentença em seu favor.

Os representantes do MARN afirmaram não ter violado os direitos de petição e acesso a informações, visto que por meio da nota MARN-DDGA-650-2010, de 19.10.2010, foram resolvidos os requerimentos formulados pela peticionária: o Estudo de Impacto Ambiental do Projeto Ciudad Versailles está disponível no *site* do MARN e foi entregue um CD com o referido estudo. Eles também forneceram os resultados das amostras de chumbo coletadas na casa.

Posteriormente, a demandante requereu que na sentença correspondente se emitisse um pronunciamento sobre a indenização por danos e prejuízos e o pagamento de determinada quantia a título de despesas processuais. Também vale a pena mencionar que a demandante solicitou à vice-ministro do MARN a emissão da certificação de um estudo bioquímico realizado em San Juan Opico para apurar a informação sobre a contaminação ambiental detectada nesta área por ser usufruto de uma casa na Ciudad Versalles e, além disso, porque uma das pessoas que lá mora teve certas reações de pele. A autora também solicitou ao ministro que realizasse uma avaliação dos níveis de contaminação da água nas tubagens do polígono 43, casa 13, Villa Bordéus, Ciudad Versalles, bem como que procedesse à fiscalização da estagnação da água, da contaminação do solo e de gases em esgotos e pluviais por meio da carta de 16.9.2010 e reiterada em 22 e 23.9.2010. Solicitou também ao ministro a entrega da certificação do Estudo de Impacto Ambiental do Projeto Ciudad Versalles, San Juan Opico, a fim de assegurar que não houvesse nenhum outro problema naquela área além do causado pelo estado de emergência ambiental decretado por meio da carta de 27.9.2010.

O Decreto nº 12 de 19.8.2010 emitido pelo MARN informa no ponto IV:

> [...] nos meses de julho e agosto deste ano na área identificada como Canton Sitio del Niño, jurisdição de San Juan Opico, departamento de La Libertad, foi confirmado, pela determinação das concentrações de chumbo em amostras de solo e água, que a contaminação ambiental por chumbo persiste em níveis que constituem um perigo para a saúde da população [...].

Esta informação já estava disponível quando a requerente apresentou sua petição em 17.9.2010.

No presente caso, o objeto da controvérsia consiste em saber se as autoridades do MARN violaram os direitos da requerente à petição e ao acesso à informação ao não se terem pronunciado sobre os pedidos formulados em diversas ocasiões para obter a certificação dos estudos técnicos relacionados com os níveis de poluição no projeto Ciudad Versailles e as informações adicionais solicitadas.

Solução do caso pela Sala Constitucional da Corte Suprema de Justiça de El Salvador.

A decisão é a seguinte:

(a) O amparo solicitado pela Senhora Domitila Rosario Piche Osorio, conhecida como Domitila Rosario Piche Estrada, contra o Ministro do Meio Ambiente e dos Recursos Naturais, foi declarado inadmissível, por não ter provado que as omissões atribuídas em relação aos escritos apresentados nas datas 16.9.2010 e 23.9.2010 implicaram violação do direito de acesso à informação da primeira.

(b) Declara-se admissível o amparo exigido pela Senhora Piche Osorio, contra a omissão atribuída ao Ministro do Meio Ambiente e Recursos Naturais, em relação aos escritos apresentados em 16.9.2010 e 23.9.2010, em razão da violação ao direito de petição da citada senhora.

(c) Declara-se admissível o amparo solicitado pela Senhora Piche Osorio, contra as omissões atribuídas ao Ministro do Meio Ambiente e Recursos Naturais e à Vice-Ministra do Meio Ambiente e Recursos Naturais em relação aos escritos de 27.9.2010 e 17.9.2010, respectivamente, em razão da violação dos direitos de solicitar e acessar as informações da primeira.

(d) Caberá à Vice-Ministra do Meio Ambiente e Recursos Naturais resolver o pedido apresentado pela autora no prazo de quinze dias úteis, contados da respectiva notificação, por meio de ofício de 17.9.2011, consistindo em emitir a certificação de um estudo bioquímico realizado em San Juan Opico.

(e) Determina-se ao Ministro do Meio Ambiente e dos Recursos Naturais que resolva, no prazo de trinta dias úteis, contados da respectiva notificação, a petição formulada pela autora nos escritos protocolados em 16.9.2010 e 23.9.2010, no que se refere à realização da avaliação dos níveis de contaminação da água nas tubulações da casa em questão e dos gases nas tubulações de esgoto e chuva.

(f) À autora é determinada a via indenizatória por danos causados pelo Ministro do Meio Ambiente e dos Recursos Naturais por não ter comunicado em prazo razoável o que foi resolvido na nota MARN-DGGA-650-2010, de 19.10.2010.

(g) Declara-se que não cabe a petição da autora no que se refere a ordenar o pagamento de certa quantia em dinheiro a título de custas processuais, perdas e danos, com base no art. 35, §3º, de L. Pr. Cn. às autoridades administrativas demandadas.

(h) Notifique-se.

19 México

A proteção dos manguezais e do direito de propriedade

Sentença da Suprema Corte de Justiça do México no Amparo em Revisão nº 410/2013

Os fatos do caso são os seguintes: um proprietário de um imóvel em Isla Mujeres, no Estado de Quintana Roo, pretendia desenvolver um projeto ali. Isso incluía uma área de manguezais. Em 2002, obteve uma autorização de impacto ambiental da autoridade ambiental federal para desenvolver o projeto. Por vários motivos, ele não iniciou o projeto e solicitou prorrogação deste. Em 2009, solicitou uma nova prorrogação da autorização de impacto ambiental, mas desta vez foi negada por motivos processuais e materiais. Quanto aos aspectos substantivos, a autoridade ambiental federal sustentou principalmente que o empreendimento era contrário ao art. 60 ter da Lei Geral de Vida Silvestre do México.

A Primeira Sala decidiu negar o amparo ao reclamante, que contestou a recusa da prorrogação do prazo para a etapa de preparação do terreno e construção do Empreendimento Punta Gaviota, localizado em Isla Mujeres, Quintana Roo e, ao mesmo tempo, confirmou a constitucionalidade do art. 60 ter da Lei Geral de Vida Silvestre e a respectiva Norma Oficial Mexicana.

As normas contestadas pelo denunciante visam à proteção das unidades hidrológicas de mangue, cuja integridade está intimamente ligada à dinâmica da zona de manguezais costeira e associada ao ecossistema do corpo d'água onde se encontre. Essas áreas úmidas têm funções de regulação do clima, estabilização costeira e produção primária. A biodiversidade marinha e terrestre da área depende da integridade do mangue.

A Primeira Sala considerou que os regulamentos de proteção ambiental não têm efeito retroativo. As proibições e especificações nelas contidas têm por objetivo, desde a sua entrada em vigor, proteger o meio ambiente e devem ser observadas pelos indivíduos e pela autoridade competente nos casos em que uma obra ou atividade possa colocar em risco os manguezais da zona costeira, mas de forma alguma se constata que têm o efeito de ignorar qualquer autorização anteriormente concedida.

Além disso, a Primeira Sala do Tribunal entendeu que a parte insatisfeita não adquiriu direitos em relação à concessão da prorrogação do prazo concedido para o desenvolvimento de seu imóvel.

Assim, os ministros determinaram que também não se trata de uma expropriação, uma vez que apenas são estabelecidas modalidades para o direito de propriedade da reclamante, o que se encontra de acordo com o art. 27 da Constituição. Por último, o tribunal considerou que o direito fundamental da reclamante à igualdade não foi violado, uma vez que é claro que o estabelecimento de tais limitações contempla o fato de comunidades de manguezais habitarem as referidas propriedades, razão pela qual sua situação de fato é diferente daquela em que não existe tal. Assim, resolveu-se que os atos reclamados constituem medidas razoáveis e proporcionais de atenção ao interesse social.

O desenvolvimento urbano e o equilíbrio ecológico

Controvérsia Constitucional nº 72/2008 (Tulum)

Atos contestados: o acordo aprovado pela Décima Quarta Sessão Extraordinária da Prefeitura, de 5.4.2008, que torna o Acordo aprovado na Quinquagésima quinta Sessão Ordinária do Conselho de 5.6.2007 sem efeito legal, pelo qual se aprova o "Programa de Desenvolvimento Urbano do Centro de População de Tulum 2006-2030"; bem como o "Programa de Desenvolvimento Urbano" intitulado "Atualização do Programa de Desenvolvimento Urbano do Centro de População de Tulum 2006-2030"; relativamente à incorporação no referido Programa Nacional de Tulum e área dos Monumentos Arqueológicos de Tulum Tanacah.

O titular da Semarnat, na qualidade de Secretário do Meio Ambiente e dos Recursos Naturais do governo federal, promoveu controvérsia constitucional em nome do Poder Executivo Federal, na qual exigia a invalidade dos atos abaixo especificados, expedidos pelo município de Solidaridad, Estado de Quintana Roo, autoridade ré.

O art. 4º da Constituição estabelece o direito de todas as pessoas a um ambiente adequado ao seu desenvolvimento e bem-estar e o dever do Estado de garantir que o desenvolvimento nacional seja integral e sustentável. Na resolução da Controvérsia Constitucional nº 95/2004, o Plenário da Suprema Corte de Justiça da Nação deliberou no sentido de que, além do direito subjetivo reconhecido pela Constituição, o art. 4º impõe a exigência de preservação da sustentabilidade do meio ambiente.

Em relação às supostas violações do art. 115, V, primeiro parágrafo, *a* e *d*, da Constituição, por omissão na aplicação da Lei Geral de Equilíbrio Ecológico e Proteção Ambiental, a Suprema Corte de Justiça da Nação indicou que os municípios devem cumprir, no exercício das suas atribuições de formulação, aprovação e gestão do zoneamento dos planos de urbanização e autorização, controle e fiscalização do uso do solo, o disposto na Lei Geral de Equilíbrio Ecológico e Proteção Ambiental, que regulamenta as áreas naturais protegidas, por meio da qual o Congresso da União estabeleceu um regime jurídico específico para a proteção de áreas do território nacional em que os ambientes originais não tenham sido significativamente alterados pela ação do homem, que precisa ser preservada e restaurada e que, no caso de parques nacionais, como o Tulum, são de jurisdição federal.

Considera que o município de Solidaridad ignorou o regime jurídico ao emitir o Programa de Desenvolvimento Urbano que viola o disposto na Lei Geral de Equilíbrio Ecológico e Proteção Ambiental, visando incluir o Parque Nacional de Tulum no Centro Populacional de Tulum, integrando esta zona federal protegida à sua esfera de competência, regulamentando-a como se fosse uma zona urbana e atribuindo utilizações turísticas hoteleiras, densidades de construção, coeficientes de ocupação e uso do solo e promovendo atividades de urbanização incompatíveis com a vocação e destinação da conservação ambiental. O Programa de Desenvolvimento Urbano não é o instrumento idôneo para regular as atividades permitidas no Parque Nacional de Tulum.

As categorias aplicadas ao Parque Nacional Tulum, denominadas "Parque Natural", "Proteção Costeira" e "Preservação Ecológica", não estão de acordo com o regime aplicável às áreas naturais protegidas, por se tratarem de categorias de regularização do solo urbano, contidas em instrumento municipal de desenvolvimento urbano, incompatíveis com a vocação de conservação de Parque Nacional sob jurisdição federal e que, portanto, violam estritamente a sua atual natureza jurídica.

Em relação à violação do art. 115, V, *a* e *d*, da Constituição, por omissão na aplicação da Lei Geral de Assentamentos Humanos e da Lei de Assentamentos Humanos do Estado de Quintana Roo, a Suprema Corte considera que a análise dos arts. 6º, 7º, X, 8º, IV, 9º, I, II, III e V, da Lei Geral de Assentamentos Humanos e 45 da Lei de Assentamentos Humanos do Estado de Quintana Roo, depreende-se que os municípios podem propor, mas não fundar, núcleos populacionais, desde que o façam por meio de decreto do Legislativo local. Para que um Programa de Desenvolvimento Urbano seja válido, deve haver um "núcleo populacional" criado de acordo com as formalidades previstas em lei, o que, na espécie, não ocorre. Outro aspecto que justifica a invalidade do ato combatido é o fato de que o art. 19 da Lei Geral de Assentamentos Humanos determina que os Programas de Desenvolvimento Urbano Municipal devem considerar os critérios de regulação ecológica estabelecidos na Lei Geral de Equilíbrio Ecológico e Proteção Ambiental.

Quanto ao interesse legítimo e atual, a Suprema Corte estabelece que os atos impugnados não causam dano ao autor, faltando-lhe, portanto, legítimo interesse em pleitear sua inconstitucionalidade, uma vez que os dispositivos do Programa de Desenvolvimento Urbano não são suscetíveis de invadir seu âmbito de atribuições, por não influenciar áreas que são de sua propriedade, nem regular questões contrárias às normas constitucionais ou legais aplicáveis. O interesse legítimo na controvérsia constitucional deve ser atual, o que significa que o efeito que o ato impugnado produz sobre o autor deve ser capaz de invadir sua esfera de competência na atualidade e não ser meramente potencial. Em seguida, o interesse legítimo que permite a um órgão instaurar uma controvérsia constitucional se atualiza quando o ato impugnado afeta sua esfera de atribuições, de forma atual e presente, e não no futuro, impedindo-o de exercê-las adequadamente.

Para que um órgão de poder tenha legitimidade ativa na controvérsia constitucional, é necessário que o ato impugnado tenha um impacto prejudicial em sua situação jurídica, no que se refere à sua esfera de atribuições, podendo, então, direcionar contra ele todos os conceitos de invalidade que desejar, inclusive, aqueles relacionados com seus próprios direitos fundamentais, caso contrário, o julgamento deve se sobrepor e omitir-se o estudo de seus argumentos.

De acordo com o art. 46 da Lei Geral de equilíbrio Ecológico e Proteção Ambiental, e decorrente do presente caso, é importante mencionar que a competência para estabelecer e administrar áreas naturais protegidas não corresponde apenas à Federação, mas também aos estados e os municípios. Além disso, para que sejam submetidos à jurisdição federal, é necessária a declaração prevista no art. 57 do mesmo ordenamento.

A Suprema Corte de Justiça da Nação tem entendido que, em relação ao conceito de utilidade pública, este é mais amplo, pois inclui não apenas os casos em que o Estado (Federação, estados, Distrito Federal e municípios) é substituído na fruição do bem expropriado, a fim de beneficiar a comunidade, mas também aqueles casos em que autoriza um particular a atingir esse fim, logo este conceito não se limita apenas aos casos em que o Estado deve construir uma obra pública ou providenciar um serviço público, mas inclui também aquelas premissas econômicas, sociais, de saúde e até mesmo estéticas que podem ser exigidas em determinada população. Desse modo, a expropriação se estabelece constitucionalmente como figura necessária à consecução dos objetivos do Estado, entre os quais o progresso e o bem-estar social e, justamente, por meio da expropriação, concilia os interesses da sociedade com os do Estado titular do bem respectivo.

O Parque Nacional Tulum constitui bem de uso comum sujeito ao regime de domínio público da Federação, uma vez que as terras que ocupa foram desapropriadas por motivo de utilidade pública. Desta forma, ao ser declarado parque nacional, o interesse social ou coletivo foi privilegiado sobre o privado, de forma a beneficiar a comunidade em geral. O regime e a natureza do parque são da competência da Federação, sendo esta a única que pode exercer jurisdição sobre o referido bem. Neste sentido, tendo incluído, no acordo que atualiza o Programa de Desenvolvimento Urbano do Centro Populacional de Tulum 2006-2030, as áreas declaradas como parque nacional e zona de monumentos arqueológicos, o município de Solidaridad excede na competência que a Constituição Federal lhe confere.

Assim, tendo em vista que o art. 115, V, *a* e *d*, constitucional confere aos municípios a competência de formular os planos de zoneamento e desenvolvimento urbano de sua jurisdição, ao contemplar dentro do programa impugnado tanto o Parque Nacional Tulum como a Zona dos Monumentos Arqueológicos de Tulum-Tancah, o município demandado excede a competência que lhe é conferida pela Constituição, uma vez que, sobre estes bens, não tem jurisdição. Nesse sentido, vale ressaltar que se infringe o disposto no art. 16 da Constituição, uma vez que o município de Solidaridad não exerceu a faculdade prevista no art. 115, V, nos limites de sua competência, ao tentar regularizar bens de jurisdição federal dentro de seu Programa de Desenvolvimento Urbano.

O acima exposto é suficiente para que a Suprema Corte de Justiça da Nação declare a invalidade do Acordo e Programa contestados, dispensando-se o tratamento dos demais argumentos de invalidade em que se aduz violação dos arts. 4º, quarto parágrafo, 25, primeiro e sexto parágrafos, 27, terceiro parágrafo, 73, incs. XXIX-C e XXIX- G, 132 e 133 da Constituição.

De acordo com as disposições da Lei Geral do Equilíbrio Ecológico e Proteção Ambiental e da Lei Federal dos Monumentos e Zonas Arqueológicas, Artísticas e Históricas, em relação à Lei Geral do Patrimônio Nacional, a Federação tem competência exclusiva para regular as áreas naturais protegidas por sua competência, como os parques nacionais, bem como monumentos e zonas de monumentos arqueológicos, para os quais os municípios não podem prever, nos Programas de Desenvolvimento Urbano que emitem, o zoneamento e ordenamento territorial deste tipo de bens.

Estes bens nacionais estão sujeitos ao domínio público da Federação, pelo que esta é a única que pode determinar a sua utilização e destinação, bem como as atividades que aí possam ser realizadas. Nesse sentido, é importante destacar que a Federação pode articular-se com os estados e municípios para a realização de determinados atos em relação a esse tipo de bem.

Consequentemente, reitera-se que o município de Solidaridad excede o exercício das suas atribuições, invadindo assim a esfera de competência da Federação, no caso dos bens nacionais sob a sua jurisdição, o que resulta na invalidade do Acordo aprovado na Décima Quarta Sessão Extraordinária da Prefeitura, de 5.4.2008, que torna sem efeito jurídico os diversos Acordos aprovados na Quinquagésima Quinta Sessão Ordinária da Prefeitura, de 5.6.2007, que aprova o Programa de Desenvolvimento Urbano do Centro de População de Tulum 2006-2030; bem como o anexo que acompanha o referido Acordo e o Programa de Desenvolvimento Urbano intitulado Atualização do Programa de Desenvolvimento Urbano do Centro Populacional de Tulum 2006-2030, nas partes em que se pretende regulamentar o zoneamento e o desenvolvimento urbano na área que compreende o Parque Nacional de Tulum e a área dos Monumentos Arqueológicos de Tulum-Tancah.

Consequentemente, reitera-se que o município de Solidaridad excede o exercício das suas atribuições, invadindo assim a esfera de competência da Federação, no caso dos bens nacionais sob a sua jurisdição, o que resulta na invalidade do acordo aprovado na Décima Quarta Sessão Extraordinária da Prefeitura, de 5.4.2008, que torna sem efeito jurídico os diversos Acordos aprovados na Quinquagésima Quinta Sessão Ordinária da Prefeitura, de 5.6.2007, que aprova o Programa de Desenvolvimento Urbano do Centro de População de Tulum 2006-2030; bem como o anexo que acompanha o referido Acordo e o Programa de Desenvolvimento Urbano intitulado Atualização do Programa de

Desenvolvimento Urbano do Centro Populacional de Tulum 2006-2030, nas partes em que se pretende regular o zoneamento e o desenvolvimento urbano na área que compreende o Parque Nacional Tulum e a área dos Monumentos Arqueológicos de Tulum-Tancah.

Adicionalmente, o argumento apresentado pelo município demandado, no qual afirma que a "Norma Especial de Zoneamento" (contida na Atualização do Programa de Desenvolvimento Urbano do Centro Populacional de Tulum 2006-2030) é de natureza suspensiva, uma vez que somente entraria em vigor no caso de a validade jurídica do decreto de Criação do Parque Nacional de Tulum ser parcial ou totalmente afetada, quando uma autoridade federal, administrativa ou judicial competente assim o decidir.

Tal resulta infundado porque o município incluiu o referido Parque Nacional e a área dos Monumentos Arqueológicos de Tulum-Tancah no Centro Populacional de Tulum, regulamentando-os como se fossem áreas passíveis de urbanização, pensando no seu uso urbano, ignorando as implicações do regime de propriedade pública da Federação e reconhecendo aos proprietários dos terrenos incluídos na área a possibilidade de aquisição de direitos contra o interesse público, infringindo assim o regime jurídico aplicável ao polígono, até agora amparado pelos decretos que protegem o parque e área como patrimônio nacional sujeito ao regime de domínio público federal.

Portanto, com base no art. 41, IV, da Lei Regulamentar das Seções I e II do art. 105 da Constituição Política dos Estados Unidos Mexicanos, fica estabelecido que, em face da invalidade decretada, corresponde à Federação exercer os poderes exclusivos que lhe são conferidos no que diz respeito ao Parque Nacional Tulum e à área dos Monumentos Arqueológicos de Tulum-Tancah, determinando em que medida terá de se coordenar, se for caso disso, com as demais esferas de governo, e cuidando da preservação dos referidos bens, a fim de resolver o destino dos edifícios – habitacionais e turísticos – e assentamentos humanos localizados na área que ocupam.

Portanto, o Supremo Tribunal de Justiça da Nação decide declarar a invalidade do Acordo anteriormente mencionado.

20 Panamá

A proteção dos pantanais

Caso contencioso administrativo de nulidade, "Constantino González Rodríguez v / Autoridade Nacional do Meio Ambiente (Anam). Defesa do Pantanal da Baía de Panamá"

A Autoridade Nacional do Meio Ambiente (Anam), por meio da resolução AG-0072-2009 de 3.2.2009, declarou como área protegida o Pantanal da Baía do Panamá, também conhecido como "Pantanal da Baía do Panamá de Importância Internacional" ou "Sítio Ramsar Baía de Panamá", por seu reconhecimento internacional. Diante disso, o advogado Arístides Figueroa, em representação de Constantino González Rodríguez, interpôs perante a Terceira Sala do Supremo Tribunal de Justiça do Panamá uma ação contenciosa administrativa, solicitando a nulidade da resolução emitida pela Anam.

Esta demanda tem por base o art. 24 da Lei nº 6 de 22.1.2002, que dita normas para a transparência, estabelece a ação de *habeas data* e dá outras providências, estabelece a obrigação para o funcionário respectivo, de praticar um ato de participação cidadã prévio à emissão de atos da administração pública que possam afetar os direitos e interesses dos cidadãos. O demandante alegou que a norma foi diretamente violada por omissão, já que foi expedida a resolução impugnada sem ter-se verificado as formalidades correspondentes a qualquer das modalidades de participação cidadã, violando assim os princípios que esta norma proclama e com ela o princípio da legalidade; que podem afetar os direitos e interesses dos cidadãos.

Em seu relatório de conduta, a Anam elaborou um balanço técnico, científico e jurídico e um resumo de cada uma das etapas realizadas dentro do expediente administrativo, por ela denominado como "expediente administrativo de criação de área protegida". O relatório indica que, nas respectivas verificações prévias, o denominado Sítio Pantanal Baía do Panamá, ou Sítio Ramsar da Baía do Panamá, foi declarado área protegida devido ao seu reconhecimento internacional, fazendo-se a ressalva de que não foram realizadas consultas aos cidadãos nem existem relatórios técnicos da Direção de Áreas Protegidas e Fauna Silvestre, a apoiar a necessidade de criação desta área protegida, que tem uma extensão aproximada de 85.652 hectares, dos quais 46% correspondem à superfície terrestre e 54% à superfície marítima.

É importante destacar que o Panamá foi o primeiro país da América Latina que, em sua Carta Política, elevou a preocupação ambiental à categoria de constitucional, por se tratar de norma de alta hierarquia e que remete a regulamentação à lei sobre o aproveitamento de recursos naturais não renováveis, a fim de evitar danos sociais, econômicos e ambientais. Assim, a República do Panamá incorpora os princípios constitucionais relativos aos direitos difusos da população, derivados do dever do Estado de proporcionar-lhes um meio ambiente saudável, livre de contaminação e adequado ao desenvolvimento sustentável. Da mesma forma, deve-se notar que o Panamá possui outros quatro sítios Ramsar em seu território, quais sejam: o Pantanal Golfo de Montijo, San San Pond Sak, Punta Patiño e Damani-Guariviara.

Da mesma forma, a Convenção sobre os pantanais é um tratado intergovernamental que serve de marco para a ação nacional e a cooperação internacional a favor da conservação e do uso racional dos pantanais e de seus recursos. Foi adotada na cidade iraniana de Ramsar, em 1971, e entrou em vigor em 1975, e é o único tratado ambiental global que trata de determinado tipo de ecossistema, abrangendo assim países em todas as regiões geográficas do planeta. A missão da Convenção é a conservação e o uso racional dos pantanais por meio de ações locais, regionais e nacionais e, graças à cooperação internacional, como uma contribuição para a realização do desenvolvimento sustentável em todo o mundo. Pantanais fornecem serviços ecológicos essenciais e são reguladores dos regimes hídricos, bem como fontes de biodiversidade em todos os níveis: espécie, genética e ecossistema.

O principal instrumento de proteção criado por esta convenção é a Lista de Zonas de Pantanal de importância internacional. Ao inscrever-se nesta Convenção, os Estados são obrigados a registrar pelo menos uma zona de pantanal dentro desta lista. Ao registrar ou modificar essas zonas, os Estados devem levar em consideração suas responsabilidades em nível internacional com relação à conservação, preservação, vigilância e exploração racional das populações migratórias de aves aquáticas. No âmbito deste tratado, os Estados assumem internacionalmente o dever explícito de tutela, o que os obriga a acompanhar de perto a evolução de suas condições ecológicas, bem como a incidência de contaminação ou outras intervenções humanas que possam afetá-los, informando tudo isso para a Organização.

A área da Baía do Panamá e seus arredores têm importantes funções ecológicas como reguladores hidrológicos e são um habitat fundamental para espécies da fauna em perigo de extinção; da mesma forma, várias espécies de aves aquáticas e marinhas em suas migrações sazonais podem cruzar as fronteiras, fazendo com que esses ecossistemas sejam considerados um recurso internacional. Assim, devido à importância ecológica e econômica que representa para o país a área conhecida como Pantanal Baía de Panamá, foi designada como Zona Úmida de Importância Internacional e incluída na lista de Sítios Ramsar da Convenção em 20.10.2003. Juntos, esta área foi declarada pela Rede Hemisférica de Reservas de Aves Costeiras (WHSRN), em 18.10.2005, como o local mais importante da América Central para aves marinhas migratórias. A Resolução nº AG-0072-2009, de 3.2.2009, e a adesão à Convenção de Ramsar promovem a preservação e restauração ecológica dos elementos constituintes do sistema hídrico, como principal conector ecológico do território urbano e rural. Assim, o Decreto nº 2.339, de 14.6.2012, proibiu o uso do Pantanal da Baía do Panamá, de forma que os preenchimentos em áreas úmidas, bem como as obras de construção, serão proibidos, até o resultado de estudo científico que determinar se alguma atividade pode ou não ser realizada na área.

Solução do caso pela Terceira Sala Administrativa da Corte Suprema de Justiça

Assim, esta Sala, após ponderação cuidadosa das normas alegadas e das circunstâncias que giram em torno dos efeitos jurídicos da declaração da área protegida de Pantanal Baía de Panamá, chega à conclusão de que o ato demandado não viola as normas aduzidas, bem como não afeta o sistema jurídico em geral; que, vale insistir, na pior das hipóteses, ele seria lesionado com a adoção de medida judicial, administrativa ou judicial que retroaja os efeitos de proteção alcançados até o momento com a Resolução AG-002-2009.

Considerações finais

Por fim, esta Sala, como guardiã da legalidade e do controle dos atos administrativos ditados pelos entes públicos, bem como sob a plena convicção e consciência da importância do Pantanal da Bahia de Panamá e das preocupações ambientais de nosso tempo, faz uma exortação à Autoridade Nacional do Meio Ambiente (Anam), para que, nas oportunidades futuras, se empenhe na defesa beligerante de ações que mantenham um interesse geral e público que precisa ser protegido. O que foi dito se deve ao fato de que, em seu relatório explicativo de conduta, mostra a forma pouco diligente com que atuaram perante esta jurisdição, o que, sem dúvida, gera desconfiança na sociedade. Devemos ter presente que uma das funções primordiais do servidor público é atuar com eficiência e responsabilidade nos atos administrativos que lhe são confiados, nas entidades para as quais presta os seus serviços. Pelo exposto, a Terceira Sala (Contencioso-Administrativo) da Corte Suprema declara que não é ilegal a Resolução AG-0072-2009 de 3.2.2009, expedida pela Autoridade Nacional do Meio Ambiente (Anam) e publicada no *Diário Oficial da União* nº 26.221 de 11.2.2009; e, consequentemente, não concorda com as alegações feitas no pedido de julgamento.

21 Peru

Ordem ao Ministério da Saúde para estabelecer um plano de emergência

Tribunal Constitucional do Peru, caso "Martínez", mais conhecido como caso da localidade de "La Oroya"

La Oroya, Peru, é uma das cidades mais poluídas. Este caso se refere ao Complexo Metalúrgico de La Oroya, adquirido pela empresa norte-americana Doe Run Company em 1997. A subsidiária, Doe Run Peru, assumiu o compromisso de cumprir as obrigações do Programa de Adaptação e Gestão Ambiental (Pama) dentro de um prazo de 10 anos. No entanto, a empresa solicitou modificações, violando os direitos à saúde pública, ao meio ambiente equilibrado e adequado, à saúde física e mental, entre outros.

Nos últimos anos, os níveis de envenenamento por chumbo e outros componentes no sangue de crianças e mulheres grávidas em La Oroya aumentaram consideravelmente. Ainda em 1999, a Direção-Geral de Saúde Ambiental (Digesa) realizou um estudo: "99,1% das pessoas analisadas ultrapassaram o limite de chumbo no sangue recomendado pela Organização Mundial de Saúde (OMS)".

Vários estudos são apresentados com evidências de níveis elevados de chumbo no sangue, os efeitos da intoxicação por chumbo, os componentes que afetam a saúde da população e que causam doenças, desconforto, dores, queimação, náuseas e assim por diante. O Relatório do Consórcio "Unión por el Desarrollo Sustentable de la Provincia de Yauli La Oroya" (Unes), denominado "Avaliação dos Níveis de Chumbo e Fatores de Exposição em Mulheres Grávidas e Crianças Menores de 3 Anos da Cidade de La Oroya", elaborado em março de 2000, concluiu:

os níveis de contaminação sanguínea das grávidas com idades compreendidas entre os 20 e os 24 anos foi, em média 39,49 mg/dl, valor que está bem acima do limite estabelecido como seguro pela Organização Mundial da Saúde (OMS), que é de 30 mg/dl [...] e a contaminação sanguínea em crianças de 0 a 2 anos obteve média de 41,82 mg/dl e desvio padrão de 13,09; valores realmente alarmantes, estando bem acima do valor de 10 ug/dl, estabelecido como limite seguro pelo CDC (Centro de Controle de Doenças dos Estados Unidos para crianças) e ANP (Academia Norte-Americana de Pediatria).

Em 6.12.2002, os Srs. Pablo Miguel Fabián Martínez, Digna Ortega Salazar, Alfredo Peña Caso, Rosalía Tucto Ortega, José Chuquirachi Anchieta e María Elena Cárdenas Soto interpuseram demanda de cumprimento contra o Ministério da Saúde e a Direção-Geral de Saúde Ambiental (Digesa), solicitando que seja planejada e implementada uma "Estratégia Emergencial de Saúde Pública" para o município de La Oroya, de acordo com o disposto nos arts. 96, 97, 98, 99, 103, 104, 105, 106 e 123 da Lei nº 26.842 (Lei Geral de Saúde), e que, consequentemente, sejam adotadas as seguintes medidas: a) a recuperação da saúde das pessoas afetadas, por meio da proteção de grupos vulneráveis, a implementação de medidas de prevenção de danos à saúde e garantia do cumprimento e levantamento de informações sobre os riscos a que a população está exposta; b) o município de La Oroya seja declarado em estado de alerta, conforme estabelecido nos arts. 23 e 25 do Decreto Supremo 074-2001-PCM, Regulamento das Normas Nacionais de Qualidade do Ar Ambiental; e c) os programas de vigilância epidemiológica e ambiental sejam estabelecidos de acordo com o disposto no art. 15 do Decreto Supremo 074-2001-PCM, Regulamento de Padrões Nacionais de Qualidade Ambiental do Ar.

Além disso, em 2005, a Associação Interamericana para a Defesa do Meio Ambiente (Aida) e outras organizações solicitaram à Comissão Interamericana de Direitos Humanos (CIDH) medidas de proteção para as pessoas cuja saúde corria sério risco de contaminação.

Em 27.12.2006, a CIDH também recebeu uma petição apresentada por Aida, CEDHA (Centro de Direitos Humanos e Meio Ambiente) e Earthjustice pela violação pelo Peru dos direitos consagrados nos arts. 1.1, 2, 4, 5, 11, 13, 8 e 25 da Convenção Americana sobre Direitos Humanos, arts. 10 e 11 do Protocolo de San Salvador e art. 19 da Convenção sobre os Direitos da Criança. A CIDH ordenou ao Estado a adoção dessas medidas de proteção à saúde, integridade e vida em 31.8.2007. Segundo o Relatório, seguindo as medidas cautelares outorgadas pela CIDH durante o ano de 2007:

Em 31.8.2007, a CIDH outorgou medidas cautelares a favor de 65 residentes da cidade de La Oroya, no Peru. Os requerentes das medidas cautelares solicitaram que a identidade dos beneficiários fosse preservada. As informações disponíveis indicam que os beneficiários sofrem uma série de efeitos sobre a saúde em decorrência dos elevados índices de poluição do ar, do solo e da água na comunidade de La Oroya, produto de partículas metálicas liberadas pelo complexo de empresas metalúrgicas ali instalado.

A partir dessas informações, verifica-se que as pessoas afetadas pela poluição não contam com atendimento médico adequado para fins de diagnóstico, tratamento e prevenção. Em dezembro de 2005 e novembro de 2006, a Comissão solicitou informações ao Estado: *inter alia*, que medidas estava adotando para proteger a saúde da população de La Oroya afetada pela poluição, em particular no que diz respeito a cuidados médicos adequados e controles ambientais nas fundições. Por outro lado, a Comissão recebeu informação segundo a qual em maio de 2006 o Tribunal Constitucional do Peru havia decidido uma ação por incumprimento contra o Ministério da Saúde e a Direção-Geral de Saúde Ambiental do Peru, exigindo o desenho e implementação de uma "estratégia de saúde pública de emergência" para a cidade de La Oroya em 30 dias.

A Comissão solicitou ao Estado peruano que adotasse as medidas pertinentes para realizar um diagnóstico médico especializado dos beneficiários, proporcionasse tratamento médico especializado e adequado às pessoas cujo diagnóstico demonstrasse que se encontravam em situação de perigo de dano irreparável à sua integridade pessoal ou a suas vidas e coordenar com os requerentes e beneficiários a implementação das medidas cautelares. Em 8.3.2006, durante seu 124º período ordinário de sessões, a Comissão realizou uma sessão de trabalho da qual participaram representantes do Estado e dos peticionários. A Comissão continua a acompanhar a situação dos beneficiários.

Por outro lado, um grupo de pais tentou obter a indenização pelos danos por meio de uma ação coletiva no Missouri, Estados Unidos, onde está localizada a matriz (Grupo Renco). O Tribunal dos Estados Unidos ordenou que a Doe Run Company pagasse uma indenização pelos danos à saúde de 170 crianças. No entanto, a Doe Run Company demandou em arbitragem internacional em 2010, com base no Acordo de Livre Comércio entre o Peru e os Estados Unidos, e com base em seus direitos como investidores estrangeiros. A Doe Run Company solicitou uma quantia de milhões de dólares porque suas obrigações legais sob o contrato de compra da Fundição, que impunha responsabilidades a ambas as partes, haviam sido descumpridas.

O caso envolve múltiplos conflitos entre direito internacional, investidores, direitos humanos e proteções sociais e culturais, mas também saúde e qualidade de vida. Há um problema de jurisdição nacional para reparar danos à população e também ao meio ambiente. Apesar dos níveis alarmantes de contaminação, não foi realizado um extenso estudo epidemiológico sobre as consequências das últimas décadas de exposição a essas condições nem mesmo foi fácil obter acesso a cuidados médicos. Existem evidências suficientes dos danos e das situações críticas e extremas que La Oroya está enfrentando, especialmente prejudicando mães e crianças grávidas, ou seja, população vulnerável.

Solução do Tribunal Constitucional do Peru

No caso dos cidadãos de La Oroya contra o Estado peruano em 6.12.2002, em primeira e segunda instâncias, os tribunais peruanos decidiram a favor dos demandantes.

1. Ordena que o Ministério da Saúde implemente em até trinta dias um sistema de emergência para atender à saúde das pessoas contaminadas por chumbo na cidade de La Oroya, priorizando o atendimento médico especializado a crianças e gestantes, para o efeito da sua imediata recuperação, conforme previsto nos fundamentos 59 a 61 do presente acórdão, sob advertência da aplicação aos responsáveis das medidas coercitivas previstas no Código de Processo Constitucional.

2. Ordena ao Ministério da Saúde, por intermédio da Direção-Geral de Saúde Ambiental (Digesa), no prazo de trinta dias, a realização de todas as ações destinadas à emissão do diagnóstico de linha de base, conforme previsto no art. 11 do Decreto Supremo 074-2001-PCM, Regulamento de Padrões Nacionais de Qualidade Ambiental do Ar, para que os respectivos planos de ação possam ser implementados com o fim de melhorar a qualidade do ar na cidade de La Oroya.

3. Ordena ao Ministério da Saúde, no prazo de trinta dias, a realização de todas as ações para declaração de Estado de Alerta na cidade de La Oroya, conforme previsto nos arts. 23 e 25 do Decreto Supremo 074-2001 – PCM e art. 105 da Lei nº 26.842.

4. Ordena ao Ministério da Saúde, no prazo de trinta dias, a realização de todas as ações destinadas a estabelecer programas de vigilância epidemiológica e ambiental na área que inclui o município de La Oroya.
5. Ordena que o Ministério da Saúde, após os prazos mencionados nos números anteriores, informe o Tribunal Constitucional sobre as medidas tomadas para dar cumprimento ao disposto na presente sentença.
6. Exorta o Governo Regional de Junín, a Prefeitura Provincial de Yauli-La Oroya, o Ministério de Minas e Energia, o Conselho Nacional do Meio Ambiente e empresas privadas, como Doe Run Peru SRL, entre outras, que desenvolvem suas atividades de mineração na área geográfica que inclui a cidade de La Oroya, para participar, com urgência, das ações pertinentes que permitam a proteção da saúde dos habitantes da localidade citada, bem como do meio ambiente em La Oroya, priorizando, em todos os casos, o tratamento de crianças e mulheres grávidas.

A aplicação do princípio precautório

Tribunal Constitucional de Arequipa, "Nory Wilfredo Navarro Ramos e outros (mais conhecido como Vale de Pescadores)"

Os recorrentes, em nome próprio, e em defesa de "um direito difuso" ambiental, e em nome dos Agricultores do Vale de Pescadores, ajuizaram em 25.5.2007, perante o Juízo Cível de Camaná, ação de amparo ambiental contra a Pesqueira Natalia SAC, a fim de ordenar a suspensão das atividades que a dita empresa vem desenvolvendo na área próxima ao mar do Vale dos Pescadores, no distrito de Ocoña, Província de Camaná, departamento de Arequipa, até apresentar todos os requisitos relevantes sobre o impacto ambiental.

Alegam que a arguida está a violar os seus direitos constitucionais ao gozo de um ambiente equilibrado e adequado, ao desenvolvimento da vida e da propriedade, ao tentar construir uma unidade de tratamento de farinha e óleo de peixe, pois isso teria um impacto negativo nos recursos hídricos na área que impediria os demandantes de desenvolver adequadamente sua atividade agrícola.

Em doutrina, o Tribunal afirmou:

O denominado *amparo ambiental* é o processo constitucional mediante o qual se pretende proteger o direito a um meio ambiente equilibrado e adequado. Sem tentar criar uma nova categoria processual, deve-se notar que este Tribunal desenvolveu uma linha jurisprudencial a esse respeito, levando em conta a singularidade do que se discute neste tipo de processo.

Também apontou como exemplo:

normalmente as reivindicações de amparo ambiental são concebidas como reivindicações coletivas ou difusas, uma vez que "a satisfação do direito de um dos membros daquela comunidade implica a satisfação dos demais sujeitos da referida comunidade" (STC 05270- 2005-PA/TC). Isso significou a necessidade de adaptar a perspectiva clássica do Direito Processual – voltada para a resolução dos interesses individuais – aos contextos em que a titularidade de um direito corresponde a um grupo indeterminado ou coletivo de pessoas.

Ressaltando:

a legislação nacional incluiu alguns exemplos disso, como o Código de Processo Civil (art. 82) ou a Lei 28.611, Lei Geral do Meio Ambiente (art. 143), onde se estabelece uma legitimidade para atuar em amplas dimensões. O Código de Processo Constitucional, por sua vez, também reconhece uma ampla legitimidade para atuar (art. 40). Para descrever tal situação, este Tribunal fez referência a uma *legitimidade coletiva* e uma *legitimidade institucional* e aos problemas que seriam gerados se o sujeito que patrocinasse a causa realizasse um trabalho deficiente ou negligente (STC 05270-2005-PA / TC, fundação 11-12). Isso, é claro, também teria um impacto importante na instituição da coisa julgada, que deveria ser acomodada a esse tipo de conflito.

Afirmou-se, ainda, que da mesma forma, no STC 02682-2005-PA/TC, foi determinado que nas demandas de amparo por ameaça ou violação do direito ao meio ambiente adequado e equilibrado e do direito à saúde (sendo que ambos possuem um caráter de "especial valor material"), o juiz é obrigado "[...] a desenvolver plena e intensamente os poderes de investigação para esclarecer todos os extremos da controvérsia" (parágrafo 5). Assim, concluiu-se naquela resolução que, para este tipo de caso, o art. 9º do Código de Processo Constitucional deve ser interpretado à luz da Constituição e da finalidade dos processos constitucionais (art. II do CPConst.), requerendo-se "uma acentuada atividade probatória", sem que possa se decretar a improcedência da demanda por falta de "força probatória".

Portanto, conclui que "Com esses dois exemplos pretende-se destacar que a chamada proteção ambiental possui certas características especiais, a partir das quais a jurisprudência do Tribunal desenvolveu normas processuais, adequando o processo de amparo à finalidade pretendida".

Destaca a relevância dos princípios do direito ambiental na resolução de causas deste tipo:

> Integrou-se à análise deste tipo de casos: "a) o *princípio do desenvolvimento sustentável* [que consiste na prevenção de danos ao meio ambiente que sejam atualmente potenciais]; b) o *princípio da conservação*, em cujo mérito se busca manter em ótimo estado os bens ambientais; c) o *princípio da prevenção*, que consiste em salvaguardar os bens ambientais de qualquer perigo que possa afetar a sua existência; d) o *princípio da restauração*, referente ao saneamento e recuperação de bens ambientais deteriorados; e) o *princípio do melhoramento*, em virtude do qual visa maximizar os benefícios dos bens ambientais para o usufruto humano; f) o *princípio da precaução*, que envolve a adoção de medidas de cautela e reserva quando há incerteza científica e indícios de ameaça quanto à real dimensão dos efeitos das atividades humanas sobre o meio ambiente; e, g) o *princípio da compensação*, que implica a criação de mecanismos de reparação pela exploração de recursos não renováveis" (STC 0048-2004-PI / TC, fundamento 18).

Por fim, afirma:

> Em suma, o amparo ambiental se nutre da doutrina e da legislação sobre direitos coletivos e difusos, bem como do Direito Processual coletivo e dos princípios próprios do Direito Ambiental. Nesse sentido, a problemática dos conflitos ambientais deve ser analisada em uma perspectiva que integre todas essas posições, a fim de proporcionar um resultado que otimize os direitos fundamentais em conflito. E não se deve deixar de considerar que os conflitos ambientais geram um problema único, para o qual são necessárias respostas não só condizentes com a natureza do conflito, mas também com a realidade. A dupla natureza do dano ambiental não passa despercebida na decisão do Tribunal. Isso alerta para a existência de microdanos.

Nesse sentido, podemos estar enfrentando o que poderia ser chamado de uma série de microdanos.

Esses microdanos, analisados isoladamente, não geram certeza ou mesmo evidência suficiente de que o conteúdo constitucionalmente protegido de um direito fundamental estaria sendo afetado. Os atos considerados isoladamente não causariam, aparentemente, danos jurisdicionalmente aceitáveis. Ao contrário, se esses microdanos forem analisados em conjunto, podem gerar indícios ou mesmo a certeza de um dano jurisdicionalmente sustentável. Assim, dependendo do nível de segurança do juiz (indícios razoáveis ou certeza), as respostas jurisdicionais podem variar.

Em suma:

> O objetivo desta ação é suspender a construção da fábrica de farinha e óleo de peixe de Pesqueira Natalia SAC (doravante Pesqueira Natalia). Assim, a autora afirma que as atividades da empresa localizada representam uma ameaça ao direito constitucional das recorrentes a um ambiente equilibrado e adequado. No entanto, no momento da emissão desta decisão, a fábrica de farinha e óleo de peixe já se encontrava em operação. Nesse sentido, deve-se entender que o pleito da ação passaria a ter por objetivo a suspensão da operação da referida fábrica.
> Resumidamente, a problemática levantada neste caso é gerada devido à construção de uma fábrica de processamento de farinha e óleo de peixe sem considerar a fragilidade do *pantanal* adjacente a essa planta. Da mesma forma, a autora argumenta que seria gerado um impacto negativo sobre os recursos hídricos da área que impediria os moradores, basicamente dedicados à agricultura, de desenvolver essa atividade normalmente. Dada a complexidade do caso, este Tribunal Constitucional solicitou informação datada de 15 de julho de 2011, às fls. 24 do CTC, tanto ao Município Distrital de Ocoña como ao Ministério da Produção. Entidades que cumpriram com o envio da documentação solicitada.

Por fim, identifica um órgão público para conduzir a medida cautelar que dispõe:

> Já que o Ministério da Produção se encarregou de expedir licenças para a Pesqueira Natalia exercer atividade produtiva na região do Vale de Pescadores, este Colegiado considera que não seria a entidade ideal para realizar o trabalho de fiscalização. A principal tarefa desse Ministério é fomentar o comércio e, como se pode verificar neste caso, considera que não há modificação significativa do entorno, para a fábrica de farinha e óleo de peixe e que a omissão no EIA tem sido corrigida.
> Tendo analisado os documentos anexados à demanda, a complexidade do presente processo de amparo pode ser apreciada. Portanto, embora as evidências anexadas ao longo do desenvolvimento deste processo

não tenham gerado certeza suficiente para este Tribunal determinar a violação do direito a um meio ambiente saudável e equilibrado, gerou evidências suficientes para ativar mecanismos mínimos de proteção. Esses mecanismos, materializados em medidas cautelares, devem configurar-se como medidas complementares de forma a dar segurança à população frente às evidências geradas neste caso e que podem impactar os moradores do Vale dos Pescadores.

Fundamentação na aplicação do princípio da precaução:

Esta decisão encontra amparo jurídico em virtude do princípio da precaução. Conforme este Tribunal desenvolveu (STC 0048-2004-AI, fundamento 18), o princípio da precaução implica a adoção de medidas cautelares e de reserva quando há incerteza científica e indícios de ameaça sobre a dimensão real dos efeitos das atividades humanas sobre o meio ambiente.

Por sua vez, a Lei nº 28.245, Lei-Quadro do Sistema Nacional de Gestão Ambiental (modificada pela Lei nº 29.050), estabelece em seu art. 5º, *k*, que:

Quando houver indícios razoáveis de perigo de dano grave ou irreversível ao meio ambiente ou, por meio dele, à saúde, a ausência de certeza científica não deve ser utilizada como razão para não se adotar ou postergar a execução de medidas eficazes e eficientes destinadas a evitar ou reduzir o referido perigo. Essas medidas e seus custos são razoáveis considerando os possíveis cenários apresentados pelas análises científicas disponíveis. As medidas devem ser adaptadas às mudanças no conhecimento científico que ocorrem após sua adoção. A autoridade que invoca o princípio da precaução é responsável pelas consequências de sua aplicação.
Inspirado na lógica do princípio da precaução, e adaptando-o a este caso, deve-se assinalar que, como já foi referido, existem indícios razoáveis de perigo de danos ambientais com efeitos irreversíveis sobre o meio ambiente e, portanto, sobre os habitantes da área. Primeiro, o perigo de que as áreas úmidas sejam afetadas. Em segundo lugar, não só a saúde da população da área poderia ser afetada, mas também os recursos naturais, cuja escassez dificultaria ou mesmo impossibilitaria a realização de outras atividades econômicas, normalmente realizadas antes da operação da fábrica de farinha de peixe. Neste contexto, este Tribunal deve proceder a determinar "a execução de medidas eficazes e eficientes destinadas a evitar ou reduzir esse perigo".

Na parte resolutória dispõe:

Consequentemente, e tendo em conta que existe um órgão especializado em fiscalização ambiental como o *Organismo de Avaliação e Fiscalização Ambiental (OEFA)*, este Tribunal considera que esta é a entidade responsável pela execução dos trabalhos de fiscalização ambiental. Com efeito, de acordo com a Lei 29.325, *Lei do Sistema Nacional de Avaliação e Fiscalização Ambiental*, a OEFA é um órgão vinculado ao Ministério do Meio Ambiente, responsável pela fiscalização, supervisão, avaliação, controle e sanção em matéria ambiental. Nesse sentido, o Tribunal entende que, para o caso concreto, a OEFA é a entidade que deve executar as determinações exigidas na alínea ii) do fundamento 34 desta sentença.

Neste sentido, este Tribunal ordena à OEFA a realização de um procedimento de fiscalização da atividade desenvolvida pela Fábrica de Farinha e Óleo de Peixe Pesqueira Natalia, situada no Vale de Pescadores, distrito de Ocoña, Província de Camaná, região de Arequipa. Este trabalho centrar-se-á na análise do EIA apresentado para apoiar o projeto da fábrica de farinha e óleo de peixe, bem como na análise dos efeitos que podem estar a ser gerados no ecossistema da referida área em consequência do funcionamento da referida fábrica. Tal análise deverá ser elaborada no prazo de seis meses a partir da notificação desta Sentença. Este despacho é proferido pelo Tribunal Constitucional por força do artigo 139, parágrafo 18, da Constituição, que estabelece a obrigação do Poder Executivo "de prestar a colaboração que lhe é exigida nos processos".
1. Declarar o pedido de amparo parcialmente procedente. Consequentemente, ordena-se, nos termos do disposto nos fundamentos 33 a 39 desta Sentença, a execução das medidas cautelares, pelas quais se resolve: a) *Notificar* o *Organismo de Avaliação e Execução Ambiental (OEFA)* a fim de que proceda de acordo com o disposto no fundamento 37 da presente Sentença; b) *Notificar* a *Defensoria del Pueblo* para dar prosseguimento ao *processo de fiscalização realizado* pela OEFA, nos termos do disposto nos fundamentos 37 e 38; c) *Dispor* que a Controladoria da República dê início ao procedimento investigação em conformidade com o disposto no fundamento 39 da presente Sentença.
2. *Declarar improcedente* o pedido ao final solicitado de fechamento da fábrica de farinha e óleo de peixe do local.

Princípio da prevenção na exploração mineira

"Jaime Hans Bustamante Johnson", Processo nº 03343-2007-PA/TC, 2/19-2009 (mais conhecido como caso "Cordillera la Escalera")

Em 13.10.2006, o recorrente ingressou com uma ação de amparo contra as empresas Occidental Petrolera del Perú; LLC Sucursal Perú (hoje Talismán Petrolera del Perú, LLC Sucursal del Perú), Repsol Exploración Perú, Sucursal del Perú e Petrobrás Energía Perú SA, solicitando que as coisas fossem postas no estado anterior à ameaça de violação do direito ambiental, da vida, da proteção da saúde, da biodiversidade e das áreas naturais protegidas, e a suspensão da exploração e eventual aproveitamento de hidrocarbonetos na área natural protegida Cordillera Escalera.

Alega que no lote 103, a área a ser explorada é a área de conservação nacional Cordillera Escalera, e a área de concessão está localizada entre as Províncias do Alto Amazonas do departamento de Loreto e Moyabamba, Lamas, San Martín e Picota do departamento de San Martín, instituído pelo Decreto Supremo nº 045-2005/AG. Dita área é de especial importância por sua biodiversidade e por ser fonte de captação e armazenamento de água, já que ali nascem as três bacias hidrográficas (Cumbaza, Caynarachi e Shanusi) que são a única fonte de água para a população do entorno.

O objetivo da criação da Cordillera Escalera é garantir a manutenção de serviços ambientais como água, reserva de diversidade, beleza paisagística e captura de carbono. Como resultado, a ACR Cordillera Escalera é uma área relevante não só para o país como um todo, mas especialmente para a região de San Martín, pois constitui uma importante fonte de água, facilita a captura de carbono, apresenta grande biodiversidade etc. Portanto, essa área tem como objetivos gerais: conservar e proteger os recursos naturais e a diversidade biológica de ecossistemas frágeis e garantir a continuidade dos processos biológicos nos ecossistemas.

Afirma, ainda, que a exploração do petróleo envolve o uso de milhões de litros de água de produção petroleira com alta salinidade. Indica também que a exploração está sendo realizada em desacordo com o disposto no art. 27 da Lei nº 26.834, Lei de Áreas Naturais Protegidas. A demanda é contestada pela Procuradoria Pública responsável pelos Assuntos Judiciais do Ministério de Minas e Energia, que pede o indeferimento daquela, alegando que o Ministério não violou qualquer preceito constitucional porque a Direção-Geral de Assuntos Ambientais e Energéticos aprovou o estudo de impacto ambiental do projeto de exploração sísmica da estrutura Pihuicho no Lote 103.

Também respondem Occidental Petrolera del Perú, LLC, Sucursal del Perú e Repsol Exploración Perú, solicitando que seja declarada inadmissível ou improcedente por considerar que o recurso escolhido não é adequado, uma vez que o caso requer uma fase probatória devido à natureza ou complexidade da matéria em litígio.

Por sua vez, a corré Petrobras responde a ação solicitando que seja declarada inadmissível, pelo motivo de que é necessário atuar com provas que permitam demonstrar a ameaça ao meio ambiente e a relação causal. Da mesma forma, afirma que a área natural não é necessariamente incompatível com o desempenho das atividades econômicas dentro dela. Por último, sustenta que não se aplicam os princípios do direito do ambiente, que desempenham um papel meramente orientador para as autoridades, e que, em todo o caso, o princípio da prevenção está contemplado no procedimento de avaliação do impacto ambiental.

O Juizado Especializado Cível de San Martín, em 31.1.2007, julgou improcedente a ação, alegando que o impacto ambiental é mínimo e não são observados níveis relevantes de contaminação. A 1ª Sala da Corte Superior de San Martín, em 10.5.2007, confirma a sentença recorrida, com base na avaliação de EIA do estudo de impacto ambiental do projeto de exploração sísmica e na perícia do processo, da qual se segue que nenhum grande impacto ambiental foi gerado.

Em sede de Tribunal Constitucional, após pedido de informação ao Instituto Nacional de Recursos Naturais; Instituto Nacional para o Desenvolvimento dos Povos Andinos, Amazônicos e Afro-Peruanos; Direção-Geral de Assuntos Ambientais Energéticos; Perupetro SA e Defensoria del Pueblo. Para efeito de elucidar a controvérsia, o tribunal se pronunciou sobre os seguintes assuntos: direito ambiental, constituição ecológica, desenvolvimento sustentável, princípio da prevenção, responsabilidade social da empresa, comunidades ativas e meio ambiente.

O Tribunal, em relação à reclamação da autora, na medida em que se afirmou que a concessão para a exploração e aproveitamento de hidrocarbonetos era anterior à existência da ACR Cordillera Escalera, pelo que os direitos de pesquisa e aproveitamento não deveriam estar sujeitos às novas condições da área, expressa que não é um critério temporal ou cronológico que dá uma resposta satisfatória no presente caso, devendo ser preferido um critério mais amplo e abrangente dos elementos que implicam a criação de uma ANP. Outra questão de que tratam os magistrados é a formulada a partir do fato de ter terminado a etapa de exploração sísmica, pelo que o alegado risco denunciado se torna abstrato.

No entanto, na opinião do Tribunal, isso não pode significar que a ameaça já tenha cessado, visto que a referida exploração sísmica constitui apenas uma fase da exploração, enquanto outras estão pendentes, como a perfuração de poços exploratórios. O Colegiado considera dessa forma, se as referidas atividades pendentes podem ser consideradas uma ameaça ao direito constitucional de usufruir de um ambiente equilibrado e adequado ao desenvolvimento da vida. Para responder a isso, o órgão judiciário considera conveniente abordar a importância dessa área e, conforme o exposto, conclui que ela constitui uma importante fonte de água, facilita a captura de carbono e possui grande biodiversidade.

Daí a necessidade de implementação de fórmulas que permitam conciliar as atividades de prospecção e exploração de hidrocarbonetos com a conservação essencial dos recursos e elementos ambientais que se inter-relacionam com o meio natural e humano. Nesse sentido, o art. 67 da Constituição determina que o Estado determine a política ambiental nacional, devendo essa política promover o uso sustentável dos recursos naturais. O art. 7º da Lei Orgânica nº 26.821 do Aproveitamento Sustentável dos Recursos Naturais afirma que "É responsabilidade do Estado promover o aproveitamento sustentável dos recursos naturais [...]".

Conforme destacado na fundamentação da presente decisão, o princípio da prevenção é plenamente reconhecido tanto na regulamentação como na jurisprudência, e os instrumentos de gestão ambiental desempenham um papel extremamente importante no que diz respeito à prevenção, pelo que é imprescindível tê-los em consideração ao nos referirmos ao desenvolvimento sustentável da exploração de hidrocarbonetos que respeite a biodiversidade e as áreas naturais protegidas.

Nesse sentido, e de acordo com o art. 27 da Lei de Áreas Naturais Protegidas, tal aproveitamento somente terá prosseguimento se a exploração a ser realizada for compatível com o plano diretor da área protegida.

Ao decidir, o Tribunal considera que os argumentos apresentados em defesa não são adequados e condizentes com os demais valores e direitos consagrados na Constituição. Com efeito, a necessidade de um plano diretor – aprovado pelos órgãos competentes – não pode ser afastada, apelando-se para o fato de que apenas as atividades de exploração podem ser consideradas aproveitamento de recursos naturais, visto que, na opinião do Colegiado, as fases de exploração e prospecção constituem um todo que leva ao uso dos recursos naturais.

Nesse sentido, é vedada a realização dessas atividades até que seja implantado o respectivo plano diretor, que contempla a possibilidade de aproveitamento dos recursos naturais existentes na Área de Conservação Regional da Cordilheira Escalera, observada a regulamentação, a proteção ambiental e as limitações e restrições previstas nos objetivos de criação da área e seu zoneamento.

É por tudo o que precede que o Tribunal Constitucional declara procedente o pedido, vedando a última fase de exploração na Área de Conservação Regional denominada Cordillera Escalera até a instauração do Plano Diretor, podendo recomeçar tal atividade uma vez preparada e estabelecida a compatibilidade entre a atividade de exploração e prospecção e os objetivos da Área de Conservação Regional da Cordillera Escalera. Se já estiverem em execução, eles devem ser suspensos imediatamente.

A sentença estabelece doutrina relevante de direito ambiental.

No que se refere ao direito a um meio ambiente equilibrado e adequado, sustenta que dito direito fundamental se configura pelo direito a desfrutar de um meio ambiente equilibrado e adequado e pelo direito à preservação de um meio ambiente saudável e equilibrado. A intervenção do ser humano não deve supor uma alteração substantiva, para permitir o desenvolvimento da pessoa e da sua dignidade.

O direito à preservação de um meio ambiente saudável e equilibrado acarreta obrigações incontornáveis para os poderes públicos de manter os bens ambientais em condições adequadas ao seu usufruto. O direito a um meio ambiente equilibrado e adequado participa tanto das propriedades dos direitos de liberdade – liberdade negativa (de não agredir o meio ambiente), como dos direitos prestacionais – liberdade positiva (evitar, proteger e/ou reparar os danos inevitáveis que ocorram).

Quanto à identificação da noção de Constituição Ecológica, que é assumida pela Lei Geral do Meio Ambiente, nº 28.611/2005 (art. 9º), e Lei nº 28.225 – Marco do Sistema Nacional de Gestão Ambiental, nesta sentença foi dito que "os direitos fundamentais que a Constituição reconhece são de fato direitos subjetivos, mas também constituem uma manifestação de uma ordem material e objetiva de valores constitucionais em que se baseia toda a ordem jurídica".

> Esta última dimensão dos direitos fundamentais traduz-se, por um lado, em exigir que as leis sejam aplicadas de acordo com os direitos fundamentais (o efeito da irradiação dos direitos em todos os setores do sistema jurídico) e, por outro, em impor a todos os organismos públicos o dever de proteger esses direitos.

Também foi dito:

> Isso não significa que tais direitos só possam ser opostos aos órgãos públicos. O Tribunal Constitucional afirmou em várias ocasiões que, no nosso sistema constitucional, os direitos fundamentais vinculam o Estado e os indivíduos. Os recursos naturais, *in totum*, patrimônio da

Nação, sua exploração não pode ser desvinculada do interesse nacional. Os benefícios derivados de seu uso devem atingir a Nação como um todo. Uma perspectiva que não deve ser esquecida é aquela relativa à consideração dos serviços ambientais que prestam determinadas áreas do território nacional. Daí a importância de o Estado assumir a proteção dessa riqueza através do controle exaustivo da exploração dos bens localizados nessas áreas. Uma das maneiras de protegê-los é o estabelecimento de áreas especialmente protegidas.

No que diz respeito ao *desenvolvimento sustentável e às gerações futuras*, o uso sustentável dos recursos naturais envolve o uso de componentes da diversidade biológica de uma forma e em um ritmo que não cause um declínio em longo prazo dessa diversidade.

Na Comissão Brundtland, foi publicado um relatório que definiu o desenvolvimento sustentável como aquele processo no qual a satisfação das necessidades humanas do presente é assegurada sem comprometer a capacidade das gerações futuras. Busca-se equilibrar o regime da economia social de mercado com o direito a viver num ambiente equilibrado e adequado.

Meio ambiente e princípio da prevenção: o art. IV do Título Preliminar da Lei Geral do Meio Ambiente estabelece que "a gestão ambiental tem como objetivos prioritários prevenir, monitorar e evitar a degradação ambiental". O Superior Tribunal Constitucional afirmou que "[...] o dever do Estado de prevenir de forma adequada os riscos que o ecossistema enfrenta é incontornável, bem como também os danos que possam ser causados ao meio ambiente em consequência da intervenção humana [...]".

Jiménez de Parga y Maseda manifesta que a prevenção se baseia em duas ideias principais: podemos conhecer com antecedência o risco de danos ambientais e podemos adotar medidas para neutralizá-lo. Ao contrário, a precaução, em sua formulação mais radical, se baseia na seguinte ideia: o risco ambiental não pode ser conhecido de antemão porque não podemos saber materialmente os efeitos de médio e longo prazos de uma ação. Relativamente ao ambiente e à responsabilidade social da empresa: no quadro do Estado social e democrático de direito, da economia social de mercado e do desenvolvimento sustentável, a responsabilidade social constitui um comportamento incontornável exigido à empresa.

O social é definido a partir de três dimensões: como mecanismo para estabelecer legitimamente algumas restrições à atividade dos particulares, como cláusula que permite otimizar ao máximo o princípio da solidariedade e, finalmente, como fórmula para promover o uso sustentável dos recursos naturais para garantir um ambiente equilibrado e adequado para o desenvolvimento da vida.

O caráter social do regime peruano determina que o Estado não pode permanecer indiferente às atividades econômicas dos indivíduos, pois tem o dever de exercer um papel vigilante, garantidor e corretivo, diante das deficiências e falhas do mercado. Atualmente, é consenso indicar que a atividade empresarial, sendo essencialmente lucrativa, não se opõe a assumir a sua responsabilidade social. Para o caso em apreço, é interessante destacar que a motivação do lucro deve vir acompanhada de uma estratégia previsível do impacto ambiental que o trabalho empresarial pode gerar.

No que diz respeito às *comunidades nativas e meio ambiente*, seu reconhecimento jurídico encontra-se no art. 2º, §2º da Constituição, no que tange à tolerância à diversidade, e no art. 2º, §19, que também estabelece o direito à identidade étnica e cultural, uma dimensão objetiva e clara na medida em que o Estado é obrigado a proteger a pluralidade étnica e cultural existente na Nação. A Corte considera o direito à identidade étnica uma espécie de direito à identidade cultural.

A Convenção 169, art. 13, estabelece que o conceito de terra, no caso dos povos indígenas, inclui o de território, uma vez que a unidade da comunidade em seu território ultrapassa a noção de propriedade patrimonial. Pensa-se assim em um domínio espiritual e cultural da terra. A Corte Interamericana assim indicou na sentença do caso da Comunidade Mayagna (Sumo) "Awas Tigni *v*. Nicarágua". Esta circunstância especial define a forma como o direito à autodeterminação dos povos indígenas foi reconhecido.

Da mesma Convenção, o art. 15 estabelece que os Governos devem estabelecer procedimentos por meio dos quais os povos interessados possam ser consultados "antes de empreender ou autorizar qualquer programa de prospecção ou exploração dos recursos existentes em suas terras". Esses critérios também foram coletados pela Corte Interamericana no caso "Pueblo de Saramaka *v*. Suriname". Atualmente, em nível interno, importa referir o Decreto nº 012-2008-EM, que regulamenta as questões relativas à participação cidadã na realização das atividades de hidrocarbonetos. Este regulamento estabelece que "a consulta é uma forma de Participação Cidadã" das populações que podem ser afetadas por um projeto de hidrocarbonetos.

Deveres de prevenção a cargo do Estado

Tribunal Constitucional do Peru, 4.3.2011, Arquivo nº 00004-2010-PI/TC (Caso "Punta Hermosa")

Ação de inconstitucionalidade movida por 58 cidadãos contra a Portaria nº 1652009-MDPH e a Portaria nº 175-2009-MDPH, da Prefeitura Distrital de Punta Hermosa, Lima.

A relevância do princípio preventivo é explicada no fundamento 16 da sentença:

> O Tribunal considera que, pela própria natureza do direito, no âmbito das tarefas de disposição que o Estado é chamado a cumprir, tem especial relevância a tarefa de prestação e, é claro, a realização de ações destinadas a esse fim. E se o Estado não pode garantir ao ser humano que sua existência se desenvolva em um ambiente saudável, eles podem exigir do Estado que adote todas as medidas preventivas necessárias que o tornem possível. Nesse sentido, o Tribunal Constitucional considera que a proteção do meio ambiente saudável e adequado não é apenas uma questão de reparação dos danos causados, mas, e de forma especialmente relevante, de prevenir que eles ocorram (STC 4223-2006-AA / TC).

A Corte destaca:

> O direito a um meio ambiente equilibrado e adequado implica um dever negativo e positivo frente ao Estado. A sua dimensão negativa traduz-se na obrigação do Estado de se abster de realizar qualquer tipo de ato que afete um ambiente equilibrado e adequado ao desenvolvimento da vida e da saúde humana. Na sua dimensão positiva, impõe deveres e obrigações que visam à preservação do meio ambiente equilibrado, que se traduzem, por sua vez, em um conjunto de possibilidades, entre as quais se destacam a edição de disposições legislativas que visam a promoção da conservação ambiental pelos diversos setores. Claro, não envolve apenas tarefas de conservação, mas também de prevenção desse meio ambiente equilibrado.

22 China

Prejuízo aos animais

Tribunal Popular Intermediário de Guiyang, 31.12.2015, "Wu Guojin *v.* China Railway N. 5 Engineering Group Co., Ltd. e Lu Qiao Engineering

Co., Ltd. da China Railway N. 5 Engineering Group Co., Ltd.". UNEP, InforMEA

Durante o período de execução das obras das demandadas, ocorreram alterações massivas em todas as galinhas poedeiras que se encontravam a cerca de 20 ou 30 metros do canteiro de obras. Essas alterações resultaram em mortes e na produção de ovos moles e deformados nas fazendas do reclamante. Wu Guojin entrou com o caso no Tribunal Popular do Condado de Qingzhen. Com base nos princípios da equidade, o tribunal estabeleceu um modelo de cálculo com o auxílio de manuais de criação e dados básicos fornecidos pelo perito e calculou o prejuízo. Em uma segunda instância do julgamento, o Tribunal Popular Intermediário de Guiyang manteve a decisão de primeira instância que atendeu ao pedido do autor, ordenando aos réus uma indenização de mais de 450.000 yuans.

Responsabilidade pela recuperação da vegetação florestal

Tribunal Popular Superior de Fujian, 18.12.2015, "Friends of Nature Environment Institute em Beijing Chaoyang District & Green Home Environment Friendly Center da Província de Fujian *v.* Xie Zhijin, Ni Mingxiang, Zheng Shijiang e Li Mingshuo"

Em 29.7.2008, os quatro réus ampliaram, sem autorização do órgão competente, a extensão de uma mina e danificaram gravemente parte de uma floresta.

O caso foi levado pelo Tribunal Popular Intermediário de Nanping. O tribunal decidiu que os réus deveriam assumir a responsabilidade pela recuperação da vegetação florestal e pelos danos causados por tal perda. Este caso é o primeiro litígio ambiental de interesse público na China, após a nova lei de proteção ambiental.

Fundo de bem-estar ambiental

Tribunal Popular Superior de Jiangsu, nº 00001 (2014), última instância, 29.12.2014, "O caso Taizhou também conhecido como Procuradoria Popular de Jiangsu e Federação Ambiental de Taizhou *v.* seis fábricas, incluindo Jiangsu Chang Long Agroquímica Co. e Taixing Jin Hui Chemicals"

De janeiro de 2012 a fevereiro de 2013, a Taixing Jinhui Chemical Company e seis outros réus despejaram cerca de 26.000 toneladas de subproduto ácido no Canal Rutai e no Rio Gugaman, causando graves danos ecológicos. Os réus assinaram contratos para vender o subproduto ácido a uma taxa de 20 a 100 yuans/tonelada para empresas que não tinham licença para manejar resíduos perigosos.

O demandante Taizhou Environmental Protection Federation (TEPF) apresentou um pedido ao tribunal para alocar custos de restauração ambiental de 160.666.745 yuans (US$26 milhões) e 100.000 yuans (US$14.285).

O Tribunal Intermediário de Taizhou estabeleceu que a TEPF é uma organização social sem fins lucrativos que legalmente registrou e participou de programas de proteção ambiental e tem autoridade para apresentar casos de litígio ambiental de interesse público (Epil). Que os réus venderam os subprodutos ácidos para empresas que não tinham licença para manusear resíduos perigosos a uma taxa muito inferior à taxa de mercado para tratar o subproduto de acordo com a lei. Que as ações dos réus fizeram com que as toneladas de subproduto ácido fossem jogadas no rio, resultando em grave poluição ambiental e os réus tendo que se responsabilizar pelo pagamento dos danos e restauração do ambiente ecológico.

O tribunal disse que, embora a qualidade da água no local onde o subproduto ácido foi despejado tenha melhorado com o tempo, isso não significa que o ecossistema do rio foi restaurado. Ainda disse que o rio provavelmente continuará afetado com mais de 26.000 toneladas de subprodutos ácidos que foram despejados nele. Como o custo da restauração é difícil de calcular, o tribunal apoiou o método denominado "custo de remediação virtual (virtual)" para calcular os danos que se baseiam principalmente nos custos que o réu deveria ter gasto caso tivesse tratado o subproduto ácido legalmente.

O valor do dano é de 160.666.745 yuans (US$26 milhões). O tribunal também acatou os pedidos de honorários de avaliação judicial que foram gastos no cálculo dos danos. Por sua vez, o tribunal de apelação (Tribunal Superior de Jiangsu) manteve a decisão do tribunal inferior, mas modificou os métodos de cumprimento das obrigações dos seis réus.

Assim, ordenou que 60% dos danos devidos fossem pagos a uma conta especial no Fundo de Bem-Estar Ambiental de Taizhou dentro de 30 dias após a sentença entrar em vigor. Os 40% restantes seriam usados em melhorias tecnológicas para a prevenção e controle da poluição e seriam pagos dentro de um ano da sentença. O Tribunal Popular Supremo (SPC) confirmou a decisão do Tribunal Popular Intermediário de Taizhou e rejeitou o pedido de um novo julgamento.

Além disso, em sua decisão, foi dito que as empresas que produzem produtos e subprodutos químicos perigosos devem prestar atenção ou ter cuidado em relação ao gerenciamento desses produtos e subprodutos para evitar a contaminação, devem cumprir as leis e regulamentos e garantir que a produção, as vendas, o transporte e o armazenamento de produtos químicos estejam em conformidade com a legislação e não apresentem riscos significativos ao meio ambiente.

Embora o rio tenha circulação própria e o local de descarga pareça ter voltado à sua qualidade de água anterior, devido aos limites da capacidade ambiental, tais quantidades de subprodutos ácidos despejados no lago certamente causarão danos à água, ao sistema aquático, para o leito do rio e sistemas a jusante. Sem promover e remediar adequadamente, a contaminação irá se acumular em um nível que os danos não podem ser revertidos.

O SPC selecionou este caso como um caso típico com base nos seguintes seis pontos:

1) o caso foi referido pela mídia como um caso de "julgamento supremo" que envolveu várias partes, ONG como demandante e Ministério Público como litigante de apoio;

2) o tribunal de primeira instância afirmou corretamente a legitimidade do TEPF e determinou que os réus são responsáveis por danos para restaurar o meio ambiente porque os réus violaram intencionalmente as leis sobre gestão de resíduos perigosos e suas ações levaram ao despejo do resíduo no rio que sofreu danos;

3) o juízo de primeira instância fundamentou também a sua decisão sobre o montante da indenização na conclusão da avaliação do perito que evidenciou a combinação da utilização da conclusão da avaliação com pareceres e opiniões de peritos sobre questões científicas importantes;

4) o juízo de segunda instância equilibrou o desenvolvimento saudável das indústrias e a proteção ao meio ambiente, ao experimentar novas formas de pagamento de indenizações para estimular as empresas a atualizarem seus processos de tratamento de subprodutos;

5) além de ratificar as decisões dos tribunais de primeira instância, o SPC esclareceu a regra de que as empresas produtoras de produtos químicos ou perigosos devem prestar mais atenção ao gerenciamento de sua cadeia de fornecimento;

6) neste caso, o SPC também estabelece um princípio nos casos de contaminação da água que, embora o segmento do corpo d'água originalmente afetado tenha sido recuperado devido ao seu próprio sistema de purificação, os poluidores devem permanecer responsáveis pela restauração do ecossistema do rio, uma vez que a contaminação ocorreu.

23 Estados Unidos da América

A agência ambiental deve regular as emissões que causam o aquecimento global

Corte Suprema dos EUA, "Massachusetts *v*. Agência de Proteção Ambiental"

Em 20.10.1999, um grupo de 19 organizações privadas fez uma petição à Agência de Proteção Ambiental para emitir uma regulamentação aplicável ao dióxido de carbono produzido por automóveis, que tem impacto sobre o efeito estufa e as mudanças climáticas. Elas invocaram os seguintes fatos: há um aumento considerável na concentração de dióxido de carbono na atmosfera que atua como um teto, o que produz um aumento na temperatura do planeta; há danos que já estão ocorrendo, como o recuo das geleiras, a redução da cobertura de neve, o aumento do nível do mar; isso está relacionado às emissões de gases dos veículos motorizados; a indústria automotiva nos Estados Unidos emite enormes quantidades de carbono na atmosfera; sua regulamentação é significativa para a solução do problema.

Como fundamento jurídico, elas invocaram a Lei do Ar Limpo (*Clean Air Act*), que obriga a EPA a estabelecer padrões aplicáveis para emissões que causam poluição no ar. No entanto, a lei não se refere expressamente às mudanças climáticas, mas antes menciona alguns elementos que podem poluir o ar e, por isso, o que se pretende é uma aplicação extensiva ou analógica da lei.

Em 8.9.2003, a EPA negou o pedido de regulamentação das emissões, alegando que a lei não a autoriza a estabelecer regulamentações obrigatórias sobre as mudanças climáticas globais e que, se fosse autorizada, seria imprudente fazê-lo porque não há uma conexão causal bem estabelecida entre as emissões de gases e o aquecimento global. A EPA argumentou que os regulamentos não são permitidos porque o dióxido de carbono não é um poluente do ar descrito na Lei do Ar

Limpo, e não pode haver interpretação analógica. A agência afirmou que o Congresso estava ciente do problema em 1990 quando aprovou a Lei do Ar Limpo e não autorizou expressamente o desenvolvimento de qualquer regulamento.

Os peticionários, que se juntaram ao estado de Massachusetts e outros estados locais, apelaram da decisão no Circuit Court. Dois dos juízes entenderam que a EPA havia exercido corretamente seu arbítrio e que a recusa em regulamentar estava em suas atribuições, e um deles acrescentou que nenhum dano particular foi demonstrado que permitisse sustentar que os autores estivessem legitimados para agir.

Assim que o caso chegou à Corte Suprema, foi proferida decisão em 10.4.2007, revertendo a decisão do Tribunal de primeira instância. As principais questões que foram debatidas e que são de interesse em relação ao nosso tema são as seguintes:

- Legitimação.

O primeiro problema sério que o Tribunal analisou foi a legitimação de um grupo que reivindica proteção contra os efeitos do aquecimento global. A minoria argumentou que não havia nenhum acordo com os precedentes do Tribunal ("Georgia *v.* Tennessee Copper Co.", 206 US 230 1907) e acusou a maioria de criar uma nova doutrina sobre legitimação. Afirmou que não havia indícios de danos específicos ou particulares, uma vez que apenas se alegou que, em decorrência do aquecimento, as costas do Estado poderiam diminuir, o que era meramente conjuntural. Uma ligação entre dano e ação também não fora mostrada, pois 80% das emissões de gases de efeito estufa viriam de fora dos Estados Unidos.

A maioria, por outro lado, entendeu que a legitimação não era um obstáculo intransponível. Considerou desnecessário demonstrar que o litigante havia sofrido danos e, no caso do Estado, que houve um impacto do aquecimento global em seu território.

- Existência de um risco derivado das mudanças climáticas.

Nesse caso, surgiu o problema da natureza "parlamentar" da ciência, uma vez que se discutiram diferentes opiniões científicas sobre a existência e os riscos do aquecimento global. A maioria considerou que os danos associados às alterações climáticas são graves e reconhecidos e que existe um forte consenso entre os especialistas sobre as ameaças que existem quando ocorrem mudanças irreversíveis nos ecossistemas e sobre as suas implicações econômicas que podem influenciar o Estado.

Também foi aceito que a elevação do nível do mar poderia afetar o litoral do Estado com graves prejuízos econômicos.

- Conexão causal entre mudanças climáticas e emissões de gases automotivos.

A conexão causal foi difícil porque o aquecimento global se deve a várias causas, e modificar uma delas não significa que haverá um resultado positivo. Esse foi o argumento da EPA ao argumentar que, por mais que regulasse as emissões domésticas, havia outros países em desenvolvimento cuja ausência de regulamentação impediria um resultado efetivo. A maioria do Tribunal rejeitou este argumento, com um raciocínio simples: é verdade que a regulamentação não resolverá totalmente o problema, mas também é verdade que ajudará a reduzi-lo parcialmente. Uma redução nas emissões domésticas reduzirá a taxa de crescimento das emissões globais, independentemente do que aconteça em outras partes do mundo.

- Alcance da revisão judicial das decisões das agências governamentais.

Foram colocados em discussão os limites do Poder Judiciário em relação às regulamentações das agências da administração. A maioria considerou que as decisões das agências não estão sujeitas à revisão judicial. No entanto, no caso em apreço, não houve decisão, ou seja, devem se distinguir os casos em que houve regulamentação daqueles em que houve recusa de adoção de regulamentos expressamente permitidos. Não se tratava de um problema de conteúdo de vedada judicialização, mas de recusa em regular.

- Existência de uma faculdade para regular. O Congresso contra o aquecimento global.

Esta questão é muito importante porque a autoridade governamental argumentou que precisava de autorização expressa do Congresso, enquanto os peticionários afirmaram que bastava que não houvesse proibição, uma vez que a Lei do Ar Limpo autorizava implicitamente.

A decisão foi neste segundo sentido, afirmando que a noção de gases de efeito estufa (*greenhouse gases*) estava incluída na definição de poluente atmosférico (*air pollutant*) que a lei contemplava e, portanto, a EPA tinha competência para regular as emissões gasosas dos veículos automotores novos. Dois argumentos foram apresentados:

1) o dióxido de carbono era, sem dúvida, uma substância física e química contemplada por lei;

2) não havia negativa expressa do Congresso após a aprovação da Lei do Ar Limpo. Ou seja, não se tratava de saber se o Congresso autorizava, mas, ao contrário, era preciso saber se não proibia a regulamentação, e não houve indicação de que o Congresso decidiu limitar o poder da EPA de regular as emissões de gases.

Quando o Congresso estabeleceu essas disposições, os estudos sobre mudanças climáticas estavam em seu início e por isso não foram expressamente incluídos na Lei do Ar Limpo, mas a evolução subsequente mostrou que não só não havia proibição expressa, mas havia uma intenção de regular o problema. Em 1978, o Congresso aprovou a Lei do Programa Nacional do Clima (*National Climate Program Act*), que exigia que o presidente estabelecesse um programa para ajudar a nação e o mundo a compreender e responder às mudanças climáticas naturais e provocadas pelo homem.

Na época do Presidente Carter, o Conselho Nacional de Pesquisa (*National Research Council*) foi questionado e apontou que se o aumento do dióxido de carbono continuasse nesses níveis, as mudanças climáticas seriam importantes e a proposta de "ver para regular" poderia significar esperar até que fosse tarde demais. Em 1987, o Congresso aprovou a Lei de Proteção Climática Global (*Global Climate Protection Act*), que dizia que a poluição causada pelo homem pelas emissões de dióxido de carbono, cloro, metano e outros gases poderia causar um aumento substancial na temperatura da Terra, e incumbiu o EPA de propor uma política nacional coordenada sobre as alterações climáticas; também solicitou ao governo que realizasse esforços diplomáticos coordenados com o mesmo objetivo.

Em 1990, o Painel Intergovernamental sobre Mudanças Climáticas (IPCC), corpo científico organizado sob os auspícios das Nações Unidas, publicou o primeiro relatório sobre o assunto, afirmando que o aumento das emissões aumentaria a temperatura da Terra. Em 1992, o Presidente Bush assinou a Convenção-Quadro das Nações Unidas sobre Mudança do Clima (UNFCCC), um acordo não vinculativo assinado por 154 nações para reduzir as concentrações de gases de efeito estufa, que foi ratificado pelo Senado. O grupo de nações se reuniu novamente em Kyoto, para adotar um tratado com obrigações concretas de redução de emissões.

Como essas metas não se aplicavam a nações que contribuíram fortemente para suas emissões, como Índia e China, o Senado aprovou uma resolução declarando que os Estados Unidos não deveriam entrar no Protocolo de Kyoto (Res. 98, 105º Cong., 1º Sess. 25.7.1997), que levou o Presidente Clinton a não o submeter à ratificação. Para a maioria, essa evolução mostrou que o Congresso estava disposto a regular e não proibir que isso fosse feito.

- Fundamentos da recusa de regular.

A EPA argumentou que uma regulação seria inconsistente com outras prioridades da administração. A resposta judicial foi que a EPA só poderia evitar a regulação se houvesse evidências de que os gases de efeito estufa não estavam contribuindo para a mudança climática, ou se houvesse uma explicação razoável de por que não regular seria algo desejável. Os argumentos apresentados de que o governo estava em negociações com outros países ou de que tinha planos voluntários nada tinham a ver com obrigações legais. A questão era diferente e consistia em determinar se havia algum perigo que exigisse regulação para evitá-lo ou reduzi-lo e, se houvesse incerteza científica, a EPA deveria informar.

24 Argentina

A ordem de limpar um rio

CSJN, "Mendoza, Beatriz e outros c/ Estado Nacional e outros"[592]

Um grupo de vizinhos que vivia na zona da bacia do rio Matanza-Riachuelo compareceu perante a Corte Suprema de Justiça da Nação, exigindo indenização pelos diversos danos pessoais e materiais que alegam ter sofrido em consequência da contaminação dos rios mencionados. Também solicitaram o fim da poluição dos rios e a recomposição por meio de medidas de saneamento.

Eles responsabilizaram o Estado nacional quando a situação denunciada ocorreu em uma hidrovia navegável e interjurisdicional (que cobre parte da Cidade de Buenos Aires e onze partes da Província de Buenos Aires), a respeito da qual tinha poderes regulatórios e de controle, em virtude do disposto no art. 75, incs. 10 e 13 da Constituição Nacional. Também atribuíram à Província de Buenos Aires a responsabilidade de ter o domínio originário sobre os recursos naturais existentes em

---

[592] Nota da revisora: Veja também outro comentário publicado no Brasil, CAFFERATTA, Nêstor A. Sentencia colectiva ambiental en el Caso Riachuelo. *Revista de Direito Ambiental*, v. 51, p. 333-364, jul./set. 2008 (DTR\2008\761).

seu território, de acordo com o disposto nos arts. 121 e 124 da Lei Fundamental.

Também processaram a Cidade Autônoma de Buenos Aires em seu caráter de "corribereña del Riachuelo", o que constituía, na área de sua jurisdição, bem de seu domínio público; porque tinha jurisdição sobre todas as formações insulares confinantes com a sua costa, com o âmbito permitido pelo Tratado do Río de la Plata e porque era responsável pela preservação da flora e da fauna desse ecossistema, como reserva natural, conforme indicado no art. 8º da Constituição local. Por fim, denunciaram as empresas vizinhas (no total 44) por despejarem resíduos perigosos diretamente no rio, por não construírem estações de tratamento, por não adotarem novas tecnologias e por não minimizarem os riscos de sua atividade produtiva.

A Corte proferiu sentença em 20.6.2006 na qual ordenou o seguinte:

1) Sustentou que os interesses individuais devem ser distinguidos dos coletivos. Os danos sofridos pelas pessoas, sejam eles patrimoniais sejam morais, eram individuais e não eram da competência da Corte Suprema em sua jurisdição de origem. Essas reivindicações tiveram que ser processadas perante os juízes provinciais por causa de sua proximidade com os demandantes e por causa da diferenciação que existia em cada uma das reivindicações de indenização.

2) Declarou-se competente para conhecer a reclamação relativa ao bem coletivo. Afirmou:

> a segunda reivindicação visa a defesa do bem de incidência coletiva, configurada pelo meio ambiente (fs. 75/76). Nesse caso, os autores reivindicam como legitimados extraordinários (Const. Nacionais, arts. 41, 43 e 30 da Lei 25.675) para a proteção de um bem coletivo, que pela sua natureza jurídica é de uso comum, indivisível e protegido de forma não acessível às partes, visto que primeiro corresponde à prevenção, depois à recomposição e, na falta de qualquer possibilidade, haverá a compensação (art. 28, lei citada).

3) Destacou:

> O reconhecimento de status constitucional do direito ao gozo de um meio ambiente saudável, bem como a disposição expressa e típica da obrigação de reparar os danos ambientais, não constituem mera expressão de objetivos bons e desejáveis para as gerações futuras, dependentes em sua eficácia de um poder discricionário dos

poderes públicos, federais ou provinciais, senão da precisa e positiva decisão do constituinte de 1994 de enumerar e hierarquizar, com categoria suprema, um direito preexistente, que frente à supremacia estabelecida no artigo 31 da Constituição Nacional e as atribuições reguladas no artigo 116 desta Lei Fundamental para o foro federal, apoiam a intervenção desta jurisdição de caráter excepcional para as matérias em que a afetação se estenda para além de um dos estados federados e se pretenda a proteção que a Carta Magna dispõe [...] Que em virtude do exposto, a presente causa terá por objeto exclusivo a tutela do bem coletivo. Nesse sentido, a prevenção de danos futuros tem prioridade absoluta, pois - alega-se - no presente se trata de atos continuados que continuarão a produzir contaminação. Em segundo lugar, a recomposição da poluição ambiental já causada deve ser perseguida de acordo com os mecanismos que a lei prevê e, por fim, para a hipótese de danos irreversíveis, haverá a indenização.

4) A proteção do meio ambiente importa o cumprimento dos deveres que cada um dos cidadãos tem em relação ao cuidado dos rios, da diversidade da flora e da fauna, dos solos limítrofes, da atmosfera. Esses deveres são o correlato que esses mesmos cidadãos têm para gozar de um ambiente saudável, para si e para as gerações futuras, pois o dano que um indivíduo causa ao bem coletivo está causando a si mesmo. A melhoria ou degradação do meio ambiente beneficia ou prejudica toda a população, porque é um bem que pertence à esfera social e transindividual, e daí deriva a energia particular com que os juízes devem atuar para a efetivação desses mandamentos constitucionais.

5) No uso das "faculdades e poderes ordenatórios e investigativos que a lei confere ao tribunal (art. 32, Lei 25.675), a fim de proteger efetivamente o interesse geral", foi resolvido:

    5.1) Exigir que as empresas rés relatem os seguintes pontos no prazo de trinta dias:

        5.1.1) líquidos lançados ao rio, seu volume, quantidade e descrição;

        5.1.2) se existem sistemas de tratamento de resíduos;

        5.1.3) caso possuam seguro contratado nos termos do art. 22 da Lei nº 25.675 (art. 22:" Toda pessoa física ou jurídica, pública ou privada, que desenvolva atividades de risco para o meio ambiente, ecossistemas e seus elementos constituintes, deverá contratar seguro de cobertura com entidade suficiente para garantir o financiamento da recomposição do dano que da sua espécie possa produzir, podendo igualmente, conforme o caso e as possibilidades, integrar um fundo de recuperação ambiental que permita a implementação de ações de reparação".

6) Requerer ao Estado Nacional, à Província de Buenos Aires, à Cidade de Buenos Aires e à Cofema para que dentro de trinta dias e nos termos da Lei nº 25.675 apresentem um plano integrado (art. 5º): os diferentes níveis de governo deverão integrar em todas as suas decisões e atividades previsões de caráter ambiental, visando assegurar o cumprimento dos princípios estabelecidos nesta lei, com base no princípio da progressividade (art. 4º), que prevê que os objetivos ambientais devem ser alcançados gradualmente, por meio de metas intermediárias e finais projetadas em um cronograma temporário. O referido plano deve incluir:

6.1) um ordenamento ambiental do território (arts. 8º, 9º e 10);

6.2) o controle sobre o desenvolvimento das atividades antrópicas (art. 10), levando em consideração os aspectos políticos, físicos, sociais, tecnológicos, culturais, econômicos, jurídicos e ecológicos da realidade local, regional e nacional, garantindo o uso ambientalmente adequado de recursos ambientais, permitindo a máxima produção e aproveitamento dos diferentes ecossistemas, garantindo o mínimo de degradação e desperdício e promovendo a participação social nas decisões fundamentais do desenvolvimento sustentável;

6.3) estudo de impacto ambiental das quarenta e quatro empresas envolvidas e, caso não as possua, exigir imediatamente;

6.4) um programa de educação ambiental (art. 14: a educação ambiental constitui o instrumento básico para gerar nos cidadãos valores, comportamentos e atitudes que estejam de acordo com um meio ambiente equilibrado, que favoreçam a preservação dos recursos naturais e seu uso sustentável, e melhorem a qualidade de vida da população);

6.5) um programa de informação ambiental pública dirigido a todos os que dele necessitem, especialmente aos cidadãos da área territorial envolvida (art. 16: as pessoas físicas e jurídicas, públicas ou privadas, devem fornecer informações relacionadas com a qualidade ambiental e referentes às atividades que realizam. Cada habitante pode obter das autoridades as informações ambientais que administram e que não são legalmente consideradas como reservadas; art. 18: as autoridades serão responsáveis por informar sobre o estado do meio ambiente e os possíveis efeitos que as atividades antrópicas atuais e projetadas poderão provocar. O Poder Executivo, por meio dos órgãos competentes, elaborará um relatório anual sobre a situação ambiental do país, que apresentará ao Congresso da Nação, cujo relatório conterá uma análise e avaliação do estado de sustentabilidade ambiental nos aspectos ecológico, econômico, social e cultural de todo o território nacional).

7) Convocar uma audiência pública a ser realizada "na sede desta Corte". Após várias audiências públicas nas quais foram solicitadas informações sobre o plano, foi encomendado um relatório geral de viabilidade, que ficou como encargo da Universidade de Buenos Aires. Em 22.8.2007, o Tribunal voltou a tratar do assunto, avançando ainda mais nas especificações e ordenou à demandada encarregada do plano que reportasse "de forma concentrada, clara e acessível ao público em geral" uma série de pontos específicos do plano proposto a fim de melhorar o controle público e deliberar sobre o assunto. Enquanto isso, o plano começou a ser executado.